中華古籍保護計劃

ZHONG HUA GU JI BAO HU JI HUA CHENG GUO

·成果·

嘉善縣圖書館古籍普查登記目錄

全國古籍普查登記目錄·浙江嘉興

國家圖書館出版社
National Library of China Publishing House

圖書在版編目（CIP）數據

嘉善縣圖書館古籍普查登記目錄/嘉善縣圖書館編. --北京:國家圖書館出版社,2018.8
（全國古籍普查登記目錄）
ISBN 978 - 7 - 5013 - 6463 - 3

Ⅰ.①嘉…　Ⅱ.①嘉…　Ⅲ.①公共圖書館—古籍—圖書館目錄—嘉善縣　Ⅳ.①Z838

中國版本圖書館 CIP 數據核字（2018）第 129631 號

書　　名　嘉善縣圖書館古籍普查登記目錄
著　　者　嘉善縣圖書館　編
責任編輯　黃　鑫

出　　版　國家圖書館出版社（100034　北京市西城區文津街 7 號）
　　　　　（原書目文獻出版社　北京圖書館出版社）
發　　行　010 - 66114536　66126153　66151313　66175620
　　　　　66121706（傳真）　66126156（門市部）
E-mail　　nlcpress@ nlc. cn(郵購)
Website　www. nlcpress. com →投稿中心
經　　銷　新華書店
印　　裝　河北三河弘翰印務有限公司
版　　次　2018 年 8 月第 1 版　2018 年 8 月第 1 次印刷

開　　本　787×1092（毫米）　1/16
印　　張　18.5
字　　數　360 千字

書　　號　ISBN 978 - 7 - 5013 - 6463 - 3
定　　價　180.00 圓

《全國古籍普查登記目錄》

工作委員會

主　任： 周和平

副主任： 張永新　詹福瑞　劉小琴　李致忠　張志清

委　員（按姓氏筆畫排序）：

于立仁	王水喬	王　沛	王紅蕾	王筱雯
方自今	尹壽松	包菊香	任　競	全　勤
李西寧	李　彤	李忠昊	李春來	李　培
李曉秋	吳建中	宋志英	努　木	林世田
易向軍	周建文	洪　琰	倪曉建	徐欣禄
徐　蜀	高文華	郭向東	陳荔京	陳紅彦
張　勇	湯旭岩	楊　揚	賈貴榮	趙　嫄
鄭智明	劉洪輝	歷　力	鮑盛華	韓　彬
魏存慶	鍾海珍	謝冬榮	謝　林	應長興

《全國古籍普查登記目録》

序　言

　　全國古籍普查登記工作是"中華古籍保護計劃"的首要任務,是全面開展古籍搶救、保護和利用工作的基礎,也是有史以來第一次由政府組織、參加收藏單位最多的全國性古籍普查登記工作。

　　2007年國務院辦公廳發布《關於進一步加强古籍保護工作的意見》(國辦發[2007]6號),明確了古籍保護工作的首要任務是對全國公共圖書館、博物館和教育、宗教、民族、文物等系統的古籍收藏和保護狀況進行全面普查,建立中華古籍聯合目録和古籍數字資源庫。2011年12月,文化部下發《文化部辦公廳關於加快推進全國古籍普查登記工作的通知》(文辦發[2011]518號),進一步落實了全國古籍普查登記工作。根據文化部2011年518號文件精神,國家古籍保護中心擬訂了《全國古籍普查登記工作方案》,進一步規範了古籍普查登記工作的範圍、内容、原則、步驟、辦法、成果和經費。目前進行的全國古籍普查登記工作的中心任務是通過每部古籍的身份證——"古籍普查登記編號"和相關信息,建立古籍總臺賬,全面瞭解全國古籍存藏情況,開展全國古籍保護的基礎性工作,加强各級政府對古籍的管理、保護和利用。

　　《全國古籍普查登記工作方案》規定了全國古籍普查登記工作的三個主要步驟:一、開展古籍普查登記工作;二、在古籍普查登記基礎上,編纂出版館藏古籍普查登記目録,形成《全國古籍普查登記目録》;三、在古籍普查登記工作基本完成的前提下,由省級古籍保護中心負責編纂出版本省古籍分類聯合目録《中華古籍總目》分省卷,由國家古籍保護中心負責編纂出版《中華古籍總目》統編卷。

　　在黨和政府領導下,在各地區、各有關部門和全社會共同努力下,古籍普查登記工作得以扎實推進。古籍普查已在除臺、港、澳之外的全國各省級行政區域開展,普查内容除漢文古籍外,還包括各少數民族文字古籍,特別是於2010年分別啓動了新疆古籍保護和西藏古籍保護專項,因地制宜,開展古籍普查登記工作;國家古籍保護中心研製的"全國古籍普查登記平臺"已覆蓋到全國各省級古籍保護中心,并進一步研發了"中華古籍索引庫",爲及時展現古籍普查成果提供有力支持;截至目前,已有11375部古籍進入《國家珍貴古籍名録》,浙江、江蘇、山東、河北等省公布了省級《珍貴古籍名録》，古籍分級保護機制初步形成。

《全國古籍普查登記目録》是古籍普查工作的階段性成果，旨在摸清家底，揭示館藏，反映古籍的基本信息。原則上每申報單位獨立成冊，館藏量少不能獨立成冊者，則在本省範圍内幾個館目合并成冊。無論獨立成冊還是合并成冊，均編製獨立的書名筆畫索引附於書後。著録的必填基本項目有：古籍普查登記編號、索書號、題名卷數、著者（含著作方式）、版本、冊數及存缺卷數。其他擴展項目有：分類、批校題跋、版式、裝幀形式、叢書子目、書影、破損狀況等。有條件的收藏單位多著録的一些擴展項目，也反映在《全國古籍普查登記目録》上。目録編排按古籍普查登記編號排序，内在順序給予各古籍收藏單位較大自由度，可按分類排列古籍普查登記編號，也可按排架號、按同書名等排列古籍普查登記編號，以反映各館特色。

此次全國古籍普查登記工作，克服了古籍數量多、普查人員少、普查難度大等各種困難，也得到了全國古籍保護工作者的極大支持。在古籍普查登記過程中，國家古籍保護中心、各省古籍保護中心爲此舉辦了多期古籍普查、古籍鑒定、古籍普查目録審校等培訓班，全國共 1600 餘家單位參加了培訓，爲古籍普查登記工作培養了大量人才。同時在古籍普查登記工作中，也鍛煉了普查員的實踐能力，爲將來古籍保護事業發展奠定了良好的基礎。

《全國古籍普查登記目録》的出版，將摸清我國古籍家底，爲古籍保護和利用工作提供依據，也將是古籍保護長期工作的一個里程碑。

國家古籍保護中心
2013 年 10 月

《全國古籍普查登記目録》

編纂凡例

一、收録範圍爲我國境内各收藏機構或個人所藏,産生於 1912 年以前,具有文物價值、學術價值和藝術價值的文獻典籍,包括漢文古籍和少數民族文字古籍以及甲骨、簡帛、敦煌遺書、碑帖拓本、古地圖等文獻。其中,部分文獻的收録年限適當延伸。

二、以各收藏機構爲分冊依據,篇幅較小者,適當合并出版。

三、一部古籍一條款目,複本亦單獨著録。

四、著録基本要求爲客觀登記、規範描述。

五、著録款目包括古籍普查登記編號、索書號、題名卷數、著者、版本、冊數、存缺卷等。古籍普查登記編號的組成方式是:省級行政區劃代碼—單位代碼—古籍普查登記順序號。

六、以古籍普查登記編號順序排序。

《浙江省古籍普查登記目錄》
工作委員會

《浙江省古籍普查登記目録》

編纂委員會

主　編：徐曉軍

副主編：童聖江　曹海花　褚樹青　莊立臻　徐益波

　　　　胡海榮　沈紅梅　劉　偉　王以儉　孫旭霞

　　　　占　劍　孫國茂　毛　旭　季彤曦

統校和編纂工作小組組長：曹海花（浙江圖書館）

統校和編纂工作小組成員：秦華英（浙江圖書館）

　　　　　　　　　　　　呂　芳（浙江圖書館）

　　　　　　　　　　　　干亦鈴（寧波市圖書館）

　　　　　　　　　　　　劉　雲（寧波市天一閣博物館）

　　　　　　　　　　　　周慧惠（寧波市天一閣博物館）

　　　　　　　　　　　　馬曉紅（餘姚市文物保護管理所）

　　　　　　　　　　　　陳瑾淵（溫州市圖書館）

　　　　　　　　　　　　王　昉（溫州市圖書館）

　　　　　　　　　　　　沈秋燕（嘉興市圖書館）

　　　　　　　　　　　　丁嫻明（嘉興市圖書館）

　　　　　　　　　　　　唐　微（紹興圖書館）

　　　　　　　　　　　　丁　瑛（紹興圖書館）

　　　　　　　　　　　　毛　慧（衢州市博物館）

《浙江省古籍普查登記目録》

序　言

　　浙江文化底藴深厚,書籍刻印歷史悠久,前賢留下的著述浩如烟海,藏書雅閣及私人藏書爲數衆多,古籍資源十分豐富,幾乎縣縣有古籍,是全國古籍藏量較多的省份之一,是中華文化中具有獨特地域特色的重要一脉。保護好這些珍貴的古籍,對促進文化傳承、弘揚民族精神、維護國家統一及社會穩定具有重要作用。同時,加强古籍保護工作,也是加快建設文化大省、文化强省,努力推動文化浙江建設和社會主義文化大發展大繁榮的必然要求。

（一）

　　爲搶救、保護我國的珍貴古籍,繼承和弘揚優秀傳統文化,國務院辦公廳印發了《關於進一步加强古籍保護工作的意見》(國辦發[2007]6號),全國古籍普查登記工作是瞭解全國古籍存藏情況、建立古籍總臺賬、開展全國古籍保護的基礎性工作。爲認真貫徹落實“國辦發[2007]6號”文件精神,切實加强全省古籍的搶救、保護,浙江省人民政府辦公廳印發《關於進一步加强古籍保護工作的意見》(浙政辦發[2009]54號),提出2009年起要在全省範圍內開展古籍普查登記工作。2012年,浙江省古籍保護工作聯席會議下發《關於印發〈浙江省“中華古籍保護計劃”實施方案〉的通知》(浙文社[2012]30號),提出在“十二五”末基本完成全省古籍普查工作的目標。

　　試點先行、摸底調查、制定方案,建立制度、統籌指揮,引進人員、有效培訓、壯大隊伍,配置設備、補助經費、保障到位,編製手册、明確款目、統一規則,著録完整、審核到位、保證質量,設立項目、表揚先進,在省委省政府的高度重視及其各部門的大力支持下,在國家古籍保護中心的積極指導和省文化廳的正確領導下,通過以上種種措施,“秉持浙江精神,幹在實處、走在前列、勇立潮頭”,全省公共圖書館、文物、教育、檔案、衛生五大系統共計95家公藏單位通力合作,到2017年4月底基本完成了全省的古籍普查登記工作。

　　通過普查,摸清了全省古籍文化遺產家底,揭示了全省各地區文化脉絡,形成了統一的古籍信息數據庫,建立了一支遍布全省的古籍保護隊伍,爲下一步有針對性地開展古籍保護工作奠定堅實的基礎。鑒於全省在古籍普查和其他古籍保護工作中的突出表現,2014年,浙江圖書館、嘉興市圖書館、雲和縣圖書館獲得“全國古籍保護工作先進單位”稱號,浙江圖書館徐曉軍和曹海花、温州市圖書館王妍、紹興圖書館唐微、平湖市圖書館馬慧、衢州市博物館程勤等6人獲得"全國古籍保護工作先進個人"稱號。

（二）

全國古籍普查登記範圍爲1912年以前產生的文獻典籍。由於近代以來浙江私人藏書相當發達，民國期間也刻印了大量典籍，民國文獻在各藏書單位（尤其是基層單位）所藏歷史文獻中占據了相當大的比重。這些文獻形成了浙江文獻典藏的重要特色，是浙江傳統文化的重要組成部分。爲更加全面地掌握本省歷史文獻文化遺產現狀，浙江省將民國時期傳統裝幀書籍也納入普查範圍。

按照《全國古籍普查登記手冊》要求，登記每部古籍的基本項目，必登項目有索書號、題名卷數、著者、版本、冊數、存缺卷數，選登項目有分類、批校題跋、版式、裝幀形式、叢書子目、書影、破損狀況等內容。浙江省的古籍普查工作一直高標準、嚴要求，自始至終堅持平臺項目全著錄，堅持文字信息和書影信息雙著錄，登記每部書的索書號、分類、題名卷數、著者、卷數統計、版本、版式、裝幀、裝具、序跋、刻工、批校題跋、鈐印、叢書子目、定級及書影、定損及書影等16大項74小項的信息。

普查統計顯示，截至2017年4月30日，全省95家單位共藏有傳統裝幀書籍337405部2506633冊，其中不分卷者計31737部96822冊，分卷者計305668部2409811冊11433371卷（實存8223803卷）：古籍（含域外本）219862部1754943冊，不分卷者15777部54901冊，分卷者204085部1700042冊7934703卷；民國時期傳統裝幀書籍117543部751690冊，不分卷者15960部41921冊，分卷者101583部709769冊3498668卷。

從版本定級來看，全省四級文獻最多，部數、冊數數量占比分別爲84.75%、78.69%。三級次之，部數、冊數數量占比13.12%、15.96%。一級、二級文獻共計5689部111722冊，量雖不多，極爲珍貴，其破損程度較輕，基本都配置了裝具且裝具狀況良好，這是古籍分級保護體系的有力體現。

從文獻類型來看，古籍普查平臺采用六部分類，在傳統的經、史、子、集四部外加上類叢部、新學。從冊數來看，全省文獻類叢部數量最多，占比29.40%，這其中很大一部分原因在於民國時期刊印了不少大型叢書。史部、集部、子部、經部分居第二至五位，數量占比分別爲28.98%、18.00%、13.49%、9.24%。新學數量最少，還不到1%。

從版本類型來看，全省古籍版本類型豐富，數量最多的是刻本，部數占比51.01%、冊數占比55.03%。部數排在第二至四位的是鉛印本、石印本、抄本，分別占比17.71%、16.58%、5.19%。冊數排在第二至四位的是鉛印本、石印本、影印本，分別占比14.27%、12.40%、11.38%，這與將民國時期傳統裝幀書籍納入古籍普查範圍有極大關係。稿、抄本部數占比6.9%、冊數占比4.04%，總體占比不是很高，但在一、二級文獻中稿、抄本的比例比較高，一級中部數占比20.49%、冊數占比70.25%，二級中部數占比13.16%、冊數占比6.57%。

從版本年代來看,全省藏書從南北朝以迄民國,并有部分日本、朝鮮、越南本。其中,元及元以前共計 244 部 3357 冊。明、清、民國共計 2486788 冊,數量占比99.21%:明代占比 5.95%、清代占比 63.27%、民國占比 29.99%。日本、朝鮮、越南三國本共計 1877 部 14522 冊,部數、冊數占比分別爲 0.56%、0.58%。

　　從批校題跋來看,337405 部文獻中有姓名可考的批校題跋共計 15374 部,其中集部批校題跋最多,占全部批校題跋的 38.73%、占集部文獻的 6.16%。稿本的批校題跋在相對應的版本類型中比例最高,爲 16.18%。且稿本中有多人批校題跋的量最多,多者一部稿本中的批校題跋者達 25 人,如浙江圖書館藏沈蕉青稿本《燈青茶嫩草》三卷中有孫麟趾等 25 人的批校題跋。從各館藏書的批校題跋者來看,有鮮明的館域特色,從一個側面體現了各館的文獻來源。

　　從鈐印來看,337405 部文獻中有 51509 部有收藏鈐印,各級文獻鈐印比例隨級別的增高而加大,一至四級文獻的鈐印占比分別爲 50.67%、49.38%、26.00%、12.90%。收藏鈐印從一個方面體現了某書的遞藏源流,鈐印多於 1 方者有 24840部,鈐印多者達 54 方,如寧波市天一閣博物館藏清初毛氏汲古閣影宋抄本《集韻》十卷上鈐毛晉、毛扆、段玉裁、朱鼎煦四人共計 54 方印。

　　在普查的過程中,我們還利用普查成果積極申報《國家珍貴古籍名録》、評選《浙江省珍貴古籍名録》,建立珍貴古籍分級保護體系。截至目前,全省共有 871 部珍貴古籍入選第一至五批《國家珍貴古籍名録》,有 609 部古籍入選第一至三批《浙江省珍貴古籍名録》。

(三)

　　普查登記著録工作結束後,省古籍保護中心於 2016 年 6 月成立由浙江圖書館、寧波市圖書館、寧波市天一閣博物館、餘姚市文物保護管理所、溫州市圖書館、嘉興市圖書館、紹興圖書館、衢州市博物館 8 家單位的 14 名普查業務骨幹組成的浙江省古籍普查登記目録統校和編纂工作小組,開始全省普查數據的統校和古籍普查登記目録的編纂工作。

　　浙江省的普查登記目録是將古籍和民國書籍分開的,全省統一規劃,分別出版《浙江省古籍普查登記目録》和《浙江省民國時期傳統裝幀書籍普查登記目録》。根據《全國古籍普查登記目録審校要求》《古籍普查登記表格整理規範》的要求,省古籍保護中心制定《浙江省古籍普查登記目録編纂工作方案》《浙江省古籍普查數據統校細則》,用於指導全省的數據統校和登記目録的編纂。統校和編纂工作程序如下:導出普查平臺上的數據,切分爲古籍、民國兩張表,按照設定的普查編號、索書號、分類、題名卷數、著者、版本、批校題跋、冊數、存缺卷這幾項登記目録的出版款目對表格進行整理,整理後按照題名進行排列分給各統校員進行統校,統校結束後的數據按行政區域進行彙總交由分區負責人進行覆核,覆核結束後由省古籍保護中心一一寄給各館進行修改確認,經各館確認後由分區負責人進行最後審定。

在統校的過程中,爲了保證全省數據著錄的一致,我們積極利用我國古籍整理研究的重大成果《中國古籍總目》(以下簡稱《總目》),每條書目一一對核《總目》,《總目》收者即標注《總目》頁碼,《總目》未收某版本者標注"無此版本",《總目》未收者標注"無",《總目》所收即浙江某館所藏者特殊標注,《總目》著錄與普查信息有差異或一時無法判斷者標注"存疑"。拿浙江圖書館的近7萬條古籍數據來看,據不完全統計,除去複本,《總目》所收即浙江圖書館所藏者有1100多種,《總目》未收某一明確版本者有3200多種,《總目》未收者有8300多種。

全省95家單位中有93家單位有古籍數據,總條數計22萬條左右。根據分區域出版和達到一定條數可以單獨成書的原則,全省的古籍普查登記目錄大致分爲以下26種:浙江圖書館,浙江大學圖書館,浙江省博物館,浙江省中醫藥研究院等四家收藏單位,杭州圖書館,西泠印社社務委員會等十家收藏單位、浙江省瑞安中學等八家收藏單位,寧波市圖書館,寧波市天一閣博物館,寧波市奉化區文物保護管理所等六家收藏單位,舟山市圖書館等二家收藏單位,溫州市圖書館,瑞安市博物館,嘉興市圖書館,平湖市圖書館,嘉善縣圖書館,海寧市圖書館等六家收藏單位,湖州市圖書館等七家收藏單位、常山縣圖書館等二家收藏單位,紹興圖書館,嵊州市圖書館,紹興市上虞區圖書館等八家收藏單位,東陽市博物館,金華市博物館等九家收藏單位,衢州市博物館,台州市黃岩區圖書館,臨海市圖書館,臨海市博物館等六家收藏單位,麗水市圖書館等八家收藏單位。目前全省的古籍普查登記目錄有多種已進入出版流程(爲保障普查編號的唯一性、終身有效性,各館數據以原普查編號從低到高的順序進行排列,由於浙江省古籍普查範圍包括古籍、民國時期傳統裝幀書籍、域外漢文古籍,著錄時幾種文獻交替進行,而出版時是分開的,加之普查平臺系統出現的跳號情況,所以會出現普查編號不連貫的情況,特此說明),民國時期傳統裝幀書籍普查登記目錄的編纂亦接近尾聲。普查登記工作和普查登記目錄的編纂爲接下來《中華古籍總目·浙江卷》的編纂打下了良好的基礎。

浙江省古籍普查工作得到了各方的關心和支持。感謝各兄弟省份古籍同行的熱情幫助,感謝李致忠、張志清、吳格、陳先行、陳紅彥、陳荔京、羅琳、王清原、唱春蓮、李德生、石洪運、賈秀麗、范邦瑾等專家學者的悉心指導,藉力於此,普查工作纔得以順利完成。

條數多,分布廣,又出於眾手,儘管工作中我們一直爭取做到最好,但無論是已經著錄的平臺數據還是即將付梓的登記目錄,都難免存在紕漏,希望業界同仁不吝賜教,俾臻完善。

浙江省古籍保護中心

2018年4月

《嘉善縣圖書館古籍普查登記目録》

編委會

主　編：姚春興　金佳萍

副主編：倪立新　魯　褘　許海燕

編　委：范怡玲　王雪娟　浦穎穎　黄　蓓

1

《嘉善縣圖書館古籍普查登記目録》
前　言

　　嘉善縣圖書館始建於 1928 年 4 月,原名嘉善公立通俗圖書館,1931 年改爲縣立圖書館。1937 年 11 月,嘉善被日本侵略軍占領,圖書館 2 萬冊藏書散失殆盡。中華人民共和國成立後,縣人民文化館設立圖書閲覽室。1956 年 6 月,正式設立縣圖書館,與文化館合署辦公。1985 年 5 月,縣圖書館單獨建制,時有館藏古籍 1.27 萬冊。

　　我縣的古籍整理工作最早可追溯到 1984 年。當時整理的文獻主要來自社會捐贈。1996 年 6 月,縣圖書館 3700 平方米談公路館舍投入使用,至此開始大規模整理館藏古籍圖書。現如今,走進我館五樓古籍與地方文獻室,一排排書架整齊地擺放着一冊冊泛黄的綫裝圖書。這些古籍藴含豐富的中國傳統文化,歷經數百年風霜洗禮,成爲綿延數千年歷史的見證者。由於歷史原因,館藏三分之一古籍存在破損、酸化、蟲蛀、霉變等問題,古籍保護狀況整體堪憂!

　　爲進一步貫徹落實 2007 年國務院辦公廳印發的《關於進一步加强古籍保護工作的意見》(國辦發[2007]6 號)文件精神,我館多次派員參加由國家古籍保護中心和浙江省古籍保護中心舉辦的古籍普查和保護培訓班。通過培訓和學習,爲館藏古籍保護工作打下了良好的基礎。2009 年,按照文化部頒布的《圖書館古籍特藏書庫基本要求》,我館初步改善了古籍保管條件,古籍庫房配置恒温系統、安防系統、防火系統,以保障古籍安全。2010 年,根據省文化廳和省古籍保護中心《關於古籍保護普查設備配置標準的函》,在縣文化局的支持下,落實專門經費,加大古籍保護資金投入。自 2010 年至 2012 年,每年用於縣圖書館的古籍保護工作的專項經費不少於 10 萬元。我館還添置了古籍書櫥、電腦、數碼相機等必要設備,進一步改善了古籍保護條件。2011 年底,縣圖書館申報了古籍普查項目,2013 年 5 月全面啓動館藏古籍的普查工作,最終於 2015 年底完成古籍普查工作。

　　本次共普查館藏歷史文獻 5282 部,其中 1912 年以前古籍 3492 部,善本 343 部。我館所藏古籍種類比較齊全,亦具有較高歷史價值。於“經”,有清乾隆四十八年(1783)武英殿影宋刻本《禮記》,清光緒二年(1876)嘉善鍾氏信美室刻本《春秋穀梁經傳補注》;於“史”,有清初蘇州寶華堂影宋刻本《東都事略》,清乾隆三十年(1765)刻本《[浙江嘉善]曹氏族譜》;於“子”,有清刻本《老老恒言》,清康熙十八年(1679)

芥子園甥館刻彩色套印本《芥子園畫傳》；於"集"，有明萬曆三十年（1602）俞顯謨、王潁、陳甲刻本《古詩類苑》，清乾隆刻本《魏塘詩陳》；於"叢"，有明嘉靖二十三年（1544）雲間陸氏儼山書院刻本《古今說海》等。另館藏的《玉芝仙館駢體文近稿》《小匏庵詩草》《謙齋詩彙》等九部古籍已入選《浙江省珍貴古籍名錄》。

　　這些古代文獻典籍，是傳承文明的重要載體，記錄着我們民族各時代的變遷。因此，整理、保護和研究古代文獻典籍將是一項長期的工作，古籍保護事業任重而道遠！

嘉善縣圖書館

2018 年 6 月

目　録

330000－4706－0000001　善經097　經部/四書類/總義之屬/傳說

增補四書人物聚考二十二卷　(清)陳宏謀增訂　(明)黃澍糸訂　清乾隆龍江書屋修文堂刻本　十六冊

330000－4706－0000002　善經095　經部/四書類/總義之屬/傳說

四書朱子本義匯參四十三卷首四卷　(清)王步青輯　清乾隆刻本　三冊　存一種

330000－4706－0000003　善經082　經部/叢編

十三經古注二百九十卷　(明)金蟠　(明)葛鼐校　明崇禎十二年(1639)永懷堂刻清同治八年(1869)浙江書局校修印本　二冊　存一種

330000－4706－0000004　善子031　子部/醫家類/養生之屬

老老恒言五卷　(清)曹庭棟撰　清刻本　二冊

330000－4706－0000005　善經005　經部/易類/傳說之屬

易準四卷　(清)曹庭棟撰　清乾隆二十四年(1759)曹氏刻本　曹葆宸題記　二冊

330000－4706－0000006　善集070　集部/別集類/清別集

漁洋山人精華錄十卷　(清)王士禛撰　清康熙三十九年(1700)林佶刻本　四冊

330000－4706－0000007　善經062　經部/儀禮類/分篇之屬

昏禮通考二十四卷首一卷　(清)曹庭棟輯　清乾隆刻本　五冊

330000－4706－0000008　善經035、善經080、善經081、善經111、善經112、善經113、善經114　經部/叢編

十三經古注二百九十卷　(明)金蟠　(明)葛鼐校　明崇禎十二年(1639)永懷堂刻清同治八年(1869)浙江書局校修印本　十八冊　存七種

330000－4706－0000009　善集016　集部/總集類/選集之屬/通代

咏物詩選註釋八卷　(清)俞琰輯　(清)易開繼　(清)孫洊鳴註　清乾隆三十八年(1773)刻本　四冊

330000－4706－0000010　善史018　史部/傳記類/總傳之屬/家乘

[浙江嘉善]曹氏族譜八卷首一卷末一卷　(清)曹鑑咸纂修　清乾隆三十年(1765)刻本　四冊

330000－4706－0000011　善經018　經部/書類/傳說之屬

欽定書經傳說彙纂二十一卷首二卷　(清)王頊齡等纂　清雍正八年(1730)內府刻本　十六冊

330000－4706－0000012　善經002、善經013、善經023、善經051、善經087　經部/叢編

五經揭要二十六卷　(清)許寶善編　清乾隆刻本　十二冊

330000－4706－0000013　善經006　經部/易類/傳說之屬

周易索詁十二卷首一卷　(清)倪象占撰　清刻本　五冊　存十卷(三至十二)

330000－4706－0000014　善經003　經部/易類/傳說之屬

梁山來知德先生易經來註十五卷末一卷上下經篇義一卷易說雜說諸圖一卷易學六十四卦啓蒙一卷　(明)來知德撰　(清)崔華重訂　清康熙二十七年(1688)平山崔華刻本　一冊　存一卷(十三)

330000－4706－0000015　善經039　經部/叢編

十三經註疏三百三十三卷　(明)□□輯　明崇禎元年至十二年(1628－1639)古虞毛氏汲古閣刻本　七冊　存一種

330000－4706－0000016　善經036　經部/叢編

十三經古注二百九十卷　(明)金蟠　(明)葛

蕭校　明崇禎十二年(1639)永懷堂刻清同治八年(1869)浙江書局校修印本　二冊　存一種

330000－4706－0000017　善經042　經部/禮記類/傳說之屬

禮記四十九卷　(漢)鄭玄注　(明)金蟠校　清永懷堂刻本　八冊　存四十六卷(一至四十六)

330000－4706－0000018　善史009　史部/編年類/通代之屬

新鐫通鑑會纂十卷　(明)諸燮輯　明末刻本　八冊

330000－4706－0000019　善史004　史部/紀傳類/正史之屬

史記一百三十卷　(漢)司馬遷撰　(南朝宋)裴駰集解　(唐)司馬貞索隱　(唐)張守節正義　(明)鍾人傑輯評　明萬曆錢塘鍾人傑刻本　五冊　存二十四卷(一至四、十八至三十、五十至五十六)

330000－4706－0000020　善經041　經部/儀禮類/傳說之屬

儀禮讀本十七卷　(漢)鄭玄註　(清)張爾岐句讀　清乾隆八年(1743)刻本　四冊　存十二卷(一至六、十二至十七)

330000－4706－0000021　善史001　史部/紀傳類/正史之屬

史記一百三十卷　(漢)司馬遷撰　(南朝宋)裴駰集解　(唐)司馬貞索隱　(唐)張守節正義　(明)徐孚遠　(明)陳子龍測議　**史記補一卷**　(唐)司馬貞補並註　(明)徐孚遠　(明)陳子龍測議　明崇禎刻本　二十九冊　缺七卷(九十三至九十九)

330000－4706－0000022　善史003　史部/紀傳類/正史之屬

史記一百三十卷　(漢)司馬遷撰　(南朝宋)裴駰集解　(唐)司馬貞索隱　(唐)張守節正義　(明)徐孚遠　(明)陳子龍測議　明崇禎刻本　十冊　存六十三卷(四十六至八十一、八十八至九十四、一百二至一百六、一百十一至一百十六、一百二十二至一百三十)

330000－4706－0000023　善經025　經部/詩類/傳說之屬

欽定詩經傳說彙纂二十一卷首二卷詩序二卷　(清)聖祖玄燁定　(清)王鴻緒　(清)揆敘總裁　清雍正五年(1727)刻本　十八冊

330000－4706－0000024　善史002　史部/紀傳類/正史之屬

史記一百三十卷　(漢)司馬遷撰　(南朝宋)裴駰集解　(唐)司馬貞索隱　(唐)張守節正義　(明)徐孚遠　(明)陳子龍測議　明崇禎刻本　一冊　存三卷(十六至十八)

330000－4706－0000025　善史047　史部/傳記類/總傳之屬/家乘

嘉善郁氏家乘二卷　(清)郁廣等纂修　清康熙三十六年(1697)刻本　一冊

330000－4706－0000026　善經043　經部/禮記類/傳說之屬

禮記四十九卷　(漢)鄭玄注　(明)金蟠校　清永懷堂刻本　七冊　存三十二卷(一至三十二)

330000－4706－0000027　善史011　史部/編年類/通代之屬

御批續資治通鑑綱目二十七卷　(明)商輅等撰　(清)聖祖玄燁批　清康熙四十六年(1707)刻本　十二冊

330000－4706－0000028　善經044　經部/禮記類/傳說之屬

禮記二十卷　(漢)鄭玄註　清乾隆四十八年(1783)武英殿影宋刻本　八冊

330000－4706－0000029　善經021　經部/詩類/傳說之屬

詩經二十卷　(漢)毛亨傳　(漢)鄭玄箋　清永懷堂刻本　三冊

330000－4706－0000030　善史036　史部/地理類/方志之屬/郡縣志

[淳熙]新安志十卷　(宋)羅願纂　清刻本　二冊　存五卷(四至六、九至十)

330000－4706－0000031　善經022　經部/詩類/傳說之屬

詩經二十卷　（漢）毛亨傳　（漢）鄭玄箋　清永懷堂刻本　一冊　存十卷（六至十五）

330000－4706－0000032　善經092　經部/孝經類/傳說之屬

孝經通釋十卷總論一卷　（清）曹庭棟學　清乾隆二十一年(1756)刻本　張鳳題記　二冊

330000－4706－0000033　善子064　子部/雜著類/雜說之屬

萬曆野獲編三十卷　（明）沈德符撰　清抄本　八冊　存八卷（十二、十六、十八至二十、二十二、二十四至二十五）

330000－4706－0000034　善子071　子部/儒家類/儒學之屬/性理

慈溪黃氏日抄分類古今紀要十九卷　（宋）黃震撰　清刻本　二冊　存二卷（一、六）

330000－4706－0000035　善經027　經部/周禮類/傳說之屬

周禮六卷　（漢）鄭玄注　（唐）陸德明音義　清乾隆五十二年(1787)福禮堂刻本　二冊　存四卷（三至六）

330000－4706－0000036　善經073　經部/書類/傳說之屬

書經二十卷　（漢）孔安國傳　清永懷堂刻本　一冊　存六卷（十五至二十）

330000－4706－0000037　善經029　經部/叢編

九經補注八十三卷　（清）姜兆錫撰　清雍正至乾隆寅清樓刻本　二冊　存四卷（周禮輯義三至六）

330000－4706－0000038　善經038　經部/儀禮類/傳說之屬

欽定儀禮義疏四十八卷首二卷　（清）朱軾等撰　清刻本　三十六冊　存四十三卷（一至十七、十九至二十六、二十八、三十一至三十五、三十七至四十八）

330000－4706－0000039　善史015　史部/編

年類/斷代之屬

東華錄三十二卷(乾隆朝)　（清）蔣良騏撰　清抄本　一冊　存四卷（一至四）

330000－4706－0000040　善經103　經部/四書類/總義之屬/傳說

四書摭餘說七卷　（清）曹之升撰　清嘉慶三年(1798)蕭山曹氏家塾刻本　六冊

330000－4706－0000041　善經026　經部/詩類/傳說之屬

欽定詩經傳說彙纂二十一卷首二卷詩序二卷　（清）聖祖玄燁定　（清）王鴻緒　（清）揆敘總裁　清雍正五年(1727)刻本　十五冊　存二十四卷（首一至二，一至十八、二十至二十一，詩序一至二）

330000－4706－0000042　善經033　經部/總類/傳說之屬

御纂七經二百八十卷首十一卷序三卷　（清）李光地等撰　清同治六年至九年(1867－1870)浙江書局刻本　二十冊　存一種

330000－4706－0000043　善經034　經部/總類/傳說之屬

御纂七經二百八十卷首十一卷序三卷　（清）李光地等撰　清康熙至乾隆內府刻本　二十四冊　存一種

330000－4706－0000044　善史014　史部/編年類/斷代之屬

東華錄十六卷(順治朝)　（清）蔣良騏撰　清抄本　八冊　存八卷（一至八）

330000－4706－0000046　善經052　經部/叢編

五經疑問六十卷　（明）姚舜牧撰　明萬曆刻本　三冊　存一種

330000－4706－0000047　善史008　史部/編年類/通代之屬

通鑑前編十八卷舉要二卷　（宋）金履祥撰　首一卷　（明）陳檉撰　明末刻本　一冊　存二卷（十五至十六）

330000－4706－0000048　善史067　史部/編

年類/通代之屬

新鐫通鑑會纂十卷 （明）諸燮輯　明末刻本
一冊　存二卷（六至七）

330000－4706－0000049　善史026　史部/紀
傳類/正史之屬

東都事略一百三十卷 （宋）王偁撰　清初蘇
州寶華堂影宋刻本　四冊　存十五卷（一至
五、十三至二十二）

330000－4706－0000050　善史063　史部/雜
史類/斷代之屬

戰國策十卷 （宋）鮑彪校注　（元）吳師道補
正　明萬曆刻清乾隆三十年（1765）重修本
六冊

330000－4706－0000051　善經047　經部/禮
記類/傳說之屬

禮記集說十卷 （元）陳澔撰　清刻本　九冊
缺一卷（一）

330000－4706－0000052　善經046　經部/禮
記類/傳說之屬

禮記集說十六卷 （元）陳澔撰　明崇禎四年
（1631）汪應魁貽經堂刻本　三冊　存七卷
（六至八、十二至十四、十六）

330000－4706－0000053　善史042　史部/史
評類/史論之屬

新鐫全補標題音註歷朝捷錄四卷 （明）顧充
撰　（明）顧憲成音釋　明萬曆刻本　二冊

330000－4706－0000054　善經061　經部/儀
禮類/傳說之屬

朱子儀禮經傳通解六十九卷 （宋）朱熹撰
（宋）黃榦原本　（清）梁萬方考定　清乾隆十
八年（1753）光霽堂刻本　十五冊　存三十五
卷（一、五至三十八）

330000－4706－0000055　善史017　史部/紀
事本末類/斷代之屬

明史紀事本末八十卷 （清）谷應泰撰　清順
治十五年（1658）刻本　十二冊

330000－4706－0000056　善史041　史部/史
評類/考訂之屬

捷錄法原旁注十二卷 （清）錢炅輯　清初刻
本　一冊　存二卷（四至五）

330000－4706－0000057　善史039、善史
068、善經067、善經072、善經127　類叢部/叢
書類

山曉閣文選十五種 （清）孫琮編　清康熙山
曉閣刻本　十五冊　存五種

330000－4706－0000058　善經079　經部/
叢編

十三經古注二百九十卷 （明）金蟠　（明）葛
鼐校　明崇禎十二年（1639）永懷堂刻清同治
八年（1869）浙江書局校修印本　三冊　存
一種

330000－4706－0000059　善經056、善經
057、善經058　經部/叢編

石齋先生經傳九種 （明）黃道周撰　（清）鄭
開極重訂　清康熙三十二年（1693）鄭肇刻本
八冊　存三種

330000－4706－0000060　善史064　史部/紀
傳類/別史之屬

弘簡錄二百五十四卷 （明）邵經邦撰　清康
熙二十七年（1688）刻乾隆印本　八冊　存三
十二卷（五至十三、三十三至五十五）

330000－4706－0000061　善經028　經部/周
禮類/傳說之屬

周禮折衷六卷 （清）胡興粹編注　清乾隆十
一年（1746）經綸堂刻本　六冊

330000－4706－0000062　善經030　經部/周
禮類/傳說之屬

周禮節釋十二卷 （清）鮑梁撰　清乾隆四十
一年（1776）聚秀堂刻本　三冊　存九卷（一
至九）

330000－4706－0000063　善史043　史部/史
抄類

史記菁華錄六卷 （清）姚祖恩輯　清道光四
年（1824）吳興姚氏扶荔山房刻朱墨套印本
六冊

330000－4706－0000064　善經031　經部/周

禮類/傳說之屬

周官精義十二卷 （清）連斗山輯　清乾隆四十一年(1776)刻本　六冊

330000－4706－0000065　善集 101　集部/別集類/唐五代別集

唐陸宣公集二十二卷 （唐）陸贄撰　明萬曆三十四年(1606)吳繼武光裕堂刻本　三冊　存十四卷(一至十四)

330000－4706－0000066　善經 089　經部/春秋總義類/傳說之屬

春秋題旨輯要二卷 （明）王錫爵撰　（明）王遵岵增輯　清乾隆五十五年(1790)刻本　一冊

330000－4706－0000068　善經 088　經部/春秋左傳類/傳說之屬

春秋大事表五十卷 （清）顧棟高輯　清乾隆萬卷樓刻本　一冊　存二卷(四至五)

330000－4706－0000069　善史 028　類叢部/叢書類/彙編之屬

廣百川學海 （明）馮可賓編　明末刻本　一冊　存二種

330000－4706－0000070　善史 007　史部/編年類/通代之屬

資治通鑑綱目五十九卷 （宋）朱熹撰　（宋）尹起莘發明　（元）劉友益書法　（元）汪克寬考異　（元）徐昭文考證　（元）王幼學集覽　（明）陳濟正誤　（明）馮智舒質實　明嘉靖八年(1529)慎獨齋刻本　八冊　存八卷(十六、三十二至三十四、四十五、五十一、五十四、五十六)

330000－4706－0000071　善經 032　經部/周禮類/傳說之屬

周官精義十二卷 （清）連斗山輯　清乾隆刻本　四冊　存八卷(三至八、十一至十二)

330000－4706－0000072　善史 030　類叢部/叢書類/彙編之屬

知不足齋叢書一百九十六種 （清）鮑廷博編　（清）鮑士恭續編　清乾隆三十七年至道光

三年(1772－1823)長塘鮑氏刻彙印本　一冊　存一種

330000－4706－0000073　善史 006　史部/金石類/石之屬/文字

隸續二十一卷 （宋）洪适撰　清康熙四十五年(1706)曹寅揚州使院刻本(卷九至十原缺)　二冊

330000－4706－0000074　善子 023　子部/藝術類/書畫之屬/書法書品

墨池編二十卷 （宋）朱長文撰　清雍正十一年(1733)吳郡朱氏刻本　五冊

330000－4706－0000075　善史 069　史部/史抄類

史記抄九十一卷 （明）茅坤輯　明泰昌元年(1620)閔振業刻朱墨套印本　十四冊　存五十卷(四至二十一、三十六至四十七、七十二至九十一)

330000－4706－0000076　善子 024　子部/藝術類/音樂之屬/琴學

琴學內篇一卷外篇一卷 （清）曹庭棟撰　清乾隆十五年(1750)曹氏刻本　清曹楞題記　二冊

330000－4706－0000077　善集 091　集部/別集類/清別集

產鶴亭詩集十一稿十一卷 （清）曹庭棟撰　清乾隆遞刻本　四冊　存九卷(一至九)

330000－4706－0000078　善集 037　集部/別集類/清別集

謙齋詩槀二卷補遺一卷 （清）曹庭樞撰　清乾隆九年(1744)刻本　清曹楞題記　一冊

330000－4706－0000079　善集 036　集部/別集類/清別集

白村詩七卷瞻雲集一卷附一卷 （清）曹弈霞撰　清雍正八年(1730)刻本　金兆蕃題記　曹秉章跋　一冊　存五卷(一至四、瞻雲集)

330000－4706－0000080　善集 092　集部/別集類/清別集

雪尺齋詩三卷　（清）葉津撰　清乾隆葉夢麟刻本　一冊

330000－4706－0000081　善集033　集部/總集類/郡邑之屬

魏塘詩陳十三卷　（清）錢佳　（清）丁廷烺輯　清乾隆刻本　四冊

330000－4706－0000082　善集024　集部/總集類/選集之屬/斷代

宋百家詩存　（清）曹庭棟編　清乾隆六年（1741）嘉善曹氏二六書堂刻本　一冊　存一種

330000－4706－0000083　善集019　集部/別集類/清別集

漁洋山人集句梅花詩不分卷　（清）王士禛撰　清乾隆三十五年（1770）刻本　一冊

330000－4706－0000084　善子005　子部/儒家類/儒家之屬

逸語十卷　（清）曹庭棟輯注　清乾隆十二年（1747）刻本　四冊

330000－4706－0000085　善子045　類叢部/類書類/通類之屬

群書類抄八卷　（清）王錫祺撰　清道光四年（1824）稿本　八冊

330000－4706－0000086　善集090　子部/雜家類

永宇溪莊識畧六卷首一卷續一卷　（清）曹庭棟撰　清乾隆三十年（1765）刻本　一冊

330000－4706－0000087　善集007　集部/總集類/選集之屬/通代

山曉閣重訂昭明文選十二卷　（南朝梁）蕭統輯　（清）孫琮　（清）孫洙評　清乾隆十一年（1746）刻本　十二冊

330000－4706－0000088　善子004　子部/儒家類/儒學之屬

五子近思錄十四卷　（明）錢士升輯　清雍正二年（1724）刻本　四冊

330000－4706－0000089　善集017　集部/總

集類/郡邑之屬

沈南疑先生檇李詩繫四十二卷　（清）沈季友輯　清康熙四十九年（1710）金南鍈敦素堂刻本　十二冊

330000－4706－0000090　善集028　集部/總集類/酬唱之屬

盤字唱和集不分卷　（清）袁瓚等撰　（清）俞樾輯　清光緒抄本　一冊

330000－4706－0000091　善集039　集部/總集類/選集之屬/通代

遊仙集詠不分卷　（清）曹廉鍔輯　清抄本　一冊

330000－4706－0000092　善集074　集部/別集類/清別集

宮同蘇館文鈔不分卷　（清）金安清撰　清同治稿本　二冊

330000－4706－0000093　善集034　集部/總集類/郡邑之屬

魏塘詩陳十三卷　（清）錢佳　（清）丁廷烺輯　清乾隆刻本　一冊　存二卷（六至七）

330000－4706－0000094　善史066　史部/政書類/律令之屬/律例

律判類攷不分卷　（清）周翼洙輯訂　清乾隆古照齋刻本　周濟跋　一冊

330000－4706－0000095　善子053　類叢部/類書類/通類之屬

淵鑑類函四百五十卷目錄四卷　（清）張英等纂　清康熙四十九年（1710）刻本　一百四十六冊

330000－4706－0000096　善子027　類叢部/叢書類/彙編之屬

古今說海一百三十五種　（明）陸楫輯　明嘉靖二十三年（1544）雲間陸氏儼山書院刻本　三冊　存十五種

330000－4706－0000097　善經118　經部/小學類/訓詁之屬/字詁

增訂金壺字考十九卷二集二十一卷補錄一卷補註一卷　（宋）釋適之編　（清）田朝恆續編

清乾隆二十四年至二十七年(1759－1762)
貽安堂刻本　四冊

330000－4706－0000098　善集 094　集部/戲
劇類/雜劇之屬

繪像第六才子書八卷　(元)王實甫撰　(元)
關漢卿撰　**才子醉心篇不分卷**　(清)范濱撰
清刻本　五冊　存五卷(四至八)

330000－4706－0000099　善史 010　史部/編
年類/斷代之屬

新刻陳眉公訂正通紀會纂四卷　(明)諸燮撰
(明)鍾惺定　(明)陳繼儒訂正　清順治刻
本　四冊

330000－4706－0000100　善集 097　集部/詩
文評類/詩評之屬

漁洋詩話三卷　(清)王士禛撰　清乾隆刻本
清曹楞題記　一冊

330000－4706－0000101　善經 055　類叢部/
叢書類/彙編之屬

經訓堂叢書二十一種　(清)畢沅編　清乾隆
至嘉慶鎮洋畢氏刻本　一冊　存一種

330000－4706－0000102　善經 099　經部/四
書類/總義之屬/傳說

四書左國彙纂四卷　(清)高其名　(清)鄭師
成輯　清乾隆三十九年(1774)百尺樓刻本
四冊

330000－4706－0000103　善經 063　經部/三
禮總義類/通禮雜禮之屬

司馬氏書儀十卷　(宋)司馬光撰　清同治七
年(1868)江蘇書局刻本　二冊

330000－4706－0000104　善集 049　集部/別
集類/宋別集

施註蘇詩四十二卷　(宋)蘇軾撰　(宋)施元
之　(宋)顧禧注　(清)顧嗣立等刪補　**蘇詩
續補遺二卷**　(清)馮景補註　清康熙三十八
年(1699)商丘宋犖刻本　八冊

330000－4706－0000105　善集 044　集部/別
集類/唐五代別集

溫飛卿詩集七卷別集一卷集外詩一卷附錄諸
家詩評一卷　(唐)溫庭筠撰　(明)曾益注
(清)顧予咸補注　(清)顧嗣立續注　清康熙
三十六年(1697)長洲顧氏秀野草堂刻本　一
冊　缺一卷(諸家詩評)

330000－4706－0000106　善子 038　類叢部/
叢書類/彙編之屬

津逮祕書十五集一百四十種　(明)毛晉編
明崇禎虞山毛氏汲古閣刻本　六冊　存一種

330000－4706－0000107　善經 087　經部/小
學類/音韻之屬/古今韻說

六書音均表五卷　(清)段玉裁撰　清刻本
一冊

330000－4706－0000108　善經 123　經部/小
學類/音韻之屬/韻書

大宋重修廣韻五卷　(宋)陳彭年等重修　清
刻本　五冊

330000－4706－0000109　善子 037　子部/小
說家類/雜事之屬

世說新語補二十卷　(南朝宋)劉義慶撰
(南朝梁)劉孝標注　(宋)劉辰翁批　(明)
何良俊增　(明)王世貞刪定　(明)王世懋批
釋　(明)張文柱校注　(明)王湛　(明)彭
燧校訂　明萬曆刻本　六冊　缺一卷(十)

330000－4706－0000110　善經 053　經部/儀
禮類/傳說之屬

寄傲山房塾課纂輯禮記全文備旨十一卷
(清)鄒聖脈纂輯　(清)鄒廷猷編次　清乾隆
二十九年(1764)刻本　四冊

330000－4706－0000111　善經 121　經部/小
學類/文字之屬/說文

說文解字十五卷標目一卷　(漢)許慎撰
(宋)徐鉉等校定　清初海虞毛氏汲古閣刻本
八冊

330000－4706－0000112　善子 015　子部/藝
術類/書畫之屬/畫譜

芥子園畫傳五卷　(清)王槩輯　清康熙十八
年(1679)芥子園甥館刻彩色套印本　五冊

330000－4706－0000113　善子 018　子部/藝

術類/書畫之屬/畫譜

芥子園畫傳二集八卷首一卷 （清）王槩 （清）王蓍 （清）王臬輯 清康熙四十年(1701)芥子園甥館刻彩色套印本 二冊 存五卷(首,蘭譜一至二、竹譜一至二)

330000－4706－0000115 善子039 集部/總集類/選集之屬/斷代

唐詩金粉十卷 （清）沈炳震輯 清乾隆刻本 八冊

330000－4706－0000116 善子017 子部/藝術類/書畫之屬/畫譜

芥子園畫傳二集八卷首一卷 （清）王槩 （清）王蓍 （清）王臬輯 清乾隆四十七年(1782)金閶書業堂刻彩色套印本 二冊 存五卷(首,菊譜一至二、梅譜一至二)

330000－4706－0000117 善史065 史部/政書類/律令之屬/律例

律判類稿底本不分卷 （清）周翼洙輯訂 清抄本 二冊

330000－4706－0000118 善經064 經部/三禮總義類/通禮雜禮之屬

四禮初稿四卷 （明）宋纁撰 **四禮約言四卷** （明）呂維祺撰 清刻本 一冊

330000－4706－0000119 善集022 集部/總集類/選集之屬/斷代

御選唐詩三十二卷目錄三卷 （清）聖祖玄燁輯 （清）陳廷敬等輯註 清康熙五十二年(1713)內府刻朱墨套印本 三十九冊 缺二卷(四、二十九)

330000－4706－0000120 善集021 集部/總集類/選集之屬/斷代

唐詩解五十卷 （明）唐汝詢輯 明萬曆四十三年(1615)楊鶴刻本(卷三十一至四十配清順治十六年趙孟龍萬笈堂刻本) 七冊 存三十二卷(三至二十、二十五至二十八、三十一至四十)

330000－4706－0000121 善經069 經部/春秋左傳類/傳說之屬

春秋左傳五十卷 （晉）杜預 （宋）林堯叟註釋 （唐）陸德明音義 （明）鍾惺 （明）孫鑛 （明）韓范評點 清末舊學山房刻本 十五冊 缺三卷(一至三)

330000－4706－0000122 善經100 經部/四書類/總義之屬/傳說

四書釋地一卷續一卷又續二卷三續一卷附孟子生卒年月考一卷 （清）閻若璩撰 清乾隆刻本 二冊 存三卷(續、三續、孟子生卒年月考)

330000－4706－0000123 善經059 類叢部/叢書類

三禮約編喈鳳三種十九卷 （清）汪基編 清乾隆六年(1741)古吳三多齋刻本 四冊

330000－4706－0000124 善子065 子部/儒家類/儒學之屬/性理

朱子語類一百四十卷 （宋）朱熹撰 （宋）黎靖德輯 清刻本 十四冊 存四十六卷(一至三、二十一至五十、五十六至六十二、一百十六至一百二十一)

330000－4706－0000125 善史037 史部/地理類/專志之屬/古跡

平山堂圖志十卷首一卷 （清）趙之壁纂 清光緒九年(1883)歐陽利見刻本 四冊

330000－4706－0000126 善子066 子部/雜著類/雜編之屬

初學辨體不分卷 （清）徐與喬輯評 清康熙刻本 一冊

330000－4706－0000127 善經096 經部/四書類/總義之屬/傳說

四書通典備考十二卷 （清）唐光虁撰 （清）唐捷元等㕛 清康熙刻本 三冊 存六卷(七至十二)

330000－4706－0000128 善經054 經部/大戴禮記類/傳說之屬

大戴禮記十三卷 （漢）戴德撰 （北周）盧辯注 明崇禎沈泰刻本 二冊 存六卷(一至六)

330000－4706－0000129　善子067　類叢部/
叢書類/彙編之屬

武英殿聚珍版書一百三十八種　清乾隆武英
殿木活字印本　一冊　存一種

330000－4706－0000130　善經068　經部/春
秋左傳類/傳說之屬

春秋左傳（春秋左傳杜林）五十卷提要一卷
（晉）杜預　（宋）林堯叟註釋　（唐）陸德明
音義　（明）鍾惺　（明）孫鑛　（明）韓范評
點　**春秋列國圖說一卷**　（宋）蘇軾撰　清康
熙大文堂刻本　八冊

330000－4706－0000131　善子044　類叢部/
類書類/通類之屬

**新編古今事文類聚前集六十卷後集五十卷續
集二十八卷別集三十二卷**　（宋）祝穆編　**新
編古今事文類聚新集三十六卷外集十五卷**
（元）富大用編　明刻本　十一冊　存五十卷
（後集一至十三、二十八至三十二、三十八至
五十,別集一至十四、二十二至三十二）

330000－4706－0000132　地文集088　集部/
別集類/清別集

玉芝仙館駢體文近稿一卷　（清）曹廉鍔撰
稿本　一冊

330000－4706－0000133　善史025　史部/政
書類/律令之屬/法驗

重刊補註洗冤錄集證六卷　（清）王又槐輯
（清）李觀瀾補輯　（清）阮其新補註　張錫蕃
重訂　文晟續輯　清道光二十三年（1843）刻
三色套印本　四冊　存四卷（一至四）

330000－4706－0000134　善集013　集部/總
集類/選集之屬/通代

佩文齋詠物詩選四百八十六卷　（清）汪霦等
輯　清康熙四十六年（1707）內府刻本　五冊
　存三十六卷

330000－4706－0000135　善史027　史部/政
書類/律令之屬/法驗

補註洗冤錄集證四卷附刊檢骨圖格一卷
（清）王又槐輯　（清）李觀瀾補輯　（清）阮
其新補注　（清）童濂刪　**作吏要言一卷**

（清）葉鎮撰　（清）朱椿增　清道光二十三年
（1843）江都鍾淮刻三色套印本　四冊　缺一
卷（檢骨圖格）

330000－4706－0000136　善經060　經部/
叢編

通志堂經解一百四十種一千八百六十卷
（清）納蘭成德輯　清康熙十九年（1680）納蘭
成德刻本　一冊　存一種

330000－4706－0000137　善集014　集部/總
集類/選集之屬/通代

詠物詩選八卷　（清）俞琰輯　清雍正刻本
三冊　存六卷（一至六）

330000－4706－0000138　善集015　集部/總
集類/選集之屬/通代

詠物詩選八卷　（清）俞琰輯　清雍正寧儉堂
刻本　二冊　存四卷（一至四）

330000－4706－0000139　善子026　子部/雜
著類/雜說之屬

淮南鴻烈解輯畧二卷　（明）張榜芟輯　明刻
本　一冊

330000－4706－0000141　善子025　子部/雜
著類/雜說之屬

夢溪筆談二十六卷補筆談三卷續筆談一卷
（宋）沈括撰　明崇禎四年（1631）馬元調刻本
　四冊　存二十九卷（夢溪筆談一至二十六、
補筆談一至三）

330000－4706－0000142　善經110　經部/
叢編

十三經古注二百九十卷　（明）金蟠　（明）葛
鼒校　明崇禎十二年（1639）永懷堂刻清同治
八年（1869）浙江書局校修印本　四十九冊

330000－4706－0000143　善史048、善史
049、善史050、善史055、善史024　史部/紀傳
類/正史之屬

二十四史　清乾隆四年（1739）武英殿刻本
三十三冊　存五種

330000－4706－0000144　善史051、善史
056、善史058、善史060、善史061、善史023

史部/紀傳類/正史之屬

二十四史 清乾隆四年(1739)武英殿刻本
二十二冊 存六種

330000－4706－0000145 善經 040 經部/
叢編

五經揭要二十六卷 (清)許寶善編 清乾隆
刻本 二冊 存七卷(首、春秋三傳揭要一至
六)

330000－4706－0000146 善史 052、善史
053、善史 054、善史 057 史部/紀傳類/正史
之屬

二十四史 清乾隆四年(1739)武英殿刻本
六十三冊 存四種

330000－4706－0000147 善經 012 經部/書
類/傳說之屬

書經體注大全合參六卷 (宋)蔡沈集傳
(清)錢希祥輯注 清雍正三年(1725)步月樓
刻本 三冊 缺一卷(四)

330000－4706－0000148 善史 029 史部/紀
傳類/正史之屬

二十一史二千五百六十七卷 明刻明清遞修
本 十八冊 存一種

330000－4706－0000149 善經 108 經部/群
經總義類/文字音義之屬

經典釋文三十卷 (唐)陸德明撰 清乾隆五
十六年(1791)刻本 一冊 存四卷(一至四)

330000－4706－0000150 善史 059 史部/紀
傳類/正史之屬

二十一史二千五百六十七卷 明刻明清遞修
本 一冊 存一種

330000－4706－0000151 善經 109 經部/群
經總義類/傳說之屬

古經解鈎沉三十卷 (清)余蕭客撰 清乾隆
六十年(1795)刻本 八冊

330000－4706－0000152 善經 119、善經 117
經部/小學類/訓詁之屬/字詁

**增訂金壺字考十九卷二集二十一卷補錄一卷
補註一卷** (宋)釋適之編 (清)田朝恆續編

清乾隆二十四年至二十七年(1759－1762)
貽安堂刻本 三冊 缺十二卷(金壺字考二
集十二至二十一、補錄、補註)

330000－4706－0000153 善經 107 經部/
叢編

拜經堂叢書十種 (清)臧琳 (清)臧庸撰
清乾隆至嘉慶武進臧氏同述觀刻本 六冊
存一種

330000－4706－0000154 善經 115 經部/
叢編

十三經註疏三百三十三卷 (明)□□輯 明
崇禎元年至十二年(1628－1639)古虞毛氏汲
古閣刻本 清李周翰題記 一冊 存一種

330000－4706－0000155 善經 120 經部/小
學類/文字之屬/字書/字典

字彙十二卷首一卷末一卷韻法直圖一卷
(明)梅膺祚撰 **韻法橫圖一卷** (明)李世澤
撰 明萬曆四十三年(1615)刻本 五冊

330000－4706－0000156 善史 034 史部/時
令類

古今類傳四卷 (清)董穀士 (清)董炳文輯
清康熙三十一年(1692)未學齋刻本 四冊

330000－4706－0000157 善經 014、善經
045、善經 075、善經 078 經部/叢編

十三經註疏三百三十三卷 (明)□□輯 明
崇禎元年至十二年(1628－1639)毛氏汲古閣
刻本 四十九冊 存四種

330000－4706－0000158 善經 116 經部/小
學類/文字之屬/說文/專著

說文字原一卷 (漢)許慎撰 (宋)徐鉉切音
清乾隆四十四年(1779)福禮堂刻本 一冊

330000－4706－0000159 類叢部/
叢書類/彙編之屬

咫進齋叢書三十五種 (清)姚覲元編 清光
緒九年(1883)歸安姚氏刻本 一冊 存一種

330000－4706－0000160 善經 122 經部/小
學類/文字之屬/字書/字體

漢隸字源五卷碑目一卷附字一卷 (宋)婁機

撰　明末毛氏汲古閣覆宋刻本　一冊　存二卷(上平聲、碑目)

330000－4706－0000161　善史 019　史部/雜史類/通代之屬

重訂路史全本四十七卷　(宋)羅泌撰　(宋)羅苹注　(明)吳弘基等重編　**賦秋山覽史隨筆一卷**　明末仁和吳弘基刻本　二十二冊　缺二卷(後紀一至二)

330000－4706－0000162　善經 104、善經 105　經部/四書類/總義之屬/傳說

四書講義困勉錄三十七卷續困勉錄六卷附錄一卷　(清)陸隴其撰　(清)陸公鏐編　清康熙刻本　七冊　缺十七卷(大學、中庸一至二、孟子一至十四)

330000－4706－0000163　善史 020、善史 021、善史 022　史部/雜史類/通代之屬

重訂路史全本四十七卷　(宋)羅泌撰　(宋)羅苹注　(明)吳弘基等重編　明末吳弘基刻本　九冊　存十七卷(國名紀一至五、七,發揮二至六,餘論五至十)

330000－4706－0000164　善史 038　史部/史評類/考訂之屬

捷錄法原旁注十二卷　(清)錢昉輯　明刻本　三冊　存九卷(四至十二)

330000－4706－0000165　善史 044　史部/史評類/詠史之屬

增定二十一史韻四卷首一卷末一卷　(明)趙南星原編　(清)郭金湯參訂　(清)仲弘道增續　清康熙蘭雪堂刻本　五冊　缺一卷(末)

330000－4706－0000166　善經 017　經部/書類/傳說之屬

精刻書經翼七卷　(明)謝廷瓚撰　清刻本　三冊

330000－4706－0000167　善經 011　經部/書類/傳說之屬

書經集傳六卷　(宋)蔡沈撰　清康熙十二年(1673)大魁堂刻本　四冊

330000－4706－0000168　善史 016　史部/紀

事本末類/斷代之屬

宋史紀事本末一百九卷　(明)馮琦撰　(明)陳邦瞻補　(明)張溥論正　清初刻本　二冊　存十五卷(九十五至一百九)

330000－4706－0000169　善經 037　經部/書類/傳說之屬

古文尚書攷二卷　(清)焦循撰　清乾隆五十七年(1792)讀經樓刻本　一冊

330000－4706－0000170　善經 016　經部/書類/傳說之屬

古文尚書攷二卷　(清)焦循撰　清乾隆五十七年(1792)讀經樓刻本　二冊

330000－4706－0000171　善經 019、善經 020　類叢部/叢書類/自著之屬

徐位山先生七種　(清)徐文靖撰　清雍正至乾隆刻志寧堂彙印本　四冊　存一種

330000－4706－0000172　善經 015　經部/書類/傳說之屬

尚書後案三十卷附後辨一卷　(清)王鳴盛撰　清乾隆刻本　三冊　存十五卷(十二至二十二、二十七至三十)

330000－4706－0000173　善經 077　經部/春秋左傳類/傳說之屬

呂東萊先生左氏博議十二卷　(宋)呂祖謙撰　(明)黃之寀校　明刻本　一冊　存六卷(七至十二)

330000－4706－0000174　善經 086　經部/叢編

十三經註疏三百三十三卷　(明)□□輯　明崇禎元年至十二年(1628－1639)古虞毛氏汲古閣刻本　二冊　存一種

330000－4706－0000175　善史 040　史部/地理類/山川之屬/山志

廣雁蕩山誌二十八卷首一卷末一卷　(清)曾唯輯　清乾隆五十五年(1790)曾唯依綠園刻本　八冊　缺七卷(四至六、二十六至二十八,末)

330000－4706－0000176　善經 010、善經 048

經部/總類/傳說之屬

御纂七經二百八十卷首十一卷序三卷　（清）李光地等撰　清同治六年至九年（1867–1870）浙江書局刻本　三十七冊　存二種

330000－4706－0000177　善經050　經部/總類/傳說之屬

御纂七經二百八十卷首十一卷序三卷　（清）李光地等撰　清同治六年至九年（1867–1870）浙江書局刻本　二十三冊　存一種

330000－4706－0000178　善史046　史部/史表類/通代之屬

二十四史三表三種二十卷　（清）段長基撰（清）段揯書編注　清嘉慶二十二年（1817）小西山房刻本　四冊　存一種

330000－4706－0000179　善經009、善經049　經部/總類/傳說之屬

御纂七經二百八十卷首十一卷序三卷　（清）李光地等撰　清康熙至乾隆內府刻本　四十九冊　存二種

330000－4706－0000181　善經084　經部/春秋總義類/傳說之屬

御纂春秋直解十二卷　（清）傅恒等撰　清乾隆刻本　八冊

330000－4706－0000182　善史062　史部/紀傳類/正史之屬

明史稿三百十卷目錄三卷　（清）王鴻緒撰　清雍正敬慎堂刻本　十八冊　存七十四卷（表三至九、志五十四至六十四、七十至七十三，列傳一百十一至一百五十七、二百至二百四）

330000－4706－0000183　善史035　史部/地理類/山川之屬/水志

水經注四十卷　（北魏）酈道元撰　明崇禎二年（1629）刻本　十冊

330000－4706－0000184　善經091　經部/叢編

九經補注八種　（清）姜兆錫撰　清雍正至乾隆寅清樓刻本　三冊　存二種

330000－4706－0000185　善史031　史部/史抄類

兩晉南北合纂四十卷　（明）錢岱輯　明萬曆刻本　十冊　缺六卷（南梁纂一至四、北隋纂一至二）

330000－4706－0000186　善經085　經部/叢編

仿宋相臺五經附考證　（清）□□輯　清乾隆四十八年（1783）武英殿刻本　十冊　存一種

330000－4706－0000187　善史033　類叢部/類書類/專類之屬

王先生十七史蒙求十六卷　（宋）王令撰　清康熙四十九年（1710）海陽程宗琠刻本　二冊

330000－4706－0000188　善史032　類叢部/類書類/專類之屬

王先生十七史蒙求十六卷　（宋）王令撰　清康熙四十九年（1710）海陽程宗琠倣宋刻本　一冊　存六卷（六至十一）

330000－4706－0000189　地文史010　史部/傳記類/總傳之屬/家乘

嘉善郁氏家乘二卷　（清）郁廣等纂修　清康熙三十六年（1697）刻本　一冊

330000－4706－0000190　善經070、善經093　經部/叢編

十三經古注二百九十卷　（明）金蟠（明）葛鼐校　明崇禎十二年（1639）永懷堂刻清同治八年（1869）浙江書局校修印本　十冊　存二種

330000－4706－0000191　地文史011　史部/傳記類/總傳之屬/家乘

[浙江嘉善]楓谿郁氏家乘六卷別錄一卷　（清）郁廣等纂修　清光緒松江顧青蓮刻本　一冊　缺三卷（一至三）

330000－4706－0000192　地文史047　史部/地理類/方志之屬/郡縣志

[道光]分湖小識六卷　（清）柳樹芳纂　清道光二十七年（1847）勝谿草堂柳氏刻本　二冊

330000－4706－0000193　善子003　子部/儒家類/儒學之屬/經濟

說苑二十卷　（漢）劉向撰　明末刻本　四冊

330000－4706－0000194　善子006　子部/道家類

莊子郭註十卷　（晉）郭象注　（唐）陸德明音義　明末閔啟祥刻本　二冊　存四卷（三至四、七至八）

330000－4706－0000195　善子002　子部/儒家類/儒學之屬/經濟

鹽鐵論十二卷　（漢）桓寬撰　（明）張之象注　清刻本　二冊

330000－4706－0000196　善子019　子部/藝術類/書畫之屬/總論

佩文齋書畫譜一百卷　（清）孫岳頒等輯　清康熙內府刻本　一冊　存二卷（九十九至一百）

330000－4706－0000197　善經094　經部/四書類/論語之屬/傳說

增訂四書集註大全四十二卷　（明）胡廣等輯　（清）汪份增訂　清刻本　一冊　存三卷（論語十一至十三）

330000－4706－0000198　善子016　子部/藝術類/書畫之屬/畫譜

芥子園畫傳四集四卷　（清）丁臬等撰輯　**芥子園圖章會纂一卷**　（清）李漁撰　清嘉慶二十三年(1818)刻本　四冊

330000－4706－0000199　善子029　類叢部/叢書類/彙編之屬

武英殿聚珍版書一百三十八種　清乾隆武英殿木活字印本　五冊　存一種

330000－4706－0000200　善子036　子部/雜著類

志鵠集巧二卷　（清）蔡通曾纂錄　清康熙四十一年(1702)抄本　一冊　存一卷（上）

330000－4706－0000201　善經065　經部/叢編

九經補注八種　（清）姜兆錫撰　清雍正至乾隆寅清樓刻本　四冊　存一種

330000－4706－0000202　善經066　經部/叢編

九經補注八種　（清）姜兆錫撰　清雍正至乾隆寅清樓刻本　三冊　存一種

330000－4706－0000203　善子034、善子035　類叢部/叢書類/彙編之屬

說鈴前集三十三種後集十九種續集七種　（清）吳震方編　清康熙刻本　五冊　存十四種

330000－4706－0000204　善經071　經部/春秋左傳類/傳說之屬

春秋左傳五十卷　（明）□□抄　明抄本　四冊　存三十八卷（一至二十四、三十四至四十一、四十四至四十九）

330000－4706－0000205　善子032　子部/雜著類/雜說之屬

游宦紀聞十卷　（宋）張世南撰　明末刻本　一冊

330000－4706－0000206　善經102　經部/四書類/總義之屬/傳說

四書考異七十二卷　（清）翟灝撰　清乾隆三十四年(1769)無不宜齋刻本　十一冊　缺七卷（十六至二十二）

330000－4706－0000207　善子055　子部/儒家類/儒學之屬/經濟

大學衍義四十三卷　（宋）真德秀撰　明崇禎陳仁錫刻本　八冊

330000－4706－0000208　善子054　子部/儒家類/儒學之屬/經濟

大學衍義補一百六十卷首一卷　（明）丘濬撰　（明）陳仁錫評閱　明崇禎長洲陳仁錫刻本　二十八冊

330000－4706－0000209　善子072　子部/藝術類/音樂之屬/琴學

琴學內篇一卷外篇一卷　（清）曹庭棟撰　清乾隆十五年(1750)曹氏刻本　一冊　存一卷（內篇）

330000－4706－0000210　善經074　經部/春秋左傳類/傳說之屬

春秋左傳杜林合註五十卷　（晉）杜預　（宋）林堯叟註釋　（唐）陸德明音義　（明）閔光德　（明）閔夢得　（明）閔宗德編輯　明萬曆刻本　十四冊

330000－4706－0000211　善子056　子部/兵家類/兵法之屬

登壇必究四十卷　（明）王鳴鶴編輯　清刻本　四十五冊　缺一卷（三十一）

330000－4706－0000212　地文史048　史部/地理類/方志之屬/郡縣志

[光緒]**重修嘉善縣志三十六卷首一卷**　（清）江峯青修　（清）顧福仁纂　清光緒二十年（1894）刻本　十六冊

330000－4706－0000213　地文史049　史部/地理類/方志之屬/郡縣志

[光緒]**重修嘉善縣志三十六卷首一卷**　（清）江峯青修　（清）顧福仁纂　清光緒二十年（1894）刻本　十三冊　缺七卷（首,一至二、九至十、三十二至三十三）

330000－4706－0000214　地文史050　史部/地理類/方志之屬/郡縣志

[光緒]**重修嘉善縣志三十六卷首一卷**　（清）江峯青修　（清）顧福仁纂　（清）孫鴻壽等分纂　[民國]**校勘光緒嘉善縣志劄記一卷**　孫傳樞　唐步雲纂　清光緒二十年（1894）刻民國七年（1918）重印本　十六冊　缺三卷（二十至二十二）

330000－4706－0000215　地文史051　史部/地理類/方志之屬/郡縣志

[光緒]**重修嘉善縣志三十六卷首一卷**　（清）江峯青修　（清）顧福仁纂　清光緒二十年（1894）刻本　十三冊　缺七卷（首,一至二、五至八）

330000－4706－0000216　地文史055　史部/地理類/方志之屬/郡縣志

[光緒]**重修嘉善縣志三十六卷首一卷**　（清）江峯青修　（清）顧福仁纂　清光緒二十年

（1894）刻本　七冊　存二十一卷（七至十九、二十五至二十九、三十四至三十六）

330000－4706－0000217　地文史052　史部/地理類/方志之屬/郡縣志

[嘉慶]**重修嘉善縣志二十卷首一卷**　（清）萬相賓纂修　清嘉慶五年（1800）刻本　十二冊

330000－4706－0000218　地文史053　史部/地理類/方志之屬/郡縣志

[光緒]**重修嘉善縣志三十六卷首一卷**　（清）江峯青修　（清）顧福仁纂　清光緒二十年（1894）刻本　六冊　存十六卷（三至四、十四至十七、二十至二十四、三十至三十一、三十四至三十六）

330000－4706－0000219　地文史054　史部/地理類/方志之屬/郡縣志

[光緒]**重修嘉善縣志三十六卷首一卷**　（清）江峯青修　（清）顧福仁纂　清光緒二十年（1894）刻本　四冊　存十卷（首,一至二、五至八、十一至十三）

330000－4706－0000220　地文史056　史部/地理類/方志之屬/郡縣志

[光緒]**重修嘉善縣志三十六卷首一卷**　（清）江峯青修　（清）顧福仁纂　[民國]**校勘光緒嘉善縣志劄記一卷**　孫傳樞　唐步雲等纂　清光緒二十年（1894）刻民國七年（1918）重印本（[民國]校勘光緒嘉善縣志劄記配民國八年鉛印本）　十五冊　缺四卷（首,一至二,校勘光緒嘉善縣志劄記）

330000－4706－0000221　地文史057　史部/地理類/方志之屬/郡縣志

[嘉慶]**重修嘉善縣志二十卷首一卷**　（清）萬相賓纂修　清嘉慶五年（1800）刻本　二冊　存五卷（二至三、十四至十六）

330000－4706－0000222　地文史058　史部/地理類/方志之屬/郡縣志

[光緒]**重修嘉善縣志三十六卷首一卷**　（清）江峯青修　（清）顧福仁纂　（清）孫鴻壽等分纂　[民國]**校勘光緒嘉善縣志劄記一卷**　孫傳樞　唐步雲纂　清光緒二十年（1894）刻民

國七年(1918)重印本　十七冊

330000－4706－0000223　善子050　類叢部/
類書類/通類之屬
廣事類賦四十卷　(清)華希閔撰　清康熙三
十八年(1699)劍光閣刻本　三冊　存二十卷
(一至六、十二至十六、二十二至三十)

330000－4706－0000224　地文史059　史部/
地理類/方志之屬/郡縣志
[光緒]重修嘉善縣志三十六卷首一卷　(清)
江峯青修　(清)顧福仁纂　清光緒二十年
(1894)刻本　十二冊　缺十卷(首,一至二、
五至八、十一至十三)

330000－4706－0000225　善子057　類叢部/
類書類/專類之屬
子史精華一百六十卷　(清)吳士玉　(清)吳
襄等輯　清雍正五年(1727)刻本　四十八冊

330000－4706－0000226　善經083　經部/春
秋總義類/傳說之屬
春秋十六卷首一卷　清刻本　七冊　存十卷
(三、五至七、九、十一至十五)

330000－4706－0000227　善經106　經部/四
書類/論語之屬/專著
鄉黨圖考十卷　(清)江永撰　清乾隆五十二
年(1787)潛德堂刻本　四冊

330000－4706－0000228　善子063　類叢部/
類書類/專類之屬
試策箋註四卷　(清)檀萃撰　(清)曾力行注
清乾隆四十二年(1777)致和堂刻本　二冊

330000－4706－0000229　善子046　類叢部/
類書類/通類之屬
事類賦三十卷　(宋)吳淑撰並注　清乾隆五
十四年(1789)刻本　四冊

330000－4706－0000230　善經076　經部/春
秋左傳類/傳說之屬
曲江書屋新訂批註左傳快讀十八卷首一卷
(清)李紹崧輯　清乾隆五十四年(1789)道生
堂刻本　十五冊　缺一卷(十八)

330000－4706－0000231　善子049　類叢部/
類書類/通類之屬
事類賦三十卷　(宋)吳淑撰並注　清刻本
四冊

330000－4706－0000232　善子060　類叢部/
類書類/通類之屬
廣事類賦四十卷　(清)華希閔撰　清乾隆二
十九年(1764)劍光閣刻本　八冊

330000－4706－0000233　善經101　經部/四
書類/總義之屬/傳說
酌雅齋四書體註合講十九卷　(清)翁復編
清雍正十年(1732)刻本　五冊

330000－4706－0000234　善經098　經部/四
書類/總義之屬/傳說
同德堂四書體註合講十九卷　(清)翁復編次
(清)詹文煥叅定　清雍正刻本　五冊　缺
二卷(孟子六至七)

330000－4706－0000235　善經024　經部/詩
類/傳說之屬
御纂詩義折中二十卷　(清)高宗弘曆撰
(清)傅恒　(清)陳兆崙等纂　清乾隆刻本
八冊

330000－4706－0000236　善子047　類叢部/
類書類/通類之屬
廣廣事類賦三十二卷　(清)吳世旃撰　清嘉
慶元年(1796)刻本　六冊

330000－4706－0000237　善子073　類叢部/
類書類/通類之屬
事類賦三十卷　(宋)吳淑撰並注　清刻本
四冊

330000－4706－0000238　善經008　類叢部/
叢書類/彙編之屬
武英殿聚珍版書一百三十八種　清乾隆刻本
九冊　存一種

330000－4706－0000239　地文集025　集部/
詞類/總集之屬
柳洲亭折柳詞一卷　(清)江峯青撰　清光緒
刻本　一冊

330000－4706－0000240　善集006　集部/總集類/選集之屬/通代

文選六十卷　（南朝梁）蕭統輯　（唐）李善注（清）何焯評　清乾隆三十七年(1772)長洲葉樹藩海錄軒刻朱墨套印本　七冊　存三十三卷(一至三十三)

330000－4706－0000241　地文集026　集部/總集類/酬唱之屬

紫雲峰唱和集一卷　（清）江峯青撰　清光緒刻本　一冊

330000－4706－0000242　地文集129　集部/總集類/酬唱之屬

紫雲峰唱和集一卷　（清）江峯青撰　清光緒刻本　一冊

330000－4706－0000243　地文集130　集部/總集類/酬唱之屬

紫雲峰唱和集一卷　（清）江峯青撰　清光緒刻本　一冊

330000－4706－0000244　地文集131　集部/總集類/酬唱之屬

紫雲峰唱和集一卷　（清）江峯青撰　清光緒刻本　一冊

330000－4706－0000245　善經004　經部/易類/傳說之屬

周易辯二十四卷首一卷　（清）浦龍淵撰　清康熙刻本　三冊　存七卷(首,四至六、十至十二)

330000－4706－0000246　善子074　類叢部/類書類/專類之屬

格致鏡原一百卷　（清）陳元龍撰　清康熙五十六年(1717)刻雍正十三年(1735)印本　二十四冊

330000－4706－0000247　地文集132　集部/總集類/酬唱之屬

紫雲峰唱和集一卷　（清）江峯青撰　清光緒刻本　一冊

330000－4706－0000248　地文集133　集部/詞類/總集之屬

柳洲亭折柳詞一卷　（清）江峯青撰　清光緒刻本　一冊

330000－4706－0000249　地文集038　集部/總集類/酬唱之屬

魏塘南浦吟一卷　（清）江峯青撰　清光緒二十六年(1900)刻本　一冊

330000－4706－0000250　地文集012　集部/總集類/酬唱之屬

謙山鴻印集一卷　（清）江峰青輯　清光緒二十三年(1897)刻本　一冊

330000－4706－0000251　地文集134　集部/總集類/酬唱之屬

重行行唱酬集一卷　（清）江峯青等撰　清光緒二十三年(1897)刻本　一冊

330000－4706－0000252　地文集068　集部/別集類/清別集

春星草堂詩集二卷　（清）唐際虞撰　清光緒二十一年(1895)刻本　一冊

330000－4706－0000253　地文集070　集部/別集類/清別集

春星草堂詩集二卷　（清）唐際虞撰　清光緒二十一年(1895)刻本　一冊

330000－4706－0000254　地文集136　集部/別集類/清別集

小桃花盦詞集一卷　（清）唐際虞撰　清油印本　一冊

330000－4706－0000255　地文集074　集部/別集類/清別集

望杏書屋遺稿不分卷　（清）張大同撰　清咸豐七年(1857)刻本　一冊

330000－4706－0000257　地文集077　類叢部/叢書類/郡邑之屬

檇李遺書　（清）孫福清編　清光緒四年(1878)秀水孫氏望雲仙館刻本　一冊　存一種

330000－4706－0000258　地文集135　集部/別集類/清別集

春星草堂詩集二卷　（清）唐際虞撰　清光緒二十一年(1895)刻本　一冊

330000－4706－0000259　地文集 080　類叢部/叢書類/郡邑之屬

檇李遺書　（清）孫福清編　清光緒四年(1878)秀水孫氏望雲仙館刻本　一冊　存一種

330000－4706－0000260　地文集 078　集部/別集類/清別集

小謨觴居詩存一卷　（清）孫成彥著　清光緒六年(1880)刻本　一冊

330000－4706－0000261　地文集 137　集部/別集類/清別集

小謨觴居詩存一卷　（清）孫成彥著　清光緒六年(1880)刻本　一冊

330000－4706－0000262　地文集 138　史部/地理類/雜志之屬

新州竹枝詞二卷　（清）孫福清等撰　清同治十三年(1874)新州官署刻本　一冊　存一卷(一)

330000－4706－0000263　地文集 066　集部/別集類/清別集

琵琶冷豔一卷　（清）郁少彝撰　清光緒十三年(1887)木活字印本　一冊

330000－4706－0000264　地文集 107　類叢部/叢書類/自著之屬

甒翁叢稿三種　（清）□□抄　清抄本　一冊　存一種

330000－4706－0000265　地文集 139　集部/總集類/選集之屬/斷代

名賢詩鈔不分卷　（清）孫致彌等撰　清抄本　一冊

330000－4706－0000266　地文集 105　集部/別集類/清別集

隨筆與詩抄一卷　（清）□□撰　清抄本　一冊

330000－4706－0000267　地文集 111　集部/

別集類/清別集

晴川存稿不分卷　（清）楊導渭撰　（清）許秋粟錄　清光緒八年(1882)許秋粟抄本　清許秋粟評　一冊

330000－4706－0000268　地文集 140　集部/別集類/唐五代別集

杜詩鈔本不分卷　（唐）杜甫撰　清抄本　一冊

330000－4706－0000269　地文集 064　集部/別集類/清別集

東望望閣詩鈔二十卷　（清）查奕照撰　清刻本　一冊　存五卷(十一至十五)

330000－4706－0000270　善子 069　類叢部/類書類/通類之屬

省軒考古類編十二卷　（清）柴紹炳撰　（清）姚廷謙評　清雍正四年(1726)澹成堂雲間刻本　四冊

330000－4706－0000271　善集 031　集部/總集類/選集之屬/斷代

南宋群賢小集　（宋）陳起輯　（清）顧修重輯　清嘉慶六年(1801)石門顧氏讀畫齋刻本　二冊　存四種

330000－4706－0000272　善子 010　子部/醫家類/方書之屬/單方驗方

絳雪園古方選注不分卷　（清）王子接輯　清乾隆二年(1737)刻本　一冊

330000－4706－0000273　善子 011　子部/醫家類/醫話醫論之屬

歸硯錄三卷　（清）王士雄撰　清同治抄本　二冊

330000－4706－0000274　善集 035　集部/總集類/郡邑之屬

國朝松陵詩微二十卷　（清）袁景輅輯　清乾隆三十二年(1767)吳江袁氏愛吟齋刻本　四冊

330000－4706－0000275　善子 012　子部/醫家類/外科之屬

瘍瘡經驗全書十三卷　（宋）竇默撰　（明）竇

夢麟增輯　清康熙浩然樓刻本　一冊　存二卷(一至二)

330000－4706－0000276　善子062　類叢部/類書類/通類之屬

古雋考略六卷　(明)顧充　(明)李承勛輯　明萬曆二十七年(1599)李楨、蕭大亨等刻本　一冊　存二卷(二至三)

330000－4706－0000277　善集018　類叢部/叢書類/彙編之屬

武英殿聚珍版書一百三十八種　清刻本　一冊　存一種

330000－4706－0000278　善集042　類叢部/叢書類/彙編之屬

武英殿聚珍版書一百三十八種　清乾隆武英殿木活字印本　二冊　存一種

330000－4706－0000279　善子052　類叢部/類書類/通類之屬

廣事類賦四十卷　(清)華希閔撰　清康熙刻本　一冊　存六卷(三十五至四十)

330000－4706－0000280　善子075　類叢部/類書類/通類之屬

廣事類賦四十卷　(清)華希閔撰　清康熙刻本　一冊　存六卷(三十五至四十)

330000－4706－0000281　善子058　類叢部/類書類/專類之屬

子史精華一百六十卷　(清)吳士玉　(清)吳襄等輯　清乾隆刻本　十八冊　存八十卷(二十一至二十五、四十至六十二、七十九至九十二、一百三至一百二十二、一百四十三至一百六十)

330000－4706－0000282　善子076　類叢部/類書類/專類之屬

韻府約編二十四卷　(清)鄧愷輯　清乾隆二十四年(1759)刻本　二十四冊

330000－4706－0000283　善子013　子部/醫家類/外科之屬

瘡瘍經驗全書十三卷　(宋)竇默撰　(明)竇夢麟增輯　清康熙浩然樓刻本　一冊　存二卷(一至二)

330000－4706－0000284　善子077　子部/醫家類/外科之屬

瘡瘍經驗全書十三卷　(宋)竇默撰　(明)竇夢麟增輯　清康熙浩然樓刻本　二冊　存五卷(二至六)

330000－4706－0000285　善子068　類叢部/類書類/通類之屬

省軒考古類編十二卷　(清)柴紹炳撰　(清)姚廷謙評　清雍正四年(1726)刻本　五冊　缺二卷(三至四)

330000－4706－0000286　善子007　類叢部/類書類/通類之屬

省軒考古類編十二卷　(清)柴紹炳撰　(清)姚廷謙評　清雍正四年(1726)刻本　四冊

330000－4706－0000287　善集002　集部/總集類/選集之屬/通代

古詩源十四卷　(清)沈德潛輯　清康熙五十八年(1719)竹嘯軒刻本　四冊

330000－4706－0000288　善集003　集部/總集類/選集之屬/通代

古詩源十四卷　(清)沈德潛輯　清康熙刻本　四冊

330000－4706－0000289　善子048　類叢部/類書類/通類之屬

事類賦三十卷　(宋)吳淑撰並注　清刻本　六冊

330000－4706－0000290　善子051　類叢部/類書類/通類之屬

廣事類賦四十卷　(清)華希閔撰　清康熙三十八年(1699)刻本　八冊

330000－4706－0000291　善集026　集部/總集類/氏族之屬

嘉樂齋三蘇文範十八卷首一卷　(宋)蘇洵　(宋)蘇軾　(宋)蘇轍撰　(明)楊慎輯　(明)袁宏道評釋　明天啓二年(1622)刻本　三冊　存八卷(五至九、十三至十五)

330000－4706－0000292　善子033　子部/雜著類/雜說之屬

池北偶談二十六卷 （清）王士禎撰　清康熙刻本　五冊　存十七卷（四至六、十三至二十六）

330000－4706－0000293　善子042　史部/傳記類/總傳之屬/通代

尚友錄二十二卷 （明）廖用賢輯　清康熙五年(1666)刻本　五冊　存九卷（一至七、十三至十四）

330000－4706－0000294　善集045　集部/別集類/唐五代別集

分類補註李太白詩二十五卷 （唐）李白撰　（宋）楊齊賢集註　（元）蕭士贇補註　（明）郭雲鵬校刻　**分類編次李太白文五卷** （唐）李白撰　（明）郭雲鵬編次　明嘉靖二十二年(1543)郭雲鵬寶善堂刻本　九冊　存二十二卷（三至六、九至二十六）

330000－4706－0000295　善子040　類叢部/類書類/通類之屬

潛確居類書一百二十卷 （明）陳仁錫輯　明崇禎刻本　五冊　存十二卷（五十至六十一）

330000－4706－0000296　善集071　集部/別集類/清別集

南華山人詩鈔十六卷南華山房詩鈔六卷 (清)張鵬翀撰　清乾隆十年(1745)刻本　一冊　存六卷（南華山房詩鈔一至六）

330000－4706－0000297　善子061　類叢部/類書類/專類之屬

子史精華一百六十卷 （清）吳士玉　（清）吳襄等輯　清雍正五年(1727)刻本　三十四冊　存一百十三卷（一至九、十四至二十九、三十四至四十二、四十七至六十六、七十至八十三、八十七至一百一、一百十四至一百十八、一百二十至一百二十二、一百二十六至一百三十五、一百四十一至一百四十九、一百五十六至一百五十八）

330000－4706－0000298　善集010　集部/總集類/選集之屬/通代

御定歷代賦彙一百四十卷外集二十卷逸句二卷補遺二十二卷目錄三卷　（清）陳元龍輯　清康熙四十五年(1706)內府刻本　四冊　存十五卷（一百十九至一百二十七、一百三十三至一百三十六，補遺十至十一）

330000－4706－0000299　善子070　類叢部/類書類/通類之屬

山堂肆考二百四十卷 （明）彭大翼撰　（明）張幼學編　明刻本　三十冊　存八十七卷（羽集一至十六、三十至四十八，商集十二至四十四,角集二十三至二十八、三十六至四十八）

330000－4706－0000300　善集051　類叢部/叢書類/彙編之屬

武英殿聚珍版書一百三十八種 清刻本　四十冊　存一種

330000－4706－0000301　善集052　類叢部/叢書類/彙編之屬

武英殿聚珍版書一百三十八種 清刻本　三十四冊　存一種

330000－4706－0000302　善集102　類叢部/叢書類/彙編之屬

武英殿聚珍版書一百三十八種 清刻本　一冊　存一種

330000－4706－0000303　善子009　子部/醫家類/綜合之屬/通論

御纂醫宗金鑑九十卷首一卷 （清）弘晝等總理　清乾隆刻本　二十三冊　存四十一卷（首,一至二、四至十、十二至十六、十八至十九、二十四至三十三、四十一至四十三、五十七至六十七）

330000－4706－0000304　善集046　集部/總集類/彙編之屬

三唐人集 （清）馮焌光輯　清光緒南海馮氏讀有用書齋刻本　二冊　存一種

330000－4706－0000305　善集041　集部/總集類/彙編之屬

唐八家詩鈔 （清）陳明善編選　清乾隆刻本

一冊　存一種

330000－4706－0000306　善子030　子部/雜
著類

虛靜齋養心彙編二卷　（清）自訟居士述　清
道光抄本　一冊

330000－4706－0000307　善子001　子部/儒
家類/儒學之屬/性理

慈溪黃氏日抄分類九十七卷　（宋）黃震撰
清刻本　二冊　存四卷（五至六、六十六至六
十七）

330000－4706－0000308　善集043　集部/別
集類/唐五代別集

**溫庭筠詩集七卷別集一卷集外詩一卷附錄諸
家詩評一卷**　（唐）溫庭筠撰　清刻本　一冊

330000－4706－0000309　善子008　類叢部/
類書類/通類之屬

增訂二三場彙書備考四卷　（明）袁黃著
（明）袁儼注　（明）沈昌世增　（明）徐行敏
訂　明崇禎致和堂刻本　四冊

330000－4706－0000310　善集089　集部/別
集類/清別集

吳梅村詩選鈔不分卷　（清）吳梅村（吳偉業）
撰　（清）藥霞手錄　清道光二十四年（1844）
抄本　二冊

330000－4706－0000311　善集023　集部/總
集類/彙編之屬

宋詩鈔初集八十四種　（清）呂留良　（清）吳
之振　（清）吳爾堯編　清康熙十年（1671）洲
錢吳氏鑑古堂刻本　一冊　存四種

330000－4706－0000312　善集025　集部/總
集類/選集之屬/斷代

金詩選四卷　（清）顧奎光輯　（清）陶玉禾評
清乾隆十六年（1751）刻本　一冊　存二卷
（三至四）

330000－4706－0000313　善集008　集部/總
集類/選集之屬/通代

玉臺新詠十卷　（南朝陳）徐陵輯　（清）吳兆
宜注　（清）程琰刪補　清乾隆三十九年

（1774）刻本　二冊　存三卷（一、九至十）

330000－4706－0000314　善子041　類叢部/
類書類/通類之屬

唐類函二百卷目錄二卷　（明）俞安期輯　明
萬曆三十一年（1603）東吳俞安期刻本　十六
冊　存八十二卷（九至十、十八至二十一、三
十五至四十四、四十九至七十四、一百十一至
一百二十七、一百四十八至一百七十）

330000－4706－0000315　善集084　集部/別
集類/清別集

松桂堂全集三十七卷南沚集三卷延露詞三卷
（清）彭孫遹撰　清乾隆八年（1743）彭景曾
等刻本　二冊　存十九卷（十九至三十七）

330000－4706－0000316　善子021　子部/藝
術類/書畫之屬/畫譜

十竹齋書畫譜八卷　（明）胡正言輯　清嘉慶
二十二年（1817）芥子園刻本　二冊

330000－4706－0000317　善集011　集部/總
集類/選集之屬/通代

律賦衡裁六卷　（清）周嘉猷　（清）周鈐輯
（清）湯聘評　清刻本　四冊

330000－4706－0000318　善集060、善集085
集部/別集類/明別集

**青邱高季迪先生詩集十八卷首一卷遺詩一卷
扣舷集一卷鳧藻集五卷附錄一卷**　（明）高啟
撰　（清）金檀輯注　清雍正六年至七年
（1728－1729）桐鄉金氏文瑞樓刻本　八冊
缺五卷（二至四、十四至十五）

330000－4706－0000319　善子028　類叢部/
叢書類/彙編之屬

古今說海一百三十五種　（明）陸楫等編　明
嘉靖二十三年（1544）雲間陸氏儼山書院刻本
四冊　存十五種

330000－4706－0000320　善集004　集部/總
集類/選集之屬/通代

古詩類苑一百三十卷　（明）張之象纂輯
（明）俞顯卿訂補　明萬曆三十年（1602）俞顯
謨、王潁、陳甲刻本　二十六冊　存一百八卷

（五至一百十二）

330000－4706－0000321　善集068　集部/別集類/清別集

南昀文橐十二卷 （清）彭定求撰　清雍正四年（1726）刻本　六冊

330000－4706－0000323　善集066、善集072　類叢部/叢書類/自著之屬

沈歸愚詩文全集十四種 （清）沈德潛撰　清乾隆教忠堂刻本　三冊　存二種

330000－4706－0000324　善集083　集部/別集類/清別集

松桂堂全集三十七卷南洴集三卷延露詞三卷 （清）彭孫遹撰　清乾隆八年（1743）彭景曾等刻本　二冊　存八卷（一至三、三十三至三十七）

330000－4706－0000325　善集098　集部/別集類/清別集

漁洋山人精華錄箋注十二卷補一卷附年譜一卷 （清）王士禛撰　（清）金榮箋注　（清）徐準纂輯　清康熙五十一年（1712）鳳翽堂刻本　一冊　存二卷（二至三）

330000－4706－0000326　善子043　類叢部/類書類/通類之屬

玉海二百卷附刻辭學指南四卷詩攷一卷詩地理攷六卷漢藝文志攷證十卷通鑑地理通釋十四卷漢制攷四卷踐阼篇集解一卷急就篇補注四卷姓氏急就篇二卷小學紺珠十卷六經天文編二卷周易鄭康成注一卷周書王會補注一卷通鑑答問五卷 （宋）王應麟撰　元刻明正德、嘉靖、萬曆、崇禎補刻清康熙二十六年（1687）吉水李振裕補刻印本　一冊　存一卷（二百四）

330000－4706－0000328　善集058　集部/總集類/彙編之屬

元人集十種 （明）毛晉輯　明崇禎十一年（1638）毛晉汲古閣刻本　清張天方題記　四冊　存一種

330000－4706－0000329　善集107　類叢部/

類書類/通類之屬

類林新咏三十六卷 （清）姚之駰撰　清康熙四十七年（1708）刻本　一冊　存三卷（一至三）

330000－4706－0000330　善集067　集部/別集類/清別集

陳檢討集二十卷 （清）陳維崧撰　（清）程師恭注　清康熙三十二年（1693）有美堂刻本　清潘稼堂批　四冊

330000－4706－0000331　善集081　集部/別集類/清別集

安序堂文鈔三十卷 （清）毛際可撰　（清）林雲銘　（清）嚴允肇評　清康熙刻本　二冊　存六卷（一至六）

330000－4706－0000332　善集103　集部/別集類/清別集

陳檢討集二十卷 （清）陳維崧撰　（清）程師恭注　清康熙三十二年（1693）有美堂刻本　四冊

330000－4706－0000333　善集063　集部/別集類/明別集

甫田集三十五卷 （明）文徵明撰　**附錄一卷** （明）文嘉撰　明刻本　一冊　存九卷（二十八至三十五、附錄）

330000－4706－0000334　善集062　集部/別集類/明別集

瀟碧堂集二十卷 （明）袁宏道撰　明萬曆三十六年（1608）刻本　二冊　存十卷（一至十）

330000－4706－0000335　善集104　集部/別集類/明別集

瀟碧堂集二十卷 （明）袁宏道撰　明萬曆三十六年（1608）刻本　一冊　存四卷（七至十）

330000－4706－0000336　善集093　類叢部/叢書類/自著之屬

王漁洋遺書三十八種 （清）王士禛撰　清刻本　一冊　存一種

330000－4706－0000337　善集001　集部/總集類/選集之屬/通代

憑山閣彙輯四六留青采珍集十二卷　（清）陳
枚選　清康熙四十二年（1703）憑山閣刻本
四冊　存四卷（一至四）

330000－4706－0000338　善集064　集部/別
集類/清別集

集虛齋學古文十二卷　（清）方桄如撰　清乾
隆十九年（1754）佩古齋刻本　四冊

330000－4706－0000339　善集105　集部/總
集類/選集之屬/通代

憑山閣彙輯四六留青采珍集十二卷　（清）陳
枚選　（清）陳德裕增輯　清康熙刻本　三冊
存三卷（一、三至四）

330000－4706－0000340　善集106　集部/總
集類/選集之屬/通代

憑山閣彙輯四六留青采珍集十二卷　（清）陳
枚選　（清）陳德裕增輯　清康熙刻本　一冊
存一卷（一）

330000－4706－0000341　善集086　集部/別
集類/清別集

玉巖詩集二卷　（清）林麟焻撰　清康熙刻本
二冊

330000－4706－0000342　善集030　集部/總
集類/酬唱之屬

麟溪沈氏麟趾山唱和集不分卷　（清）黃德星
等撰　清同治稿本　一冊

330000－4706－0000343　善集032　史部/地
理類/專志之屬/陵墓

蕭松錄四卷　（清）譚吉璁輯　清康熙刻本
一冊　存二卷（三至四）

330000－4706－0000344　善集073　集部/別
集類/清別集

清儀閣詩鈔不分卷　（清）張廷濟撰　清嘉慶
抄本　張天方題記　一冊

330000－4706－0000345　善集069　集部/別
集類/清別集

大愚稿十七卷　（清）褚鳳翔撰　清乾隆十七
年（1752）刻本　二冊

330000－4706－0000346　善集082　集部/別
集類/清別集

思綺堂文集十卷　（清）章藻功撰　清康熙六
十一年（1722）刻本　三冊　存三卷（一至三）

330000－4706－0000347　善集099　集部/總
集類/選集之屬/通代

重訂文選集評十五卷首一卷末一卷　（清）于
光華輯　清乾隆四十三年（1778）刻本　四冊
存九卷（首，一至三、十二至十五，末）

330000－4706－0000348　善集012　集部/總
集類/選集之屬/通代

賦鈔箋略十五卷　（清）雷琳　（清）張杏濱輯
清乾隆刻本　二冊　存三卷（一、三至四）

330000－4706－0000349　善集059　集部/別
集類/元別集

趙文敏公松雪齋全集十卷外集一卷續集一卷
　（元）趙孟頫撰　清康熙五十二年（1713）海
上曹培廉城書室刻光緒八年（1882）楊氏重修
本　二冊　存六卷（一至六）

330000－4706－0000350　善集078　類叢部/
類書類/通類之屬

類林新咏三十六卷　（清）姚之駰撰　清康熙
四十七年（1708）刻本　八冊　存二十四卷
（一至三、七至十五、十九至二十一、二十五至
三十、三十四至三十六）

330000－4706－0000351　善集096　集部/總
集類/選集之屬/斷代

皇明十六名家小品三十二卷　（明）丁允和
（明）陸雲龍編并評　明崇禎六年（1633）錢塘
陸雲龍崢霄館刻本　三冊　存六卷（黃貞父
先生小品一至二、董思白先生小品一至二、陳
明卿先生小品一至二）

330000－4706－0000352　善集048　集部/總
集類/選集之屬/斷代

宋四名家詩　（清）周之鱗　（清）柴升編　清
康熙刻本　一冊　存一種

330000－4706－0000353　善集065　集部/別
集類/清別集

板橋集五種　（清）鄭燮撰　清刻本　三冊　存二種

330000－4706－0000354　善集080　集部/別集類/清別集

今雨堂詩墨續編四卷　（清）金姓撰　（清）姚祖同　（清）汪賢書注　清乾隆五十年(1785)今雨堂刻本　一冊

330000－4706－0000355　善集088　集部/別集類/清別集

樂善堂全集定本三十卷　（清）高宗弘曆撰　清乾隆刻本　二冊　存九卷(一至九)

330000－4706－0000356　善叢001　類叢部/叢書類/彙編之屬

祕書廿一種　（清）汪士漢編　清乾隆文盛堂刻本　六冊　存九種

330000－4706－0000357　善集054　集部/別集類/宋別集

東坡先生全集七十五卷　（宋）蘇軾撰　宋史本傳一卷　（元）脫脫撰　東坡先生墓志銘一卷　（宋）蘇轍撰　東坡先生年譜一卷　（宋）王宗稷編　明萬曆三十四年(1606)茅維刻本　十六冊　存四十二卷(一至三、十三至十八、二十五至三十五、三十九至四十一、五十至五十八、六十五至六十六、六十九至七十三,宋史本傳,東坡先生墓志銘,東坡先生年譜)

330000－4706－0000358　善集047　集部/別集類/宋別集

廬陵宋丞相信國公文忠烈先生全集十六卷　（宋）文天祥撰　（清）文有煥等編輯　清雍正三年(1725)文氏五桂堂刻乾隆二年(1737)增刻本　八冊　存七卷(一至七)

330000－4706－0000359　善集009　集部/總集類/選集之屬/通代

賦彙錄要二十八卷　（清）吳光昭箋畧　（清）陳書輯　清乾隆二十三年(1758)汲古齋刻本　八冊　存十七卷(一至二、五至六、十三至十九、二十一至二十六)

330000－4706－0000360　善集040　集部/別集類/清別集

雙橋草堂詩稿不分卷　（清）曹廉鍔撰　清咸豐稿本　一冊

330000－4706－0000361　善集055　集部/總集類/選集之屬/通代

唐宋八大家文鈔一百六十六卷　（明）茅坤編　明萬曆刻本　四冊　存一種

330000－4706－0000362　善集079　集部/別集類/唐五代別集

李太白文集三十六卷　（唐）李白撰　（清）王琦輯注　清乾隆刻本　九冊　存二十六卷(一至十八、二十三至二十八、三十五至三十六)

330000－4706－0000363　善集095　集部/詩文評類

古文廣注□□卷　（清）胡玉史詳攷　（清）梅若羹增釋　清乾隆長慶堂刻本　一冊　存二卷(四至五)

330000－4706－0000364　善集108　集部/詩文評類

古文廣注□□卷　（清）胡玉史詳攷　（清）梅若羹增釋　清乾隆長慶堂刻本　一冊　存二卷(六至七)

330000－4706－0000365　善集076　集部/別集類/清別集

蓮依遺詩不分卷　（清）倪景點撰　清道光抄本　一冊

330000－4706－0000366　善集075　集部/別集類/清別集

壺山堂賸稿不分卷絳雪樓遺草不分卷　（清）樊鍾岳著　絳雪樓遺草不分卷　（清）錢松撰　清咸豐抄本　張鳳題記　三冊

330000－4706－0000367　善集057　集部/總集類/氏族之屬

三蘇文抄二十卷　（明）李贄等輯　明崇禎刻本　二冊　存二卷(老泉文抄一至二)

330000－4706－0000368　善集020　集部/總

集類/選集之屬/斷代

御定全唐詩錄一百卷詩人年表一卷 （清）徐倬等輯　清康熙刻本　二十二冊　缺一卷（詩人年表）

330000－4706－0000369　善集027　集部/詞類/總集之屬

類編箋釋國朝詩餘六卷 （明）錢允治編（明）陳仁錫釋　明刻本　一冊　存五卷（二至六）

330000－4706－0000370　善集087　集部/別集類/清別集

拙存堂文集八卷 （清）蔣衡　（清）蔣湘帆撰　清乾隆八年（1743）刻本　二冊　存四卷（一至三、五）

330000－4706－0000371　善集029　集部/總集類/選集之屬

國朝賦選同聲集四卷 （清）胡浚評選　清乾隆二十三年（1758）刻本　二冊

330000－4706－0000372　善集056　集部/別集類/宋別集

范文正公集補編四卷 （宋）范仲淹撰　清初刻本　二冊　存二卷（三至四）

330000－4706－0000374　地文集089　集部/別集類/清別集

蔭蔣山莊駢散芟存一卷 （清）吳修祐撰　清光緒十年至十五年（1884－1889）木活字印本　一冊

330000－4706－0000375　地文集123、地文集124、地文集003　類叢部/叢書類/郡邑之屬

檇李遺書 （清）孫福清編　清光緒四年（1878）秀水孫氏望雲仙館刻本　四冊　存七種

330000－4706－0000376　善集053　類叢部/叢書類/自著之屬

陸放翁全集六種 （宋）陸游撰　明末海虞毛氏汲古閣刻清初毛扆增刻彙印本　二十一冊　存一種

330000－4706－0000377　地文集350　類叢

部/叢書類/郡邑之屬

檇李遺書 （清）孫福清編　清光緒四年（1878）秀水孫氏望雲仙館刻本　二冊　存二種

330000－4706－0000379　地文集083　集部/別集類/清別集

倚雲樓古今體詩一卷試帖一卷詩餘一卷 （清）金其恕撰　清光緒刻本　張鳳評　二冊

330000－4706－0000381　地文集095　集部/別集類/清別集

養心光室詩槀八卷 （清）顧福仁撰　清光緒十四年（1888）刻本　二冊

330000－4706－0000382　地文集142　集部/別集類/清別集

養心光室詩槀八卷 （清）顧福仁撰　清光緒十四年（1888）刻本　二冊

330000－4706－0000383　地文集146　集部/別集類/清別集

楊君詩鈔一卷 稿本　一冊

330000－4706－0000384　地文史013　史部/傳記類/科舉錄之屬

試藝一卷 （清）朱洪等撰　清光緒刻本　張鳳題記　一冊

330000－4706－0000385　地文集143　集部/別集類/清別集

養心光室詩槀八卷 （清）顧福仁撰　清光緒十四年（1888）刻本　二冊

330000－4706－0000387　地文集144　集部/別集類/清別集

養心光室詩槀八卷 （清）顧福仁撰　清光緒刻本　一冊　存四卷（一至四）

330000－4706－0000388　地文集145　集部/別集類/清別集

養心光室詩槀八卷 （清）顧福仁撰　清光緒十四年（1888）刻本　一冊　存四卷（一至四）

330000－4706－0000389　地文子032　史部/政書類/儀制之屬

帖式不分卷　清光緒抄本　一冊

330000－4706－0000390　地文集148　集部/別集類/明別集

夏節愍全集十卷首一卷末一卷補遺一卷續補遺一卷　（明）夏完淳撰　（清）陳均編（清）莊師洛輯　清光緒二十九年（1903）刻本　二冊

330000－4706－0000391　地文子004　子部/儒家類/儒家之屬

魏塘書院課藝不分卷　（清）陶晴初　（清）吳牧驪鑒定　清刻本　一冊

330000－4706－0000392　地文集162　集部/總集類/課藝之屬

續魏塘漱芳集不分卷　（清）陳銓衡等撰　清光緒刻本　一冊

330000－4706－0000393　地文史060　史部/編年類/通代之屬

袁王綱鑑合編三十九卷　（明）袁黃輯　（明）王世貞編　清光緒三十年（1904）上海商務印書館鉛印本　三冊　存九卷（五至七、十四至十六、二十一至二十三）

330000－4706－0000394　地文集147　集部/別集類/清別集

藝香閣國朝詩鈔不分卷　（清）張文光　（清）吳偉業等撰　清抄本　一冊

330000－4706－0000395　地文子034　子部/儒家類/儒家之屬

魏塘書院課藝不分卷　（清）陶晴初　（清）吳牧驪鑒定　清刻本　一冊

330000－4706－0000396　地文史061　史部/編年類/通代之屬

袁王綱鑑合編三十九卷御撰明紀綱目二十卷　（明）袁黃輯　（明）王世貞編　御撰明紀綱目二十卷　（清）張廷玉等編次　清光緒三十年（1904）上海商務印書館鉛印本　十六冊

330000－4706－0000398　地文集019　史部/地理類/雜志之屬

斜塘竹枝詞一卷　（清）倪以埴撰　清光緒十

八年（1892）刻本　一冊

330000－4706－0000399　地文集013　史部/地理類/雜志之屬

城南樵唱一卷　（清）顧福仁撰　清光緒十七年（1891）養心光室刻本　一冊

330000－4706－0000400　地文集149　史部/地理類/雜志之屬

城南樵唱一卷　（清）顧福仁撰　清光緒十七年（1891）養心光室刻本　一冊

330000－4706－0000402　地文集150　集部/別集類/清別集

養心光室詩槀八卷　（清）顧福仁撰　清光緒十四年（1888）刻本　二冊

330000－4706－0000403　地文集062　類叢部/叢書類/自著之屬

蕅蒔山莊遺著四種　（清）吳修祐撰　清光緒十年至十五年（1884－1889）木活字印本　一冊　存一種

330000－4706－0000404　地文集093　集部/別集類/清別集

愛蓮書屋賦鈔一卷試帖一卷　（清）孫思濂撰　清光緒六年（1880）刻本　二冊

330000－4706－0000405　地文子003　子部/儒家類/儒家之屬

魏塘書院課藝不分卷　（清）陶晴初　（清）吳牧驪鑒定　清同治九年（1870）刻本　二冊

330000－4706－0000407　地文集109　集部/別集類/清別集

紅林禽館賦不分卷　（清）葉蘭笙撰　清刻本　一冊

330000－4706－0000408　地文集091　集部/別集類/清別集

愛蓮書屋賦鈔一卷試帖一卷　（清）孫思濂撰　清光緒六年（1880）刻本　一冊　存一卷（賦鈔）

330000－4706－0000409　地文集092　集部/別集類/清別集

愛蓮書屋賦鈔一卷試帖一卷　（清）孫思濂撰
　清光緒六年（1880）刻本　二冊

330000－4706－0000410　地文集154　集部/
別集類/明別集

夏節愍全集十卷首一卷末一卷補遺一卷續補
遺一卷　（明）夏完淳撰　（清）陳均編
（清）莊師洛輯　清光緒刻本　一冊　缺七卷
（首、一至六）

330000－4706－0000411　地文集085　集部/
別集類/清別集

小匏庵詩存六卷末一卷　（清）吳仰賢撰　清
光緒四年（1878）刻本　二冊　存五卷（一至
二、五至六，末）

330000－4706－0000412　地文集001、地文集
155　類叢部/叢書類/郡邑之屬

檇李遺書　（清）孫福清編　清光緒四年
（1878）秀水孫氏望雲仙館刻本　五冊　存
十種

330000－4706－0000413　地文集153　集部/
別集類/清別集

詩娛室詩初集十二卷　（清）黃安濤撰　清道
光五年（1825）刻本　一冊　存三卷（四至六）

330000－4706－0000414　地文集081　集部/
別集類/清別集

百藥山房詩初集十卷　（清）黃若濟撰　清道
光九年（1829）刻本　二冊

330000－4706－0000415　地文集076　集部/
別集類/清別集

望雲仙館賦鈔不分卷　（清）孫福清撰　清同
治九年（1870）廣州藏珍閣刻本　一冊

330000－4706－0000416　地文集056　集部/
別集類/清別集

樹萱室集一卷　李斐然撰　清宣統元年
（1909）鉛印本　一冊

330000－4706－0000417　地文史064　史部/
編年類/通代之屬

增評加批歷史綱鑑補三十九卷首一卷　（明）
王世貞　（明）袁黃纂　御撰資治通鑑綱目三

編二十卷附資治明紀綱目三編一卷　（清）張
廷玉等撰　清光緒二十八年（1902）上海富強
齋石印本　四冊　存三十四卷（首、一至三十
三）

330000－4706－0000418　地文集060　集部/
別集類/清別集

松風老屋詩稿十六卷詩餘二卷　（清）錢清履
撰　清道光元年（1821）刻本　九冊

330000－4706－0000419　地文集061　集部/
別集類/清別集

松風老屋續稿四卷詩餘續稿一卷　（清）錢清
履撰　清刻本　一冊　缺二卷（一至二）

330000－4706－0000420　普0072　經部/周
禮類/傳說之屬

周禮精華六卷　（清）陳龍標輯　清光韙堂刻
本　四冊　存四卷（二至四、六）

330000－4706－0000421　地文集059　類叢
部/叢書類

山曉閣文選十五種　（清）孫琮編　清康熙山
曉閣刻本　十冊　存四種

330000－4706－0000422　地文集157　集部/
別集類/清別集

望雲仙館賦鈔不分卷　（清）孫福清撰　清同
治九年（1870）廣州藏珍閣刻本　二冊

330000－4706－0000423　地文集075　集部/
別集類/清別集

轅下吟編一卷吳趨詞鈔一卷　（清）吳修祐撰
　清咸豐刻本　一冊

330000－4706－0000425　地文史001　史部/
編年類/通代之屬

鼎鍥趙田了凡袁先生編纂古本歷史大方綱鑑
補三十九卷首一卷　（明）袁黃纂　御撰資治
通鑑綱目三編二十卷　（清）張廷玉等編次
清光緒二十五年（1899）益記書局石印本　九
冊　存十一卷（首，一至六、八至九，御撰資治
通鑑綱目三編一至二）

330000－4706－0000426　地文集158　集部/
別集類/清別集

松風老屋詩稿十六卷詩餘二卷 （清）錢清履
撰 清道光刻本 一冊 存二卷(五至六)

330000－4706－0000427 地文集 058 集部/
別集類/清別集

息耕草堂詩集十六卷 （清）黃安濤撰 清道
光十六年(1836)刻本 四冊

330000－4706－0000428 地文集 159 集部/
別集類/清別集

小謨觴館文注四卷續注二卷 （清）彭兆蓀撰
（清）孫元培 （清）孫長熙注 清光緒二十
年(1894)刻本 三冊

330000－4706－0000429 地文史 043 史部/
金石類/石之屬

金石例補二卷江行日記一卷(清嘉慶十八年)
（清）郭麐撰 清嘉慶抄本 一冊

330000－4706－0000430 地文集 160 集部/
別集類/清別集

愛山居吟稿不分卷 （清）□□撰 清抄本
張鳳題記 一冊

330000－4706－0000431 地文集 161 集部/
別集類/清別集

壽序不分卷 （清）□□輯 清抄本 一冊

330000－4706－0000432 地文集 152 集部/
別集類/清別集

蓮幕賤啟一卷 （清）□□撰 清抄本 一冊

330000－4706－0000433 地文集 094 集部/
別集類/清別集

詩娛室詩初集十二卷 （清）黃安濤撰 清道
光五年(1825)刻本 四冊

330000－4706－0000434 地文集 090 集部/
別集類/清別集

潛廬篋存草四卷 （清）沈景謨撰 清光緒二
十一年(1895)武昌刻本 二冊

330000－4706－0000435 地文集 163 集部/
別集類/清別集

潛廬篋存草四卷 （清）沈景謨撰 清光緒二
十一年(1895)武昌刻本 一冊 存二卷(三

至四)

330000－4706－0000436 地文集 164 集部/
別集類/清別集

潛廬篋存草四卷 （清）沈景謨撰 清光緒二
十一年(1895)武昌刻本 二冊

330000－4706－0000437 地文集 165 集部/
別集類/清別集

潛廬篋存草四卷 （清）沈景謨撰 清光緒二
十一年(1895)武昌刻本 二冊

330000－4706－0000438 地文集 063 集部/
別集類/清別集

薛氏五種 （清）薛時雨撰 清同治五年至七
年(1866－1868)刻本 一冊 存一種

330000－4706－0000439 地文集 028 集部/
總集類/課藝之屬

魏塘漱芳集不分卷 （清）江峯青輯 清光緒
二十一年(1895)刻本 二冊

330000－4706－0000440 地文集 029 集部/
總集類/課藝之屬

續魏塘漱芳集不分卷 （清）陳銓衡等撰 清
光緒二十六年(1900)刻本 二冊

330000－4706－0000441 地文集 167 集部/
總集類/酬唱之屬

重行行唱酬集一卷 （清）江峯青等撰 清光
緒二十三年(1897)刻本 一冊

330000－4706－0000442 地文集 166 集部/
別集類/清別集

潛廬篋存草四卷 （清）沈景謨撰 清光緒二
十一年(1895)武昌刻本 二冊

330000－4706－0000443 地文集 030 集部/
總集類/課藝之屬

續魏塘漱芳集不分卷 （清）陳銓衡等撰 清
光緒二十六年(1900)刻本 一冊

330000－4706－0000444 地文集 171 集部/
總集類/課藝之屬

續魏塘漱芳集不分卷 （清）陳銓衡等撰 清
光緒刻本 一冊

330000－4706－0000445　地文集168　集部/
總集類/酬唱之屬

重行行唱酬集一卷　（清）江峯青等撰　清光
緒二十三年（1897）刻本　一冊

330000－4706－0000446　地文集169　集部/
總集類/酬唱之屬

重行行唱酬集一卷　（清）江峯青等撰　清光
緒二十三年（1897）刻本　一冊

330000－4706－0000447　地文集170　集部/
總集類/酬唱之屬

重行行唱酬集一卷　（清）江峯青等撰　清光
緒二十三年（1897）刻本　一冊

330000－4706－0000448　地文集017　史部/
地理類/雜志之屬

魏塘竹枝詞不分卷　（清）孫燕昌撰　清嘉慶
十三年（1808）柳南草堂刻本　一冊

330000－4706－0000449　地文集018　史部/
地理類/雜志之屬

魏塘竹枝詞一卷　（清）孫燕昌撰　清同治七
年（1868）望雲仙館刻本　一冊

330000－4706－0000450　地文集073　集部/
別集類/清別集

延綠草堂賦稿一卷　（清）柯萬源撰　清道光
二十六年（1846）刻本　一冊

330000－4706－0000451　地文集086　集部/
別集類/清別集

小匏庵詩草不分卷　（清）吳仰賢撰　清光緒
稿本　一冊

330000－4706－0000452　類叢
部/叢書類/郡邑之屬

檇李遺書　（清）孫福清編　清光緒四年
（1878）秀水孫氏望雲仙館刻本　三冊　存
四種

330000－4706－0000453　地文集172　集部/
別集類/明別集

**夏節愍全集十卷首一卷末一卷補遺一卷續補
遺一卷**　（明）夏完淳撰　（清）陳均編
（清）莊師洛輯　清嘉慶十二年（1807）刻本

四冊

330000－4706－0000454　地文集033　子部/
藝術類/遊藝之屬/聯語

魏塘楹帖錄存一卷　（清）江峯青撰　清光緒
刻本　一冊

330000－4706－0000455　地文子010　子部/
醫家類/本草之屬/本草藥性

藥性蒙求二卷　（清）張仁錫輯　清抄本
二冊

330000－4706－0000456　地文集071　集部/
別集類/清別集

棲僻園詩鈔二卷　（清）朱蓮燭撰　**靜濤齋詩
草一卷**　（清）朱時謙撰　清道光十八年
（1838）刻本　張鳳題記　一冊

330000－4706－0000457　地文集067　集部/
別集類/清別集

青箱館雜組八卷　（清）沈丹培撰　清道光二
十八年（1848）刻本　一冊

330000－4706－0000458　地文子035　子部/
醫家類/養生之屬/導引、氣功

易筋經二卷　題（北魏）達摩祖師撰　（唐）釋
般剌密諦譯義　清三雅堂抄本　一冊

330000－4706－0000459　地文集009　集部/
總集類/選集之屬/斷代

楚江湃合詩集十二卷　（清）錢清履輯　清嘉
慶十八年（1813）刻本　四冊

330000－4706－0000461　地文子028　子部/
醫家類/醫話醫論之屬

證治心得十二卷　（清）吳炳撰　清光緒抄本
六冊

330000－4706－0000462　地文史065　史部/
傳記類/科舉錄之屬

嘉善入泮題名錄二卷　程兼善輯　清光緒三
年（1877）嘉善林氏本立堂刻十四年（1888）補
刻本　二冊

330000－4706－0000463　地文史066　史部/
傳記類/科舉錄之屬

嘉善入泮題名錄二卷　程兼善輯　清光緒三年(1877)嘉善林氏本立堂刻十四年(1888)補刻本　二冊

330000－4706－0000467　地文子036　子部/醫家類/醫話醫論之屬
證治心得十二卷　(清)吳炳撰　清抄本　五冊　缺二卷(一至二)

330000－4706－0000468　地文集024　集部/總集類/郡邑之屬
鶴湖吟社試帖二卷　(清)顧紫珊鑒定　清光緒十三年(1887)刻本　二冊

330000－4706－0000469　地文子029　子部/醫家類/醫話醫論之屬
證治心得十二卷　(清)吳炳撰　清光緒抄本　六冊

330000－4706－0000470　地文集174　集部/總集類/郡邑之屬
鶴湖吟社試帖二卷　(清)顧紫珊鑒定　清光緒刻本　一冊　存一卷(一)

330000－4706－0000471　地文集173　集部/總集類/選集之屬/斷代
明詩別裁集十二卷　(清)沈德潛　(清)周準輯　清抄本　四冊

330000－4706－0000472　地文史037　史部/政書類/公牘檔冊之屬
魏塘文告摘錄一卷　(清)江峯青撰　清光緒二十五年(1899)刻本　一冊

330000－4706－0000473　地文經006　經部/春秋穀梁傳類/傳說之屬
春秋穀梁經傳補注二十四卷首一卷末一卷(清)鍾文烝補注　清光緒二年(1876)嘉善鍾氏信美室刻本　八冊

330000－4706－0000474　地文集004　集部/總集類/選集之屬/通代
文選集評十卷　(清)于光華輯　清光緒刻本　二冊

330000－4706－0000476　地文集103　集部/

別集類/清別集
張樸齋先生詩集不分卷　(清)張尚白撰　清抄本　一冊

330000－4706－0000477　地文集057　集部/別集類/清別集
心香閣時文不分卷　(清)郁鼎鐘撰　清道光十七年(1837)刻本　一冊

330000－4706－0000478　地文集104　集部/別集類/清別集
夢華館草卷二卷　(清)朱廷楨撰　清光緒稿本　一冊

330000－4706－0000479　地文集108　集部/別集類/清別集
沈瘦客稿不分卷　(清)沈瘦客撰　清抄本　一冊

330000－4706－0000480　地文集119　集部/詞類/總集之屬
蘭皋明詞匯選八卷詩餘近選三卷　(清)顧璟芳等撰　清刻本　一冊　存三卷(六至八)

330000－4706－0000481　地文集011　集部/別集類/清別集
瑣院公餘錄一卷擬墨附一卷　(清)江峯青撰　清光緒刻本　一冊

330000－4706－0000484　地文集178　集部/別集類/清別集
瑣院公餘錄一卷擬墨附一卷　(清)江峯青撰　清光緒刻本　一冊

330000－4706－0000486　地文史072　史部/政書類/公牘檔冊之屬
魏塘文告摘錄一卷　(清)江峯青撰　清光緒二十五年(1899)刻本　一冊

330000－4706－0000487　地文集179　集部/別集類/清別集
心香閣時文不分卷　(清)郁鼎鐘撰　清道光十七年(1837)刻本　一冊

330000－4706－0000488　地文集180　集部/別集類/清別集

心香閣時文不分卷 （清）郁鼎鐘撰 清道光
十七年(1837)刻本 一冊

330000－4706－0000489 地文子037 子部/
醫家類

丸藥方不分卷 清抄本 一冊

330000－4706－0000490 地文集102 集部/
別集類/清別集

困學子一樂吟不分卷 （清）一樂撰 稿本
一冊

330000－4706－0000491 地文集177 集部/
別集類/清別集

蛩廬詩詞叢鈔一卷 （清）羅勛撰 稿本
一冊

330000－4706－0000492 地文集020 史部/
地理類/雜志之屬

斜塘竹枝詞一卷 （清）倪以塤撰 清光緒十
八年(1892)刻本 一冊

330000－4706－0000493 地文集036 子部/
藝術類/游藝之屬/謎語

蓮廊雅集一卷 （清）江峯青撰 清光緒二十
年(1894)刻本 一冊

330000－4706－0000494 地文子038 子部/
天文曆算類/算書之屬

西算新法直解八卷 （清）馮桂芬 （清）陳瑒
撰 清抄本 二冊

330000－4706－0000495 地文史073 史部/
金石類/石之屬

石鼓集聯一卷石鼓文一卷 吳俊卿摹 清抄
本 一冊

330000－4706－0000496 地文集181 集部/
別集類/清別集

王百穀書札一卷 （清）王百穀撰 稿本
一冊

330000－4706－0000498 地文集115 集部/
別集類/清別集

西臺格律一卷 （清）致穌手抄 清光緒抄本
一冊

330000－4706－0000499 地文集113 集部/
別集類/清別集

子怡課抄不分卷 稿本 一冊

330000－4706－0000500 地文集087 集部/
別集類/清別集

時賢詩雜鈔不分卷 （清）王誠 （清）高東升
撰 （清）吳仰賢手錄 附小匏菴帖跋不分卷
（清）吳仰賢撰 清同治抄本 一冊

330000－4706－0000502 地文集052 集部/
別集類/明別集

藏密齋集二十四卷 （明）魏大中撰 清刻本
一冊 存五卷(十四至十八)

330000－4706－0000505 地文集040 集部/
總集類/郡邑之屬

鄉賢詩録不分卷 （清）周樽元等撰 清抄本
一冊

330000－4706－0000507 地文集106 集部/
別集類/清別集

春雨軒詩集不分卷 （清）支期撰 清抄本
一冊

330000－4706－0000515 地文集192 集部/
別集類/清別集

知友聯語抄不分卷 （清）葛毓山等撰 清抄
本 一冊

330000－4706－0000516 地文子040 新學/
雜著/叢編

續西學大成六十八種 （清）孫家鼐編 清光
緒二十三年(1897)上海飛鴻閣書林石印本
二冊 存六種

330000－4706－0000517 地文子039 子部/
醫家類/養生之屬/導引、氣功

易筋經不分卷 題(北魏)達摩祖師撰 （唐）
釋般刺密諦譯義 清抄本 一冊

330000－4706－0000520 地文子014 子部/
天文曆算類/算書之屬

中西算學大成一百卷 （清）陳維祺等撰 清
光緒十五年(1889)上海同文書局石印本 二
十冊

330000－4706－0000522　地文史074　史部/
編年類/通代之屬

御撰資治通鑑綱目三編四卷　（清）張廷玉等
撰　清光緒十三年(1887)上海點石齋石印本
　二冊

330000－4706－0000524　地文集197　集部/
別集類/清別集

稽堂試體詩二卷賦二卷　（清）吳省蘭著　清
抄本　一冊

330000－4706－0000525　地文史075　史部/
目錄類/總錄之屬/官修

**欽定四庫全書總目提要二百卷首一卷四庫未
收書目提要五卷**　（清）紀昀等撰　清光緒二
十年(1894)上海點石齋石印本　十八冊　缺
十五卷(一百六十三至一百七十七)

330000－4706－0000526　地文集042　集部/
總集類/氏族之屬

三朱遺編　（清）楊伯潤輯　清光緒十五年
(1889)嘉興楊氏刻本　一冊

330000－4706－0000528　地文子042　子部/
醫家類/醫話醫論之屬

證治心得十二卷　（清）吳炳撰　清抄本
六冊

330000－4706－0000530　地文集015　史部/
地理類/雜志之屬

魏塘竹枝詞一卷　（清）錢星查撰　清嘉慶十
八年(1813)賜餘堂刻本　一冊

330000－4706－0000532　地文經014　經部/
小學類/訓詁之屬/字詁

班馬字類五卷　（宋）婁機撰　清光緒十七年
(1891)思賢書局刻本　二冊

330000－4706－0000534　地文集199　集部/
別集類/清別集

雙桂軒尺牘一卷　（清）丁善儀撰　清抄本
一冊

330000－4706－0000536　地文集200　集部/
別集類/清別集

雙鬟爭唱一卷　（清）文祥抄　清抄本　一冊

330000－4706－0000537　地文集039　集部/
總集類

倚雲樓賦選不分卷　（清）奎耀等撰　清抄本
　一冊

330000－4706－0000538　地文集201　集部/
別集類/元別集

梅道人遺墨不分卷　（元）吳鎮撰　清光緒二
年(1876)刻本　一冊

330000－4706－0000540　地文集205　集部/
總集類/彙編之屬

王芑孫等摘句詩不分卷　清抄本　一冊

330000－4706－0000541　地文集204　集部/
總集類/選集之屬

聽鐘山房古文選不分卷　清抄本　一冊

330000－4706－0000544　地文集206　史部/
地理類/雜志之屬

新州竹枝詞二卷　（清）孫福清等撰　清光緒
刻本　一冊　存一卷(一)

330000－4706－0000546　地文集114　集部/
別集類/清別集

落花水面不分卷　稿本　一冊

330000－4706－0000548　地文集207　集部/
曲類

柳亭不分卷　清抄本　二冊

330000－4706－0000551　地文集110　集部/
別集類/清別集

掬澂居士襍著不分卷　（清）曹廉鍔撰　稿本
　一冊

330000－4706－0000552　地文史039　史部/
政書類/公牘檔冊之屬

嘉善禁煙會收支清冊一卷　（清）嘉善禁煙會
編　清宣統元年(1909)刻本　一冊

330000－4706－0000556　地文經012　類叢
部/叢書類/自著之屬

蔭蒔山莊遺著四種　（清）吳修祐撰　清光緒
十年至十五年(1884－1889)木活字印本　一
冊　存一種

330000－4706－0000562　地文集116　集部/
別集類/清別集

和盤韻感懷十章不分卷　稿本　一冊

330000－4706－0000565　地文史012　史部/
傳記類/總傳之屬/家乘

[浙江嘉善]草里生楊氏家譜八卷　(清)楊幼
庵等纂修　清宣統三年(1911)敦睦堂鉛印本
　二冊

330000－4706－0000571　地文子021　集部/
詩文評類

煮藥漫抄二卷　(清)葉煒撰　清光緒十七年
(1891)金陵刻本　一冊

330000－4706－0000572　地文集125　史部/
傳記類/總傳之屬/文苑

本朝名家詩鈔小傳三卷　(清)鄭方坤撰
(清)吳仰賢手錄　清同治抄本　一冊　存二
卷(二至三)

330000－4706－0000574　地文史078　史部/
雜史類

南燼紀聞錄□□卷　(宋)辛棄疾撰　清抄本
　一冊　存一卷(二)

330000－4706－0000579　地文史041　史部/
政書類/公牘檔冊之屬

楓涇接嬰堂徵信錄一卷　清光緒二十五年
(1899)刻本　一冊

330000－4706－0000581　地文史042　史部/
政書類/公牘檔冊之屬

嘉善登瀛會田畝細號一卷　(清)吳仁均輯
清光緒二十四年(1898)刻本　一冊

330000－4706－0000582　地文集112　集部/
別集類/清別集

風雨廬詩草一卷　稿本　一冊

330000－4706－0000585　地文集050　集部/
別集類/宋別集

蘇東坡七律詩鈔不分卷　(宋)蘇軾撰　(清)
吳仰賢手錄　清同治抄本　一冊

330000－4706－0000593　地文史004　史部/

雜史類/斷代之屬

能一編二卷　(清)金安清輯　清光緒二年
(1876)鉛印本　一冊　存一卷(一)

330000－4706－0000619　地文子059　類叢
部/類書類/通類之屬

文料大成四十卷　清刻本　九冊　缺七卷
(一至二、十七至十九、二十六至二十七)

330000－4706－0000620　地文子030　子部/
醫家類/醫理之屬/病源病機

病症類編不分卷　清抄本　四冊

330000－4706－0000665　地文子016　子部/
藝術類/遊藝之屬/棋弈

國朝十家譜四卷　清抄本　四冊

330000－4706－0000676　普0002　經部/群
經總義類

羣經平義三十五卷　(清)俞樾撰　清光緒十
九年(1893)石印本　三冊

330000－4706－0000677　普0003　經部/群
經總義類/傳說之屬

茶香室經說十六卷　(清)俞樾撰　清光緒十
九年(1893)味腴書屋石印本　一冊

330000－4706－0000678　普0021　經部/小
學類/音韻之屬/韻書

詩韻集成十卷　(清)余照輯　清道光三十年
(1850)刻本　四冊

330000－4706－0000679　普0004　經部/小
學類/文字之屬/字書/字典

隸韻十卷碑目一卷　(宋)劉球撰　**碑目攷證
一卷隸韻攷證二卷**　(清)翁方綱撰　清嘉慶
十五年(1810)秦恩復刻本　六冊

330000－4706－0000680　普0022　經部/群
經總義類/文字音義之屬

經典釋文三十卷　(唐)陸德明撰　**經典釋文
攷證三十卷**　(清)盧文弨撰　清同治十年
(1871)粵秀山文瀾閣刻本　十二冊

330000－4706－0000681　普0005　類叢部/
叢書類/彙編之屬

佞漢齋叢書三種　（清）馬佳氏輯　清光緒二十二年(1896)長白馬佳氏佞漢齋刻本　三冊　存一種

330000－4706－0000682　普0006　經部/小學類/音韻之屬/韻書

字類標韻六卷補遺一卷　（清）華綱輯　（清）何承鯤重訂　清刻本　一冊　存四卷(四至六、補遺)

330000－4706－0000684　普0011　經部/讖緯類/總義之屬

古微書三十六卷　（明）孫瑴輯　清嘉慶二十一年(1816)禹航陳世望對山問月樓刻本　六冊

330000－4706－0000685　普0023　經部/小學類/音韻之屬

五經不二字音韻釋文不分卷　（清）莊繢澍書　清光緒四年(1878)刻本　一冊

330000－4706－0000686　普0007　經部/群經總義類/傳說之屬

七經精義三十卷　（清）黃淦撰　清嘉慶七年至十二年(1802－1807)尊德堂刻本　十三冊　缺二卷(書經精義末、禮記精義末)

330000－4706－0000689　普0013　經部/小學類/文字之屬/說文/專著

說文辨字正俗八卷　（清）李富孫撰　清嘉慶二十一年(1816)校經廎刻本　八冊

330000－4706－0000691　普0025　經部/小學類/文字之屬/說文

說文解字注十五卷附六書音韻表五卷　（清）段玉裁撰　說文部目分韻一卷　（清）陳煥編　清乾隆至嘉慶段氏經韻樓刻同治六年至十一年(1867－1872)蘇州保息局補刻本　十六冊

330000－4706－0000692　普0010　經部/易類/傳說之屬

易經三卷周易本義卦歌一卷圖說一卷　（宋）朱熹撰　清光緒二十一年(1895)虞山抱芳閣刻本　一冊　存三卷(一至三)

330000－4706－0000693　普0014　經部/小學類/文字之屬/說文

說文解字注十五卷附六書音韻表五卷　（清）段玉裁撰　說文通檢十四卷首一卷末一卷　（清）黎永椿編　說文解字注匡謬八卷　（清）徐承慶撰　清光緒十四年(1888)石印本　八冊

330000－4706－0000694　普0024　經部/叢編

十三經札記二十二卷　（清）朱亦棟撰　清光緒四年(1878)武林竹簡齋刻本　六冊

330000－4706－0000695　普0015　經部/叢編

臨文便覽二種　（清）張啓泰輯　清同治十三年(1874)刻本　一冊　存一種

330000－4706－0000696　普0032　經部/叢編

御纂五經　（清）李光地等纂　清光緒二十九年(1903)鑄記書局石印本　一冊　存一種

330000－4706－0000697　普0026　經部/小學類/文字之屬/說文

說文聲母歌括四卷　（清）宣澍甘撰　湯壽潛鑑定　清宣統元年(1909)石印本　一冊　存二卷(一至二)

330000－4706－0000698　地文集101　集部/別集類/清別集

李菊如詩案一卷　（清）李菊如撰　清抄本　一冊

330000－4706－0000699　普0016　類叢部/叢書類/彙編之屬

經策通纂二種　（清）顧頴炎　（清）陳通聲等纂　清光緒十九年(1893)點石齋石印本　十六冊　存一種

330000－4706－0000700　普0033　經部/小學類/音韻之屬/韻書

韻辨附文五卷　（清）沈兆霖輯　清光緒三年(1877)刻本　二冊

330000－4706－0000701　普0027　經部/群

經總義類/傳說之屬

皇朝五經彙解二百七十卷 （清）朱鏡清輯
清光緒十四年(1888)上海鴻文書局石印本
二十三冊　缺五十六卷(一百三十七至一百
四十八、一百五十九至一百六十八、一百七十
三至一百八十、一百九十六至二百二十一)

330000 - 4706 - 0000702　普 0034　經部/群
經總義類/傳說之屬

皇朝五經彙解二百七十卷　（清）朱鏡清輯
清石印本　三十二冊

330000 - 4706 - 0000705　普 0028　經部/春
秋左傳類/傳說之屬

春秋左傳五十卷　（晉）杜預　（宋）林堯叟註
釋　（唐）陸德明音義　（明）鍾惺　（明）孫
鑛　（明）韓范評點　清刻本　五冊　缺三十
卷(一至十、十五至二十二、二十七至三十二、
三十六至三十七、四十七至五十)

330000 - 4706 - 0000706　普 0036　經部/群
經總義類/文字音義之屬

十三經集字音釋四卷照畫檢字一卷　（清）黃
蕙田撰　清同治九年(1870)刻本　四冊

330000 - 4706 - 0000707　普 0017　類叢部/
叢書類/彙編之屬

津河廣仁堂所刻書八十四種　（清）□□編
清光緒津河廣仁堂刻本　二冊　存一種

330000 - 4706 - 0000708　普 0037　經部/小
學類/文字之屬/字書/字體

六書通十卷　（明）閔齊伋撰　（清）畢弘述篆
訂　清光緒四年(1878)繡谷留耕堂刻本
五冊

330000 - 4706 - 0000711　普 0018　經部/小
學類/文字之屬

字典考證不分卷　（清）王念孫　（清）王引之
撰　清光緒二年(1876)湖北崇文書局刻本
六冊

330000 - 4706 - 0000712　普 0029　經部/群
經總義類/傳說之屬

皇朝五經彙解二百七十卷　（清）朱鏡清輯

清光緒十四年(1888)石印本　三十二冊

330000 - 4706 - 0000713　普 0039　經部/四
書類/孟子之屬/傳說

孟子集註七卷　（宋）朱熹撰　清刻本　七冊

330000 - 4706 - 0000714　普 0040　經部/小
學類/音韻之屬/韻書

詩韻辨字略五卷　（清）秦端匡輯　清光緒四
年(1878)刻本　一冊

330000 - 4706 - 0000715　普 0030　經部/群
經總義類/傳說之屬

皇朝五經彙解二百七十卷　（清）朱鏡清輯
清光緒石印本　一冊　存五卷(二百二十二
至二百二十六)

330000 - 4706 - 0000716　普 0041　集部/曲
類/曲韻曲譜曲律之屬

中原音韻二卷　（元）周德清撰　（明）王文璧
增註　清刻本　一冊

330000 - 4706 - 0000717　普 0042　經部/小
學類/訓詁之屬/爾雅

爾雅郭注義疏二十卷　（清）郝懿行撰　清光
緒十年(1884)榮縣蜀南閣刻本　八冊

330000 - 4706 - 0000718　普 0019　經部/小
學類/文字之屬

小學鉤沈三十九種附六種合十九卷　（清）任
大椿撰　（清）王念孫校　清光緒十年(1884)
刻本　二冊

330000 - 4706 - 0000719　普 0020　經部/小
學類/文字之屬/說文/傳說

說文發疑六卷　（清）張行孚撰　清光緒九年
(1883)安吉張氏邠上寓廬刻本　三冊

330000 - 4706 - 0000720　普 0061　經部/小
學類/文字之屬

六書彙籌八卷　（清）吳錦章撰　清光緒二十
年(1894)興山吳錦章刻本　四冊

330000 - 4706 - 0000721　普 0043　經部/四
書類/論語之屬/傳說

論語集注十卷　（宋）朱熹撰　清刻本　五冊

330000 – 4706 – 0000722　普 0062　經部/
叢編

御案五經四十卷 （清）聖祖玄燁案　清嘉慶
十六年(1811)刻本　四冊　存一種

330000 – 4706 – 0000723　普 0044　經部/小
學類/訓詁之屬/爾雅

爾雅註疏十一卷 （晉）郭璞註 （宋）邢昺疏
清光緒八年(1882)崇德書院刻本　六冊

330000 – 4706 – 0000724　普 0091　經部/四
書類/總義之屬/傳說

四書地理考十五卷 （清）王塋撰　清道光刻
本　四冊

330000 – 4706 – 0000725　普 0045　經部/春
秋左傳類/傳說之屬

東萊先生左氏博議二十五卷 （宋）呂祖謙撰
虛字註釋備考六卷 （清）張文炳點定　清
道光十九年(1839)錢唐瞿氏清吟閣刻本
六冊

330000 – 4706 – 0000726　普 0092　經部/小
學類/文字之屬/說文/傳說

段氏說文注訂八卷 （清）鈕樹玉撰　清同治
十三年(1874)刻本　二冊

330000 – 4706 – 0000727　普 0046　類叢部/
叢書類/自著之屬

番禺陳氏東塾叢書初函四種附一種 （清）陳
澧撰　清咸豐至光緒刻本　一冊　存一種

330000 – 4706 – 0000728　地文集 027　集部/
總集類/酬唱之屬

涉趣園倡和集十卷首一卷 （清）楊塈等撰
清嘉慶二十五年(1820)刻本　二冊

330000 – 4706 – 0000732　普 0095　史部/金
石類/金之屬/文字

積古齋鐘鼎彝器款識十卷 （清）阮元 （清）
朱為弼撰　清光緒五年(1879)武昌刻本
六冊

330000 – 4706 – 0000733　普 0063　經部/春
秋左傳類/傳說之屬

左繡三十卷首一卷 （清）馮李驊 （清）陸浩

評輯 （清）范允斌 （清）沈乃文 （清）陸
愨參評 （清）馮張孫等校輯　**春秋經傳集解
三十卷** （晉）杜預原本 （宋）林堯叟
（宋）唐翁附注 （唐）陸德明音釋 （清）馮
李驊增訂　清刻本　三冊　存十六卷(左繡
二至五、十二至十五,春秋經傳集解二至五、
十二至十五)

330000 – 4706 – 0000735　普 0094　經部/小
學類/文字之屬/字書/字體

六書通十卷 （明）閔齊伋撰 （清）畢弘述篆
訂　清刻本　四冊　存四卷(三、六至八)

330000 – 4706 – 0000737　普 0064　經部/書
類/傳說之屬

書古微十二卷 （清）魏源撰　清光緒四年
(1878)淮南書局刻本　四冊

330000 – 4706 – 0000738　地文集 294　集部/
總集類/酬唱之屬

涉趣園倡和集十卷首一卷 （清）楊塈等撰
清嘉慶二十五年(1820)刻本　一冊　缺六卷
(五至十)

330000 – 4706 – 0000739　普 0048　類叢部/
叢書類/自著之屬

槐軒全書 （清）劉沅撰　清咸豐至民國刻本
二十一冊　存四種

330000 – 4706 – 0000740　普 0065　經部/
叢編

皇清經解一百九十卷 （清）阮元輯　清末石
印本　一冊　存三卷(八十八至九十)

330000 – 4706 – 0000741　普 0096　經部/群
經總義類/文字音義之屬

經典釋文三十卷 （唐）陸德明撰　清同治十
三年(1874)刻本　七冊

330000 – 4706 – 0000742　普 0049　類叢部/
叢書類/自著之屬

槐軒全書 （清）劉沅輯注　清咸豐至民國刻
本　三十七冊　存十二種

330000 – 4706 – 0000743　普 0050　經部/
叢編

九經補注八種　（清）姜兆錫撰　清雍正至乾隆寅清樓刻本　一冊　存一種

330000－4706－0000744　普 0097　經部/小學類/訓詁之屬/爾雅

爾雅正郭三卷　（清）潘衍桐撰　清光緒十七年（1891）刻本　一冊

330000－4706－0000745　普 0100　類叢部/叢書類/彙編之屬

咫進齋叢書三十五種　（清）姚覲元編　清光緒九年（1883）歸安姚氏刻本　一冊　存一種

330000－4706－0000747　地文集 072　集部/別集類/清別集

吳諺集一卷　（清）黃安濤撰　清道光十九年（1839）刻本　一冊

330000－4706－0000748　普 0098　經部/春秋左傳類/傳說之屬

春秋經傳集解三十卷　（晉）杜預撰　清刻本　三冊　存九卷（二至四、五至七、二十二至二十四）

330000－4706－0000749　地文集 295　集部/總集類/酬唱之屬

紫雲峰唱和集一卷　（清）江峯青撰　清光緒刻本　一冊

330000－4706－0000751　普 0099　經部/春秋左傳類/傳說之屬

東萊博議四卷　（宋）呂祖謙撰　清光緒七年（1881）刻本　四冊

330000－4706－0000752　普 0051　經部/小學類/文字之屬/說文/專著

說文辨字正俗八卷　（清）李富孫撰　清嘉慶二十一年（1816）校經廎刻本　四冊

330000－4706－0000753　普 0053　經部/小學類/文字之屬/字書/字典

字彙十二卷首一卷末一卷韻法直圖一卷　（明）梅膺祚撰　韻法橫圖一卷　（明）李世澤撰　清刻本　十四冊

330000－4706－0000754　普 0052　類叢部/

類書類/專類之屬

新刻重校增補圓機活法詩學全書二十四卷新刊校正增補圓機詩韻活法全書十四卷　（明）王世貞校正　明刻本　一冊　存五卷（詩韻活法全書一至五）

330000－4706－0000757　普 0101　類叢部/叢書類/彙編之屬

廣雅書局叢書一百五十九種　徐紹棨編　清光緒廣雅書局刻民國九年（1920）番禺徐紹棨彙編重印本　一冊　存一種

330000－4706－0000758　普 0054　經部/小學類/文字之屬/字書

翰苑重校字學舉隅不分卷　（清）黃本驥（清）龍啟瑞撰　清同治十一年（1872）江寧望鶴岡舍刻本　一冊

330000－4706－0000759　普 0055　經部/小學類/文字之屬/字書

經字辨體八卷首一卷　（清）邱家煒撰　清刻本　二冊　存六卷（三至八）

330000－4706－0000760　普 0068　經部/小學類/文字之屬/字書

小斅答問一卷　章炳麟撰　清宣統元年（1909）刻本　一冊

330000－4706－0000761　普 0102　類叢部/叢書類/彙編之屬

後知不足齋叢書四十七種　（清）鮑廷爵編　清同治至光緒常熟鮑氏刻本　二冊　存一種

330000－4706－0000763　普 0056　經部/小學類/文字之屬/字書/字體

六書通十卷　（明）閔齊伋撰　（清）畢弘述篆訂　清光緒四年（1878）繡谷留耕堂刻本　四冊

330000－4706－0000764　普 0069　經部/群經總義類/文字音義之屬

十三經集字音釋四卷照畫檢字一卷　（清）黃蕙田撰　清刻本　三冊　存三卷（二至四）

330000－4706－0000765　普 0070　經部/小學類/文字之屬/說文

說文外編十五卷補遺一卷 （清）雷浚撰 **說文辨疑一卷** （清）顧廣圻撰 **劉氏碎金一卷** （清）劉禧延撰 清光緒刻本 五冊

330000－4706－0000766 普0103 經部/小學類/文字之屬/字書/字典

復古編二卷 （宋）張有撰 **復古編校正一卷** （清）葛鳴陽撰 **復古編附錄一卷** （清）葛鳴陽輯 清光緒八年(1882)刻本 二冊

330000－4706－0000772 普0104 經部/小學類/文字之屬/字書/字體

鐘鼎字源五卷 （清）汪立名撰 清光緒二年至五年(1876－1879)洞庭秦氏麟慶堂刻本 二冊

330000－4706－0000774 普0105 經部/四書類/論語之屬/專著

鄉黨圖考十卷 （清）江永撰 清刻本 四冊 缺三卷(一至三)

330000－4706－0000778 普0057 類叢部/叢書類/彙編之屬

邵武徐氏叢書二十三種 （清）徐榦編 清光緒邵武徐氏刻本 一冊 存一種

330000－4706－0000779 普0058 經部/四書類/總義之屬/傳說

四書典林三十卷 （清）江永輯 清刻本 四冊 存十卷(七至十六)

330000－4706－0000780 普0059 經部/小學類/文字之屬/字書/訓蒙

倉頡篇續本一卷 （清）任大椿輯 **倉頡篇補本二卷** （清）陶方琦輯 清光緒十二年(1886)朱可寶、瞿廷韶刻本 一冊

330000－4706－0000782 普0071 經部/小學類/訓詁之屬/爾雅

爾雅直音二卷 （清）孫侃輯 清光緒六年(1880)常熟抱芳閣刻本 二冊

330000－4706－0000783 普0060 經部/小學類/文字之屬/字書

字學舉隅不分卷 （清）黃本驥 （清）龍啟瑞撰 清道光二十六年(1846)刻本 一冊

330000－4706－0000784 普0073 經部/四書類/論語之屬/傳說

論語集注十卷 （宋）朱熹撰 清刻本 二冊

330000－4706－0000794 普0122 經部/小學類/文字之屬/說文

繫傳四十卷 （五代）徐鍇撰 （五代）朱翱反切 清刻本 三冊 存十八卷(九至十二、十四至十七、三十一至四十)

330000－4706－0000795 普0074 經部/春秋左傳類/傳說之屬

春秋左傳五十卷 （晉）杜預 （宋）林堯叟註釋 （唐）陸德明音義 （明）鍾惺 （明）孫鑛 （明）韓范評點 清光緒二十四年(1898)狀元閣李光明莊刻本 六冊 存十七卷(一至二、二十七至四十一)

330000－4706－0000796 普0075 經部/書類/傳說之屬

書經集傳六卷 （宋）蔡沈撰 清刻本 一冊 存二卷(五至六)

330000－4706－0000798 普0076 經部/書類

龍岡山人古文尚書四種二十三卷 （清）洪良品撰 清光緒十五年(1889)鉛印本 一冊 存一種

330000－4706－0000799 普0106 經部/四書類/總義之屬/傳說

四書集註十九卷 （宋）朱熹撰 清刻本 一冊 存二卷(大學、中庸)

330000－4706－0000801 普0107 經部/四書類/總義之屬/傳說

四書釋地重校編次一卷附孟子生卒年月考一卷 （清）閻若璩撰 （清）吳元音校編 清嘉慶二十一年(1816)涵碧齋刻本 一冊 存一卷(四書釋地重校編次)

330000－4706－0000804 普0125 經部/小學類/文字之屬/字書

初學審音二卷 （清）葉庭巒輯 清光緒三年(1877)武林刻本 一冊

330000－4706－0000806　普 0123　經部/小學類/文字之屬/字書/字典

字彙十二卷首一卷末一卷　（明）梅膺祚撰　清刻本　二冊　存二卷（七、十一）

330000－4706－0000807　普 0124　經部/小學類/訓詁之屬/爾雅

爾雅註疏十一卷　（晉）郭璞注　（宋）邢昺疏　清刻本　一冊　存三卷（九至十一）

330000－4706－0000808　普 0108　經部/小學類/文字之屬/字書/字體

古籀拾遺三卷附宋政和禮器文字考一卷　（清）孫詒讓撰　清光緒十四年至十六年（1888－1890）刻本　二冊

330000－4706－0000809　普 0126　經部/叢編

皇清經解一千四百八卷　（清）阮元輯　清道光九年（1829）廣東學海堂刻咸豐十一年（1861）補刻本　四冊　存二十三卷（四十一至四十四、二百七十一至二百七十六、五百七十一至五百八十、七百七十五至七百七十七）

330000－4706－0000811　普 0246　經部/叢編

御案五經四十卷　（清）聖祖玄燁案　清嘉慶十六年（1811）揚州十笏堂刻本　一冊　存一種

330000－4706－0000813　普 0109　經部/四書類/論語之屬/傳說

論語集注十卷　（宋）朱熹撰　清刻本　二冊

330000－4706－0000818　普 0127　經部/小學類/文字之屬/字書/字典

字彙十二卷首一卷末一卷　（明）梅膺祚撰　清同治七年（1868）刻本　二十一冊　缺二卷（丑、末）

330000－4706－0000819　普 0078　經部/周禮類/傳說之屬

周官精義十二卷　（清）連斗山輯　清刻本　四冊　存八卷（三至十）

330000－4706－0000821　普 0079　經部/禮記類/傳說之屬

禮記集說十卷　（元）陳澔撰　清刻本　七冊　存七卷（三至四、六至十）

330000－4706－0000822　普 0128　經部/群經總義類/傳說之屬

五經四書讀本五十六卷　（清）□□輯　清嘉慶十年（1805）揚州鮑氏樗園刻本　二冊　存一種

330000－4706－0000823　普 0110　經部/小學類/文字之屬/字書

字學舉隅不分卷　（清）黃本驥　（清）龍啟瑞撰　清刻本　一冊

330000－4706－0000824　普 0129　經部/叢編

重刊宋本十三經注疏四百十六卷　十三經注疏校勘記四百十六卷　（清）阮元撰　（清）盧宣旬摘錄　**校勘記識語四卷**　（清）汪文臺撰　清刻本　二十冊　存一種

330000－4706－0000825　普 0111　經部/書類/傳說之屬

尚書約注四卷末一卷　（清）任啟運撰　清光緒十二年（1886）刻本　二冊

330000－4706－0000826　普 0130　經部/春秋左傳類/傳說之屬

春秋左傳杜注三十卷首一卷　（清）姚培謙撰　清光緒九年（1883）江南書局刻本　十冊

330000－4706－0000827　普 0131　經部/春秋左傳類/傳說之屬

東萊博議四卷　（宋）呂祖謙撰　清光緒二十五年（1899）埽葉山房刻本　一冊

330000－4706－0000828　普 0077　經部/叢編

御案五經四十卷　（清）聖祖玄燁案　清嘉慶十六年（1811）揚州十笏堂刻本　二冊　存一種

330000－4706－0000829　普 0112　經部/春秋左傳類/傳說之屬

春秋左傳三十卷　（晉）杜預集解　（明）金蟠

訂　清永懷堂刻本　六冊　存二十四卷(十至十二、十七至二十九、三十四至三十七、四十七至五十)

330000－4706－0000830　普0132　經部/春秋左傳類/傳說之屬

春秋經傳集解三十卷　(晉)杜預撰　清刻本　一冊　存三卷(五至七)

330000－4706－0000832　普0133　經部/春秋總義類/傳說之屬

欽定春秋傳說彙纂三十八卷首二卷　(清)王掞等撰　清刻本　十八冊　存三十六卷(首二、一至三十五)

330000－4706－0000834　普0134　經部/春秋總義類/傳說之屬

春秋胡傳三十卷　(宋)胡安國撰　(宋)林堯叟音註　清刻本　一冊　存三卷(一至三)

330000－4706－0000835　地文史015　史部/傳記類/科舉錄之屬

咸豐元年恩科浙江鄉試年齒錄不分卷　清咸豐元年(1851)刻本　一冊

330000－4706－0000836　普0135　經部/春秋左傳類/傳說之屬

春秋左傳五十卷　(晉)杜預　(宋)林堯叟註釋　(唐)陸德明音義　(明)鍾惺　(明)孫鑛　(明)韓范評點　清刻本　十四冊　存四十五卷(三至二十九、三十三至五十)

330000－4706－0000841　普0080　經部/四書類/孟子之屬/傳說

孟子集註七卷　(宋)朱熹撰　清刻本　三冊

330000－4706－0000843　普0113　經部/春秋左傳類/傳說之屬

春秋左傳五十卷　(晉)杜預　(宋)林堯叟註釋　(唐)陸德明音義　(明)鍾惺　(明)孫鑛　(明)韓范評點　清刻本　六冊　存二十三卷(三至七、十至十四、二十四至二十五、三十二至三十四、三十七至三十九、四十二至四十六)

330000－4706－0000844　普0081　經部/四書類/論語之屬/傳說

論語集注十卷　(宋)朱熹撰　清光緒十二年(1886)刻本　二冊

330000－4706－0000846　普0114　經部/四書類/論語之屬/傳說

論語集注十卷　(宋)朱熹撰　清刻本　三冊　存二卷(六至七)

330000－4706－0000847　普0115　經部/四書類/論語之屬/傳說

論語集注十卷　(宋)朱熹撰　清刻本　三冊

330000－4706－0000851　普0116　經部/四書類/論語之屬/傳說

論語集注十卷　(宋)朱熹撰　清刻本　一冊　存五卷(六至十)

330000－4706－0000852　普0136　經部/禮記類/傳說之屬

禮記集說十卷　(元)陳澔撰　清博古堂刻本　二冊　存二卷(七至八)

330000－4706－0000853　普0083　經部/書類/傳說之屬

書經集傳六卷　(宋)蔡沈撰　**書傳音釋三卷**　(元)鄒季友集傳　清刻本　四冊　缺一卷(書經集傳一)

330000－4706－0000854　普0137　經部/禮記類/傳說之屬

禮記集說十卷　(元)陳澔撰　清刻本　七冊　存七卷(三至九)

330000－4706－0000855　普0138　經部/禮記類/傳說之屬

禮記集說十卷　(元)陳澔撰　清光緒八年(1882)上洋文政堂刻本　十冊

330000－4706－0000856　普0117　經部/四書類/論語之屬/傳說

論語集注十卷　(宋)朱熹撰　清刻本　一冊　存三卷(一至三)

330000－4706－0000857　普0082　經部/四書類/總義之屬/傳說

四書集註十九卷 （宋）朱熹撰 清光緒十八年（1892）刻本 六冊

330000－4706－0000859 普0118 經部/春秋左傳類/傳說之屬

春秋左傳五十卷 （晉）杜預 （宋）林堯叟註釋 （唐）陸德明音義 （明）鍾惺 （明）韓范評閱 清光緒刻本 十二冊

330000－4706－0000860 普0139 經部/四書類/孟子之屬/傳說

孟子集註七卷 （宋）朱熹撰 清慎詒堂刻本 五冊 存五卷（三至七）

330000－4706－0000861 地文集323 集部/總集類/課藝之屬

續魏塘漱芳集不分卷 （清）陳銓衡等撰 清光緒刻本 一冊

330000－4706－0000862 普0140 經部/四書類/總義之屬/傳說

四書集註十九卷 （宋）朱熹撰 清刻本 一冊 存一卷（中庸）

330000－4706－0000863 普0084 經部/儀禮類/傳說之屬

儀禮章句十七卷 （清）吳廷華撰 清刻本 二冊 存八卷（六至八、十三至十七）

330000－4706－0000864 普0141 經部/四書類/論語之屬/傳說

論語集註本義匯參十七卷首一卷 （清）王步青輯 清刻本 七冊

330000－4706－0000865 普0142 經部/四書類/大學之屬/傳說

大學章句一卷 （宋）朱熹撰 清刻本 一冊

330000－4706－0000866 普0143 經部/四書類/大學之屬/傳說

大學章句一卷 （宋）朱熹撰 清刻本 一冊

330000－4706－0000867 普0144 經部/四書類/大學之屬/傳說

大學章句一卷 （宋）朱熹撰 清刻本 一冊

330000－4706－0000868 普0146 經部/春秋總義類/傳說之屬

春秋體註大全四卷 （清）徐寅賓纂 清刻本 一冊 存一卷（二）

330000－4706－0000869 普0145 經部/春秋總義類/傳說之屬

春秋體註大全合參四卷 （清）徐寅賓纂 清雍正四年（1726）刻本 二冊

330000－4706－0000871 普0119 經部/四書類/論語之屬/傳說

論語集注十卷 （宋）朱熹撰 清刻本 一冊 存四卷（六至九）

330000－4706－0000872 普0120 經部/四書類/論語之屬/傳說

論語集注十卷 （宋）朱熹撰 清刻本 一冊 存五卷（六至十）

330000－4706－0000873 地文子067 子部/雜著類/雜纂之屬

樂律兵法襍抄不分卷 清抄本 一冊

330000－4706－0000874 普0181 經部/四書類/論語之屬/傳說

論語集注十卷 （宋）朱熹撰 清刻本 一冊 存五卷（一至五）

330000－4706－0000875 普0085 經部/詩類/傳說之屬

詩經集傳八卷 （宋）朱熹撰 清光緒二十五年（1899）刻本 四冊

330000－4706－0000876 地文子068 子部/雜家類

撰日用不分卷 清抄本 一冊

330000－4706－0000877 普0086 經部/書類/傳說之屬

書經大全十卷 （明）胡廣等編 書經考異一卷 （宋）王應麟撰 清刻本 六冊

330000－4706－0000879 地文子069 子部/雜著類/雜纂之屬

老釋襍鈔不分卷 清抄本 一冊

330000－4706－0000880 普0147 經部/詩

類/傳說之屬

詩經集傳八卷 （宋）朱熹撰　清光緒十年
(1884)刻本　四冊

330000－4706－0000882　普 0182　經部/四
書類/孟子之屬/傳說

孟子集註七卷　（宋）朱熹撰　清掃葉山房刻
本　二冊　存五卷（一至五）

330000－4706－0000883　普 0148　經部/四
書類/論語之屬/傳說

論語集注十卷　（宋）朱熹撰　清刻本　二冊

330000－4706－0000884　普 0183　經部/四
書類/孟子之屬/傳說

孟子集註七卷　（宋）朱熹撰　清掃葉山房刻
本　一冊　存三卷（一至三）

330000－4706－0000885　普 0149　經部/四
書類/孟子之屬/傳說

孟子集註七卷　（宋）朱熹撰　清刻本　二冊
存五卷（一至五）

330000－4706－0000886　普 0088　經部/春
秋左傳類/傳說之屬

左傳事緯十二卷左傳字釋一卷　（清）馬驌撰
清刻本　十二冊

330000－4706－0000888　普 0184　經部/四
書類/孟子之屬/傳說

孟子集註七卷　（宋）朱熹撰　清掃葉山房刻
本　一冊　存三卷（一至三）

330000－4706－0000889　普 0150　經部/春
秋總義類/傳說之屬

欽定春秋傳說彙纂三十八卷首二卷　（清）王
掞總裁　清同治九年(1870)浙江撫署刻本
十七冊　缺六卷（十四至十五、十八至十九、
二十二至二十三）

330000－4706－0000890　普 0186　經部/四
書類/孟子之屬/傳說

孟子集註七卷　（宋）朱熹撰　清刻本　一冊
存二卷（六至七）

330000－4706－0000891　普 0185　經部/四

書類/孟子之屬/傳說

孟子集註七卷　（宋）朱熹撰　清刻本　二冊
存四卷（四至七）

330000－4706－0000892　普 0087　經部/
易類

玩辭困學記十五卷首一卷　（明）張次仲撰
清刻本　二冊

330000－4706－0000893　普 0151　經部/書
類/傳說之屬

書經體注大全合參六卷　（宋）蔡沈集傳
（清）錢希祥輯注　清同治二年(1863)刻本
四冊

330000－4706－0000895　普 0187　經部/四
書類/孟子之屬/傳說

孟子集註七卷　（宋）朱熹撰　清刻本　三冊
存六卷（二至七）

330000－4706－0000896　地文集 053　集部/
別集類/明別集

藏密齋集二十四卷　（明）魏大中撰　清抄本
一冊　存一卷（二）

330000－4706－0000898　普 0188　經部/四
書類/孟子之屬/傳說

孟子集註七卷　（宋）朱熹撰　清刻本　二冊
存五卷（一至五）

330000－4706－0000899　地文史 098　史部/
政書類/公牘檔冊之屬

魏塘文告摘錄一卷　（清）江峯青撰　清光緒
二十五年(1899)刻本　一冊

330000－4706－0000900　普 0189　經部/禮
記類/傳說之屬

禮記集說十卷　（元）陳澔撰　清文海堂刻本
六冊　存六卷（五至十）

330000－4706－0000901　地文史 097　子部/
農家農學類

築圩圖說一卷　（清）孫浚撰並繪　清刻本
一冊

330000－4706－0000902　普 0152　經部/四

書類/總義之屬/傳說

四書經註集證十九卷 （清）吳昌宗撰　清刻本　六冊　缺九卷（論語三、八至十，孟子三至七）

330000－4706－0000903　普0153　經部/春秋左傳類/傳說之屬

春秋左傳杜林合註五十卷 （晉）杜預　（宋）林堯叟註釋　（唐）陸德明音義　（明）鍾惺　（明）孫鑛　（明）韓范評點　清同治十二年（1873）浙紹奎照樓刻本　三冊　存十一卷（一至二、八至十六）

330000－4706－0000904　普0154　經部/春秋左傳類/傳說之屬

春秋左傳杜注三十卷首一卷 （清）姚培謙撰　清刻本　四冊　存十四卷（八至十一、二十一至三十）

330000－4706－0000905　普0155　經部/春秋左傳類/傳說之屬

春秋左傳杜注三十卷 （清）姚培謙撰　清光緒九年（1883）刻本　十冊

330000－4706－0000906　普0156　經部/小學類/訓詁之屬/群雅

五雅全書 （明）郎奎金輯　明天啓六年（1626）武林郎氏堂策檻刻本　一冊　存一種

330000－4706－0000907　地文集021　集部/別集類/清別集

平川櫂歌一卷 （清）徐涵撰　清光緒三十年（1904）抄本　一冊

330000－4706－0000908　普0160　類叢部/叢書類/彙編之屬

崇文書局彙刻書三十三種 （清）崇文書局編　清光緒湖北崇文書局刻本　二冊　存一種

330000－4706－0000909　普0190　類叢部/叢書類/自著之屬

汪雙池先生叢書二十種附浙刻雙池遺書十二種 （清）汪紱撰　清道光至光緒刻光緒二十三年（1897）長安趙舒翹等彙印本　四冊　存一種

330000－4706－0000910　普0161　經部/周禮類/傳說之屬

周官精義十二卷 （清）連斗山輯　清刻本　三冊　存七卷（一至七）

330000－4706－0000911　普0157　經部/總類/傳說之屬

御纂七經二百八十卷首十一卷序三卷 （清）李光地等撰　清康熙至乾隆刻本　十七冊　存一種

330000－4706－0000912　普0970　史部/傳記類/總傳之屬/通代

百將傳雜抄不分卷 （宋）張預輯　清抄本　一冊

330000－4706－0000913　普0089　經部/叢編

十三經古注二百九十卷 （明）金蟠　（明）葛鼐校　明崇禎十二年（1639）永懷堂刻清同治八年（1869）浙江書局校修印本　四冊　存一種

330000－4706－0000914　普0158　經部/周禮類/傳說之屬

周禮精華六卷 （清）陳龍標輯　清嘉慶十一年（1806）刻本　五冊　缺一卷（五）

330000－4706－0000917　普0192　經部/禮記類/傳說之屬

禮記集說十卷 （元）陳澔撰　清紫文閣刻本　八冊　存八卷（一、三至六、八至十）

330000－4706－0000922　普0191　經部/四書類/論語之屬/傳說

論語集註本義匯衆十七卷首一卷 （清）王步青輯　清刻本　一冊　存二卷（十四至十五）

330000－4706－0000923　普0243　經部/四書類/總義之屬/傳說

四書反身錄八卷首一卷 （清）李顒撰　清道光十一年（1831）浙江書局刻本　四冊

330000－4706－0000924　普0162　類叢部/叢書類/自著之屬

湘綺樓全書 王闓運撰　清光緒至宣統刻本

五册　存一種

330000－4706－0000925　普 0193　經部/
叢編

十三經古注二百九十卷　（明）金蟠　（明）葛
鼐校　明崇禎十二年(1639)永懷堂刻清同治
八年(1869)浙江書局校修印本　二册　存
一種

330000－4706－0000926　普 0194　經部/禮
記類/傳說之屬

禮記集說十卷　（元）陳澔撰　清紫文閣刻本
一册　存一卷(五)

330000－4706－0000927　普 0241　經部/四
書類/總義之屬/傳說

四書集註十九卷　（宋）朱熹撰　清光緒刻本
一册　存二卷(大學、中庸)

330000－4706－0000928　普 0195　經部/禮
記類/傳說之屬

禮記集說十卷　（元）陳澔撰　清光緒十九年
(1893)浙江書局刻本　十册

330000－4706－0000929　普 0164　經部/禮
記類/傳說之屬

禮記集說十卷　（元）陳澔撰　清同治三年
(1864)浙江撫署刻本　十册

330000－4706－0000930　普 0166　經部/詩
類/詩序之屬

詩序廣義二十四卷　（清）姜炳璋撰　清嘉慶
二十年(1815)刻本　十四册　缺二卷(十四、
二十四)

330000－4706－0000931　普 0163　經部/
叢編

五經旁訓十九卷　（清）徐立綱旁訓　清光緒
六年(1880)刻本　二册　存一種

330000－4706－0000932　普 0196　經部/禮
記類/傳說之屬

禮記集說十卷　（元）陳澔撰　清刻本　十册

330000－4706－0000933　普 0242　經部/易
類/傳說之屬

周易本義四卷附圖說一卷新增圖說一卷卦歌
一卷　（宋）朱熹撰　清刻本　二册　缺二卷
(三至四)

330000－4706－0000934　普 0167　經部/詩
類/傳說之屬

詩經集傳八卷　（宋）朱熹撰　清光緒十年
(1884)夏序記刻本　四册

330000－4706－0000935　普 3093　類叢部/
叢書類/自著之屬

浙刻雙池遺書八種　（清）汪紱撰　清光緒二
十年至二十二年(1894－1896)長安趙舒翹刻
本　七册　存六種

330000－4706－0000936　普 0165　經部/書
類/傳說之屬

書經集註六卷　（宋）蔡沈撰　清刻本　四册

330000－4706－0000937　普 0245　經部/易
類/傳說之屬

易經程傳八卷　（宋）程頤撰　清光緒九年
(1883)江南書局刻本　三册

330000－4706－0000938　普 0168　經部/書
類/傳說之屬

書經集註六卷　（宋）蔡沈撰　清刻本　二册

330000－4706－0000939　普 0197　經部/詩
類/傳說之屬

詩經集傳八卷　（宋）朱熹撰　清光緒二十二
年(1896)刻本　四册

330000－4706－0000941　普 0198　經部/禮
記類/傳說之屬

禮記集說十卷　（元）陳澔撰　清紫文閣刻本
十册

330000－4706－0000942　普 0199　經部/詩
類/傳說之屬

詩經集傳八卷　（宋）朱熹撰　清光緒三年
(1877)刻本　十册

330000－4706－0000945　地文史 099　史部/
傳記類/總傳之屬/家乘

[浙江嘉善]草里生楊氏家譜八卷　（清）楊幼

庵等纂修　清宣統三年(1911)敦睦堂鉛印本
二冊

330000－4706－0000946　地文史100　史部/
傳記類/總傳之屬/家乘

[浙江嘉善]草里生楊氏家譜八卷　(清)楊幼
庵等纂修　清宣統三年(1911)敦睦堂鉛印本
二冊

330000－4706－0000947　普0200　經部/詩
類/傳說之屬

詩經集傳八卷　(宋)朱熹撰　清刻本　四冊

330000－4706－0000948　普0247　經部/四
書類/四書總義/傳說之屬

四書集註大全四十三卷　(清)汪份輯　清刻
本　三冊　存三卷(中庸章句大全、中庸或
問、讀中庸法)

330000－4706－0000949　普0201　經部/禮
記類/傳說之屬

禮記集說十卷　(元)陳澔撰　清光緒十九年
(1893)浙江書局刻本　七冊　存七卷(一至
七)

330000－4706－0000951　普0169　經部/易
類/傳說之屬

周易本義四卷附圖說一卷新增圖說一卷卦歌
一卷筮儀一卷　(宋)朱熹撰　清光緒三年
(1877)永康胡氏退補齋刻本　二冊

330000－4706－0000952　普0248　經部/小
學類/文字之屬/字書/字典

大廣益會玉篇三十卷　(南朝梁)顧野王撰
(唐)孫強增字　(宋)陳彭年等重修　清道光
三十年(1850)新化鄧氏東山精舍刻本　三冊

330000－4706－0000955　普0170　經部/總
類/傳說之屬

御纂七經二百八十卷首十一卷序三卷　(清)
李光地等撰　清刻本　周翰題記　五冊　存
一種

330000－4706－0000956　普0171　經部/總
類/傳說之屬

御纂七經二百八十卷首十一卷序三卷　(清)

李光地等撰　清刻本　十冊　存一種

330000－4706－0000957　普0249　類叢部/
叢書類/自著之屬

朱氏羣書六種　(清)朱駿聲撰　清光緒八年
(1882)臨嘯閣刻本　一冊　存二種

330000－4706－0000958　地文集331　集部/
別集類/清別集

斜塘竹枝詞一卷　(清)柯萬源撰　清光緒十
九年(1893)刻本　一冊

330000－4706－0000959　普0172　類叢部/
叢書類/自著之屬

任氏遺書八種　(清)任啟運撰　清光緒十四
年(1888)荊溪任氏家塾刻本　四冊　存四種

330000－4706－0000960　普0173　經部/儀
禮類/傳說之屬

儀禮章句十七卷　(清)吳廷華撰　清道光二
十九年(1849)經國堂刻本　六冊

330000－4706－0000961　普0174　經部/禮
記類/傳說之屬

禮記集說十卷　(元)陳澔撰　清同治五年
(1866)金陵書局刻本　十冊

330000－4706－0000962　普0250　經部/
叢編

御案五經四十卷　(清)聖祖玄燁案　清嘉慶
十六年(1811)揚州十笏堂刻本　四冊　存
一種

330000－4706－0000963　普1422　子部/雜
著類/雜說之屬

輟耕錄三十卷　(明)陶宗儀撰　清刻本　一
冊　存一卷(九)

330000－4706－0000964　普0251　經部/易
類/傳說之屬

御纂周易折中二十二卷首一卷　(清)李光地
等纂　清刻本　八冊　存十八卷(二至十五、
十九至二十二)

330000－4706－0000965　普0252　經部/易
類/傳說之屬

新刻來瞿唐先生易註十五卷首一卷末一卷圖
一卷 （明）來知德撰 清同治十年(1871)湖
南長沙刻本 十一冊 缺一卷(十三)

330000－4706－0000966 普0202 經部/禮
記類/傳說之屬

禮記集說十卷 （元）陳澔撰 清博古堂刻本
九冊 缺一卷(二)

330000－4706－0000967 普0175 經部/詩
類/傳說之屬

詩經集傳八卷 （宋）朱熹撰 清光緒十七年
(1891)掃葉山房刻本 四冊

330000－4706－0000968 普0203 經部/四
書類/孟子之屬/傳說

孟子集註七卷 （宋）朱熹撰 清刻本 一冊

330000－4706－0000969 普0176 經部/詩
類/詩序之屬

詩序辨說一卷 （宋）朱熹撰 清刻本 一冊

330000－4706－0000970 普0177 經部/詩
類/傳說之屬

詩經集傳八卷附詩序辨說一卷 （宋）朱熹撰
清光緒七年(1881)金陵書局刻本 五冊

330000－4706－0000971 普0204 經部/四
書類/總義之屬/傳說

增訂四書集註大全四十二卷 （明）胡廣等輯
（清）汪份增訂 清康熙長洲汪氏遹喜齋刻
本 六冊 存十二卷(孟子一至十二)

330000－4706－0000972 普0178 經部/小
學類/文字之屬/字書

經字辨體八卷首一卷 （清）邱家煒撰 清刻
本 一冊 存二卷(一至二)

330000－4706－0000973 普0179 經部/小
學類/文字之屬/說文

說文通檢十四卷首一卷末一卷 （清）黎永椿
撰 清刻本 二冊

330000－4706－0000974 普0206 經部/禮
記類/傳說之屬

禮記集說十卷 （元）陳澔撰 清文瑞樓刻本

二冊 存二卷(一、十)

330000－4706－0000975 普0180 經部/群
經總義類/傳說之屬

十三經策案二十二卷首一卷 （清）王謨輯
清嘉慶三年(1798)萬卷樓刻本 十二冊

330000－4706－0000976 普0205 經部/四
書類/總義之屬/傳說

四書體註十九卷 （宋）朱熹撰 （清）范翔參
訂 清道光十一年(1831)刻本 六冊

330000－4706－0000977 普0253 經部/春
秋總義類/傳說之屬

春秋十七卷 （明）秦鏌訂正 清刻本 一冊
存四卷(七至十)

330000－4706－0000979 地文子073 子部/
農家農學類/園藝之屬/花卉

花卉間談不分卷 清抄本 一冊

330000－4706－0000980 普0254 經部/四
書類/總義之屬/傳說

朱子四書或問小註三十六卷 （清）徐方廣增
注 清刻本 四冊 存十四卷(孟子一至十
四)

330000－4706－0000981 普0207 經部/禮
記類/傳說之屬

禮記訓纂四十九卷 （清）朱彬撰 清宣統元
年(1909)學部圖書局石印本 九冊 存三十
四卷(一至三十四)

330000－4706－0000986 地文子074 子部/
宗教類/道教之屬

太上三元三品三官寶懺一卷 清抄本 一冊

330000－4706－0000987 普1421 子部/宗
教類/佛教之屬

湛然祖師寶卷全集□□卷 鼎臣氏錄 清抄
本 一冊 存一卷(上)

330000－4706－0000988 普0255 經部/詩
類/傳說之屬

詩經體註大全八卷 （清）范翔纂 （清）高朝
瓔定 （清）沈世楷輯 清同治五年(1866)刻

本 四冊

330000 - 4706 - 0000989 普 0208 經部/春
秋左傳類/傳說之屬
春秋左傳五十卷 （晉）杜預 （宋）林堯叟註
釋 （唐）陸德明音義 （明）鍾惺 （明）孫
鑛 （明）韓范評點 清刻本 二冊 存二十
六卷（十三至三十八）

330000 - 4706 - 0000990 普 0256 經部/禮
記類/傳說之屬
漱芳軒合纂禮記體註四卷 （清）范翔撰 清
同治五年（1866）刻本 四冊

330000 - 4706 - 0000991 普 0209 經部/春
秋左傳類/傳說之屬
東萊博議四卷 （宋）呂祖謙撰 清光緒三十
一年（1905）刻本 二冊

330000 - 4706 - 0001009 普 0302 經部/
叢編
皇清經解一百九十卷首一卷 （清）阮元輯
清光緒石印本 十九冊 存一百四十六卷
（首，一至二十五、三十三至八十七、九十一至
一百五十五）

330000 - 4706 - 0001011 普 0303 經部/
叢編
九經五十一卷附四卷 （明）秦鏷訂正 清刻
本 二冊 存一種

330000 - 4706 - 0001012 普 0258 經部/儀
禮類/傳說之屬
欽定儀禮義疏四十八卷首二卷 （清）朱軾等
撰 清刻本 二冊

330000 - 4706 - 0001013 普 0215 經部/禮
記類/傳說之屬
禮記雜抄不分卷 （元）陳澔集說 清抄本
四冊

330000 - 4706 - 0001014 普 0259 類叢部/
類書類/專類之屬
四書典制類聯音註三十三卷 （清）閻其淵輯
清咸豐十年（1860）刻本 二冊 存十八卷
（一至十八）

330000 - 4706 - 0001015 普 0212 經部/春
秋左傳類/傳說之屬
評點春秋綱目左傳句解彙雋六卷 （清）韓菼
重訂 清刻本 二冊 存二卷（三至四）

330000 - 4706 - 0001016 普 0211 經部/春
秋左傳類/傳說之屬
春秋左傳杜注三十卷首一卷 （清）姚培謙撰
清刻本 八冊 存二十六卷（五至三十）

330000 - 4706 - 0001017 普 0306 經部/四
書類/孟子之屬/文字音義
孟子音義二卷 （宋）孫奭撰 **孟子音義札記
一卷** 繆荃孫輯 清刻本 一冊

330000 - 4706 - 0001018 普 0304 類叢部/
叢書類/彙編之屬
經策通纂二種 （清）顧頲炎 （清）陳通聲等
纂 清光緒十四年（1888）上海點石齋石印本
三十一冊 存一種

330000 - 4706 - 0001019 普 0261 經部/禮
記類/傳說之屬
禮記增訂旁訓六卷 （清）徐立綱撰 清刻本
四冊 存四卷（一至四）

330000 - 4706 - 0001020 普 0213 經部/四
書類/孟子之屬/傳說
孟子集註七卷 （宋）朱熹撰 清刻本 三冊

330000 - 4706 - 0001021 普 0305 經部/四
書類/中庸之屬
中庸圖說貫義一卷 （清）楊欲仁輯 （清）楊
梧繁編 清刻本 一冊

330000 - 4706 - 0001023 普 0214 經部/四
書類/孟子之屬/傳說
孟子集註七卷 （宋）朱熹撰 清刻本 三冊

330000 - 4706 - 0001024 普 0262 經部/
叢編
仿宋相臺五經附考證 （清）□□輯 清光緒
二年（1876）江南書局刻乾隆四十八年（1783）
武英殿刻本 六冊 存一種

330000 - 4706 - 0001028 普 0264 經部/四

書類/總義之屬/傳說

永言堂四書遵註合講十九卷附圖考一卷
(清)翁復編　清刻本　五冊　存十五卷(論語一至五、孟子一至七、大學一、中庸一，圖考)

330000 – 4706 – 0001029　普 0307　經部/叢編

古經解彙函十六種附小學彙函十四種續附十種　(清)鍾謙鈞等輯　清光緒十四年(1888)上海蜚英館石印本　四十七冊　存三十三種

330000 – 4706 – 0001030　普 0216　經部/詩類/傳說之屬

詩經集傳八卷　(宋)朱熹撰　清光緒七年(1881)刻本　四冊

330000 – 4706 – 0001032　普 0217　經部/小學類/音韻之屬/韻書

詩韻集成十卷　(清)余照輯　清道光二十二年(1842)刻本　四冊

330000 – 4706 – 0001034　普 0218　經部/小學類/音韻之屬/韻書

詩韻集成十卷　(清)余照輯　清刻本　四冊

330000 – 4706 – 0001035　普 0219　經部/禮記類/傳說之屬

禮記集說十卷　(元)陳澔撰　清刻本　八冊　存八卷(二、四至十)

330000 – 4706 – 0001036　普 0308　經部/小學類/文字之屬/說文/傳說

說文解字句讀三十卷　(清)王筠撰　清刻本　八冊　存十七卷(二至十八)

330000 – 4706 – 0001037　普 0220　集部/詞類/詞韻之屬

詞林正韻三卷發凡一卷　(清)戈載撰　清刻本　一冊

330000 – 4706 – 0001038　普 0309　經部/詩類/傳說之屬

詩經集傳八卷　(宋)朱熹撰　清光緒十五年(1889)刻本　四冊

330000 – 4706 – 0001039　普 0265　經部/小學類/訓詁之屬/方言

新方言十一卷嶺外三州語一卷　章炳麟撰　清光緒三十四年(1908)日本鉛印本　一冊　存三卷(新方言一至二、嶺外三州語)

330000 – 4706 – 0001040　普 0266　經部/小學類

雷刻四種　(清)雷浚輯　清光緒二年至十年(1876 – 1884)吳縣雷氏刻本　一冊　存一種

330000 – 4706 – 0001041　普 0310　經部/儀禮類/傳說之屬

儀禮旁訓十七卷　(清)□□輯　清嘉慶五年(1800)掃葉山房刻本　一冊　存八卷(一至八)

330000 – 4706 – 0001042　普 0312　經部/詩類/詩序之屬

詩序辨說一卷　(宋)朱熹撰　清刻本　一冊

330000 – 4706 – 0001043　普 0311　經部/詩類/傳說之屬

毛詩說三十卷　(清)孫燾撰　清刻本　一冊　存十卷(九至十八)

330000 – 4706 – 0001044　普 0313　類叢部/叢書類/彙編之屬

崇文書局彙刻書三十一種　(清)崇文書局編　清光緒元年至三年(1875 – 1877)湖北崇文書局刻本　八冊　存二種

330000 – 4706 – 0001045　普 0221　經部/四書類/孟子之屬/傳說

孟子集註十卷　(宋)朱熹撰　清刻本　四冊　存八卷(一至二、五至十)

330000 – 4706 – 0001046　普 0260　經部/叢編

十三經讀本一百五十二卷　(清)□□編　清同治四年(1865)金陵書局刻本　二冊

330000 – 4706 – 0001047　普 0222　經部/小學類/音韻之屬/韻書

詩韻集成十卷　(清)余照輯　清刻本　四冊

330000－4706－0001048　普 0316　經部/春秋左傳類/傳說之屬

春秋左傳(春秋左傳杜林)五十卷　（晉）杜預（宋）林堯叟註釋　（唐）陸德明音義（明）鍾惺　（明）孫鑛　（明）韓范評點　**春秋列國圖說一卷**　（宋）蘇軾撰　清同治五年（1866）刻本　四冊

330000－4706－0001049　普 0263　經部/禮記類/傳說之屬

禮記集說十卷　（元）陳澔撰　清光緒十二年（1886）刻本　八冊　缺二卷(三至四)

330000－4706－0001050　普 0223　經部/小學類/音韻之屬/韻書

詩韻集成十卷　（清）余照輯　清刻本　一冊　存三卷(八至十)

330000－4706－0001051　普 0314　經部/春秋左傳類/傳說之屬

東萊博議四卷　（宋）呂祖謙撰　**增補虛字註釋一卷**　（清）馮泰松點定　清光緒三十一年（1905）上海商務印書館鉛印本　一冊

330000－4706－0001052　普 0315　經部/春秋左傳類/傳說之屬

評點春秋綱目左傳句解彙雋六卷　（清）韓菼重訂　清令德堂刻本　五冊

330000－4706－0001054　普 0267　經部/儀禮類/圖說之屬

儀禮圖六卷　（清）張惠言撰　清同治九年（1870）楚北崇文書局刻本　三冊

330000－4706－0001056　普 0224　經部/小學類/音韻之屬/韻書

詩韻集成十卷　（清）余照輯　清刻本　一冊　存三卷(八至十)

330000－4706－0001057　普 0268　經部/周禮類/傳說之屬

周禮精義六卷首一卷　（清）黃淦撰　清嘉慶十二年（1807）刻本　二冊

330000－4706－0001058　普 0225　經部/春秋左傳類/傳說之屬

春秋左傳五十卷　（晉）杜預（宋）林堯叟註釋（唐）陸德明音義（明）鍾惺（明）孫鑛（明）韓范評點　清刻本　九冊　存三十九卷(一至二十四、三十六至五十)

330000－4706－0001059　普 0317　經部/春秋左傳類/傳說之屬

春秋左傳類纂六卷首一卷末一卷　（清）桂含章撰　清光緒七年（1881）敦厚堂刻本　一冊　存三卷(首、一至二)

330000－4706－0001060　普 0318　經部/春秋左傳類/傳說之屬

評點春秋綱目左傳句解彙雋六卷　（清）韓菼重訂　清刻本　一冊　存一卷(一)

330000－4706－0001062　普 0319　經部/春秋左傳類/傳說之屬

春秋左傳(左傳杜林)五十卷　（晉）杜預（宋）林堯叟註釋（唐）陸德明音義（明）鍾惺（明）孫鑛（明）韓范評點　**春秋列國圖說一卷**　（宋）蘇軾撰　**春秋左傳綱目一卷**　（宋）林堯叟撰　清光緒二十六年（1900）刻本　十六冊

330000－4706－0001063　普 0320　經部/四書類/總義之屬

四書精義六卷　（清）潘克溥輯　清道光十七年（1837）刻本　一冊

330000－4706－0001064　普 0269　經部/三禮總義類/圖說之屬

新定三禮圖二十卷　（宋）聶崇義集註　清末上海同文書局石印通志堂本　二冊

330000－4706－0001065　普 0270　經部/小學類/文字之屬/字書/字典

正字通十二卷　（明）張自烈撰（清）廖文英輯　**字彙舊本首一卷**　（明）梅膺祚音釋　清刻本　二冊　存二卷(寅集下、戌集中)

330000－4706－0001066　普 0321　經部/群經總義類/傳說之屬

皇朝五經彙解二百七十卷　（清）朱鏡清輯　清光緒十四年（1888）上海鴻文書局石印本

三十二冊

330000－4706－0001067　普 0271　經部/小
學類/文字之屬/說文

說文解字注十五卷附六書音韻表五卷　（清）
段玉裁撰　**說文部目分韻一卷**　（清）陳煥編
　清光緒三十四年(1908)鉛印本　二冊　存
九卷(四至六、十五,六書音韻表一至五)

330000－4706－0001068　地文集 332　集部/
別集類/清別集

潛廬篋存草四卷　（清）沈景譔撰　清光緒二
十一年(1895)武昌刻本　一冊　存二卷(一
至二)

330000－4706－0001069　普 0274　經部/小
學類/文字之屬/字書/字體

六書通十卷首一卷附百體福壽全圖　（明）閔
齊伋撰　（清）畢弘述篆訂　清光緒十九年
(1893)上海校經山房石印本　五冊

330000－4706－0001070　普 0226　經部/禮
記類/傳說之屬

禮記集說十卷　（元）陳澔撰　清刻本　五冊
　存五卷(四、七至十)

330000－4706－0001071　普 0322　經部/四
書類/論語之屬/傳說

論語話解十卷　（清）陳澹撰　清石印本
一冊

330000－4706－0001072　普 0227　經部/
叢編

十三經讀本一百五十二卷　（清）□□編　清
同治金陵書局刻本　十冊　存一種

330000－4706－0001073　普 0272　經部/儀
禮類/傳說之屬

欽定儀禮義疏四十八卷首二卷　（清）朱軾等
撰　清同治刻本　二十六冊

330000－4706－0001074　普 0273　經部/四
書類/論語之屬/傳說

增訂二論詳解四卷　（清）劉忠輯　清乾隆四
十一年(1776)文奎堂刻本　四冊

330000－4706－0001075　普 0228　經部/易
類/傳說之屬

周易本義附音訓十二卷首一卷末一卷　（宋）
朱熹撰　（宋）呂祖謙音訓　清光緒十九年
(1893)江南書局刻本　二冊　存十三卷(首,
一至二、四至十二,末)

330000－4706－0001077　普 0229　經部/周
禮類/傳說之屬

周官精義十二卷　（清）連斗山輯　清刻本
二冊　存六卷(六至十一)

330000－4706－0001078　地文史 131　史部/
地理類/方志之屬/郡縣志

[光緒]重修嘉善縣志三十六卷首一卷　（清）
江峯青修　（清）顧福仁纂　（清）孫鴻壽等分
纂　（清）王偉彪繪　**[民國]校勘光緒嘉善縣
志劄記一卷**　孫傳樞　唐步雲纂　清光緒二
十年(1894)刻民國重印本　十六冊　缺二卷
(二十三至二十四)

330000－4706－0001079　普 0324　經部/四
書類/總義之屬/傳說

朱子四書或問小註三十六卷　（清）徐方廣增
注　清刻本　四冊　存十五卷(論語六至二
十)

330000－4706－0001080　普 0325　類叢部/
叢書類/自著之屬

朱氏羣書六種　（清）朱駿聲撰　清光緒八年
(1882)臨嘯閣刻本　一冊　存二種

330000－4706－0001081　普 0326　經部/禮
記類/傳說之屬

禮記集說三十卷　（元）陳澔撰　清刻本　一
冊　存二卷(十三至十四)

330000－4706－0001082　普 0328　經部/群
經總義類/傳說之屬

五經異義疏證三卷　（清）陳壽祺撰　清鉛印
本　一冊

330000－4706－0001084　普 0230　經部/四
書類/總義之屬/傳說

四書遵註合講十九卷　（清）翁復編　清道光

三年(1823)刻本　六冊

330000－4706－0001085　普0276　經部/小學類/文字之屬/說文/傳說
段氏說文注訂八卷　(清)鈕樹玉撰　清刻本　一冊　存四卷(五至八)

330000－4706－0001086　普0327　經部/周禮類/傳說之屬
周官精義十二卷　(清)連斗山輯　清道光七年(1827)刻本　六冊

330000－4706－0001087　普0275　經部/四書類/總義之屬/傳說
四書集註十九卷　(宋)朱熹撰　清刻本　一冊　存七卷(孟子一至七)

330000－4706－0001088　普0277　經部/四書類/總義之屬/傳說
四書朱子本義匯參四十三卷首四卷　(清)王步青輯　清光緒十二年(1886)鉛印本　三冊　存二卷(大學、孟子一)

330000－4706－0001091　普0278　經部/四書類/總義之屬/傳說
四書味根錄三十七卷　(清)金澂撰　清道光十七年(1837)刻本　十三冊　存三十一卷(大學、中庸一至二、論語五至二十、孟子三至十四)

330000－4706－0001092　普0329　經部/小學類/文字之屬/說文
說文解字注匡謬八卷　(清)徐承慶撰　清光緒三十四年(1908)石印本　一冊

330000－4706－0001094　普0330　經部/四書類/總義之屬/傳說
四書味根錄三十九卷　(清)金澂撰　清光緒十一年(1885)上海同文書局石印本　四冊　缺一卷(中庸二)

330000－4706－0001095　普0331　經部/小學類/音韻之屬/韻書
增廣詩韻合璧五卷　(清)湯祥瑟輯　清光緒十三年(1887)上海點石齋石印本　一冊　存二卷(一至二)

330000－4706－0001096　普0279　經部/小學類/文字之屬/說文
說文解字十五卷標目一卷　(漢)許慎撰　(宋)徐鉉等校定　清嘉慶二年(1797)刻本　二冊　存八卷(八至十五)

330000－4706－0001097　普0280　類叢部/類書類/專類之屬
四書典制類聯音註三十三卷　(清)閻其淵輯　清刻本　一冊　存十卷(二十四至三十三)

330000－4706－0001099　普0334　經部/小學類/音韻之屬/韻書
詩韻合璧五卷　(清)湯祥瑟輯　清刻本　一冊　缺四卷(一至四)

330000－4706－0001100　普0231　經部/儀禮類/傳說之屬
儀禮易讀十七卷　(清)馬駉撰　清乾隆二十年(1755)山陰縣學刻本　四冊

330000－4706－0001101　普0281　經部/詩類/傳說之屬
詩經集傳八卷　(宋)朱熹撰　清同治六年(1867)刻本　四冊

330000－4706－0001102　普0333　經部/小學類/音韻之屬/韻書
詩韻合璧五卷　(清)湯祥瑟輯　清刻本　二冊　存二卷(三至四)

330000－4706－0001103　普0232　子部/儒家類/儒學之屬/經濟
大學衍義四十三卷　(宋)真德秀撰　清光緒二十七年(1901)上海書局石印本　六冊

330000－4706－0001104　普0335　經部/小學類/文字之屬/字書
經字辨體八卷首一卷　(清)邱家煒撰　清光緒七年(1881)京都二酉齋刻本　一冊　存一卷(首)

330000－4706－0001105　普0234　經部/禮記類/傳說之屬
禮記集說十卷　(元)陳澔撰　清刻本　四冊　存八卷(二至三、五至十)

330000－4706－0001106　普 0233　經部/易類/傳說之屬

周易本義四卷附圖說一卷新增圖說一卷卦歌一卷　（宋）朱熹撰　清光緒十九年(1893)浙江書局刻本　二冊

330000－4706－0001107　普 0336　經部/小學類/文字之屬/說文

說文解字十五卷標目一卷　（漢）許慎撰（宋）徐鉉等校定　清刻本　三冊　存十二卷(四至十五)

330000－4706－0001108　普 0337　經部/小學類/文字之屬/說文/專著

唐寫本說文解字木部箋異一卷　（清）莫友芝撰　**仿唐寫本說文解字木部一卷**　（漢）許慎撰　清同治三年(1864)刻本　一冊

330000－4706－0001109　普 0235　經部/易類/傳說之屬

周易本義四卷附圖說一卷新增圖說一卷卦歌一卷　（宋）朱熹撰　清刻本　二冊　存四卷(一至四)

330000－4706－0001110　普 0338　經部/小學類/文字之屬/字書/訓蒙

文字蒙求四卷　（清）王筠撰　清刻本　一冊

330000－4706－0001111　普 0282　經部/易類/傳說之屬

周易本義四卷附圖說及新增圖說　（宋）朱熹撰　清光緒十二年(1886)湖北官書處刻本　二冊

330000－4706－0001112　普 0236　經部/易類/傳說之屬

周易本義四卷附圖說一卷卦歌一卷筮儀一卷　（宋）朱熹撰　清刻本　一冊　存三卷(二至四)

330000－4706－0001113　普 0283　經部/詩類/傳說之屬

詩經體註大全合㕘八卷　（清）高朝瓔定（清）沈世楷輯　清刻本　二冊　存三卷(三至五)

330000－4706－0001114　普 0284　經部/禮記類/傳說之屬

禮記集說十卷　（元）陳澔撰　清刻本　二冊　存一卷(六)

330000－4706－0001115　普 0286　經部/四書類/總義之屬/文字音義

四書不二字音釋不分卷　（清）楊昕撰　清刻本　二冊

330000－4706－0001116　普 0237　經部/禮記類/傳說之屬

禮記集說十卷　（元）陳澔撰　清杭城文光堂刻本　五冊　存五卷(一至三、六至七)

330000－4706－0001117　普 0288　經部/四書類/總義之屬/傳說

四書味根錄三十九卷　（清）金澂撰　清刻本　十三冊　存三十五卷(論語首、一至二十，孟子一至十四)

330000－4706－0001118　普 0238　經部/禮記類/傳說之屬

禮記集說十卷　（元）陳澔撰　清刻本　六冊　存六卷(一、四、六至七、九至十)

330000－4706－0001119　普 0287　經部/四書類/總義之屬/傳說

四書味根錄三十七卷　（清）金澂撰　清刻本　一冊　存二十一卷(大學、中庸一至二、論語一至十八)

330000－4706－0001120　普 0239　經部/禮記類/傳說之屬

禮記集說十卷　（元）陳澔撰　清刻本　五冊　存五卷(六至十)

330000－4706－0001121　普 0339　經部/四書類/總義之屬/傳說

四書集註十九卷　（宋）朱熹撰　清刻本　一冊　存一卷(中庸)

330000－4706－0001122　普 0285　經部/孝經類/傳說之屬

孝經集註一卷　（清）陸遇霖撰　清刻本　一冊

330000－4706－0001123　普0240　經部/叢編

重刊宋本十三經註疏四百十六卷附十三經註疏校勘記四百十六卷校勘記識語四卷　（清）阮元撰　（清）盧宣旬摘錄　清嘉慶二十年(1815)南昌府學刻本　二十一冊　存一種

330000－4706－0001124　普0340　經部/四書類/總義之屬/傳說

四書正體十九卷附四書正體校定　（清）呂世鏞輯　清刻本　一冊　存二集(大學、中庸)

330000－4706－0001125　普0289　經部/四書類/總義之屬/傳說

四書集註十九卷　（宋）朱熹撰　清刻本　一冊　存一卷(中庸)

330000－4706－0001126　地文史008　史部/傳記類/總傳之屬/家乘

[浙江湖州]凌氏宗譜四卷　清抄本　四冊

330000－4706－0001127　普0290　經部/書類/傳說之屬

寄傲山房塾課纂輯書經備旨蔡註捷錄七卷　(清)鄒聖脈纂輯　（清）鄒廷猷編次　清刻本　一冊　存三卷(一至三)

330000－4706－0001128　普0401　經部/小學類/文字之屬/字書/字典

玉篇校刊札記一卷　（清）鄧顯鶴述　清刻本　一冊

330000－4706－0001130　普0402　經部/小學類/訓詁之屬/字詁

字說一卷　（清）吳大澂撰　清刻本　一冊

330000－4706－0001132　普0341　經部/春秋左傳類

左傳分類備查不分卷　清抄本　一冊

330000－4706－0001133　普0342　經部/春秋左傳類/傳說之屬

春秋左傳杜注三十卷首一卷　（清）姚培謙撰　**春秋名號歸一圖二卷**　（五代）馮繼先撰　**春秋年表一卷**　（宋）岳珂刊補　清光緒十九年(1893)浙江書局刻本　十冊

330000－4706－0001134　普0343　經部/小學類/訓詁之屬/群雅

駢雅訓纂十六卷首一卷　（明）朱謀㙔撰　(清)魏茂林訓纂　清末石印本　五冊　存五卷(一、三至四、六至七)

330000－4706－0001135　普0344　經部/小學類/文字之屬/字書/字典

字彙十二卷首一卷末一卷　（明）梅膺祚撰　清刻本　六冊　缺二卷(首、末)

330000－4706－0001136　普0345　經部/小學類/訓詁之屬

新刻官話彙解便覽二卷　（清）蔡奭撰　清刻本　一冊

330000－4706－0001137　普0346　經部/小學類/文字之屬/字書/字典

龍龕手鑑四卷　（遼）釋行均撰　清刻本　一冊　存一卷(二)

330000－4706－0001138　普0291　經部/書類/傳說之屬

書經體注大全合參六卷　（宋）蔡沈集傳　(清)錢希祥輯注　清同治五年(1866)刻本　四冊

330000－4706－0001139　普0347　經部/小學類/文字之屬/說文

說文通檢十四卷首一卷末一卷　（清）黎永椿撰　清刻本　一冊　存八卷(八至十四、末)

330000－4706－0001141　普0403　經部/小學類/文字之屬/說文

說文解字十五卷標目一卷　（漢）許慎撰　清光緒七年(1881)淮南書局刻本　一冊　存四卷(一至三、標目)

330000－4706－0001142　普0292　經部/書類/傳說之屬

欽定書經傳說彙纂二十一卷首二卷書序一卷　（清）王頊齡等纂　清刻本　二冊　存四卷(十七至二十)

330000－4706－0001143　普0293　經部/四書類/孟子之屬/傳說

孟子集註七卷 （宋）朱熹撰 清宣統二年
(1910)石印本 一冊

330000－4706－0001144 普0404 經部/小
學類/文字之屬/字書
釋字百韻一卷 （清）陳勘撰 清光緒十六年
(1890)刻本 一冊

330000－4706－0001145 普0405 經部/四
書類/孟子之屬/傳說
孟子集註七卷 （宋）朱熹撰 清刻本 二冊
　存四卷(四至七)

330000－4706－0001146 普0406 經部/四
書類/論語之屬/傳說
論語集注十卷 （宋）朱熹撰 清刻本 一冊
　存五卷(六至十)

330000－4706－0001147 普0407 經部/四
書類/論語之屬/傳說
論語集注十卷 （宋）朱熹撰 清刻本 一冊
　存五卷(六至十)

330000－4706－0001149 普0409 經部/四
書類/孟子之屬/傳說
孟子集註七卷 （宋）朱熹撰 清刻本 一冊
　存二卷(一至二)

330000－4706－0001150 普0410 經部/四
書類/孟子之屬/傳說
孟子集註七卷 （宋）朱熹撰 清刻本 二冊
　存二卷(一至二)

330000－4706－0001151 普0411 經部/四
書類/論語之屬/傳說
論語集注十卷 （宋）朱熹撰 清刻本 一冊
　存三卷(二至四)

330000－4706－0001152 普0295 經部/四
書類/論語之屬/傳說
論語集注十卷 （宋）朱熹撰 清刻本 二冊
　存三卷(八至十)

330000－4706－0001153 普0296 經部/周
禮類/傳說之屬
注釋古周禮五卷考工記一卷 （明）郎兆玉撰

明天啓郎氏堂策檻刻本 一冊 存一卷
(二)

330000－4706－0001154 普0413 經部/四
書類/論語之屬/傳說
論語集注十卷 （宋）朱熹撰 清刻本 一冊
　存二卷(四至五)

330000－4706－0001155 普0412 經部/四
書類/論語之屬/傳說
論語集注十卷 （宋）朱熹撰 清刻本 二冊

330000－4706－0001156 普0294 經部/孝
經類/傳說之屬
孝經章句一卷孝經考據一卷 （清）汪紱撰
清光緒二十二年(1896)刻本 一冊

330000－4706－0001157 普3945 集部/曲
類/曲韻曲譜曲律之屬
繪圖綴白裘十二集四十八卷 （清）玩花主人
輯 （清）錢德蒼增輯 清光緒二十一年
(1895)文海書局石印本 一冊 存四卷(九
集一至四)

330000－4706－0001158 普0298 經部/詩
類/傳說之屬
詩經集傳八卷 （宋）朱熹撰 清宣統元年
(1909)掃葉山房刻本 四冊

330000－4706－0001159 普0299 經部/禮
記類/傳說之屬
禮記集說十卷 （元）陳澔撰 清刻本 一冊
　存一卷(七)

330000－4706－0001160 普0300 類叢部/
叢書類/彙編之屬
咫進齋叢書三十五種 （清）姚覲元編 清光
緒九年(1883)歸安姚氏刻本 一冊 存一種

330000－4706－0001161 普0414 經部/四
書類/論語之屬/傳說
論語集注十卷 （宋）朱熹撰 清刻本 二冊

330000－4706－0001162 普0415 經部/詩
類/傳說之屬
欽定詩經傳說彙纂二十一卷首二卷詩序二卷

（清）聖祖玄燁定 （清）王鴻緒 （清）揆
敘總裁 清刻本 十二冊

330000－4706－0001163 普 0416 經部/四
書類/論語之屬/傳說

論語集注十卷 （宋）朱熹撰 清刻本 一冊
存五卷(一至五)

330000－4706－0001164 普 0417 經部/四
書類/論語之屬/傳說

論語集注十卷 （宋）朱熹撰 清刻本 一冊
存五卷(一至五)

330000－4706－0001165 普 0418 史部/政
書類/儀制之屬/典禮

中祀合編二卷 清末刻本 一冊

330000－4706－0001166 普 0419 經部/四
書類/論語之屬/傳說

論語集注十卷 （宋）朱熹撰 清刻本 一冊
存五卷(一至五)

330000－4706－0001167 普 0349 經部/群
經總義類/傳說之屬

經義述聞三十二卷 （清）王引之撰 清刻本
二十一冊 存二十一卷(一至四、七至八、
十、十二至十九、二十一至二十四、二十七、三
十)

330000－4706－0001168 普 0420 經部/四
書類/論語之屬/傳說

論語集注十卷 （宋）朱熹撰 清刻本 一冊
存五卷(一至五)

330000－4706－0001169 普 0501 經部/周
禮類/傳說之屬

周禮政要二卷 （清）孫詒讓撰 清光緒二十
九年(1903)上海六藝書局石印本 一冊

330000－4706－0001170 普 0350 經部/總
類/傳說之屬

御纂七經二百八十卷首十一卷序三卷 （清）
李光地等撰 清刻本 四冊 存一種

330000－4706－0001171 普 0421 經部/四
書類/論語之屬/傳說

論語集注十卷 （宋）朱熹撰 清刻本 一冊
存五卷(一至五)

330000－4706－0001172 普 0502 經部/四
書類/論語之屬/傳說

論語集注十卷 （宋）朱熹撰 清宣統二年
(1910)上海章福記書局石印本 一冊

330000－4706－0001173 普 0422 子部/宗
教類/道教之屬/戒律

文昌帝君孝友經合刊四卷 （清）黃正元註
清同治二年(1863)刻本 一冊

330000－4706－0001174 普 0503 經部/四
書類/論語之屬/傳說

論語集注十卷 （宋）朱熹撰 清道光二十五
年(1845)刻本 二冊

330000－4706－0001179 地文史 138 史部/
政書類/公牘檔冊之屬

魏塘書院徵信錄不分卷 清光緒十九年
(1893)孫揆青、許庚先刻本 一冊

330000－4706－0001181 地文史 139 史部/
傳記類/總傳之屬/郡邑

本邑人物志稿不分卷 （清）江峰青編 清抄
本 一冊

330000－4706－0001183 普 0352 經部/孝
經類/傳說之屬

女子二十四孝全圖一卷 （清）吳友如繪 **車
鑒錄新編一卷** （清）吳福根編輯 清光緒二
十年(1894)上海宏大善書局石印本 一冊

330000－4706－0001184 普 0504 經部/詩
類/傳說之屬

詩經集傳八卷 （宋）朱熹撰 清光緒二十一
年(1895)刻本 三冊 存五卷(一至五)

330000－4706－0001185 普 0353 子部/儒
家類/儒學之屬/蒙學

小學集註六卷孝經一卷 （明）陳選集註 **忠
經一卷** （漢）鄭玄集註 清石印本 一冊
缺六卷(一至六)

330000－4706－0001186 普 0505 經部/

叢編

古經解彙函十六種附小學彙函十四種續附十種 （清）鍾謙鈞等輯　清光緒十四年(1888)上海蜚英館石印本　一冊　存二種

330000－4706－0001187　普0423　經部/小學類/文字之屬/說文

說文辨疑一卷附條記一卷 （清）顧廣圻撰　清光緒三年(1877)湖北崇文書局刻本　一冊

330000－4706－0001188　普0424　經部/叢編

古經解彙函二百八十三卷 （清）鍾謙鈞等輯　清刻本　一冊　存二卷(四至五)

330000－4706－0001190　普0506　經部/詩類/傳說之屬

重刻徐筆峒先生遵注參訂詩經八卷棣鄂堂詩義纂要八卷詩經圖攷一卷詩經人物攷一卷 （清）周疆輯　清刻本　四冊

330000－4706－0001191　普0426　經部/小學類/文字之屬/說文

說文提要一卷 （清）陳建侯撰　清同治十二年(1873)刻本　一冊

330000－4706－0001192　普0507　經部/詩類/傳說之屬

詩經集傳八卷 （宋）朱熹撰　清刻本　一冊　存三卷(六至八)

330000－4706－0001193　普0508　經部/詩類/傳說之屬

詩經集傳八卷 （宋）朱熹撰　清光緒十年(1884)刻本　三冊　存六卷(一至二、四至七)

330000－4706－0001194　普0427　經部/群經總義類/文字音義之屬

十三經集字一卷 （清）李鴻藻輯　清同治四年(1865)刻本　一冊

330000－4706－0001195　地文史142　史部/地理類/雜志之屬

嘉府典故纂要八卷 （清）王惟梅輯　清刻本　三冊　存六卷(一至六)

330000－4706－0001196　普0509　經部/周禮類/傳說之屬

周禮六卷 （漢）鄭玄注　（唐）陸德明音義　清刻本　一冊

330000－4706－0001197　普0510　經部/禮記類/傳說之屬

欽定禮記義疏八十二卷 （清）聖祖玄燁撰　清刻本　二冊　存三卷(十八、二十二、四十四)

330000－4706－0001198　地文集336　集部/詞類

永思軒詞選不分卷 清抄本　一冊

330000－4706－0001200　普0428　經部/詩類/傳說之屬

詩經集傳八卷 （宋）朱熹撰　清光緒三年(1877)刻本　一冊　存二卷(一至二)

330000－4706－0001201　普0429　經部/詩類/傳說之屬

詩經集傳八卷 （宋）朱熹撰　清光緒三年(1877)刻本　二冊　存四卷(一至四)

330000－4706－0001202　普0430　經部/詩類/傳說之屬

詩經集傳八卷 （宋）朱熹撰　清刻本　一冊　存二卷(三至四)

330000－4706－0001203　普0511　經部/四書類/總義之屬/傳說

四書集註十九卷 （宋）朱熹撰　清光緒二十年(1894)刻本　二冊　存二卷(大學、中庸)

330000－4706－0001204　普0431　經部/詩類/傳說之屬

詩經集傳八卷 （宋）朱熹撰　清刻本　二冊　存五卷(四至八)

330000－4706－0001205　普0512　經部/易類/傳說之屬

周易本義四卷附圖說一卷卦歌一卷筮儀一卷 （宋）朱熹撰　清刻本　一冊　存四卷(一、圖說、卦歌、筮儀)

330000－4706－0001206　普 0432　經部/詩類/傳說之屬

詩經集傳八卷 （宋）朱熹撰　清刻本　一冊　存二卷(六至七)

330000－4706－0001207　地文集 337　集部/總集類/選集之屬/斷代

少陵義山五律詩鈔不分卷 （清）吳仰賢輯　清同治吳仰賢抄本　一冊

330000－4706－0001208　普 0513　經部/禮記類/傳說之屬

禮記集說十卷 （元）陳澔撰　清刻本　一冊　存一卷(二)

330000－4706－0001209　地文子 076　子部/醫家類/醫案之屬

門診簿不分卷　清光緒三十二年(1906)稿本　一冊

330000－4706－0001210　普 0354　經部/詩類/傳說之屬

御案詩經備旨八卷 （清）鄒聖脈纂輯　（清）鄒廷猷編次　清刻本　一冊　存二卷(一至二)

330000－4706－0001211　普 0514　經部/禮記類/傳說之屬

禮記體註四卷 （清）范翔撰　清同治五年(1866)刻本　一冊　存一卷(一)

330000－4706－0001213　普 0515　經部/書類/傳說之屬

書經體注大全合參六卷 （宋）蔡沈集傳（清）錢希祥輯注　清刻本　二冊　存三卷(二至四)

330000－4706－0001214　普 0356　經部/四書類/總義之屬/傳說

四書集註十九卷 （宋）朱熹撰　清光緒三十二年(1906)上海商務印書館鉛印本　一冊　存二卷(大學、中庸)

330000－4706－0001215　普 0433　經部/詩類/傳說之屬

詩經集傳八卷 （宋）朱熹撰　清刻本　一冊

存三卷(六至八)

330000－4706－0001217　普 0434　經部/詩類/傳說之屬

詩經集傳八卷 （宋）朱熹撰　清刻本　一冊　存三卷(六至八)

330000－4706－0001218　普 0358　經部/書類/傳說之屬

書經集傳六卷 （宋）蔡沈撰　清光緒三年(1877)永康退補齋胡氏刻本　四冊

330000－4706－0001220　普 0359　經部/小學類/文字之屬/字書

字學舉隅不分卷 （清）黃本驥　（清）龍啟瑞撰　清光緒二年(1876)刻本　二冊

330000－4706－0001223　普 0516　經部/群經總義類/傳說之屬

七經精義三十卷 （清）黃淦撰　清嘉慶慈谿養正堂刻本　一冊　存三卷(首、周易精義一至二)

330000－4706－0001225　普 0436　經部/小學類/文字之屬/字書/字典

字彙十二卷首一卷末一卷韻法直圖一卷（明）梅膺祚撰　**韻法橫圖一卷**　（明）李世澤撰　清刻本　二冊　存二卷(韻法直圖、韻法橫圖)

330000－4706－0001226　地文集 338　集部/總集類

賦不分卷 （清）吳純等撰　稿本　一冊

330000－4706－0001228　普 0517　經部/四書類/總義之屬/傳說

四子書四卷　清末中國圖書公司鉛印本　一冊　存二卷(論語、孟子)

330000－4706－0001230　普 0519　經部/四書類/總義之屬/傳說

家塾四書講義錄□□種 （清）黃瑞輯　清刻本　一冊　存二種

330000－4706－0001231　普 0518　經部/四書類/總義之屬

遵依監版摹刻四書白文四種　（清）蕭震校
清刻本　一冊　存一種

330000－4706－0001233　普0361　經部/四
書類/論語之屬/傳說
論語集注十卷　（宋）朱熹撰　清宣統二年
(1910)石印本　一冊

330000－4706－0001234　普0363　類叢部/
叢書類/彙編之屬
咫進齋叢書三十五種　（清）姚覲元編　清光
緒九年(1883)歸安姚氏刻本　一冊　存二種

330000－4706－0001236　普0520　經部/易
類/傳說之屬
寄傲山房塾課纂輯御案易經備旨七卷　（清）
鄒聖脈纂輯　（清）鄒廷猷編次　清刻本
二冊

330000－4706－0001237　普0364　類叢部/
叢書類/彙編之屬
經策通纂二種　（清）顧頡炎　（清）陳通聲等
纂　清光緒十三年(1887)上海點石齋石印本
一冊　存一種

330000－4706－0001239　普0366　類叢部/
叢書類/彙編之屬
經策通纂二種　（清）顧頡炎　（清）陳通聲等
纂　清光緒十三年(1887)上海點石齋石印本
二冊　存一種

330000－4706－0001240　普0365　類叢部/
叢書類/彙編之屬
經策通纂二種　（清）顧頡炎　（清）陳通聲等
纂　清光緒十三年(1887)上海點石齋石印本
二冊　存一種

330000－4706－0001241　普0440　經部/書
類/傳說之屬
書經集註六卷　（宋）蔡沈撰　清刻本　四冊

330000－4706－0001242　普0521　經部/四
書類/總義之屬/傳說
四書經註集證十九卷　（清）吳昌宗撰　清嘉
慶三年(1798)江都汪廷機刻本　一冊　存一
卷(大學)

330000－4706－0001243　普0441　經部/書
類/傳說之屬
書經集傳六卷首一卷　（宋）蔡沈撰　清光緒
九年(1883)刻本　八冊

330000－4706－0001244　普0522　經部/四
書類/總義之屬/傳說
四書反身錄八卷首一卷　（清）李顒撰　清道
光十一年(1831)浙江書局刻本　一冊　存二
卷(一至二)

330000－4706－0001245　普0442　經部/禮
記類/傳說之屬
禮記揭要六卷　（清）周蕙田輯　清刻本　一
冊　存一卷(三)

330000－4706－0001246　普0443　經部/書
類/傳說之屬
書經集註六卷　（宋）蔡沈撰　清石印本
一冊

330000－4706－0001247　普0368　類叢部/
叢書類/彙編之屬
榕村全書三十二種附十種　（清）李光地撰
清道光九年(1829)李維迪刻本　一冊　存
二種

330000－4706－0001248　普0489　史部/地
理類/外紀之屬
星軺日記類編三十九卷　席裕琨輯　清石印
本　七冊　存三十二卷(六至二十二、二十五
至三十九)

330000－4706－0001249　普0523　經部/書
類/傳說之屬
書經集傳六卷　（宋）蔡沈撰　清刻本　四冊

330000－4706－0001250　普0369　經部/四
書類/總義之屬
四書古註羣義彙解九種九十四卷　（清）□□
輯　清石印本　十冊　存七種

330000－4706－0001251　普0370　經部/四
書類/總義之屬/傳說
四書典林三十卷　（清）江永輯　清同治元年
(1862)慈水鋤經閣銅版印本　五冊　缺五卷

（十四至十八）

330000－4706－0001252　普0524　經部/易
類/傳說之屬

易經大全會解四卷　（清）來爾繩纂輯　（清）
朱采治　（清）朱之澄編訂　清刻本　四冊

330000－4706－0001253　普0371　經部/小
學類/音韻之屬/韻書

佩文詩韻釋要五卷　（清）周兆基輯　清刻本
一冊

330000－4706－0001254　普0525　經部/書
類/傳說之屬

書經集傳六卷　（宋）蔡沈撰　清光緒十九年
（1893）浙江書局刻本　四冊

330000－4706－0001256　普0526　經部/書
類/傳說之屬

書經集傳六卷　（宋）蔡沈撰　清商務印書館
鉛印本　一冊　存一卷（四）

330000－4706－0001257　普0445　經部/
叢編

監本五經五種　（宋）朱熹本義　清嘉慶二十
二年（1817）刻本　一冊　存一種

330000－4706－0001258　普0446　經部/易
類/傳說之屬

御纂周易折中二十二卷首一卷　（清）李光地
等纂　清刻本　一冊　存二卷（二十一至二
十二）

330000－4706－0001259　普0447　經部/
易類

易經精華六卷首一卷末一卷　（清）薛嘉穎撰
清刻本（卷首原缺）　三冊　存四卷（三至
六）

330000－4706－0001260　普0527　經部/書
類/傳說之屬

書經集傳六卷　（宋）蔡沈撰　清慎怡堂刻本
五冊　存五卷（一至四、六）

330000－4706－0001261　普0373　經部/書
類/傳說之屬

書經集傳六卷首一卷末一卷　（宋）蔡沈撰
清光緒七年（1881）金陵書局刻本　四冊

330000－4706－0001262　普0374　經部/易
類/傳說之屬

易經大全會解四卷　（清）來爾繩纂輯　（清）
朱采治　（清）朱之澄編訂　清同治五年
（1866）刻本　一冊　存一卷（一）

330000－4706－0001263　普0528　經部/孝
經類/傳說之屬

孝經一卷弟子職一卷　（清）任兆麟集注　清
掃葉山房刻本　一冊

330000－4706－0001264　普0375　類叢部/
叢書類/彙編之屬

藝海珠塵二百六種　（清）吳省蘭輯　清嘉慶
中南匯吳氏聽彝堂刻本　一冊　存一種

330000－4706－0001265　普0449　經部/春
秋左傳類/傳說之屬

東萊博議四卷　（宋）呂祖謙撰　清光緒三十
一年（1905）上海商務印書館鉛印本　一冊

330000－4706－0001266　普0376　經部/春
秋總義類

春秋經解不分卷　清抄本　一冊

330000－4706－0001268　普0377　經部/春
秋左傳類/傳說之屬

春秋左傳姓名同異考四卷　（清）高士奇撰
清康熙高氏刻本　一冊

330000－4706－0001269　普0450　經部/春
秋左傳類/傳說之屬

東萊博議四卷　（宋）呂祖謙撰　清宣統二年
（1910）石印本　四冊

330000－4706－0001270　普0378　經部/四
書類/總義之屬/傳說

四書集註十九卷　（宋）朱熹撰　清光緒三十
二年（1906）上海商務印書館鉛印本　二冊
存十卷（論語一至十）

330000－4706－0001271　普0529　經部/春
秋左傳類/傳說之屬

御案春秋左傳經解備旨十二卷 （清）鄒聖脈
纂輯 清刻本 一冊 存三卷（三至五）

330000－4706－0001272 普0379 經部/四
書類/論語之屬/傳說
論語集注十卷 （宋）朱熹撰 清刻本 二冊

330000－4706－0001273 普0451 經部/春
秋左傳類/傳說之屬
東萊博議四卷首一卷 （宋）呂祖謙撰 清光
緒二十四年（1898）石印本 一冊 存三卷
（首、一至二）

330000－4706－0001274 普0530 經部/春
秋左傳類/傳說之屬
春秋左氏傳地名補注十二卷 （清）沈欽韓撰
清刻本 一冊 存六卷（七至十二）

330000－4706－0001275 普0380 經部/四
書類/總義之屬/傳說
四書朱子本義匯參四十三卷首四卷 （清）王
步青輯 清敦復堂刻本 一冊 存二卷（論
語七至八）

330000－4706－0001276 普0531 經部/禮
記類/傳說之屬
禮記訓纂四十九卷 （清）朱彬撰 清宣統元
年（1909）學部圖書局石印本 一冊 存十五
卷（三十五至四十九）

330000－4706－0001278 普0532 經部/
叢編
十三經注疏三百三十五卷 （明）□□輯 清
刻本 一冊 存一種

330000－4706－0001279 普0452 經部/春
秋左傳類/傳說之屬
東萊博議四卷 （宋）呂祖謙撰 清刻本 二
冊 存二卷（三至四）

330000－4706－0001280 普0533 經部/春
秋左傳類/傳說之屬
左繡三十卷首一卷 （清）馮李驊 （清）陸浩
評輯 清刻本 一冊 存二卷（二至三）

330000－4706－0001281 普0383 經部/小

學類/文字之屬/說文/專著
說文辨字正俗八卷 （清）李富孫撰 清刻本
一冊 存二卷（五至六）

330000－4706－0001282 普0381 經部/小
學類/文字之屬/字書/字典
攷正玉堂字彙不分卷 （清）知足子編 清石
印本 一冊

330000－4706－0001283 普0453 經部/
叢編
重刊宋本十三經注疏四百十六卷 十三經注
疏校勘記四百十六卷 （清）阮元撰 （清）盧
宣旬摘錄 校勘記識語四卷 （清）汪文臺撰
清刻本 一冊 存一種

330000－4706－0001284 普0382 經部/小
學類/文字之屬/字書/字典
攷正玉堂字彙不分卷 （清）知足子編 清鉛
印本 一冊

330000－4706－0001285 普0454 經部/小
學類/音韻之屬/韻書
詩韻五卷 （清）余照輯 （清）朱德蕃增訂
清光緒六年（1880）刻本 一冊 存一卷（一）

330000－4706－0001286 地文史145 史部/
傳記類/總傳之屬/郡邑
嘉慶道光魏塘人物記六卷 （清）汪能肅撰
清道光刻本 一冊 存四卷（三至六）

330000－4706－0001287 地文子078 子部/
醫家類/本草之屬
藥性詳解不分卷 清抄本 一冊

330000－4706－0001288 普0456 經部/小
學類/音韻之屬/韻書
增註字類標韻六卷 （清）華綱撰 （清）范多
玨重訂 清光緒三年（1877）浙寧簡香齋刻本
二冊

330000－4706－0001290 普0455 經部/小
學類/音韻之屬/古今韻說
六書音均表五卷 （清）段玉裁撰 清刻本
一冊 存三卷（一至三）

330000－4706－0001291　普0534　經部/書類/傳說之屬

書經集傳六卷　（宋）蔡沈撰　清刻本　一冊　存二卷(二至三)

330000－4706－0001293　普0535　經部/書類/傳說之屬

書經集傳六卷　（宋）蔡沈撰　清刻本　一冊　存一卷(四)

330000－4706－0001295　普0536　經部/書類/傳說之屬

書經集傳六卷　（宋）蔡沈撰　清刻本　一冊　存二卷(二至三)

330000－4706－0001296　普0448　經部/叢編

漢魏二十一家易注三十三卷　（清）孫堂輯　清嘉慶四年(1799)平湖孫堂映雪草堂刻本　一冊　存四種

330000－4706－0001297　普0537　經部/書類/傳說之屬

書經集傳六卷　（宋）蔡沈撰　清刻本　一冊　存一卷(三)

330000－4706－0001298　普0538　經部/書類/傳說之屬

書經集傳六卷　（宋）蔡沈撰　清刻本　一冊　存二卷(二至三)

330000－4706－0001299　地文史036　史部/傳記類

宗譜引義不分卷　清抄本　一冊

330000－4706－0001300　普0457　經部/小學類/音韻之屬/等韻

切韻指掌圖一卷　（宋）司馬光撰　清光緒九年(1883)上海同文書局石印本　一冊

330000－4706－0001302　普0458　經部/書類/傳說之屬

書經集傳六卷　（宋）蔡沈撰　清光緒十九年(1893)浙江書局刻本　四冊

330000－4706－0001303　普0459　經部/四書類/孟子之屬/傳說

孟子集註七卷　（宋）朱熹撰　清刻本　一冊　存二卷(四至五)

330000－4706－0001304　地文子082　子部/醫家類/醫案之屬

處方記錄一卷　稿本　一冊

330000－4706－0001305　普0386　經部/春秋左傳類/傳說之屬

御案春秋左傳經解備旨十二卷　（清）鄒聖脈纂輯　清刻本　三冊　缺三卷(五至七)

330000－4706－0001306　普0460　經部/四書類/孟子之屬/傳說

孟子集註七卷　（宋）朱熹撰　清刻本　一冊　存三卷(一至三)

330000－4706－0001308　普0385　經部/叢編

古經解彙函十六種附小學彙函十四種續附十種　（清）鍾謙鈞等輯　清光緒十四年(1888)上海蜚英館石印本　一冊　存一種

330000－4706－0001309　普0539　經部/春秋左傳類/傳說之屬

批評東萊博議四卷　（宋）呂祖謙撰　**增補虛字註釋一卷**　清末石印本　一冊

330000－4706－0001310　普0461　經部/小學類/文字之屬/字書/字典

字彙十二卷首一卷末一卷韻法直圖一卷　(明)梅膺祚撰　**韻法橫圖一卷**　（明）李世澤撰　清刻本　一冊　存二卷(韻法直圖、韻法橫圖)

330000－4706－0001311　普0540　經部/四書類/大學之屬/傳說

大學章句一卷　（宋）朱熹撰　清刻本　一冊

330000－4706－0001312　普0387　經部/詩類/詩序之屬

詩序廣義二十四卷　（清）姜炳璋撰　清刻本　一冊　存一卷(二十四)

330000－4706－0001313　普0541　經部/小

學類/音韻之屬/韻書

詩韻五卷 （清）余照輯 （清）朱德蕃增訂 清刻本 一冊 存一卷(四)

330000－4706－0001315 普 0388 經部/總類/傳說之屬

御纂七經二百八十卷首十一卷序三卷 （清）李光地等撰 清康熙至乾隆刻本 九冊 存一種

330000－4706－0001316 普 0542 經部/叢編

古經解彙函十六種附小學彙函十四種續附十種 （清）鍾謙鈞等輯 清光緒十四年(1888)上海蜚英館石印本 一冊 存二種

330000－4706－0001317 普 0543 經部/叢編

省吾堂四種二十五卷 （清）蔣光彌輯 清常熟蔣氏省吾堂刻本 一冊 存二卷(周易古義上下)

330000－4706－0001318 普 0544 經部/四書類/論語之屬/傳說

論語集注十卷 （宋）朱熹撰 清刻本 一冊 存五卷(一至五)

330000－4706－0001319 普 0389 經部/禮記類/傳說之屬

全本禮記體註十卷 （清）徐瑄撰 清石印本 三冊 缺二卷(六至七)

330000－4706－0001320 普 0545 經部/四書類/孟子之屬/傳說

孟子集註七卷 （宋）朱熹撰 清刻本 一冊 存二卷(一至二)

330000－4706－0001321 普 0390 經部/詩類/傳說之屬

五經體注大全五種三十二卷 （清）嚴氏家塾主人輯 清光緒二十年(1894)鴻寶齋石印本 二冊 存一種

330000－4706－0001322 普 0546 經部/四書類/孟子之屬/傳說

孟子集註七卷 （宋）朱熹撰 清光緒三十三

年(1907)鉛印本 一冊 存一卷(四)

330000－4706－0001324 普 0391 經部/詩類/傳說之屬

五經體注大全五種三十二卷 （清）嚴氏家塾主人輯 清石印本 一冊 存一種

330000－4706－0001325 地文史146 史部/傳記類/總傳之屬/家乘

[浙江嘉興]**白雲橋盛氏宗譜不分卷** （清）盛昌基重輯 清同治抄本 一冊

330000－4706－0001326 普 0462 經部/春秋左傳類/傳說之屬

增批輯註東萊博議四卷註釋一卷 （宋）呂祖謙撰 （清）劉鍾英輯注 清石印本 一冊

330000－4706－0001327 地文集341 子部/小說家類/雜事之屬

摘抄堅瓠集不分卷 （清）褚人獲撰 適園居士摘抄 清抄本 一冊

330000－4706－0001328 地文集339 史部/地理類/雜志之屬

魏塘竹枝詞一卷 （清）孫燕昌撰 清同治七年(1868)望雲仙館刻本 一冊

330000－4706－0001330 地文集344 子部/雜著類/雜纂之屬

括囊不分卷 （清）魏禧等撰 清抄本 一冊

330000－4706－0001331 地文集343 集部/總集類

詩抄不分卷 清抄本 一冊

330000－4706－0001333 地文集345 集部/總集類

時賢散體文一卷 （清）小梅花莽(吳山秀)手抄 清抄本 一冊

330000－4706－0001334 地文子084 子部/醫家類/醫案之屬

醫案節錄一卷 清抄本 一冊

330000－4706－0001335 地文集346 集部/別集類

牧齋初學集 （清）錢謙益撰 清抄本 一冊

330000 – 4706 – 0001336　地文集347　集部/別集類/宋別集

陸放翁詩集選一卷　（宋）陸游撰　清蕉岩抄本　一冊

330000 – 4706 – 0001337　地文集348　集部/總集類

時人詩詞集不分卷　（清）志逸手錄　清抄本　一冊

330000 – 4706 – 0001338　地文集349　集部/總集類/選集之屬

駢體雜抄不分卷　清抄本　一冊

330000 – 4706 – 0001339　普0547　經部/春秋左傳類/傳說之屬

東萊博議四卷　（宋）呂祖謙撰　清刻本　一冊　存二卷（三至四）

330000 – 4706 – 0001340　普0463　經部/孝經類/傳說之屬

孝經一卷　（唐）玄宗李隆基注　清石印本　一冊

330000 – 4706 – 0001342　普0392　經部/小學類/文字之屬/字書/訓蒙

新刻啓蒙同聲字音註釋捷徑不分卷　（清）施十洲編集　清刻本　一冊

330000 – 4706 – 0001343　普0548　經部/春秋左傳類/傳說之屬

續春秋左氏傳博議二卷　（清）王夫之撰　清石印本　一冊

330000 – 4706 – 0001345　普0464　經部/小學類/文字之屬/說文

說文通檢十四卷首一卷末一卷　（清）黎永椿撰　清光緒三十四年（1908）刻本　一冊

330000 – 4706 – 0001346　普0465　經部/小學類/文字之屬/說文/專著

唐寫本說文解字木部箋異一卷　（清）莫友芝撰　清同治二年（1863）刻本　一冊

330000 – 4706 – 0001347　普0393　類叢部/叢書類/自著之屬

杭大宗七種叢書　（清）杭世駿撰　清刻彙印本　一冊　存一種

330000 – 4706 – 0001348　普0466　經部/小學類/文字之屬/字書/字典

玉堂字彙四卷　（明）梅膺祚音釋　清刻本　四冊

330000 – 4706 – 0001349　普0549　經部/叢編

重刊宋本十三經注疏四百十六卷附十三經注疏校勘記四百十六卷　（清）阮元撰　（清）盧宣旬摘錄　清嘉慶二十年（1815）南昌府學刻本　一冊　存一種

330000 – 4706 – 0001350　普0394　經部/小學類/文字之屬/字書/通論

增補字學舉隅不分卷　（清）黃本驥　（清）龍啟瑞　（清）龍光甸輯　清同治九年（1870）刻本　一冊

330000 – 4706 – 0001351　普0467　經部/小學類/音韻之屬/韻書

增註字類標韻六卷　（清）華綱撰　（清）范多玕重訂　清光緒四年（1878）雲陽馬氏刻本　二冊

330000 – 4706 – 0001352　普0550　經部/四書類/大學之屬/傳說

大學章句一卷　（宋）朱熹撰　清刻本　一冊

330000 – 4706 – 0001353　普0395　經部/小學類/文字之屬/字書/字典

字彙十二卷首一卷末一卷　（明）梅膺祚撰　清刻本　一冊　存一卷（首）

330000 – 4706 – 0001354　地文子087　子部/醫家類

祖傳效驗秘方一卷　清抄本　一冊

330000 – 4706 – 0001355　普0396　經部/小學類/文字之屬/字書/字典

字彙十二卷首一卷末一卷　（明）梅膺祚撰　清刻本　一冊　存二卷（十一至十二）

330000 – 4706 – 0001357　普0552　經部/四

書類/總義之屬/傳說

四書體註合講十九卷 （清)翁復編　清刻本
一冊　存三卷(孟子一至三)

330000－4706－0001358　普 0468　經部/小
學類/文字之屬

字典考證不分卷 （清)王念孫　（清)王引之
撰　清石印本　一冊

330000－4706－0001359　地文子089　子部/
醫家類/醫案之屬

醫案不分卷　清抄本　二冊

330000－4706－0001360　普 0470　經部/小
學類/音韻之屬/韻書

詩韻合璧五卷 （清)湯祥瑟輯　清咸豐九年
(1859)刻本　五冊

330000－4706－0001361　普 0469　經部/小
學類/文字之屬/說文/傳說

說文答問疏證六卷 （清)錢大昕撰　（清)薛
傳均疏證　**說文經字攷一卷** （清)陳壽祺撰
清光緒十三年(1887)鴻寶齋石印本　二冊

330000－4706－0001362　普 0397　經部/小
學類/文字之屬/說文

說文一卷 （漢)許慎撰　清刻本　一冊

330000－4706－0001363　普 0398　類叢部/
叢書類/彙編之屬

蟫隱廬叢書　羅振常輯　清宣統至民國上虞
羅氏謄寫排印民國三十三年(1944)吳興周延
年彙編本　一冊　存一種

330000－4706－0001364　地文集054　類叢
部/叢書類/郡邑之屬

橋李遺書 （清)孫福清編　清光緒四年
(1878)秀水孫氏望雲仙館刻本　一冊　存
一種

330000－4706－0001365　普 0551　類叢部/
叢書類/自著之屬

船山遺書五十八種 （清)王夫之撰　清刻本
二冊　存三種

330000－4706－0001366　普 0399　類叢部/

叢書類/彙編之屬

天壤閣叢書二十種 （清)王祖源　（清)王懿
榮編　清同治至光緒福山王氏刻彙印本　一
冊　存一種

330000－4706－0001367　普 0553　經部/四
書類/總義之屬/傳說

四書體註合講十九卷 （清)翁復編　清四明
茹古書局鉛印本　四冊　存十二卷(大學,中
庸,論語一至五,孟子一至三、六至七)

330000－4706－0001368　普 0471　經部/小
學類/音韻之屬/韻書

詩韻合璧五卷 （清)湯祥瑟輯　清石印本
一冊　存一卷(五)

330000－4706－0001369　地文集055　集部/
別集類/明別集

後藏密齋集不分卷 （明)魏學濂撰　清抄本
一冊

330000－4706－0001370　普 0554　經部/四
書類/總義之屬/傳說

四書體註彙講十九卷 （宋)朱熹撰　（清)范
翔參訂　清刻本　一冊　存五卷(論語六至
十)

330000－4706－0001372　普 0555　經部/四
書類/總義之屬/傳說

四書味根錄三十七卷 （清)金澂撰　清刻本
一冊　存一卷(大學)

330000－4706－0001374　地文集043　集部/
總集類

抱芳仙館叢鈔不分卷 （清)謝嘉樹等撰　清
抄本　一冊

330000－4706－0001377　普 0556　經部/
叢編

五經備旨四十五卷 （清)鄒聖脈纂輯　清刻
本　一冊　存一卷(禮記一)

330000－4706－0001378　普 0472　經部/群
經總義類/傳說之屬

皇朝五經彙解二百七十卷 （清)朱鏡清輯
清石印本　一冊　存二十四卷(十七至四十)

330000－4706－0001379　普 0601　經部/叢編

五經揭要　（清）許寶善編　清道光十六年(1836)刻本　一冊　存一種

330000－4706－0001380　地文集 008　集部/總集類/彙編之屬/通代

古文雜俎□□卷　（清）龔廷鈞　（清）錢永基輯評　稿本　三冊　存三卷(三至四、七)

330000－4706－0001381　普 0473　經部/群經總義類/傳說之屬

皇朝五經彙解二百七十卷　（清）朱鏡清輯　清石印本　一冊　存八卷(三十三至四十)

330000－4706－0001382　普 0602　經部/小學類/音韻之屬/韻書

增註字類標韻六卷　（清）華綱撰　（清）范多玨重訂　清末鉛印本　一冊　存三卷(四至六)

330000－4706－0001383　普 0474　經部/群經總義類/傳說之屬

皇朝五經彙解二百七十卷　（清）朱鏡清輯　清石印本　一冊　存七卷(一百六十九至一百七十五)

330000－4706－0001384　地文史 027　史部/傳記類/科舉錄之屬/諸貢錄

[宣統己酉科]浙江選拔貢卷一卷　（清）項乃登撰　清宣統刻本　一冊

330000－4706－0001385　普 0557　經部/小學類/音韻之屬/韻書

詩韻全璧五卷　（清）湯祥瑟輯　清刻本　一冊　存一卷(三)

330000－4706－0001386　普 0558　子部/雜著類/雜說之屬

嘐嘐言六卷首一卷末一卷　（清）郭柏蔭撰　清宣統元年(1909)刻本　一冊

330000－4706－0001387　普 0603　經部/小學類/文字之屬/說文/專著

說文古籀補十四卷補遺一卷附錄一卷　（清）吳大澂撰　清光緒十二年(1886)上海點石齋石印本　二冊

330000－4706－0001388　普 0475　經部/書類/傳說之屬

書經集傳六卷　（宋）蔡沈撰　清刻本　三冊　存五卷(二至六)

330000－4706－0001389　普 0559　經部/書類/分篇之屬

禹貢不分卷　清抄本　一冊

330000－4706－0001390　普 0560　經部/書類/分篇之屬

禹貢不分卷　清抄本　一冊

330000－4706－0001391　普 0561　經部/書類/分篇之屬

禹貢總誌一卷　（清）朱麟書輯　清嘉慶十六年(1811)抄本　一冊

330000－4706－0001392　普 0604　經部/四書類/總義之屬

四書精義彙纂□□卷　清光緒二十七年(1901)鴻寶齋石印本　十冊　存三十五卷(大學首、一;中庸首、一;論語首、一至二十;孟子首,一至三、九至十四)

330000－4706－0001393　普 0476　經部/小學類/音韻之屬

音韻貫珠八卷　（清）賈椿齡編　清刻本　五冊　存五卷(樂集一、禮集一、御集一、敷集一、書集一)

330000－4706－0001394　普 0605　經部/四書類/總義之屬/傳說

四書味根錄三十九卷　（清）金澂撰　清同治十年(1871)緯文堂刻本　七冊　缺六卷(論語八至十三)

330000－4706－0001395　普 0608　經部/周禮類/傳說之屬

周禮六卷　（漢）鄭玄注　（唐）陸德明音義　清刻本　五冊　缺一卷(一)

330000－4706－0001396　普 0606　經部/周禮類/傳說之屬

周禮六卷　（漢）鄭玄注　（唐）陸德明音義
清刻本　五冊　缺一卷(一)

330000－4706－0001397　普0444　經部/
叢編

御案五經四十卷　（清）聖祖玄燁案　清嘉慶
十六年(1811)刻本　四冊　存一種

330000－4706－0001398　普0607　經部/四
書類/孟子之屬/傳說

孟子集註七卷　（宋）朱熹撰　清刻本　一冊
　存一卷(三)

330000－4706－0001399　普0609　史部/傳
記類/總傳之屬/斷代

國朝先正事略六十卷　（清）李元度撰　清光
緒十三年(1887)上海點石齋石印本　六冊
存三十八卷(一至九、十五至四十三)

330000－4706－0001400　普0479　經部/書
類/傳說之屬

書經揭要六卷　（清）周蕙田輯錄　（清）許寶
善閱定　（清）杜綱条訂　清刻本　一冊

330000－4706－0001401　普0562　經部/小
學類/音韻之屬/韻書

詩韻合璧五卷附虛字韻藪一卷　（清）余照輯
　清刻本　一冊　存四卷(三至五、虛字韻
藪)

330000－4706－0001402　普0610　史部/地
理類/方志之屬/郡縣志

[光緒]嘉興府志八十八卷首二卷　（清）許瑤
光修　（清）吳仰賢等纂　清光緒三年至四年
(1877－1878)嘉興鴛湖書院刻本　四十八冊

330000－4706－0001403　普0611　史部/地
理類/方志之屬/郡縣志

[光緒]嘉興府志八十八卷首二卷　（清）許瑤
光修　（清）吳仰賢等纂　清光緒三年至四年
(1877－1878)嘉興鴛湖書院刻五年(1879)重
印本　四十八冊

330000－4706－0001404　地文集041　集部/
總集類

摘錄青父書畫舫不分卷　（清）子琴摘抄　清

抄本　張鳳題記　一冊

330000－4706－0001405　普0477　經部/易
類/傳說之屬

易經大全會解四卷　（清）來爾繩纂輯　（清）
朱采治　（清）朱之澄編訂　清同治刻本
二冊

330000－4706－0001406　地文子090　子部/
醫家類/醫案之屬

要言不煩一卷醫學一隅一卷　清抄本　一冊

330000－4706－0001407　地文史018　史部/
傳記類/科舉錄之屬/歷科鄉試錄

[同治丁卯科]欽命四書策題不分卷　（清）丁
家駿撰　清同治抄本　一冊

330000－4706－0001409　地文集122　集部/
總集類

詩摘不分卷　清抄本　二冊

330000－4706－0001411　普0478　經部/易
類/傳說之屬

易經大全會解四卷　（清）來爾繩纂輯　（清）
朱采治　（清）朱之澄編訂　清刻本　一冊
存三卷(二至四)

330000－4706－0001412　地文史025　史部/
傳記類/科舉錄之屬/歷科鄉試錄

[光緒庚子辛丑恩正併科]浙江鄉試卷不分卷
　（清）張寶慈撰　清光緒刻本　一冊

330000－4706－0001413　普0481　經部/書
類/傳說之屬

書經體注大全合參六卷　（宋）蔡沈集傳
(清)錢希祥輯注　清石印本　二冊

330000－4706－0001414　普0480　經部/書
類/傳說之屬

書經體注大全合參六卷　（宋）蔡沈集傳
(清)錢希祥輯注　清光緒二十年(1894)刻本
　二冊

330000－4706－0001416　普0563　史部/地
理類/方志之屬/郡縣志

[元豐]吳郡圖經續記三卷　（宋）朱長文纂修

清刻本　一冊

330000－4706－0001417　普 0482　經部/易類/傳說之屬

御纂周易折中二十二卷首一卷　（清）李光地等纂　清刻本　二冊　存六卷（十七至二十二）

330000－4706－0001418　普 0483　類叢部/叢書類/郡邑之屬

台州叢書九種　（清）宋世犖輯　清嘉慶至道光臨海宋氏刻本　一冊　存一種

330000－4706－0001419　普 0564　史部/地理類/輿圖之屬/郡縣

山東郡縣圖考一卷　清刻本　一冊

330000－4706－0001420　普 0484　史部/地理類/雜志之屬

廣陵通典十卷　（清）汪中撰　清同治八年（1869）揚州書局刻本　二冊

330000－4706－0001421　普 0565　史部/地理類/方志之屬/通志

［雍正］敕修浙江通志二百八十卷首三卷（清）李衛　（清）嵇曾筠等修　（清）沈翼機　（清）傅王露等纂　清刻本　一冊　存三卷（一百四十一至一百四十三）

330000－4706－0001422　普 0566　史部/政書類/邦計之屬/鹽法

四川官運鹽案類編二十七卷首一卷續編十五卷再續八卷三續三卷四續四卷五續四卷（丁丑至庚寅）　（清）唐炯輯　清光緒七年（1881）成都官鹽總局刻光緒增刻本　二冊　存六卷（五至六、十二至十五）

330000－4706－0001423　普 0567　類叢部/叢書類/彙編之屬

敏果齋七種　（清）許乃釗編　清道光十二年至二十九年（1832－1849）錢塘許氏刻彙印本　二冊　存一種

330000－4706－0001424　普 0612　新學/史志/諸國史

萬國歷史彙編一百卷　（清）江子雲等輯　清

光緒二十九年（1903）上海官書局石印本　十五冊

330000－4706－0001425　地文史 019　史部/傳記類/科舉錄之屬/歷科鄉試錄

［同治丁卯科並補行甲子科］浙江鄉試硃卷一卷　（清）沈星標撰　清同治刻本　一冊

330000－4706－0001426　普 0568　史部/地理類/山川之屬/水志

南湖考一卷　（明）陳紃學撰　**節錄餘杭縣南湖事略一卷南湖誌考一卷**　（清）陳善撰　清刻本　一冊

330000－4706－0001428　普 0613　類叢部/叢書類/郡邑之屬

武林掌故叢編一百九十種　（清）丁丙編　清光緒三年至二十六年（1877－1900）錢塘丁氏嘉惠堂刻本（［乾道］臨安志卷四至十五、南宋館閣錄卷一原缺）　十五冊　存十二種

330000－4706－0001429　普 0569　史部/政書類/邦計之屬/鹽法

欽定重修兩浙鹽法志三十卷首一卷　（清）馮培　（清）潘庭筠等纂修　清同治十三年（1874）楊昌濬刻本　二十二冊　存二十九卷（首,一至二十七、三十）

330000－4706－0001430　普 0755　史部/編年類/通代之屬

尺木堂加批綱鑑易知錄二十四卷　（清）吳乘權等輯　清石印本　一冊　存一卷（十）

330000－4706－0001431　普 0570　史部/地理類/水利之屬

海塘新志六卷　（清）琅玕撰　清刻本　四冊

330000－4706－0001432　地文史 148　史部/傳記類/科舉錄之屬/歷科鄉試錄

［光緒庚子辛丑恩正併科］浙江鄉試卷不分卷　（清）張寶慈撰　清光緒刻本　一冊

330000－4706－0001433　普 0614　類叢部/叢書類/彙編之屬

廣漢魏叢書九十六種　（明）何允中編　清嘉慶刻本　十一冊　存十種

330000－4706－0001435　地文史 149　史部/
傳記類/科舉録之屬/歷科鄉試録

[光緒庚子辛丑恩正併科]浙江鄉試卷不分卷
（清）張寶慈撰　清光緒刻本　一冊

330000－4706－0001436　地文史 026　史部/
傳記類/科舉録之屬/歷科鄉試録

[光緒庚子辛丑恩正併科]浙江鄉試卷不分卷
（清）徐瑞騏撰　清光緒刻本　一冊

330000－4706－0001437　普 0572　類叢部/
叢書類/彙編之屬

正誼堂全書六十三種續刻五種　（清）張伯行
編　（清）楊濬重編　清刻本　二冊　存一種

330000－4706－0001438　普 0616　史部/傳
記類/總傳之屬/斷代

國朝先正事略六十卷　（清）李元度撰　清光
緒十三年(1887)上海點石齋石印本　八冊

330000－4706－0001439　地文史 020　史部/
傳記類/科舉録之屬/歷科鄉試録

[光緒辛丑壬寅恩正併科]會試墨卷不分卷
（清）夏之霖撰　清光緒刻本　一冊

330000－4706－0001440　普 0615　類叢部/
叢書類/彙編之屬

西京清麓叢書　（清）賀瑞麟輯　清同治至民
國刻本　四冊　存二十四卷(前集一至十、後
集一至十四)

330000－4706－0001441　地文史 022　史部/
傳記類/科舉録之屬/歷科鄉試録

[光緒癸卯恩科]浙江鄉試卷一卷　（清）孫乃
焰撰　清光緒刻本　一冊

330000－4706－0001442　地文史 023　史部/
傳記類/科舉録之屬/歷科鄉試録

[光緒丁未科]舉貢考職原卷不分卷　（清）唐
際虞撰　清光緒刻本　一冊

330000－4706－0001443　普 0486　史部/地
理類/山川之屬/山志

京口三山志　（清）□□輯　清同治至光緒刻
本　二冊　存一種

330000－4706－0001446　普 0573　史部/地
理類/方志之屬/通志

[雍正]敕修浙江通志二百八十卷首三卷
（清）李衛　（清）嵇曾筠等修　（清）沈翼機
（清）傅王露等纂　清光緒二十五年(1899)
浙江書局刻本　一百二十冊

330000－4706－0001447　普 0487　新學/史
志/別國史

節本泰西新史攬要八卷　（英國）李提摩太譯
周慶雲節録　清光緒二十七年(1901)周慶
雲夢坡室刻本　二冊

330000－4706－0001448　普 0574　史部/地
理類/山川之屬/山志

金蓋山志四卷首一卷　（清）李宗蓮輯　**金蓋
志畧一卷**　（清）閔苕敷述　清光緒二十二年
(1896)烏程潘錫春古書隱樓刻本　一冊　存
二卷(三至四)

330000－4706－0001449　地文子 011　子部/
醫家類/溫病之屬/瘟疫

廣瘟疫論四卷　（清）戴天章撰　清抄本
一冊

330000－4706－0001450　普 0490　新學/史
志/別國史

節本泰西新史攬要八卷　（英國）李提摩太譯
周慶雲節録　清光緒二十七年(1901)周慶
雲夢坡室刻本　二冊

330000－4706－0001452　地文子 012　子部/
醫家類/醫案之屬

外科醫案不分卷　李乙石輯　清抄本　一冊

330000－4706－0001453　普 0575　史部/地
理類/山川之屬/山志

名山勝槩記四十八卷圖一卷附録一卷　（明）
何鏜輯　（明）慎蒙續輯　（清）張縉彥等補輯
清刻本　一冊　存一卷(四十三)

330000－4706－0001454　普 0491　新學/史
志/諸國史

泰西新史攬要二十四卷　（英國）馬懇西撰
(英國)李提摩太釋　清光緒二十六年(1900)

廣雅書局刻本　三冊　存七卷(一至四、八至十)

330000 - 4706 - 0001456　地文子013　子部/醫家類/診法之屬

看色斷生死秘訣不分卷　清抄本　一冊

330000 - 4706 - 0001457　普0619　類叢部/類書類/專類之屬

望炊樓叢書　(清)謝家福輯　清光緒吳縣謝氏刻民國十三年(1924)蘇州文學山房彙印本　一冊　存三種

330000 - 4706 - 0001458　普0493　史部/傳記類/總傳之屬/斷代

國朝先正事略六十卷　(清)李元度撰　清石印本　三冊　存十九卷(五至九、十五至二十、二十六至三十三)

330000 - 4706 - 0001459　普0577　史部/地理類/山川之屬/合志

京口山水志十八卷首一卷末一卷　(清)楊棨撰　清刻本　一冊　存四卷(十六至十八、末)

330000 - 4706 - 0001460　普0492　新學/史志/諸國史

泰西新史攬要二十四卷　(英國)馬懇西撰　(英國)李提摩太釋　清光緒二十八年(1902)上海美華書館鉛印本　八冊

330000 - 4706 - 0001461　地文子015　子部/醫家類/外科之屬

悟真篇不分卷　清抄本　一冊

330000 - 4706 - 0001462　普0620　史部/地理類/專志之屬/園林

滄浪小志二卷　(清)宋犖輯　清光緒十年(1884)江蘇書局刻本　一冊

330000 - 4706 - 0001463　地文史150　史部/傳記類/科舉錄之屬/歷科鄉試錄

[光緒庚子辛丑恩正併科]浙江鄉試卷不分卷　(清)張文灝　(清)張文瀚撰　清光緒刻本　一冊

330000 - 4706 - 0001464　普0494　史部/地理類/山川之屬/山志

京口三山志　(清)□□輯　清同治至光緒刻本　四冊　存一種

330000 - 4706 - 0001465　普0621　類叢部/叢書類/彙編之屬

菱湖沈氏叢書　(清)沈夢蘭撰　清光緒十七年(1891)祁縣縣署刻本　一冊　存一種

330000 - 4706 - 0001466　普0622　史部/地理類/專志之屬/古跡

平山堂圖志十卷首一卷　(清)趙之壁纂　清鉛印本　三冊　存十卷(一至十)

330000 - 4706 - 0001467　地文史021　史部/傳記類/科舉錄之屬/歷科鄉試錄

[道光戊子科]順天鄉試硃卷不分卷[道光癸巳科]會試硃卷不分卷　(清)曹銜達撰　清道光刻本　一冊

330000 - 4706 - 0001469　普0623　史部/地理類/專志之屬

天下地輿攷不分卷　清抄本　一冊

330000 - 4706 - 0001470　普0624　史部/政書類/軍政之屬/邊政

朔方備乘六十八卷首十二卷　(清)何秋濤撰　清光緒石印本　五冊　存四十七卷(首一至十二,二十六至五十九、六十八)

330000 - 4706 - 0001471　地文史151　史部/傳記類/科舉錄之屬/歷科鄉試錄

[光緒庚子辛丑恩正併科]浙江鄉試卷不分卷　(清)夏之霖撰　清光緒刻本　一冊

330000 - 4706 - 0001472　地文史152　史部/傳記類/科舉錄之屬/歷科鄉試錄

[光緒庚子辛丑恩正併科]浙江鄉闈試卷不分卷　(清)戴綏章等撰　清光緒刻本　一冊

330000 - 4706 - 0001473　普0496　史部/地理類/外紀之屬

地球韻言四卷　張士瀛撰　清光緒二十四年(1898)刻本　二冊

330000 - 4706 - 0001474　普 1386　子部/醫家類/本草之屬/本草藥性

藥性集不分卷　清抄本　一冊

330000 - 4706 - 0001475　普 0497　史部/地理類/山川之屬/山志

西天目祖山志八卷首一卷末一卷補遺一卷（明）釋廣賓撰　（清）釋際界增訂　清光緒二年(1876)刻本　四冊

330000 - 4706 - 0001477　地文集 079　集部/詩文評類

起講不分卷　（清）瑯環居士編訂　清抄本　一冊

330000 - 4706 - 0001478　地文子 019　子部/醫家類/醫案之屬

藥方集一卷　清抄本　一冊

330000 - 4706 - 0001479　地文史 017　史部/傳記類/科舉錄之屬

清嘉善解元會元闈墨彙鈔不分卷　曹葆宸彙鈔　清抄本　一冊

330000 - 4706 - 0001480　普 0578　史部/地理類/遊記之屬/紀行

竺國紀游四卷　（清）周藹聯撰　清道光十二年(1832)頌詩堂刻本　一冊　存二卷(三至四)

330000 - 4706 - 0001481　地文史 040　史部/政書類/公牘檔冊之屬

達部讞案一卷　清光緒刻本　一冊

330000 - 4706 - 0001483　普 0579　史部/地理類/外紀之屬

俄游彙編十二卷　（清）繆祐孫撰　清石印本　四冊

330000 - 4706 - 0001485　普 0581　史部/地理類/外紀之屬

地球韻言四卷　張士瀛撰　清光緒二十四年(1898)鄂垣務急書館刻本　二冊

330000 - 4706 - 0001486　地文子 008　經部/四書類/論語之屬/傳說

論語集一卷　清抄本　一冊

330000 - 4706 - 0001487　普 0626　類叢部/叢書類/彙編之屬

武英殿聚珍版書一百三十八種　清刻本　三十三冊　存四種

330000 - 4706 - 0001489　地文子 023　子部/雜家類

慶豐典帳簿二卷　清光緒抄本　二冊

330000 - 4706 - 0001490　地文子 022　子部/雜家類

囍簿不分卷　稿本　一冊

330000 - 4706 - 0001491　普 0627　史部/傳記類/總傳之屬/仕宦

貳臣傳十二卷逆臣傳四卷　（清）國史館撰　清都城琉璃廠半松居士刻本　六冊　缺四卷(逆臣傳一至四)

330000 - 4706 - 0001492　普 0628　新學/地學/地志學

海道圖說十五卷長江圖說一卷　（英國）金約翰輯　（美國）金楷理口譯　（清）王德均筆述　清刻本　二冊　存三卷(三、十一至十二)

330000 - 4706 - 0001493　普 0629　史部/地理類/總志之屬/通代

坤輿撮要問答五卷　（清）孫文楨撰　清光緒二十八年(1902)上海土山灣書館鉛印本　一冊

330000 - 4706 - 0001494　普 0498　史部/傳記類/總傳之屬/姓名

史姓韻編六十四卷　（清）汪輝祖撰　清石印本　二冊　存七卷(三至五、三十四至三十七)

330000 - 4706 - 0001495　地文子 009　子部/儒家類

呦呦鹿鳴食野之草不分卷　稿本　一冊

330000 - 4706 - 0001496　普 1400　子部/醫家類/本草之屬

四言藥性分類精要不分卷　清抄本　二冊

330000 - 4706 - 0001497　普 0500　類叢部/
叢書/自著之屬

庸庵全集七種　（清）薛福成撰　清光緒石印
本　十冊　存一種

330000 - 4706 - 0001498　普 0701　史部/地
理類/山川之屬/水志

水經注圖一卷附錄一卷　（清）汪士鐸撰　清
咸豐十一年（1861）刻本　一冊

330000 - 4706 - 0001499　地文史 016　史部/
傳記類/科舉錄之屬/歷科鄉試錄

[光緒乙亥恩科]浙江鄉試硃卷不分卷　（清）
馮崧生等撰　清光緒刻本　一冊

330000 - 4706 - 0001500　地文史 030　史部/
傳記類/科舉錄之屬/歷科鄉試錄

[嘉慶癸酉科]浙江鄉試硃卷不分卷　（清）王
錫祺等撰　清刻本　一冊

330000 - 4706 - 0001501　地文史 029　史部/
傳記類/科舉錄之屬/歷科鄉試錄

[同治壬戌科]浙江恩貢卷不分卷　（清）顧慶
模等撰　清刻本　一冊

330000 - 4706 - 0001502　地文史 028　史部/
傳記類/科舉錄之屬/歷科鄉試錄

[光緒丁酉科]浙江鄉試硃卷不分卷　（清）錢
明訓等撰　清光緒刻本　一冊

330000 - 4706 - 0001503　地文史 031　史部/
傳記類/科舉錄之屬

[光緒癸巳恩科]浙江闈墨不分卷　（清）王夢
魁等撰　清光緒刻本　一冊

330000 - 4706 - 0001504　普 0583　史部/政
書類/邦計之屬

兩淮鹽法志五十六卷首四卷　（清）佶山修
（清）單渠纂　（清）方濬頤等續纂　清刻本
九冊　存三十卷（十至十三、二十一至二十
六、三十七至五十六）

330000 - 4706 - 0001505　普 0630　史部/政
書類/儀制之屬

聖功集不分卷　（清）韓鋼輯　清刻本　一冊

330000 - 4706 - 0001506　普 0584　史部/地
理類/雜志之屬

都門彙纂不分卷　（清）楊靜亭編　（清）李靜
山增補　清刻本　一冊

330000 - 4706 - 0001507　普 0702　史部/傳
記類/總傳之屬/仕宦

增評歷代名臣言行錄二十二卷　（清）孫鈺編
清光緒二十九年（1903）石印本　一冊　存
三卷（一至三）

330000 - 4706 - 0001508　普 0631　史部/傳
記類/總傳之屬/儒林

明儒學案十六卷　（清）黃宗羲撰　清光緒二
十八年（1902）上海文瀾書局石印本　八冊

330000 - 4706 - 0001510　普 0585　類叢部/
叢書類/彙編之屬

申報館叢書正集五十七種附錄三種　（清）尊
聞閣主編　**續集一百四十二種**　蔡爾康編
清光緒申報館鉛印本　二冊　存一種

330000 - 4706 - 0001511　普 0703　史部/傳
記類/總傳之屬/仕宦

歷代名臣言行錄二十四卷　（清）朱桓輯　清
末石印本　四冊　存十三卷（三至十五）

330000 - 4706 - 0001512　地文子 094　子部/
術數類/陰陽五行之屬

建除彙覽一卷　清抄本　一冊

330000 - 4706 - 0001513　地文經 009　經部/
四書類/大學之屬/傳說

大學章句一卷　（宋）朱熹撰　清抄本　一冊

330000 - 4706 - 0001514　普 1390　子部/儒
家類/儒學之屬/蒙學

龍文鞭影二卷　（明）蕭良有纂輯　（清）楊臣
靜增訂　（清）來集之音註　清抄本　一冊

330000 - 4706 - 0001515　普 0586　史部/地
理類/山川之屬

天下名山記鈔十六卷　（清）吳秋士輯　清刻
本　五冊　存十四卷（三至十六）

330000 - 4706 - 0001516　普 0704　史部/傳

記類/總傳之屬/仕宦

歷代名臣言行錄二十四卷 （清）朱桓輯　清石印本　五冊　存十七卷（一至十一、十六至二十一）

330000－4706－0001517　普 0587　新學/史志/諸國史

泰西新史攬要二十四卷 （英國）馬懇西撰 （英國）李提摩太釋　清光緒二十六年（1900）廣雅書局刻本　八冊

330000－4706－0001518　普 0705　史部/傳記類/總傳之屬/仕宦

歷代名臣言行錄二十四卷 （清）朱桓輯　清光緒二十一年（1895）文海書局石印本　八冊

330000－4706－0001519　地文經 016　類叢部/叢書類/自著之屬

蘦蒔山莊遺著四種 （清）吳修祜撰　清光緒十年至十五年（1884－1889）木活字印本　一冊　存一種

330000－4706－0001521　地文經 005　類叢部/叢書類/自著之屬

蘦蒔山莊遺著四種 （清）吳修祜撰　清光緒十年至十五年（1884－1889）木活字印本　一冊　存一種

330000－4706－0001522　普 0706　史部/傳記類/總傳之屬/仕宦

歷代名臣言行錄二十四卷 （清）朱桓輯　清光緒十三年（1887）上海廣百宋齋鉛印本　十二冊

330000－4706－0001523　普 0633　史部/地理類/外紀之屬

各國地理統攷一卷 （清）張之洞撰　**農學新法一卷** （英國）貝德禮著 （英國）李提摩太譯 （清）鑄鐵生述　清光緒二十三年（1897）石印本　一冊

330000－4706－0001525　普 0634　史部/傳記類/總傳之屬/仕宦

高安三傳合編三種 （清）朱軾 （清）蔡世遠輯　清光緒二十一年（1895）江蘇書局刻本　一冊　存一種

330000－4706－0001526　普 0635　史部/地理類/外紀之屬

瀛環志略十卷 （清）徐繼畬撰　清光緒石印本　二冊　存五卷（三至七）

330000－4706－0001527　普 0636　史部/政書類/軍政之屬/邊政

朔方備乘六十八卷首十二卷 （清）何秋濤撰　清光緒石印本　四冊　存四十三卷（十三至二十三、三十七至六十八）

330000－4706－0001528　普 0637　史部/地理類/山川之屬/水志

西湖志四十八卷 （清）李衛 （清）程元章修 （清）傅王露撰　清光緒四年（1878）浙江書局刻本　二十冊

330000－4706－0001529　普 0638　史部/地理類/山川之屬/水志

西湖志四十八卷 （清）李衛 （清）程元章修 （清）傅王露撰　清刻本　五冊　存十一卷（十三至十四、二十三至二十四、二十八至三十四）

330000－4706－0001530　普 0639　史部/地理類/水利之屬

海塘新志六卷續志四卷 （清）琅玕撰　清刻本　八冊

330000－4706－0001531　普 0708　子部/儒家類/儒學之屬/禮教

五種遺規摘鈔 （清）陳弘謀輯並撰 （清）劉肇紳摘抄　清同治七年（1868）刻本　一冊　存一種

330000－4706－0001532　普 0588　史部/史評類/史論之屬

于文定公讀史漫錄二十卷 （明）于慎行撰　清道光二十六年（1846）刻本　六冊

330000－4706－0001535　普 0709　史部/職官類/官箴之屬

莅政摘要二卷 （清）陸隴其輯　清光緒六年（1880）刻本　二冊

330000－4706－0001537　普0591　史部/地理類/山川之屬/水志

水道提綱二十八卷　（清）齊召南撰　清刻本　八冊

330000－4706－0001538　普0641　史部/地理類/方志之屬/郡縣志

[光緒]嘉興府志八十八卷首二卷　（清）許瑤光修　（清）吳仰賢等纂　清光緒三年至四年(1877－1878)嘉興鴛湖書院刻本　四十二冊　存七十七卷(一至二十九、三十六至三十九、四十二至五十五、五十九至八十八)

330000－4706－0001539　普1391　子部/宗教類/佛教之屬

南無觀世音菩薩得道路頭懺泆二卷　清抄本　一冊　存一卷(下)

330000－4706－0001541　普0711　史部/職官類/官箴之屬

牧令全書二十三卷　（清）丁日昌輯　清同治七年(1868)江蘇書局刻本　十冊　存一種

330000－4706－0001542　善集061　集部/別集類/明別集

賜餘堂集十卷　（明）錢士升撰　（清）陸奎勳編次　**年譜一卷**　（明）許重熙編　清乾隆四年至五年(1739－1740)嘉善錢佳刻本　一冊　缺九卷(二至十)

330000－4706－0001543　普1502　子部/道家類

太上玄靈禳星科儀不分卷　清抄本　一冊

330000－4706－0001544　普0592　史部/史評類/史論之屬

歷代史論十二卷宋史論三卷元史論一卷　（明）張溥撰　**明史論四卷**　（清）谷應泰撰　**左傳史論二卷**　（清）高士奇撰　清刻本　十一冊　缺一卷(元史論)

330000－4706－0001545　地文史007　史部/地理類/方志之屬/郡縣志

[光緒]重修嘉善縣志三十六卷首一卷　（清）江峯青修　（清）顧福仁纂　（清）孫鴻壽等分纂　（清）王偉彪繪　**[民國]校勘光緒嘉善縣志劄記一卷**　孫傳樞　唐步雲纂　清光緒二十年(1894)刻民國重印本　十七冊

330000－4706－0001546　普1389　子部/術數類/命書相書之屬

配命多福一卷　清抄本　一冊

330000－4706－0001547　普0647　史部/政書類/邦交之屬

約章分類輯要三十八卷首一卷　（清）蔡乃煌輯　清石印本　二十冊　存二十二卷(一、三至四、六至十、十三至十六、十八、二十二至二十四、二十七至二十八、三十一、三十五至三十六、三十八)

330000－4706－0001548　普3863　經部/書類/分篇之屬

禹貢不分卷　清抄本　五冊

330000－4706－0001549　地文史024　史部/傳記類/科舉錄之屬

試藝一卷　（清）陳振林等撰　清光緒刻本　一冊

330000－4706－0001550　普0593　史部/政書類/律令之屬/律例

漢律類纂一卷　張鵬一輯　清光緒三十三年(1907)奉天格致學堂鉛印本　一冊

330000－4706－0001551　普0594　新學/政治法律/律例

日本法規解字不分卷　錢恂　董鴻禕撰　清宣統上海商務印書館鉛印本　一冊

330000－4706－0001553　地文集084　集部/總集類/課藝之屬

安定書院課賦不分卷　清抄本　一冊

330000－4706－0001554　地文史003　史部/編年類/斷代之屬

明紀編遺六卷　（清）葉鈙輯　清初刻本　一冊　存二卷(一至二)

330000－4706－0001555　普0595　史部/叢編

常熟丁氏叢書二種　丁國鈞撰　清光緒木活字印本　一冊　存一種

330000－4706－0001557　普0642　類叢部/叢書類/自著之屬

湯文正公全集七種　(清)湯斌撰　清同治九年(1870)蘇廷魁等刻本　十二冊　存一種

330000－4706－0001560　普0599　史部/政書類/律令之屬/律例

大清律集解附例三十卷圖一卷服制一卷　(清)朱軾　(清)常鼐等纂修　清刻本　五冊

330000－4706－0001562　普0716　史部/地理類/外紀之屬

日本國志四十卷首一卷　(清)黃遵憲輯　清光緒二十四年(1898)浙江書局刻本　十冊

330000－4706－0001564　普0596　史部/政書類/律令之屬/律例

大清律例增修統纂集成四十卷附督捕則例附纂二卷　(清)姚潤輯　(清)陶駿　(清)陶念霖增輯　清刻本　一冊　存二卷(督捕則例附纂一至二)

330000－4706－0001565　普0645　史部/政書類/律令之屬

大清法規大全　(清)政學社編　清宣統三年(1911)政學社石印本　四十六冊

330000－4706－0001566　普0597　史部/叢編

入幕須知五種附一種　(清)張廷驤輯　清光緒十八年(1892)浙江書局刻本　一冊　存一種

330000－4706－0001567　普0646　史部/政書類/律令之屬/律例

大清律例統纂集成四十卷督捕則例附纂二卷　(清)姚潤輯　(清)陶駿　(清)陶念霖增輯　清同治十年(1871)刻本　十二冊　存二十卷(一、八至十二、十六至二十三、二十五至三十)

330000－4706－0001571　普0717　史部/政書類

時務經濟策論統宗二十四卷　(清)秀湖漁隱編輯　清光緒二十四年(1898)石印本　八冊　存十六卷(一至四、九至十四、十七至十八、二十一至二十四)

330000－4706－0001574　普0648　史部/政書類/律令之屬

新增宦鄉要則不分卷　(清)味蘭室主人撰　清光緒石印本　一冊

330000－4706－0001576　普0649　史部/政書類/律令之屬/治獄

新輯刑案彙編十六卷　(清)周守赤撰　清光緒二十三年(1897)上海圖書集成局鉛印本　八冊

330000－4706－0001577　普0718　史部/政書類/通制之屬

三通考輯要七十六卷　湯壽潛輯　清石印本　十六冊　缺三十一卷(文獻通考輯要一至四、十七至十九,欽定續文獻通考輯要一至十二、二十四至二十六,皇朝文獻通考一至四、九、十六至十七、二十五至二十六)

330000－4706－0001578　普0600　史部/政書類/律令之屬/治獄

刺字摘要不分卷　清抄本　一冊

330000－4706－0001579　普0720　史部/政書類

三通七百四十八卷　清乾隆十二年至十四年(1747－1749)武英殿刻本　十一冊　存六十一卷(通典四十一至五十五、六十一至七十、一百十五至一百二十六、一百四十五至一百五十、一百六十三至一百八十)

330000－4706－0001580　普0650　史部/職官類/官箴之屬

作吏要言一卷　(清)葉鎮撰　(清)朱椿增輯　清刻本　一冊

330000－4706－0001581　普0721　史部/金石類/郡邑之屬/文字

兩浙金石志十八卷補遺一卷　(清)阮元撰　清光緒十六年(1890)浙江書局刻本　十二冊

330000－4706－0001582　普0719　史部/政書類/通制之屬

三通考纂要七十卷　（清）葉大緯等纂　清光緒二十八年（1902）石印本　十冊　缺二十一卷（文獻通考纂十一、十八至二十二，皇朝文獻通考纂三至六、十至十二、二十至二十六，續文獻通考纂）

330000－4706－0001583　普0651　史部/政書類/律令之屬/刑制

大清宣統新法令不分卷　商務印書館輯　清宣統二年（1910）商務印書局鉛印本　一冊

330000－4706－0001584　普0722　史部/叢編

九通通二百四十八卷首一卷　（清）劉可毅輯　清光緒二十八年（1902）武進劉氏石印本　十冊　存四十四卷（二百五至二百四十八）

330000－4706－0001585　地文史002　史部/編年類/通代之屬

新刻趙田了凡袁先生編纂古本歷史大方綱鑑補三十九卷首一卷　（宋）司馬光通鑑　（宋）朱熹綱目　（明）袁黃編纂　清刻本　一冊　存一卷（九）

330000－4706－0001586　普0652　類叢部/叢書類/彙編之屬

通學齋叢書五十三種　（清）鄒凌沅編　清光緒二十五年（1899）通學齋鉛印本　八冊　存一種

330000－4706－0001587　地文史006　史部/政書類/公牘檔冊之屬

和珅案件不分卷　清抄本　一冊

330000－4706－0001594　地文史035　史部/政書類/邦計之屬

田糧稅記錄一卷　清光緒抄本　一冊

330000－4706－0001598　地文集117　集部/別集類/清別集

東齋詩刪一卷　（清）魏允札撰　清抄本　一冊

330000－4706－0001599　普0723　史部/政書類/通制之屬

三通考輯要七十六卷　湯壽潛輯　清光緒二十五年（1899）鉛印本　三十冊

330000－4706－0001601　普0801　史部/職官類/官箴之屬

宦鄉要則七卷首一卷　（清）張鑒瀛編　清光緒二十一年（1895）石印本　二冊　存七卷（首、一至六）

330000－4706－0001602　普0654　史部/地理類/山川之屬/水志

西湖志四十八卷　（清）李衛　（清）程元章修　（清）傅王露撰　清刻本　五冊　存十卷（十四至十五、二十一至二十四、三十九至四十、四十五至四十六）

330000－4706－0001606　普0656　類叢部/叢書類/自著之屬

洪北江全集二十一種　（清）洪亮吉撰　清光緒三年至五年（1877－1879）洪用懃授經堂刻本　一冊　存一種

330000－4706－0001607　普0803　史部/金石類/郡邑之屬/文字

兩浙金石志十八卷補遺一卷　（清）阮元撰　清光緒十六年（1890）浙江書局刻本　十一冊　缺二卷（十四至十五）

330000－4706－0001608　地文集044　集部/總集類

應酬詩集一卷　（清）周篔等撰　清抄本　一冊

330000－4706－0001609　普0725　史部/政書類/儀制之屬/典禮

文廟通考六卷首一卷　（清）牛樹梅撰　清同治十一年（1872）浙江書局刻本　二冊

330000－4706－0001610　地文史157　史部/金石類/郡邑之屬

東甌金石志十二卷　（清）戴咸弼撰　（清）孫詒讓校補　清光緒八年（1882）刻本　四冊

330000－4706－0001611　普0657　史部/地理類/方志之屬/郡縣志

[宣統]續修楓涇小志十卷首一卷　程兼善纂
清宣統三年(1911)鉛印本　四冊

330000－4706－0001612　地文集118　集部/別集類/清別集
四季時令詩稿四卷　稿本　一冊

330000－4706－0001614　普0726　史部/政書類/儀制之屬/典禮
文廟通考六卷首一卷　(清)牛樹梅撰　清同治十一年(1872)浙江書局刻本　二冊

330000－4706－0001615　普0804　史部/政書類/律令之屬/律例
大清律例四十七卷　(清)徐本等纂　清刻本　九冊　存二十二卷(十八至二十一、二十五至二十六、三十一至四十、四十二至四十七)

330000－4706－0001616　普0727　史部/叢編
九通二千三百二十一卷　(清)□□輯　清光緒八年至二十二年(1882－1896)浙江書局刻本　四十冊　存一百卷(皇朝通典一至一百)

330000－4706－0001617　普0806　史部/政書類/儀制之屬/典禮
皇朝祭器樂舞錄二卷　(清)徐暢達輯　清同治十年(1871)楚北崇文書局刻本　二冊

330000－4706－0001618　普0807　史部/政書類/儀制之屬/專志/科舉校規
欽定學政全書八十六卷首一卷　(清)童璜等撰　清刻本　九冊　存三十七卷(首、一至三十六)

330000－4706－0001619　普0808　史部/政書類/通制之屬
大明會典二百二十八卷　(明)申時行　(明)趙用賢等纂修　清刻本　一冊　存六卷(四十六至五十一)

330000－4706－0001620　普0658　史部/地理類/方志之屬/郡縣志
[光緒]蒸里志略十二卷　(清)葉世熊纂　清宣統二年(1910)鉛印本　二冊

330000－4706－0001622　普0728　史部/政書類/通制之屬
三通考輯要七十六卷　湯壽潛輯　清光緒二十五年(1899)鉛印本　二十冊

330000－4706－0001623　普0659　史部/地理類/方志之屬/郡縣志
[光緒]蒸里志略十二卷　(清)葉世熊纂　清宣統二年(1910)鉛印本　一冊　存七卷(一至七)

330000－4706－0001625　普0846　史部/編年類/通代之屬
宋元通鑑一百五十七卷　(明)薛應旂撰　(明)陳仁錫評　明刻本　一冊　存十一卷(一百四十七至一百五十七)

330000－4706－0001627　普0730　史部/政書類/通制之屬
三通考輯要七十六卷　湯壽潛輯　清光緒二十五年(1899)鉛印本　五十九冊　缺一卷(欽定續文獻通考輯要十)

330000－4706－0001628　普0810　史部/金石類/石之屬/義例
碑版文廣例十卷　(清)王芑孫撰　清道光二十一年(1841)長洲王氏刻本　六冊

330000－4706－0001629　普0731　史部/地理類/方志之屬/郡縣志
嘉靖海寧縣志九卷首一卷附錄一卷　(明)蔡完修　(明)董穀纂　清光緒二十四年(1898)刻本　二冊

330000－4706－0001630　普0662　史部/地理類/方志之屬/郡縣志
[光緒]海鹽縣志二十二卷首一卷末一卷　(清)王彬修　(清)徐用儀纂　清光緒刻本　一冊　存一卷(十九)

330000－4706－0001633　普0732　史部/地理類/方志之屬/郡縣志
[光緒]烏程縣志三十六卷　(清)郭式昌(清)潘玉璂　(清)馮健修　(清)周學濬(清)汪曰楨纂　清刻本　一冊　存三卷(十

至十二）

330000－4706－0001634　普0590　史部/政書類/通制之屬

欽定大清會典一百卷　（清）允祹等總裁　清光緒二十八年（1902）著易堂書局石印本　八冊

330000－4706－0001635　普0733　史部/地理類/方志之屬/郡縣志

[熙寧]長安志二十卷　（宋）宋敏求纂　清刻本　二冊　存七卷（十四至二十）

330000－4706－0001636　普0812　史部/金石類/金之屬/圖像

兩罍軒彝器圖釋十二卷　（清）吳雲撰　清同治十一年（1872）刻本　張鳳題記　六冊

330000－4706－0001638　地文史159　史部/傳記類/總傳之屬/家乘

[浙江海寧]海寧花園朱氏宗譜二十四卷首一卷末一卷　（清）朱恩綏纂修　清光緒二年（1876）奕載堂刻本　四冊　存四卷（十三、十五、二十四，末）

330000－4706－0001639　普0734　史部/地理類/方志之屬/郡縣志

[正德]武功縣志三卷　（明）康海纂　**[正德]朝邑縣志二卷**　（明）王道修　（明）韓邦靖纂　清同治十三年（1874）刻本　一冊

330000－4706－0001640　普0735　史部/地理類/方志之屬/郡縣志

[宣統]續修楓涇小志十卷首一卷　程兼善纂　清宣統三年（1911）鉛印本　四冊

330000－4706－0001642　普0736　史部/地理類/方志之屬/郡縣志

[宣統]續修楓涇小志十卷首一卷　程兼善纂　清宣統三年（1911）鉛印本　二冊　存五卷（三至七）

330000－4706－0001643　普0814　史部/金石類/總志之屬/圖像

三古圖三種　（清）黃晟輯　明萬曆二十八年至三十年（1600－1602）吳萬化刻本　十三冊

存一種

330000－4706－0001644　普0738　史部/金石類/總志之屬

金石萃編一百六十卷　（清）王昶撰　清刻本　六十二冊　缺二卷（一百三至一百四）

330000－4706－0001645　普0739　史部/金石類/總志之屬

金石萃編一百六十卷　（清）王昶撰　清嘉慶十年（1805）青浦王氏經訓堂刻本　六十二冊　缺五卷（十三至十五、一百二至一百三）

330000－4706－0001646　普0737　史部/地理類/方志之屬/郡縣志

[宣統]續修楓涇小志十卷首一卷　程兼善纂　清宣統三年（1911）鉛印本　一冊　存二卷（六至七）

330000－4706－0001648　普0740　史部/金石類/總志之屬

金石萃編一百六十卷　（清）王昶撰　清光緒十九年（1893）上海醉六堂石印本　十八冊

330000－4706－0001649　普0741　史部/金石類/總志之屬

金石續編二十一卷首一卷　（清）陸耀遹撰　（清）陸增祥校訂　清光緒十九年（1893）上海醉六堂石印本　六冊

330000－4706－0001651　地文子007　子部/儒家類

課藝約鈔一卷　（清）毛獻撰　清刻本　一冊

330000－4706－0001653　普0817　史部/政書類/通制之屬

欽定大清會典一百卷　（清）允祹等總裁　清武英殿聚珍版刻本　二十四冊

330000－4706－0001655　普0818　史部/金石類/總志之屬/圖像

金石屑四卷附編一卷　（清）鮑昌熙摹　清光緒二年至三年（1876－1877）鮑昌熙刻本　四冊

330000－4706－0001656　普0819　史部/金

石類/金之屬/圖像

陶齋吉金錄八卷 （清）端方撰　清光緒三十四年(1908)上海有正書局石印本　十冊

330000－4706－0001657　地文子027　子部/醫家類/外科之屬

外科諸症論一卷 清抄本　一冊

330000－4706－0001658　普0820　史部/金石類/總志之屬/圖像

三古圖三種 （清）黃晟輯　明萬曆二十八年至三十年(1600－1602)吳萬化刻清乾隆十七年(1752)天都黃氏亦政堂重印本　一冊　存一種

330000－4706－0001659　普0742　史部/金石類/總志之屬

金石索十二卷首一卷 （清）馮雲鵬　（清）馮雲鵷輯　清光緒三十二年(1906)上海文新局石印本　十三冊

330000－4706－0001660　普0901　史部/傳記類/總傳之屬/家乘

[上海青浦]葉氏家譜六卷 （清）葉世熊修　清光緒十六年(1890)刻本　二冊

330000－4706－0001661　普0743　史部/書類/律令之屬/律例

大清法規大全續編一百三十五卷 清宣統北京政學社石印本　十八冊　存一百二十五卷(吏政部首、一至十七,行政綱目,教育部一至二十,續編一至三,財政部首、一至十三,法律部首、一至七,秋審條款,禁煙條例,憲政部首、一至六,民政部首、一至十一,交通部首、一至五,旗藩部一至二,軍政部首、一至九,實業部首、一至十一,外交部一至十)

330000－4706－0001662　普0821　史部/地理類/方志之屬/郡縣志

[光緒]石門縣志十一卷首一卷 （清）余麗元等纂修　清光緒四年至五年(1878－1879)刻本　一冊　存一卷(首)

330000－4706－0001664　普0822　史部/地理類/山川之屬/水志

西湖志四十八卷 （清）李衛　（清）程元章修　（清）傅王露撰　清光緒四年(1878)浙江書局刻本　二十冊

330000－4706－0001665　善集077　集部/別集類/清別集

東望望閣詩鈔十五卷 （清）查奕照撰　清乾隆葆初堂刻本　二冊

330000－4706－0001667　普0823　史部/政書類/通制之屬

皇朝通典一百卷 （清）嵇璜　（清）曹仁虎等纂修　清刻本　三十冊　缺三十三卷(一至三十三)

330000－4706－0001668　普0744　史部/詔令奏議類/詔令之屬

硃批諭旨不分卷 （清）鄂爾泰等輯　清乾隆三年(1738)刻朱墨套印本　二十五冊

330000－4706－0001669　普0745　史部/地理類/方志之屬/郡縣志

[光緒]平湖縣志二十五卷首一卷末一卷 （清）彭潤章等修　（清）葉廉鍔等纂　清光緒十二年(1886)刻本　十冊　存二十一卷(首,一至三、十至二十五,末)

330000－4706－0001670　善經001　類叢部/叢書類/彙編之屬

秘冊彙函二十四種一百四十三卷 （明）沈士龍　（明）胡震亨編　明萬曆刻本　八冊　存二種

330000－4706－0001671　普0919　經部/小學類/音韻之屬

考正仄聲誤讀平聲諸字不分卷 清抄本　一冊

330000－4706－0001672　普1388　子部/醫家類/醫案之屬

醫案不分卷 清抄本　一冊

330000－4706－0001673　普0746　史部/地理類/方志之屬/郡縣志

[同治]湖州府志九十六卷首一卷 （清）宗源瀚　（清）楊榮緒　（清）郭式昌修　（清）周

學濬等纂　清刻本　三十三冊　存八十三卷（八至二十七、三十四至九十六）

330000－4706－0001674　普0747　類叢部/類書類/專類之屬

子史精華一百六十卷　（清）吳士玉　（清）吳襄等輯　清光緒十三年(1887)上海蜚英館石印本　八冊

330000－4706－0001675　普0663　史部/地理類/方志之屬/郡縣志

[康熙]嘉興縣志九卷　（清）何鋐修　（清）王庭　（清）徐發纂　清刻本　一冊　存一卷（八）

330000－4706－0001676　普0824　史部/叢編

九通二千三百二十一卷　（清）□□輯　清光緒八年至二十二年(1882－1896)浙江書局刻本　八十一冊　存一種

330000－4706－0001677　普0748　類叢部/類書類/通類之屬

淵鑑類函四百五十卷目錄四卷　（清）張英（清）王士禎輯　清刻本　十七冊　存四十卷（二十九至五十、五十七至五十八、一百八十四至一百九十三、一百九十六、二百八十至二百八十一、二百八十九至二百九十一）

330000－4706－0001678　普0749　子部/藝術類/書畫之屬/法帖

元趙松雪書道德經一卷　（元）趙孟頫書　清刻本　一冊

330000－4706－0001679　普0827　類叢部/叢書類/彙編之屬

古文七種　（清）儲欣選評　清光緒九年(1883)靜遠堂刻本　十四冊　存五種

330000－4706－0001680　普0914　經部/四書類/總義之屬/傳說

四書典林三十卷四書古人典林十二卷　（清）江永輯　清同治十二年(1873)古董一經室刻本　三冊　存八卷(四書典林一至八)

330000－4706－0001681　普0751　史部/編

年類/通代之屬

御撰資治通鑑綱目三編二十卷　（清）張廷玉等編次　清刻本　六冊

330000－4706－0001682　普0902　經部/小學類/文字之屬/字書/字典

康熙字典十二集三十六卷總目一卷檢字一卷辨似一卷等韻一卷補遺一卷備考一卷　（清）張玉書等纂修　清宣統三年(1911)商務印書館石印本　六冊

330000－4706－0001683　普0903　經部/小學類/文字之屬/字書/字典

康熙字典十二集三十六卷總目一卷檢字一卷辨似一卷等韻一卷補遺一卷備考一卷　（清）張玉書等纂修　清宣統三年(1911)商務印書館石印本　六冊

330000－4706－0001684　普0904　經部/小學類/文字之屬/字書/字典

康熙字典十二集三十六卷總目一卷檢字一卷辨似一卷等韻一卷補遺一卷備考一卷　（清）張玉書等纂修　清光緒三十二年(1906)上海商務印書館石印本　六冊

330000－4706－0001685　普0828　史部/紀事本末類

歷朝紀事本末七種　（清）陳如升　（清）朱記榮輯　清光緒二十一年(1895)上海積山書局石印本　十一冊　存四種

330000－4706－0001686　普0664　史部/地理類/方志之屬/郡縣志

[光緒]嘉興縣志三十七卷首二卷末一卷　（清）趙惟崳修　（清）石中玉　（清）吳受福纂　清光緒三十四年(1908)刻本　二十四冊

330000－4706－0001687　普0829　史部/紀事本末類

歷朝紀事本末九種　（清）陳如升　（清）朱記榮輯　（清）捷記主人增輯　清光緒二十八年(1902)上海捷記書局石印本　七冊　存三種

330000－4706－0001688　普0666　史部/地理類/方志之屬/郡縣志

[光緒]嘉興府志八十八卷首二卷 （清）許瑤光修 （清）吳仰賢等纂 清光緒刻本 十一冊 存二十四卷（四至十、十五至二十、四十二、四十四至四十五、六十五至六十七、八十三至八十五、八十七至八十八）

330000－4706－0001689 普0665 史部/地理類/方志之屬/郡縣志

[光緒]嘉興府志八十八卷首二卷 （清）許瑤光修 （清）吳仰賢等纂 清光緒三年至四年（1877－1878）嘉興鴛湖書院刻本 二十九冊 缺三十三卷（一至三、二十六至三十五、三十八至四十一、四十三、四十六至五十二、五十六至六十一、七十八至七十九）

330000－4706－0001690 普0915 經部/四書類/總義之屬/傳說

四書典林三十卷 （清）江永輯 清刻本 一冊 存十二卷（十九至三十）

330000－4706－0001691 普0752 史部/編年類/通代之屬

尺木堂綱鑑易知錄二十卷 （清）吳乘權等輯 清石印本 八冊 存十六卷（三至十、十三至二十）

330000－4706－0001692 普0916 經部/四書類/總義之屬/傳說

四書典林三十卷 （清）江永輯 清石印本 二冊 存二十二卷（九至三十）

330000－4706－0001693 普0667 史部/地理類/方志之屬/郡縣志

[光緒]嘉興府志八十八卷首二卷 （清）許瑤光修 （清）吳仰賢等纂 清光緒刻本 三冊 存八卷（八至九、十五至十七、八十三至八十五）

330000－4706－0001694 普0917 經部/四書類/總義之屬/傳說

四書典林三十卷四書古人典林十二卷 （清）江永輯 清光緒十二年（1886）石印本 三冊 存二十二卷（一至二十二）

330000－4706－0001695 普0754 史部/編年類/通代之屬

尺木堂明鑑易知錄十五卷 （清）吳乘權等輯 清石印本 一冊 存四卷（十二至十五）

330000－4706－0001696 普0830 史部/紀事本末類

歷朝紀事本末九種 （清）陳如升 （清）朱記榮輯 （清）慎記主人增輯 清光緒石印本 四冊 存一種

330000－4706－0001697 普0668 史部/政書類/通制之屬

唐會要一百卷 （宋）王溥撰 清光緒十年（1884）江蘇書局刻本 十九冊 存七十九卷（一至二十一、二十六至五十九、六十五至六十八、七十二至九十一）

330000－4706－0001698 普0920 經部/小學類/音韻之屬

八矢注字圖說一卷鍾律陳數一卷 （清）顧陳垿撰 清刻本 一冊

330000－4706－0001699 普0918 類叢部/叢書類/自著之屬

西河合集一百十九種 （清）毛奇齡撰 清石印本 二冊 存一種

330000－4706－0001700 普0831 類叢部/叢書類/彙編之屬

學津討原一百七十三種 （清）張海鵬編 清嘉慶十年（1805）虞山張氏照曠閣刻本 二冊 存一種

330000－4706－0001701 普0832 類叢部/叢書類/彙編之屬

學津討原一百七十三種 （清）張海鵬編 清嘉慶十年（1805）虞山張氏照曠閣刻本 八冊 存一種

330000－4706－0001702 普0756 史部/編年類/通代之屬

尺木堂綱鑑易知錄九十二卷 （清）吳乘權等輯 清鉛印本 一冊 存八卷（七十七至八十四）

330000－4706－0001703 普0669 史部/地

理類/方志之屬/郡縣志

[光緒]崑新兩縣續修合志五十二卷首一卷末一卷 （清）金吳瀾 （清）李福沂修 （清）汪堃 （清）朱成熙纂 清光緒六年(1880)刻本 八冊

330000－4706－0001704 普0809 史部/雜史類/斷代之屬

明季稗史彙編十六種 （清）留雲居士輯 清光緒鉛印本 二冊 存一種

330000－4706－0001705 普0911 經部/四書類/總義之屬/傳說

四書義十二卷 （清）陸隴其撰 清石印本 五冊 存十一卷(二至十二)

330000－4706－0001706 普0757 史部/史表類/通代之屬

四裔編年表四卷 李鳳苞輯 清光緒二十三年(1897)石印本 三冊

330000－4706－0001707 普0758 史部/編年類/通代之屬

尺木堂綱鑑易知錄九十二卷 （清）吳乘權等輯 清鉛印本 六冊 存四十一卷(十五至二十八、三十五至四十、六十五至七十、七十八至九十二)

330000－4706－0001708 普0905 經部/小學類/文字之屬/字書/字典

康熙字典十二集三十六卷總目一卷檢字一卷辨似一卷等韻一卷補遺一卷備考一卷 （清）張玉書等纂修 清道光七年(1827)刻本 四十冊

330000－4706－0001709 普0913 經部/四書類/總義之屬/傳說

四書題鏡不分卷 （清）汪鯉翔撰 清同治三年(1864)刻本 四冊

330000－4706－0001710 普0906 經部/小學類/文字之屬/字書/字典

康熙字典十二集三十六卷總目一卷檢字一卷辨似一卷等韻一卷補遺一卷備考一卷 （清）張玉書等纂修 清道光七年(1827)刻本 三

十八冊

330000－4706－0001712 普0759 史部/編年類/斷代之屬

東華錄三十二卷(乾隆朝) （清）蔣良騏撰 清京都琉璃廠刻本 十冊

330000－4706－0001713 普0670 類叢部/叢書類/彙編之屬

祕書廿一種 （清）汪士漢編 清刻本 一冊 存一種

330000－4706－0001714 普0912 經部/四書類/總義之屬/傳說

四書味根錄題鏡合編三十六卷首一卷附四書宗旨 （清）金澂 （清）汪鯉翔撰 清石印本 一冊 存十卷(論語一至十)

330000－4706－0001715 普0834 史部/雜史類/斷代之屬

明季稗史彙編十六種 （清）留雲居士輯 清刻本 四冊 存一種

330000－4706－0001717 普0671 史部/編年類/斷代之屬

同治東華續錄一百卷 王先謙編 清石印本 六冊 存二十一卷(七至二十七)

330000－4706－0001718 普0760 史部/編年類/斷代之屬

東華錄三十二卷(乾隆朝) （清）蔣良騏撰 清刻本 十二冊

330000－4706－0001719 普0908 經部/小學類/文字之屬/字書/字典

康熙字典十二集三十六卷總目一卷檢字一卷辨似一卷等韻一卷補遺一卷備考一卷 （清）張玉書等纂修 清光緒十一年(1885)上海同文書局石印本 六冊

330000－4706－0001720 普0835 史部/紀事本末類

歷朝紀事本末九種 （清）陳如升 （清）朱記榮輯 （清）慎記主人增輯 清光緒石印本 四冊 存一種

330000－4706－0001721　普0753　史部/編年類/通代之屬

尺木堂綱鑑易知錄九十二卷明鑑易知錄十五卷 （清）吳乘權等輯　清石印本　二冊　存十三卷（綱鑑易知錄六十至六十六、明鑑易知錄一至六）

330000－4706－0001722　普0910　經部/小學類/文字之屬/字書/字典

康熙字典十二集三十六卷總目一卷檢字一卷辨似一卷等韻一卷補遺一卷備考一卷 （清）張玉書等纂修　清刻本　四十冊

330000－4706－0001723　普0909　經部/小學類/文字之屬/字書/字典

康熙字典十二集三十六卷總目一卷檢字一卷辨似一卷等韻一卷補遺一卷備考一卷 （清）張玉書等纂修　清末上海鴻寶書局石印本六冊

330000－4706－0001724　普0836　史部/紀事本末類/通代之屬

繹史一百六十卷世系圖一卷年表一卷 （清）馬驌撰　清刻本　一冊　存六卷（一百三十八至一百四十三）

330000－4706－0001725　普0761　史部/編年類/斷代之屬

東華續錄六十九卷(咸豐朝) （清）潘頤福編　清石印本　九冊　存三十三卷（十四至三十六、四十九至五十三、六十至六十四）

330000－4706－0001726　普0921　類叢部/類書類/專類之屬

四書典制類聯音註三十三卷 （清）閻其淵輯　清刻本　二冊　存十卷（三至五、二十四至三十）

330000－4706－0001727　普0931　經部/小學類/文字之屬/字書/字典

康熙字典十二集三十六卷總目一卷檢字一卷辨似一卷等韻一卷補遺一卷備考一卷 （清）張玉書等纂修　清光緒三十三年(1907)上海鴻文書局石印本　六冊

330000－4706－0001728　普0922　經部/四書類/總義之屬/傳說

銅板四書體註合講十九卷 （清）翁復編　清刻本　一冊　存五卷（論語六至十）

330000－4706－0001729　普0932　經部/小學類/文字之屬/字書/字典

康熙字典十二集三十六卷總目一卷檢字一卷辨似一卷等韻一卷補遺一卷備考一卷 （清）張玉書等纂修　清刻本　四十冊

330000－4706－0001730　普0762　史部/編年類/通代之屬

尺木堂綱鑑易知錄九十二卷明鑑易知錄十五卷 （清）吳乘權等輯　清光緒三十年(1904)鉛印本　十六冊

330000－4706－0001732　普0763　史部/編年類/通代之屬

尺木堂綱鑑易知錄九十二卷明鑑易知錄十五卷 （清）吳乘權等輯　清光緒三十年(1904)鉛印本　十六冊

330000－4706－0001735　普0923　史部/傳記類/總傳之屬/忠孝

百孝圖說四卷 （清）俞葆真編　（清）何雲梯繪圖　清同治十二年(1873)刻本　一冊

330000－4706－0001737　普0924　經部/四書類/總義之屬/傳說

四書典林三十卷四書古人典林十二卷 （清）江永輯　清光緒十年(1884)上海同文書局石印本　一冊　存十二卷（古人典林一至十二）

330000－4706－0001738　普0925　經部/四書類/總義之屬/傳說

四書典林三十卷四書古人典林十二卷 （清）江永輯　清同治元年(1862)慈溪鋤經閣刻本　二冊　存十二卷（古人典林一至十二）

330000－4706－0001739　普0766　新學/地學/地理學

地學淺釋三十八卷 （英國）雷俠兒撰　（美國）瑪高溫口譯　（清）華蘅芳筆述　清刻本三冊　存十四卷（二十五至三十八）

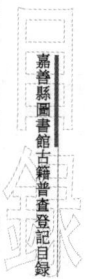

330000－4706－0001740　普0926　集部/別集類

嚼鐵詩詞稿不分卷　清抄本　一冊

330000－4706－0001741　普0927　經部/小學類/文字之屬/字書/字典

康熙字典十二集三十六卷總目一卷檢字一卷辨似一卷等韻一卷補遺一卷備考一卷　（清）張玉書等纂修　清光緒十三年（1887）上海點石齋石印本　六冊

330000－4706－0001742　普0928　經部/小學類/文字之屬/字書/字典

康熙字典十二集三十六卷總目一卷檢字一卷辨似一卷等韻一卷補遺一卷備考一卷　（清）張玉書等纂修　清光緒二十年（1894）上海同文書局石印本　十二冊

330000－4706－0001743　普0929　經部/小學類/文字之屬/字書/字典

康熙字典十二集三十六卷總目一卷檢字一卷辨似一卷等韻一卷補遺一卷備考一卷　（清）張玉書等纂修　清光緒九年（1883）上海同文書局石印本　六冊

330000－4706－0001744　普0930　經部/小學類/文字之屬/字書/字典

康熙字典十二集三十六卷總目一卷檢字一卷辨似一卷等韻一卷補遺一卷備考一卷　（清）張玉書等纂修　清末石印本　六冊

330000－4706－0001745　普0837　史部/編年類/通代之屬

後樂堂纂集歷朝綱鑑五十四卷　（清）裴陳佩撰　**後樂堂裴厚齋先生鑑斷彙集三卷**　（清）裴陳佩撰　（清）裴邦彦等輯　清刻本　三冊　存八卷（四至十一）

330000－4706－0001746　普0764　史部/地理類/遊記之屬

徐霞客遊記十二卷　（明）徐弘祖撰　清石印本　五冊

330000－4706－0001747　普0838　史部/編年類/通代之屬

尺木堂綱鑑易知錄九十二卷明鑑易知錄十五卷　（清）吳乘權等輯　清光緒十四年（1888）鉛印本　十五冊

330000－4706－0001748　普0767　史部/地理類/總志之屬/斷代

廣輿記二十四卷　（明）陸應陽輯　（清）蔡方炳增輯　清嘉慶七年（1802）刻本　六冊

330000－4706－0001749　普0839　史部/編年類/通代之屬

尺木堂綱鑑易知錄九十二卷明鑑易知錄十五卷　（清）吳乘權等輯　清光緒二十七年（1901）上海商務印書館鉛印本　十六冊

330000－4706－0001750　普0768　史部/地理類/總志之屬/斷代

元豐九域志十卷　（宋）王存等撰　清刻本　八冊

330000－4706－0001751　普0840　史部/編年類/通代之屬

富文堂綱鑑易知錄九十二卷明鑑易知錄十五卷　（清）吳乘權　（清）周之炯　（清）周之燦輯　清刻本　十五冊　存三十二卷（一至八、十四至十七、二十至二十三、六十一至七十二、八十三至八十四、九十一至九十二）

330000－4706－0001752　普0841　史部/編年類/通代之屬

尺木堂綱鑑易知錄九十二卷明鑑易知錄十五卷　（清）吳乘權等輯　清光緒三十四年（1908）上海廣益書局鉛印本　十六冊

330000－4706－0001753　普0769　史部/地理類

李氏五種　（清）李兆洛撰　清光緒十八年（1892）長沙竹素書局刻本　十二冊　存三種

330000－4706－0001754　普0770　史部/地理類

李氏五種　（清）李兆洛撰　清刻本　一冊　存一種

330000－4706－0001755　普0936　經部/小學類/文字之屬/字書/字典

康熙字典十二集三十六卷總目一卷檢字一卷辨似一卷等韻一卷補遺一卷備考一卷　（清）張玉書等纂修　清光緒六年(1880)上海點石齋石印本　一冊

330000－4706－0001756　普0941　經部/小學類/文字之屬/字書/字典
康熙字典十二集三十六卷總目一卷檢字一卷辨似一卷等韻一卷補遺一卷備考一卷　（清）張玉書等纂修　清光緒十六年(1890)上海同文書局石印本　六冊

330000－4706－0001757　普0942　經部/小學類/文字之屬/字書/字典
康熙字典十二集三十六卷總目一卷檢字一卷辨似一卷等韻一卷補遺一卷備考一卷　（清）張玉書等纂修　清刻本　十三冊

330000－4706－0001758　普0943　經部/小學類/文字之屬/字書/字典
康熙字典十二集三十六卷總目一卷檢字一卷辨似一卷等韻一卷補遺一卷備考一卷　（清）張玉書等纂修　清刻本　四十冊

330000－4706－0001759　普0771　史部/編年類/通代之屬
尺木堂綱鑑易知錄九十二卷明鑑易知錄十五卷　（清）吳乘權等輯　清光緒十五年(1889)石印本　十六冊

330000－4706－0001761　普0842　類叢部/叢書類/彙編之屬
申報館叢書正集五十七種附錄三種續集一百四十二種　（清）尊聞閣主編　蔡爾康續編　清同治至光緒申報館鉛印本　一冊　存一種

330000－4706－0001762　普0772　類叢部/類書類/專類之屬
分韻子史題解二十卷　（清）費卿庭輯　（清）陳士瀛編校　清道光十四年(1834)刻本　六冊

330000－4706－0001764　普0843　史部/編年類/通代之屬
御撰資治通鑑綱目三編四卷　（清）張廷玉等

輯　清石印本　二冊

330000－4706－0001765　普0773　史部/地理類/總志之屬/通代
讀史方輿紀要一百三十卷　（清）顧祖禹撰　清石印本　十三冊　存七十五卷(五十六至一百三十)

330000－4706－0001766　普0939　經部/小學類/文字之屬/字書/字典
康熙字典十二集三十六卷總目一卷檢字一卷辨似一卷等韻一卷補遺一卷備考一卷　（清）張玉書等纂修　清光緒三十三年(1907)上海鴻文書局石印本　七冊

330000－4706－0001767　普0844　史部/編年類/通代之屬
重訂王鳳洲先生綱鑑會纂四十六卷續宋元紀二十三卷　（明）王世貞撰　（明）陳仁錫訂　清末石印本　五冊　存二十五卷(綱鑑會纂七至十六、三十三至四十二,續宋元紀七至十一)

330000－4706－0001769　普0774　史部/地理類/總志之屬/通代
讀史方輿紀要一百三十卷附方輿全圖總說五卷　（清）顧祖禹撰　清光緒二十五年(1899)石印本　二十八冊　缺十七卷(十九至二十九、八十九至九十四)

330000－4706－0001770　普0845　史部/編年類/通代之屬
御撰資治通鑑綱目三編二十卷　（清）張廷玉等撰　清刻本　二冊　存七卷(一至三、十至十三)

330000－4706－0001772　普0775　史部/編年類/通代之屬
尺木堂綱鑑易知錄二十卷　（清）吳乘權等輯　清光緒二十三年(1897)煥文書局石印本　八冊　缺一卷(十九)

330000－4706－0001773　普0672　史部/叢編
痛史二十一種附九種　樂天居士輯　清宣統

商務印書館鉛印本　七冊　存一種

330000－4706－0001774　普0673　史部/編
年類/通代之屬
尺木堂綱鑑易知錄九十二卷　（清）吳乘權等
輯　**御撰資治通鑑綱目三編五卷**　（清）張廷
玉等撰　清光緒二十四年(1898)石印本　九
冊　存十九卷(綱鑑易知錄一至十七、御撰資
治通鑑綱目三編一至二)

330000－4706－0001775　普0776　史部/紀
事本末類/通代之屬
繹史一百六十卷世系圖一卷年表一卷　（清）
馬驌撰　清刻本　三十九冊　缺四卷(一百
五十五至一百五十八)

330000－4706－0001776　普0851　史部/紀
事本末類
歷朝紀事本末五種　（清）□□輯　清刻本
五十三冊　存二種

330000－4706－0001777　普0777　史部/紀
事本末類/通代之屬
繹史一百六十卷世系圖一卷年表一卷　（清）
馬驌撰　清刻本　四十冊

330000－4706－0001779　普0778　史部/編
年類/通代之屬
**尺木堂綱鑑易知錄九十二卷明鑑易知錄十五
卷**　（清）吳乘權等輯　清鉛印本　六冊　存
四十三卷(綱鑑易知錄二十至二十六、三十四
至四十、六十一至六十七、七十四至八十,明
鑑易知錄一至十五)

330000－4706－0001780　普0779　史部/編
年類/通代之屬
**尺木堂綱鑑易知錄九十二卷明鑑易知錄十五
卷**　（清）吳乘權等輯　清石印本　十五冊
缺六卷(綱鑑易知錄八十二至八十七)

330000－4706－0001781　普0847　史部/紀
事本末類/斷代之屬
明朝紀事本末八十卷　（清）谷應泰撰　清順
治十五年(1658)築益堂刻本　十八冊　存五
十一卷(一至四、十四至十六、十九至二十一、

二十八至三十、四十二至七十一、七十三至八
十)

330000－4706－0001782　普0848　史部/雜
史類/通代之屬
**十國春秋一百十四卷拾遺一卷備考一卷拾遺
備考補一卷**　（清）吳任臣撰　（清）周昂輯
清刻本　十一冊　存四十八卷(十八至二十
三、三十六至五十七、八十一至八十五、一百
至一百十四)

330000－4706－0001783　普0944　經部/小
學類/文字之屬/字書/字典
**康熙字典十二集三十六卷總目一卷檢字一卷
辨似一卷等韻一卷補遺一卷備考一卷**　（清）
張玉書等纂修　清刻本　十七冊　存十五卷
(子集中、寅集中、辰集中下、巳集中下、未集
上中下、申集中、酉集下、戌集上、亥集上中
下)

330000－4706－0001784　普0849　史部/紀
事本末類
歷朝紀事本末九種　（清）陳如升　（清）朱記
榮輯　（清）慎記主人增輯　清光緒二十一年
(1895)上海積山書局石印本　三十一冊　存
二種

330000－4706－0001793　普0674　史部/編
年類/斷代之屬
東華續錄一百二十卷（乾隆朝）　王先謙
（清）潘頤福編　清末鉛印本　三冊　存十五
卷(八十六至九十一、九十九至一百七)

330000－4706－0001794　普0780　史部/編
年類/通代之屬
御批歷代通鑑輯覽一百二十卷　（清）傅恒等
撰　清光緒三十年(1904)石印本　三十一冊

330000－4706－0001795　普0945　經部/小
學類/文字之屬/字書/字典
**康熙字典十二集三十六卷總目一卷檢字一卷
辨似一卷等韻一卷補遺一卷備考一卷**　（清）
張玉書等纂修　清刻本　三十四冊　缺六卷
(子集上、巳集下、未集上、酉集中下,等韻)

330000－4706－0001797　普0947　經部/小學類/文字之屬/字書/字典

康熙字典十二集三十六卷總目一卷檢字一卷辨似一卷等韻一卷補遺一卷備考一卷 （清）張玉書等纂修　清刻本　六冊　存六卷(子集中下、寅集上、卯集中、申集中,備考)

330000－4706－0001798　普0946　經部/小學類/文字之屬/字書/字典

康熙字典十二集三十六卷總目一卷檢字一卷辨似一卷等韻一卷補遺一卷備考一卷 （清）張玉書等纂修　清刻本　五冊　存五卷(寅集中下、卯集中、辰集下中)

330000－4706－0001799　普0948　經部/小學類/文字之屬/字書/字典

康熙字典十二集三十六卷總目一卷檢字一卷辨似一卷等韻一卷補遺一卷備考一卷 （清）張玉書等纂修　清刻本　十九冊　存十九卷(丑集上下、寅集上中下、卯集中下、辰集中下、巳集上、午集中、未集中、申集上下、戌集上中、亥集上中下)

330000－4706－0001800　普0950　史部/政書類/儀制之屬/典禮

南巡盛典一百二十卷 （清）高晉等纂修　清光緒八年(1882)上海點石齋影印本　八冊

330000－4706－0001801　普0961　史部/政書類/儀制之屬/典禮

南巡盛典一百二十卷 （清）高晉等纂修　清光緒八年(1882)上海點石齋影印本　六冊　存九十三卷(一至九十三)

330000－4706－0001802　普0781　史部/編年類/通代之屬

御批歷代通鑑輯覽一百二十卷 （清）傅恒等撰　清光緒二十九年(1903)石印本　三十一冊

330000－4706－0001804　普0782　史部/編年類/通代之屬

御批歷代通鑑輯覽一百二十卷 （清）傅恒等撰　清刻本　三十八冊　缺四十五卷(六至二十九、一百至一百二十)

330000－4706－0001806　普0783　史部/編年類/通代之屬

御批歷代通鑑輯覽一百二十卷 （清）傅恒等撰　清光緒二十七年(1901)石印本　十冊

330000－4706－0001807　普0675　史部/地理類/總志之屬/通代

讀史方輿紀要一百三十卷 （清）顧祖禹撰　清抄本　三冊　存八卷(廣東四至六、福建四至五、川瀆四至六)

330000－4706－0001808　普0784　史部/編年類/通代之屬

御批歷代通鑑輯覽一百二十卷 （清）傅恒等撰　清光緒二十五年(1899)石印本　十六冊　存九十六卷(一至三十三、四十一至五十二、五十四至六十七、八十四至一百二十)

330000－4706－0001809　普0852　史部/編年類/通代之屬

御撰資治通鑑綱目三編二十卷 （清）張廷玉等撰　清刻本　八冊　存十二卷(一至十二)

330000－4706－0001810　普0853　史部/編年類/通代之屬

御撰資治通鑑綱目三編二十卷 （清）張廷玉等編次　清乾隆十一年(1746)刻本　八冊

330000－4706－0001811　普0676　史部/地理類/總志之屬/通代

天下郡國利病書一百二十卷 （清）顧炎武撰　清光緒二十五年(1899)上海二林齋石印本　二十七冊　存一百十四卷(一至一百十四)

330000－4706－0001812　普0677　史部/地理類/總志之屬/通代

天下郡國利病書一百二十卷 （清）顧炎武撰　清光緒五年(1879)刻本　三十八冊

330000－4706－0001813　普0856　史部/叢編

資治通鑑彙刻 清同治至光緒江蘇書局刻本　六十冊　存一種

330000－4706－0001814　普0678　史部/地理類/總志之屬/斷代

帝輿合覽二卷 （清）何炳撰 清嘉興文蔚齋吳懋堂刻本 二冊 存一卷（二）

330000－4706－0001815 普0854 史部/編年類/通代之屬

資治通鑑二百九十四卷 （宋）司馬光撰（元）胡三省音注 清刻本 十四冊 存三十一卷（八十七至一百、一百九至一百一十二、一百七十至一百七十一、一百七十七至一百七十八、二百一十四至二百一十六、二百二十至二百二十二、二百七十五至二百七十七）

330000－4706－0001816 普0855 史部/編年類/通代之屬

續資治通鑑二百二十卷 （清）畢沅撰 清刻本 十冊 存五十三卷（五至十六、九十一至九十四、一百一十一至一百一十五、一百二十七至一百三十、一百四十七至一百五十二、一百五十八至一百六十一、一百六十七至一百七十一、一百八十九至一百九十五、二百九至二百十四）

330000－4706－0001818 普0679 史部/編年類/通代之屬

綱鑑正史約三十六卷 （明）顧錫疇撰 （清）陳弘謀增訂 甲子紀元一卷 （清）陳弘謀撰 清同治八年（1869）浙江書局刻本 二十冊

330000－4706－0001819 普2918 史部/編年類/通代之屬

宋元通鑑一百五十七卷 （明）薛應旂撰（明）陳仁錫評 明刻本 一冊 存十一卷（一百四十七至一百五十七）

330000－4706－0001820 普0965 史部/紀事本末類/斷代之屬

聖武記十四卷 （清）魏源撰 清道光二十二年（1842）刻本 六冊

330000－4706－0001821 普0785 史部/編年類/通代之屬

資治通鑑綱目五十九卷 （宋）朱熹撰 （明）陳仁錫評 清刻本 七冊 存六卷（三至四、六至七、三十九至四十）

330000－4706－0001822 普0966 史部/紀事本末類/斷代之屬

聖武記十四卷 （清）魏源撰 清道光二十二年（1842）刻本 十二冊

330000－4706－0001823 普0680 史部/編年類/通代之屬

重訂王鳳洲先生綱鑑會纂四十六卷續宋元紀二十三卷 （明）王世貞撰 （明）陳仁錫訂 清刻本 十五冊 存二十五卷（綱鑑會纂一至二、續宋元紀一至二十三）

330000－4706－0001824 普0786 史部/編年類/通代之屬

尺木堂綱鑑易知錄九十二卷 （清）吳乘權等輯 清刻本 十七冊 存五十一卷（三至二十、二十四至二十九、三十三至三十五、三十九至四十一、四十五至五十九、六十三至六十八）

330000－4706－0001825 普0857 史部/編年類/通代之屬

資治通鑑二百九十四卷 （宋）司馬光撰（元）胡三省音注 （明）陳仁錫評 清刻本 二十七冊 存九十七卷（五十一至五十四、七十至七十三、七十八至一百一十五、一百二十九至一百三十五、一百六十一至一百六十四、一百九十六至二百二、二百六至二百八、二百一十二至二百三十、二百五十三至二百六十三）

330000－4706－0001826 普0960 史部/雜史類/通代之屬

戰國策三十三卷 （漢）高誘注 重刻剡川姚氏本戰國策札記三卷 （清）黃丕烈撰 清同治八年（1869）湖北崇文書局刻本 三冊 存十八卷（一至九、十九至二十四，札記一至三）

330000－4706－0001827 普0858 史部/編年類/斷代之屬

光緒朝東華續錄二百二十卷 （清）朱壽朋編 清鉛印本 二冊 存六卷（九十五至九十七、一百三十二至一百三十四）

330000－4706－0001828 普0788 史部/傳記類/科舉錄之屬

歲試卷一卷　清刻本　一冊

330000－4706－0001829　普0789　史部/編
年類/通代之屬

尺木堂綱鑑易知錄九十二卷　（清）吳乘權等
輯　清刻本　三十六冊　缺九卷（一至七、五
十至五十一）

330000－4706－0001830　普0859　史部/編
年類/通代之屬

尺木堂綱鑑易知錄九十二卷　（清）吳乘權等
輯　清鉛印本　十三冊　存八十四卷（一至
二十、二十八至三十九、四十一至九十二）

330000－4706－0001831　普0787　史部/編
年類/通代之屬

御批續資治通鑑綱目二十七卷　（明）商輅等
撰　（清）聖祖玄燁批　清刻本　三冊　存三
卷（七至九）

330000－4706－0001832　普0681　史部/編
年類/斷代之屬

紀元編三卷末一卷　（清）李兆洛撰　（清）六
承如輯　清光緒十八年（1892）長沙竹素書局
刻本　三冊

330000－4706－0001833　普0790　史部/紀
事本末類

歷朝紀事本末七種　（清）陳如升　（清）朱記
榮輯　清光緒二十一年（1895）上海積山書局
石印本　二冊　存一種

330000－4706－0001834　普0682　子部/
叢編

二十二子（二十二子彙函）　（清）浙江書局編
　清光緒元年至三年（1875－1877）浙江書局
刻本　四冊　存一種

330000－4706－0001835　普0683　史部/編
年類/斷代之屬

通紀直解十四卷續解二卷　（明）張嘉和輯
明崇禎刻清初續刻本　七冊　存七卷（二、九
至十、十三至十六）

330000－4706－0001836　普0860　史部/編
年類/通代之屬

御批歷代通鑑輯覽一百二十卷　（清）傅恒等
撰　清光緒石印本　十冊　存六十三卷（十
五至三十五、五十一至七十七、八十六至九十
四、一百三至一百八）

330000－4706－0001837　普0792　史部/地
理類

李氏五種　（清）李兆洛撰　清光緒二十四年
（1898）掃葉山房石印本　三冊　存一種

330000－4706－0001838　普0791　史部/地
理類/總志之屬/通代

歷代地理志韻編今釋二十卷皇朝輿地圖一卷
皇朝輿地韻編二卷　（清）李兆洛撰　清光緒
上海蜚英館石印本　二冊　存十二卷（一至
十二）

330000－4706－0001839　普0861　史部/編
年類/斷代之屬

通紀直解十四卷續解二卷　（明）張嘉和輯
明崇禎刻清初續刻本　九冊

330000－4706－0001840　普0684　史部/編
年類/通代之屬

御批歷代通鑑輯覽一百二十卷　（清）傅恒等
撰　清同治十一年（1872）湖北崇文書局刻本
　六十冊

330000－4706－0001841　普0862　史部/編
年類/通代之屬

御批歷代通鑑輯覽一百二十卷　（清）傅恒等
撰　清石印本　二冊　存七卷（三至四、十一
至十五）

330000－4706－0001842　普0977　史部/編
年類/斷代之屬

東華續錄六十卷（嘉慶朝）　王先謙編　清末
鉛印本　六冊

330000－4706－0001843　普0981　史部/雜
史類/斷代之屬

戰國策三十三卷　（漢）高誘注　重刻剡川姚
氏本戰國策札記三卷　（清）黃丕烈撰　清光
緒三年（1877）永康胡氏退補齋刻本　一冊
存八卷（一至八）

330000－4706－0001844　普 0793　史部/地理類

李氏五種　(清)李兆洛撰　清光緒二十四年(1898)上海掃葉山房石印本　一冊　存一種

330000－4706－0001845　普 0967　史部/叢編

九通二千三百二十一卷　(清)□□輯　清光緒八年至二十二年(1882－1896)浙江書局刻本　四十冊

330000－4706－0001846　普 0863　史部/編年類/通代之屬

御批歷代通鑑輯覽一百二十卷　(清)傅恒等撰　清石印本　四冊　存二十五卷(二十至二十四、四十七至五十二、一百七至一百二十)

330000－4706－0001847　普 0794　史部/紀事本末類

歷朝紀事本末九種　(清)陳如升　(清)朱記榮輯　(清)捷記主人增輯　清光緒二十八年(1902)上海捷記書局石印本　二冊　存二種

330000－4706－0001848　普 0685　史部/政書類/律令之屬/律例

大清律例四十七卷　(清)徐本等纂　清刻本　十九冊　存三十四卷(四至七、十二至二十六、三十至三十七、四十一至四十七)

330000－4706－0001849　普 0795　史部/史抄類

史緯三百三十卷　(清)陳允錫輯　清刻本　一冊　存二卷(一百二十八至一百二十九)

330000－4706－0001850　普 0982　史部/雜史類/斷代之屬

戰國策十卷　(宋)鮑彪校注　(元)吳師道補正　清武林二餘堂刻本　八冊

330000－4706－0001852　普 0983　史部/雜史類/斷代之屬

戰國策三十三卷　(漢)高誘注　**重刻剡川姚氏本戰國策札記三卷**　(清)黃丕烈撰　清末石印本　一冊　存七卷(二十七至三十三)

330000－4706－0001853　普 0796　史部/史抄類

史緯三百三十卷　(清)陳允錫輯　清刻本二十三冊　存六十六卷(十三至十五、三十至三十三、三十七至四十五、一百十二至一百二十一、一百二十四至一百二十九、一百三十七至一百三十九、一百四十一至一百四十二、二百四十三至二百五十四、二百八十一至二百九十七)

330000－4706－0001854　普 0968　史部/編年類/通代之屬

御批歷代通鑑輯覽一百二十卷　(清)傅恒等撰　清光緒三十年(1904)上海商務印書館鉛印本　三十二冊

330000－4706－0001855　普 0686　史部/地理類/輿圖之屬/全國

皇朝一統輿地全圖一卷　(清)六承如輯　(清)馮焌光增補　(清)欻乃軒主人續增　清光緒二十年(1894)上海鴻寶齋石印本　一冊

330000－4706－0001856　普 0972　史部/政書類/通制之屬

通志二百卷　(宋)鄭樵撰　清刻本　三冊　存三十卷(一至七、二十三至四十五)

330000－4706－0001857　普 0969　史部/雜史類/斷代之屬

戰國策三十三卷　(漢)高誘注　**重刻剡川姚氏本戰國策札記三卷**　(清)黃丕烈撰　清光緒三年(1877)永康胡氏退補齋刻本　四冊

330000－4706－0001858　普 1076　史部/地理類/總志之屬/通代

天下郡國利病書一百二十卷　(清)顧炎武撰　清石印本　一冊　存四卷(八十四至八十七)

330000－4706－0001860　普 0865　史部/編年類/通代之屬

御批歷代通鑑輯覽一百二十卷　(清)傅恒等撰　清石印本　二冊　存十卷(六十六至七十、一百九至一百十三)

330000－4706－0001861　普0984　史部/雜史類/斷代之屬

戰國策十卷 （宋）鮑彪校注 （元）吳師道補正　清刻本　七冊　存八卷（一至八）

330000－4706－0001862　普0799　史部/紀事本末類/通代之屬

繹史一百六十卷世系圖一卷年表一卷 （清）馬驌撰　清光緒二十三年（1897）石印本　二冊　存二十七卷（一至十五、四十五至五十六）

330000－4706－0001865　普0687　史部/地理類/總志之屬/通代

天下郡國利病書詳節十八卷 （清）顧炎武撰 （清）蔣錫祉節錄　清光緒二十八年（1902）紹文石印書局石印本　五冊　存九卷（一至九）

330000－4706－0001866　普0971　史部/編年類/通代之屬

重訂王鳳洲先生綱鑑會纂四十六卷續宋元紀二十三卷 （明）王世貞撰 （明）陳仁錫訂　清刻本　二十五冊　存四十一卷（綱鑑會纂三至四十三）

330000－4706－0001867　普0973　史部/雜史類/斷代之屬

國語二十一卷 （三國吳）韋昭解 （宋）宋庠補音　清武林三餘堂刻本　三冊

330000－4706－0001868　普0974　史部/雜史類/斷代之屬

國語二十一卷 （三國吳）韋昭注 （宋）宋庠補音　清刻本　二冊　存十卷（四至九、十八至二十一）

330000－4706－0001869　地文集358　集部/詩文評類

古文廣注□□卷 （清）胡玉史詳攷 （清）梅若羹增釋　清乾隆長慶堂刻本　一冊　存二卷（二至三）

330000－4706－0001870　普0866　類叢部/叢書類/彙編之屬

宜稼堂叢書七種 （清）郁松年編　清道光二十年至二十二年（1840－1842）上海郁氏刻本　一冊　存一種

330000－4706－0001872　普0867　史部/地理類/總志之屬/斷代

大清一統志三百五十六卷 （清）蔣廷錫 （清）王安國等纂修　清木活字印本　二冊　存四卷（一百九、一百七十二至一百七十四）

330000－4706－0001873　普0987　史部/史抄類

二十一史論贊三十六卷 （明）沈國元輯　明崇禎大來堂刻本　十冊　存十六卷（四至七、十一至二十二）

330000－4706－0001874　普0868　類叢部/叢書類/自著之屬

槐軒全集二十一種附九種 （清）劉沅撰　清咸豐至民國刻彙印本　十二冊　存一種

330000－4706－0001875　普0991　史部/史抄類

歐陽文忠公五代史抄二十卷 （明）茅坤輯 （明）茅闇叔重訂　明末刻本　二冊

330000－4706－0001876　普0988　類叢部/叢書類/自著之屬

甌北全集八種 （清）趙翼撰　清刻本　七冊　存一種

330000－4706－0001877　普0869　史部/編年類/通代之屬

尺木堂綱鑑易知錄九十二卷 （清）吳乘權等輯　清刻本　十九冊　存四十四卷（一至四十、四十四至四十七）

330000－4706－0001878　普0870　史部/編年類/通代之屬

尺木堂綱鑑易知錄九十二卷 （清）吳乘權等輯　清刻本　四十冊

330000－4706－0001879　普0871　史部/政書類/儀制之屬/典禮

南巡盛典一百二十卷 （清）高晉等纂修　清乾隆三十六年（1771）武英殿刻本　三十二冊

存八十卷(三十二至五十三、五十七至九十三、九十六至一百一、一百六至一百二十)

330000－4706－0001880　普0975　史部/編年類/斷代之屬

光緒朝東華續錄二百二十卷　（清）朱壽朋編
清鉛印本　四十九冊　存一百七十二卷(四至十七、二十二至二十八、四十三至四十五、四十九至一百六十四、一百六十九至一百七十六、一百八十一至一百八十四、一百九十三至二百六、二百十一至二百十六)

330000－4706－0001881　普0976　史部/編年類/斷代之屬

光緒朝東華續錄二百二十卷　（清）朱壽朋編
清鉛印本　二十九冊　存九十七卷(八至十一、二十二至二十五、五十二至五十七、七十三至九十一、九十五至一百三、一百七至一百二十七、一百三十二至一百五十一、一百五十六至一百五十九、一百六十九至一百七十、一百八十一至一百八十四、一百九十七至二百)

330000－4706－0001882　普0989　類叢部/叢書類/自著之屬

甌北全集八種　（清）趙翼撰　清刻本　五冊
存一種

330000－4706－0001883　普0990　類叢部/叢書類/自著之屬

甌北全集八種　（清）趙翼撰　清刻本　一冊
存一種

330000－4706－0001884　普0800　史部/編年類/通代之屬

御批通鑑綱目五十九卷首一卷　（宋）朱熹撰　（清）聖祖玄燁批　清刻本　一冊　存一卷(首)

330000－4706－0001885　普0978　史部/編年類/斷代之屬

東華續錄六十卷(道光朝)　王先謙編　清鉛印本　六冊

330000－4706－0001886　普0979　史部/雜

史類/斷代之屬

國語二十一卷　（三國吳）韋昭注　**校刊明道本韋氏解國語札記一卷**　（清）黃丕烈撰　清光緒二十二年(1896)上海鴻寶齋石印本　二冊　缺十卷(國語七至十六)

330000－4706－0001888　普0872　史部/編年類/通代之屬

通鑑直解二十五卷　（明）張居正撰　清刻本　一冊　存一卷(二十一)

330000－4706－0001889　普0874　史部/紀事本末類/通代之屬

繹史一百六十卷世系圖一卷年表一卷　（清）馬驌撰　清刻本　三十冊　存九十卷(四十四至五十一、五十八至六十四、八十七至一百六十，年表)

330000－4706－0001890　普1101　史部/地理類/總志之屬/斷代

太平寰宇記二百卷目錄二卷　（宋）樂史撰　清刻本　一冊　存六卷(一百十三至一百十八)

330000－4706－0001892　普0873　史部/編年類/通代之屬

司馬溫公稽古錄二十卷　（宋）司馬光撰　清同治十一年(1872)湖北崇文書局刻本　三冊　存十四卷(一至十四)

330000－4706－0001894　普1102　史部/地理類/總志之屬/通代

讀史方輿紀要詳節二十二卷方輿全圖總說五卷　（清）顧祖禹撰　（清）蔣錫祉輯　清光緒二十八年(1902)石印本　七冊　存二十二卷(一至二十二)

330000－4706－0001895　普1302　史部/紀傳類/正史之屬

二十四史　清光緒二十八年(1902)史學會社石印本　二百冊

330000－4706－0001897　普0995　史部/目錄類/總錄之屬/官修

欽定四庫全書簡明目錄二十卷首一卷　（清）

紀昀等撰　清同治廣州經韻樓刻本　八冊

330000－4706－0001898　普0994　史部/目錄類/總錄之屬/官修

欽定四庫全書簡明目錄二十卷　（清）紀昀等撰　清刻本　一冊　存一卷(七)

330000－4706－0001899　普1103　史部/紀傳類/正史之屬

東都事略一百三十卷　（宋）王偁撰　清刻本　二冊　存十五卷(九十一至一百五)

330000－4706－0001900　普1104　史部/紀傳類/正史之屬

東都事略一百三十卷　（宋）王偁撰　清刻本　一冊　存三十五卷(五十六至六十二、七十五至八十八、一百十六至一百二十九)

330000－4706－0001901　普1105　史部/目錄類/總錄之屬/官修

欽定四庫全書總目二百卷首一卷　（清）紀昀等撰　清刻本　七十九冊　缺十八卷(一百八十三至二百)

330000－4706－0001902　普1107　史部/目錄類/總錄之屬/官修

欽定四庫全書總目二百卷首一卷　（清）紀昀等撰　清刻本　一百二十冊

330000－4706－0001903　普0996　史部/史評類/考訂之屬

廿二史劄記三十六卷補遺一卷　（清）趙翼撰　清末石印本　一冊　存五卷(十至十四)

330000－4706－0001904　普0997　經部/春秋左傳類/傳說之屬

春秋左傳五十卷　（晉）杜預　（宋）林堯叟註釋　（唐）陸德明音義　（明）鍾惺　（明）孫鑛　（明）韓范評點　清末李光明刻本　十三冊

330000－4706－0001905　普0875　史部/編年類/通代之屬

資治通鑑二百九十四卷　（宋）司馬光撰　（元）胡三省音注　（明）陳仁錫評　清刻本　六十八冊　存二百十一卷(二十三至二十七、四十七至二百五十二)

330000－4706－0001907　普0876　史部/叢編

九通二千三百二十一卷　（清）□□輯　清光緒八年至二十二年(1882－1896)浙江書局刻本　十八冊　存五十五卷(一至十九、四十二至四十三、七十至八十九、九十三至九十六、一百十六至一百二十三、一百二十四至一百二十五)

330000－4706－0001909　普1303　史部/史抄類

國語抄四卷　（明）焦竑輯　清刻本　二冊

330000－4706－0001910　普0877　類叢部/叢書類/自著之屬

西堂全集　（清）尤侗撰　清刻本　一冊　存一種

330000－4706－0001913　普0878　史部/史抄類

二十一史論贊三十六卷　（明）沈國元輯　明刻本　一冊　存一卷(五)

330000－4706－0001914　普0879　史部/紀傳類/正史之屬

晉書纂□□卷　（明）鍾惺纂評　清刻本　三冊　存十二卷(十一至十九、二十三至二十五)

330000－4706－0001916　普1106　史部/地理類/總志之屬/通代

讀史方輿紀要詳節二十二卷方輿全圖總說五卷　（清）顧祖禹撰　（清）蔣錫扔輯　清石印本　五冊　存十一卷(十至十八、方輿全圖總說四至五)

330000－4706－0001918　普1108　史部/目錄類/總錄之屬/官修

欽定四庫全書總目二百卷首一卷　（清）紀昀等撰　清刻本　五冊　存六卷(一百六十七至一百七十二)

330000－4706－0001919　普1307　類叢部/叢書類/彙編之屬

古文七種　（清）儲欣選評　清光緒九年(1883)靜遠堂刻本　一冊　存一種

330000－4706－0001920　普1109　史部/目錄類/總錄之屬/官修

欽定四庫全書總目二百卷首一卷　（清）紀昀等撰　清刻本　十冊　存六十九卷(十一至三十七、四十四至四十八、五十五至八十五、一百二至一百七)

330000－4706－0001921　普1000　史部/傳記類/科舉錄之屬/諸貢錄

[光緒壬寅科]越郡試草不分卷　（清）徐言等撰　清光緒刻本　二冊

330000－4706－0001922　普1308　類叢部/叢書類/彙編之屬

古香齋袖珍十種　清同治至光緒南海孔氏刻本　十二冊　存一種

330000－4706－0001923　普1110　史部/目錄類/通論之屬/考訂

欽定四庫全書考證一百卷　（清）王太岳(清)曹錫寶等撰　清乾隆武英殿木活字印本　十二冊　存十七卷(四十至四十九、七十六至七十七、七十九至八十、八十二至八十三、八十七)

330000－4706－0001924　普1111　史部/紀事本末類/通代之屬

通鑑紀事本末二百三十九卷　（宋）袁樞撰(明)張溥論正　清刻本　四十五冊　存二百九卷(二至一百三十四、一百三十八至一百九十一、一百九十三至二百、二百三至二百十、二百二十二至二百二十七)

330000－4706－0001926　普0881　史部/史評類/史論之屬

歷代史論十二卷宋史論三卷元史論一卷　（明）張溥撰　左傳史論二卷　（清）高士奇撰　明史論四卷　（清）谷應泰撰　歷代史論總論二卷　（清）顧充撰　清光緒二十四年(1898)老掃葉山房石印本　三冊　缺十四卷(歷代史論一至十二、歷代史論總論一至二)

330000－4706－0001927　普1401　史部/政書類/儀制之屬/典禮

國朝宮史續編不分卷　（清）陸長恩繕　清抄本　一冊

330000－4706－0001929　普1408　史部/紀傳類

五帝本紀不分卷　清抄本　一冊

330000－4706－0001930　普1112　集部/別集類/清別集

集虛齋學古文十二卷附離騷經解署一卷　（清）方楘如撰　清光緒十年(1884)李詩、竺士彥淳安縣署刻本　四冊

330000－4706－0001931　普1403　類叢部/叢書類/自著之屬

存齋雜纂□□種　（清）陸心源撰　清光緒吳興陸氏十萬卷樓刻本　清家楨題記　一冊　存一種

330000－4706－0001932　普0882　史部/史評類/史論之屬

史通削繁四卷　（清）紀昀撰　清道光十三年(1833)兩廣節署刻朱墨套印本　四冊

330000－4706－0001933　普0886　史部/史抄類

廿四史約編八卷首一卷　（清）鄭元慶撰　清末鉛印本　一冊　存二卷(匏、土)

330000－4706－0001934　普1310　史部/紀傳類/正史之屬

史記評林一百三十卷首一卷　（明）凌稚隆輯　清光緒二十七年(1901)上海天章書局石印本　十一冊　缺七卷(一至七)

330000－4706－0001935　普1113　集部/總集類/選集之屬/斷代

感舊集十六卷　（清）王士禛輯　（清）盧見曾補傳　清乾隆十七年(1752)石印本　七冊　存十四卷(一至十二、十五至十六)

330000－4706－0001937　普0883　史部/史評類/史論之屬

歷代史論十二卷宋史論三卷元史論一卷

(明)張溥撰　**明史論四卷**　(清)谷應泰撰
左傳史論二卷　(清)高士奇撰　清光緒二十
四年(1898)圖書集成局鉛印本　六冊

330000 – 4706 – 0001938　普 1406　史部/目
錄類/總錄之屬/彙刻

彙刻書目二十卷　(清)顧修輯　(清)朱學勤
補　清光緒十二年至十五年(1886 – 1889)上
海福瀛書局刻本　二十冊

330000 – 4706 – 0001939　普 1405　史部/目
錄類/總錄之屬/彙刻

彙刻書目初編十卷　(清)顧修輯　**續編五卷**
新編一卷補編一卷　(清)陳光照輯　清光緒
元年(1875)長洲陳氏無夢園刻本　十冊

330000 – 4706 – 0001941　普 1114　類叢部/
類書類/專類之屬

重編留青新集二十四卷　(清)馮善長輯　清
光緒三十四年(1908)上海廣益鉛印本　九冊
　存十九卷(一至四、九至十五、十七至二十
四)

330000 – 4706 – 0001942　普 0885　史部/目
錄類/專錄之屬

經義考三百卷　(清)朱彝尊撰　**經義考總目**
二卷　(清)盧見曾編　清刻本　七冊　存二
十一卷(七十三至七十九、八十五至八十六、
一百八十九至二百)

330000 – 4706 – 0001943　普 1311　史部/紀
傳類/正史之屬

史記一百三十卷　(漢)司馬遷撰　(南朝宋)
裴駰集解　清刻本　九冊　存六十六卷(七
至十、四十三至七十五、九十二至一百二十)

330000 – 4706 – 0001944　普 1115　史部/史
評類/史論之屬

古今史論觀海四編八十九卷目錄一卷　(清)
恥不逮齋主人編輯　清光緒二十八年(1902)
上海鴻文書局石印本　二十七冊　存八十卷
(甲一至二十二,乙一至二十,丙一至三、八至
二十六,丁一至十六)

330000 – 4706 – 0001945　普 0884　史部/目

錄類/專錄之屬

經義考三百卷　(清)朱彝尊撰　**經義考總目**
二卷　(清)盧見曾編　清刻本　二十三冊
存一百四十卷(一至八、二十七至四十六、五
十至一百二十八、一百六十八至二百)

330000 – 4706 – 0001946　普 1116　史部/目
錄類/專錄之屬

經義考三百卷　(清)朱彝尊撰　**經義考總目**
二卷　(清)盧見曾編　清光緒二十三年
(1897)浙江書局刻本(卷二百八十六、二百九
十九至三百原缺)　二十八冊　存一百六十
三卷(一至三、十至十五、二十九至六十七、八
十七至一百九、一百四十二至一百九十八、二
百一至二百五、二百二十二至二百五十一)

330000 – 4706 – 0001947　普 1117　史部/目
錄類/專錄之屬

經義考三百卷　(清)朱彝尊撰　**經義考總目**
二卷　(清)盧見曾編　清刻本　十三冊　存
七十五卷(四十七至五十四、五十五至六十
二、六十三至八十七、九十八、一百四至一百
八、一百十六至一百二十一、一百四十三至一
百四十七、一百六十九至一百七十三、一百八
十四至一百九十、一百九十五至一百九十九)

330000 – 4706 – 0001948　普 1118　類叢部/
叢書類/彙編之屬

後知不足齋叢書四十七種　(清)鮑廷爵編
清同治至光緒常熟鮑氏刻本　二冊　存一種

330000 – 4706 – 0001949　普 0887　史部/史
抄類

二十四史論贊七十八卷　(清)陳闡輯　清光
緒二十八年(1902)文淵山房石印本　十冊

330000 – 4706 – 0001951　普 0888　史部/史
評類/考訂之屬

十七史商榷一百卷　(清)王鳴盛撰　清光緒
二十三年(1897)點石齋石印本　四冊　存七
十八卷(一至七十八)

330000 – 4706 – 0001953　普 0889　史部/史
抄類

廿四史約編八卷首一卷　(清)鄭元慶撰　清

光緒二十七年(1901)心壽堂鉛印本　六冊
存七卷(首,金、石、絲、竹、匏、土)

330000－4706－0001954　普1314　史部/紀
傳類/正史之屬

遼史拾遺二十四卷　(清)厲鶚撰　清光緒元
年(1875)江蘇書局刻本　八冊

330000－4706－0001956　普0890　史部/史
抄類

廿四史約編八卷首一卷　(清)鄭元慶撰　清
光緒十二年(1886)愼記書局石印本　三冊
存七卷(首,金、石、絲、竹、革、木)

330000－4706－0001957　普1315　史部/
叢編

常熟丁氏叢書二種　丁國鈞撰　清光緒木活
字印本　二冊　存一種

330000－4706－0001964　普0688　類叢部/
叢書類/彙編之屬

廣雅書局叢書　(清)廣雅書局輯　清光緒廣
雅書局刻民國九年(1920)番禺徐紹棨彙編重
印本　一冊　存一種

330000－4706－0001965　普1312　史部/紀
傳類/正史之屬

史記評林一百三十卷　(明)凌稚隆輯　清刻
本　一冊　存十一卷(九十九至一百九)

330000－4706－0001967　普1317　史部/紀
傳類/正史之屬

漢書一百卷　(漢)班固撰　(唐)顏師古注
清末石印本　一冊　存五卷(十六至二十)

330000－4706－0001968　普1318　史部/紀
傳類/正史之屬

二十四史　清光緒九年(1883)上海點石齋石
印本　八冊　存二種

330000－4706－0001969　普0891　史部/目
錄類/專錄之屬

經義考三百卷　(清)朱彝尊撰　**經義考總目
二卷**　(清)盧見曾編　清刻本　三十七冊
存二百四十二卷(一至四、七至二百三十八、
二百五十五至二百六十)

330000－4706－0001971　普0689　史部/地
理類/總志之屬/通代

讀史方輿紀要一百三十卷輿圖要覽四卷
(清)顧祖禹撰　清敷文閣刻本　六十冊

330000－4706－0001973　普0893　子部/雜
著類/雜纂之屬

經餘必讀八卷續編八卷　(清)雷琳　(清)錢
樹棠　(清)錢樹立輯　清嘉慶八年至十年
(1803－1805)大中堂刻本　八冊

330000－4706－0001974　普0691　類叢部/
叢書類/自著之屬

甌北全集八種　(清)趙翼撰　清刻本　四冊
存一種

330000－4706－0001975　普1124　集部/總
集類/選集之屬/通代

古文眉詮七十九卷首一卷　(清)浦起龍輯
清刻本　一冊　存五卷(十八至二十二)

330000－4706－0001977　普1123　集部/詩
文評類/詩評之屬

隨園詩話十六卷補遺四卷　(清)袁枚撰　清
光緒十九年(1893)石印本　一冊　存十卷
(一至十)

330000－4706－0001979　普1409　史部/政
書類/儀制之屬/專志/科舉校規

三場程式一卷　(清)蔣益澧撰　清光緒刻本
一冊

330000－4706－0001983　普1319　史部/紀
傳類/正史之屬

二十四史　清乾隆四年(1739)刻本　十八冊
存七種

330000－4706－0001984　善史005　史部/紀
傳類/正史之屬

二十四史　清乾隆四年(1739)刻本　十冊
存二種

330000－4706－0001990　普0694　子部/藝
術類/篆刻之屬

漢畫第一輯二卷　狄葆賢輯　清光緒上海有
正書局影印本　二冊

330000－4706－0001991　普0898　史部/金石類/金之屬/通考

鐘鼎款識一卷　（宋）王厚之輯　清嘉慶七年（1802）揚州阮元積古齋影刻宋拓本　一冊

330000－4706－0001992　普0695　史部/金石類/金之屬

敬吾心室彝器款識不分卷　（清）朱善旂撰　清光緒三十四年（1908）平湖朱氏影印本　二冊

330000－4706－0001997　普1127　類叢部/叢書類/自著之屬

魏稼孫先生全集三種　（清）魏錫曾撰　清光緒九年（1883）羊城刻本　一冊　存一種

330000－4706－0002001　普0698　子部/兵家類/兵法之屬

讀史兵略四十六卷　（清）胡林翼撰　清咸豐十一年（1861）武昌節署刻本　十六冊

330000－4706－0002002　普1203　子部/兵家類/操練之屬

練兵實紀九卷雜集六卷　（明）戚繼光撰　清光緒京都琉璃廠刻本　四冊

330000－4706－0002003　普1322　史部/紀傳類/別史之屬

續漢志三十卷　（南朝梁）劉昭注補　清刻本　一冊　存十二卷（一至十二）

330000－4706－0002004　普1128　經部/小學類/文字之屬/字書/字體

選集漢印分韻二卷　（清）袁日省輯　（清）謝雲生臨摹　**續集漢印分韻二卷**　（清）謝景卿輯並臨摹　清嘉慶二年（1797）漱藝堂刻本　二冊　存二卷（選集下、續集下）

330000－4706－0002005　普1202　子部/儒家類

幼學須知句解四卷　（明）錢元龍校　清錢元龍刻本　一冊　存一卷（二）

330000－4706－0002006　普1129　史部/金石類/石之屬/文字

望堂金石文字初集三十一種二集十八種　楊守敬輯　清同治至宣統宜都楊氏飛青閣刻本　一冊　存一種

330000－4706－0002007　普0699　子部/叢編

子書二十二種　（清）浙江書局編　清光緒二十三年（1897）上海圖書集成局鉛印本　一冊　存一種

330000－4706－0002008　普1323　史部/紀傳類/正史之屬

舊唐書二百卷　（五代）劉昫等撰　清刻本　一冊　存四卷（二十至二十三）

330000－4706－0002009　普1204　子部/兵家類/兵法之屬

金湯借箸十二籌十二卷　（明）李盤等撰　清琉璃廠刻本　八冊

330000－4706－0002010　普1324　史部/紀傳類/正史之屬

二十四史　清刻本　二冊　存一種

330000－4706－0002011　普1205　子部/兵家類/兵法之屬

紀效新書十八卷首一卷　（明）戚繼光撰　清道光二十一年（1841）虎林西泉氏刻本　六冊

330000－4706－0002012　普1325　史部/紀傳類/正史之屬

孫月峯先生批評漢書一百卷　（漢）班固撰　（明）孫鑛評　清刻本　二冊　存十三卷（四十二至五十四）

330000－4706－0002013　普1206　史部/傳記類/總傳之屬/通代

百將圖傳二卷　（清）丁日昌編　清刻本　二冊

330000－4706－0002015　普1001　子部/道家類

莊子十卷　（晉）郭象注　（唐）陸德明音義　清光緒二年（1876）浙江書局刻民國九年（1920）浙江圖書館刻本　四冊

330000－4706－0002019　普1003　子部/兵

家類/兵法之屬

兵書七種 （清）聚奎主人輯　清光緒二十四年(1898)杭城衢樽石印本　二冊　存五種

330000－4706－0002020　普 1134　類叢部/叢書類/自著之屬

槐軒全集二十一種附九種 （清）劉沅撰　清咸豐至民國刻本　十一冊　存四種

330000－4706－0002021　普 1004　史部/政書類/軍政之屬/保甲

鄉守外編輯要十卷 （清）許乃釗編　**救命書一卷** （明）呂坤撰　清咸豐三年(1853)刻本　二冊

330000－4706－0002022　普 1135　子部/叢編

子書百家 （清）崇文書局編　清光緒元年(1875)湖北崇文書局刻本　十六冊　存八種

330000－4706－0002024　普 1137　子部/叢編

子書百家 （清）崇文書局編　清光緒元年(1875)湖北崇文書局刻本　十三冊　存七種

330000－4706－0002025　普 0805　子部/道家類

莊子因六卷 （清）林雲銘撰　清光緒六年(1880)白雲精舍刻本　四冊

330000－4706－0002026　普 0825　子部/道家類

莊子因六卷 （清）林雲銘撰　清刻本　四冊

330000－4706－0002027　普 1136　史部/編年類/通代之屬

通鑑輯要前編二卷正編十九卷續編八卷附錄一卷明史輯要八卷 （清）姚培謙　（清）張景星輯錄　清乾隆二十四年至二十六年(1759－1761)飛鴻堂刻本　十二冊　存二十八卷(前編一至二、正編一至十六、續編七至八、明史輯要一至八)

330000－4706－0002028　普 1006　子部/宗教類/道教之屬/雜著

新鍥葛稚川內篇四卷外篇四卷 （晉）葛洪撰

（明）盧舜治評　清刻本　四冊

330000－4706－0002029　普 0826　子部/叢編

十子全書 （清）王子興編　清刻本　一冊　存一種

330000－4706－0002031　普 1007　新學/兵制/陸軍

中西武備新書甲集七種 （清）武備學堂編　清光緒二十七年(1901)武備學堂刻本　一冊　存五種

330000－4706－0002032　普 1207　史部/叢編

入幕須知五種附一種 （清）張廷驤輯　清光緒十八年(1892)浙江書局刻本　六冊

330000－4706－0002033　普 1326　史部/紀傳類/正史之屬

二十四史　清同治至光緒五省官書局彙印本　張天方題記　二十八冊　存三種

330000－4706－0002034　普 1327　史部/紀傳類/正史之屬

二十四史　清同治至光緒五省官書局彙印本　二十八冊　存二種

330000－4706－0002035　普 1138　子部/小說家類/異聞之屬

博物志十卷 （晉）張華撰　清刻本　一冊

330000－4706－0002036　普 1208　子部/道家類

莊子因六卷 （清）林雲銘撰　清光緒六年(1880)白雲精舍刻本　一冊

330000－4706－0002037　普 1328　史部/紀傳類/正史之屬

兩漢刊誤補遺十卷附錄一卷 （宋）吳仁傑撰　清同治七年(1868)金陵書局木活字印本　二冊

330000－4706－0002038　普 1209　子部/儒家類/儒學之屬/蒙學

重訂幼學須知句解四卷 （清）程允升撰　清

光緒十六年（1890）狀元閣李光明莊刻本
四冊

330000－4706－0002039　普1418　子部/醫
家類/醫案之屬

孫生生子一奎醫案二卷　（明）孫一奎撰　清
抄本　二冊

330000－4706－0002040　普1329　史部/紀
傳類/正史之屬

二十四史　清光緒十六年（1890）金陵書局刻
本　四十八冊　存二種

330000－4706－0002041　普1212　子部/儒
家類/儒學之屬/性理

淵鑒齋御纂朱子全書六十六卷　（宋）朱熹撰
　（清）熊賜履　（清）李光地　（清）吳涵承
修　清刻本　十六冊　存三十四卷（一至三
十四）

330000－4706－0002042　普1210　子部/儒
家類/儒學之屬/蒙學

幼學須知句解四卷首一卷　（明）錢元龍校
清光緒九年（1883）錢元龍刻本　四冊

330000－4706－0002044　普1211　子部/儒
家類/儒學之屬/禮教

四種遺規摘鈔　（清）陳弘謀編　（清）劉肇紳
摘抄　清嘉慶十九年（1814）刻本　六冊

330000－4706－0002046　普1419　子部/宗
教類/佛教之屬

懺悔不分卷　清抄本　一冊

330000－4706－0002047　普1420　經部/樂
類/律呂之屬

律呂圖說不分卷　（清）王建常編　（清）王弘
撰訂　清抄本　一冊

330000－4706－0002048　普1330　史部/紀
傳類/正史之屬

二十四史　清光緒十八年（1892）武林竹簡齋
石印本　一冊　存一種

330000－4706－0002051　普1132　子部/儒
家類/儒學之屬/蒙學

童子問路四卷　（清）鄭之琮輯　清同治十年
（1871）湖州醉六堂刻本　二冊

330000－4706－0002052　普1010　類叢部/
叢書類/彙編之屬

增廣入幕須知十種　（清）張廷驤輯　清光緒
二十二年（1896）刻本　五冊　存七種

330000－4706－0002053　普1139　子部/儒
家類/儒學之屬/經濟

明夷待訪錄一卷　（清）黃宗羲撰　清光緒二
十三年（1897）上海鴻文局石印本　一冊

330000－4706－0002054　普1140　子部/儒
家類/儒學之屬/蒙學

學堂日記故事圖說一卷　（清）梁溪晦齋氏輯
　清咸豐十一年（1861）刻本　一冊

330000－4706－0002055　普1011　類叢部/
叢書類/自著之屬

**汪雙池先生叢書二十種附浙刻雙池遺書十二
種**　（清）汪紱撰　清道光至光緒刻光緒二十
三年（1897）長安趙舒翹等彙印本　十冊　存
一種

330000－4706－0002056　普1141　類叢部/
叢書類/自著之屬

**真西山全集（西山真文忠公全集、真文忠公全
集）七種**　（宋）真德秀撰　清康熙真氏家祠
刻乾隆至同治三年（1864）遞修本　三十八冊
　存一種

330000－4706－0002057　普1012　子部/儒
家類/儒學之屬/蒙學

啟蒙圖說一卷　清末蘇州蒙學堂刻本　一冊

330000－4706－0002058　普1142　子部/道
家類

莊子獨見三十三卷　（清）胡文英撰　清乾隆
十七年（1752）文淵堂刻本　二冊

330000－4706－0002059　普1213　子部/儒
家類

詩學啟蒙讀本四卷　（清）丁有美撰　清乾隆
五十五年（1790）丁祈復詠春堂刻本　一冊
存一卷（二）

330000－4706－0002060　普 1214　子部/儒家類/儒學之屬/蒙學

寄傲山房塾課新增幼學故事瓊林四卷首一卷 （明）程登吉撰　（清）鄒聖脈增補　清刻本　一冊　存一卷（四）

330000－4706－0002061　普 1013　史部/傳記類/科舉錄之屬/歷科登科錄

[光緒十二年]欽定殿試策不分卷　清光緒石印本　二冊

330000－4706－0002062　普 1215　子部/儒家類/儒學之屬/蒙學

重訂幼學須知句解四卷　（清）程允升撰　清刻本　一冊　存一卷（四）

330000－4706－0002063　普 1014　類叢部/類書類/通類之屬

策學初編不分卷　（清）金保和等撰　清鉛印本　一冊

330000－4706－0002064　普 1332　史部/紀傳類/正史之屬

漢書一百卷　（漢）班固撰　（唐）顏師古注　清刻本　一冊　存十二卷（八十六至九十七）

330000－4706－0002065　普 1333　史部/紀傳類/正史之屬

唐書二百二十五卷　（宋）歐陽修　（宋）宋祁等撰　**釋音二十五卷**　（宋）董衝撰　清刻本　一冊　存四卷（唐書三至六）

330000－4706－0002067　普 1334　史部/紀傳類/正史之屬

二十四史　清刻本　十八冊　存二種

330000－4706－0002068　普 1335　史部/紀傳類/正史之屬

後漢書一百二十卷　（南朝宋）范曄撰　（唐）李賢注　清石印本　二冊　存十九卷（五十六至六十九、一百十六至一百二十）

330000－4706－0002070　普 1017　子部/儒家類/儒學之屬/蒙學

幼學須知句解四卷首一卷　（明）錢元龍校　清光緒九年（1883）錢元龍刻本　一冊

330000－4706－0002071　普 1018　子部/儒家類/儒學之屬/蒙學

綠慎堂重訂幼學須知句解四卷首一卷　（明）錢元龍校　清光緒九年（1883）錢元龍刻本　一冊

330000－4706－0002072　普 1337　史部/紀傳類/正史之屬

二十四史　清刻本　六冊　存一種

330000－4706－0002074　普 1216　子部/儒家類/儒學之屬/蒙學

小學集解六卷　（清）張伯行輯注　清末刻本　一冊　存三卷（三至五）

330000－4706－0002075　普 1217　子部/儒家類/儒學之屬/蒙學

幼學須知句解四卷　（明）錢元龍校　清嘉慶七年（1802）錢元龍刻本　二冊　存二卷（一至二）

330000－4706－0002076　普 1423　子部/醫家類/内科之屬

證治彙補八卷　（清）李用粹撰　清康熙三十年（1691）舊德堂刻本　五冊

330000－4706－0002078　普 1218　子部/儒家類/儒學之屬/蒙學

寄傲山房塾課新增幼學故事瓊林四卷首一卷　（明）程登吉撰　（清）鄒聖脈增補　清刻本　一冊　存二卷（一至二）

330000－4706－0002079　普 1019　子部/雜著類/雜說之屬

潛書四卷　（清）唐甄撰　**西蜀唐圃亭先生行畧一卷**　（清）王聞遠撰　清光緒九年（1883）中江李氏刻本　四冊

330000－4706－0002080　普 1424　類叢部/叢書類/彙編之屬

武英殿聚珍版書一百三十八種　清刻本　一冊　存一種

330000－4706－0002081　普 1219　子部/儒家類/儒學之屬/蒙學

恒德堂重訂幼學須知句解四卷　（明）錢元龍校　清光緒九年（1883）錢元龍刻本　一冊　存一卷（一）

330000－4706－0002083　普 1220　子部/儒家類/儒學之屬/蒙學

重訂幼學須知句解四卷　(清)程允升撰　清刻本　二冊　存二卷(三至四)

330000－4706－0002086　普 1145　子部/雜著類/雜纂之屬

經餘必讀八卷　(清)雷琳　(清)錢樹棠　(清)錢樹立輯　清刻本　二冊　存四卷(三至六)

330000－4706－0002087　普 1021　子部/叢編

子書百家　(清)崇文書局輯　清光緒元年(1875)湖北崇文書局刻民國元年(1912)鄂官書處重印本　一冊　存三種

330000－4706－0002088　普 1146　類叢部/叢書類/自著之屬

汪雙池先生叢書二十種　(清)汪紱撰　清道光至光緒刻光緒二十三年(1897)長安趙舒翹等彙印本　一冊　存一種

330000－4706－0002089　普 1338　史部/紀傳類/正史之屬

二十四史　清光緒十四年(1888)上海圖書集成印書局鉛印本　八冊　存一種

330000－4706－0002090　普 3860　類叢部/叢書類/自著之屬

隨園三十種　(清)袁枚撰　清刻本　一冊　存一種

330000－4706－0002091　普 1148　子部/雜著類/雜纂之屬

經餘必讀續編八卷　(清)雷琳　(清)錢樹棠　(清)錢樹立輯　清刻本　二冊　存四卷(三至六)

330000－4706－0002092　普 1022　類叢部/叢書類/彙編之屬

長恩書室叢書十九種　(清)莊肇麟編　清咸豐四年(1854)新昌莊氏過客軒刻本　一冊　存一種

330000－4706－0002093　普 1147　新學/雜著/叢編

江南製造局譯書　(清)江南製造局編　清光緒江南製造局刻本暨鉛印本　二冊　存三種

330000－4706－0002094　普 1221　子部/儒家類/儒學之屬/蒙學

幼學須知句解四卷首一卷　(明)錢元龍校　清錢元龍刻本　二冊　存二卷(三至四)

330000－4706－0002095　普 1222　子部/儒家類/儒學之屬/蒙學

千頃堂重訂幼學須知句解四卷　(清)程允升撰　清簡玉山房刻本　一冊　存一卷(一)

330000－4706－0002096　普 1223　子部/儒家類/儒學之屬/蒙學

育正堂重訂幼學須知句解四卷　(明)錢元龍校　清錢元龍刻本　三冊　存三卷(二至四)

330000－4706－0002097　普 1224　子部/儒家類/儒學之屬/蒙學

幼學須知句解四卷首一卷　(明)錢元龍校　清錢元龍刻本　三冊　存三卷(二至四)

330000－4706－0002098　善集 112　集部/總集類/選集之屬/斷代

宋百家詩存　(清)曹庭棟編　清乾隆六年(1741)嘉善曹氏二六書堂刻本　四冊　存二十二種

330000－4706－0002099　普 1426　類叢部/叢書類/自著之屬

春融堂集三種　(清)王昶撰　清光緒十八年(1892)刻本　一冊　存一種

330000－4706－0002100　普 3859　集部/總集類/選集之屬/斷代

全唐詩九百卷目錄十二卷　(清)曹寅等輯　清刻本　一冊　存三卷(李商隱一至三)

330000－4706－0002101　普 1427　子部/儒家類/儒學之屬/禮教/家訓

楊忠愍公傳家寶訓不分卷　(明)楊繼盛撰　(明)陳君選輯　清道光十八年(1838)晚桂堂刻本　一冊

330000－4706－0002102　普1339　史部/紀
傳類/正史之屬

二十四史　清光緒二十六年(1900)煥文書局
石印本　一冊　存一種

330000－4706－0002103　普1428　史部/傳
記類/別傳之屬/事狀

曾文正公[國藩]榮哀錄一卷　清同治十一年
(1872)刻本　一冊

330000－4706－0002105　普1149　子部/法
家類

幕學心傳不分卷　清抄本　一冊

330000－4706－0002106　普1441　新學/議
論/通論

自西徂東五卷　(德國)花之安撰　清光緒十
年(1884)刻本　一冊　存一卷(一)

330000－4706－0002107　普1336　史部/紀
傳類/正史之屬

二十四史　清光緒三十三年(1907)上海華商
集成圖書公司鉛印本　一百六十三冊　存二
十種

330000－4706－0002111　普1431　史部/傳
記類/別傳之屬/年譜

左忠毅公年譜一卷　(清)左宰(左光斗)編
清刻本　一冊

330000－4706－0002115　普1345　史部/史
抄類

史記菁華錄六卷　(清)姚祖恩輯　清光緒二
十二年(1896)上海掃葉山房石印本　四冊

330000－4706－0002116　普1225　子部/
叢編

二十二子(二十二子彙函)　(清)浙江書局編
　清光緒元年至三年(1875－1877)浙江書局
刻本　一冊　存一種

330000－4706－0002117　普1239　類叢部/
類書類/專類之屬

精校新增繪圖幼學故事瓊林四卷首一卷
(明)程登吉撰　(清)鄒聖脈增補　清石印本
四冊　存四卷(一至四)

330000－4706－0002119　普3106　集部/總
集類/選集之屬/斷代

皇朝經世文新編二十一卷　麥仲華輯　清光
緒二十七年(1901)上海書局石印本　十二冊

330000－4706－0002120　普1229　集部/總
集類/選集之屬/斷代

皇朝經世文續編一百二十卷　(清)葛士濬輯
　清光緒十四年(1888)上海圖書集成局鉛印
本　三十二冊

330000－4706－0002121　普0499　史部/史
抄類

**宋史菁華錄三卷遼史菁華錄一卷金史菁華錄
三卷元史菁華錄三卷**　(清)納蘭常安輯　清
光緒二十六年(1900)上海書局石印本　二冊

330000－4706－0002122　普1150　史部/史
抄類

前漢書菁華錄四卷後漢書菁華錄二卷　(清)
高嵣撰　清光緒二十六年(1900)上海書局石
印本　六冊

330000－4706－0002123　普0750　史部/史
抄類

前漢書菁華錄四卷後漢書菁華錄二卷　(清)
高嵣撰　清光緒二十六年(1900)上海書局石
印本　四冊

330000－4706－0002124　普1152　類叢部/
叢書類/自著之屬

杭大宗七種叢書　(清)杭世駿撰　清刻本
二冊　存三種

330000－4706－0002125　普1151　史部/史
抄類

前漢書菁華錄四卷　(清)高嵣輯　清光緒二
十五年(1899)江左書林石印本　二冊

330000－4706－0002128　普1230　類叢部/
叢書類/自著之屬

徐氏雜著四種　(清)徐大椿撰　清光緒二十
二年(1896)珍藝書局鉛印本　一冊

330000－4706－0002129　普1432　史部/金
石類/金之屬/文字

從古堂款識學十六卷 （清）徐同柏撰 （清）徐士燕輯 清光緒三十二年(1906)蒙學報館石印本 十六冊

330000－4706－0002130 普1231 類叢部/叢書類/自著之屬

徐氏雜著四種 （清）徐大椿撰 清光緒十九年(1893)上海圖書集成局鉛印本 一冊

330000－4706－0002132 普1028 類叢部/類書類/專類之屬

佩文韻府一百六卷 （清）張玉書 （清）蔡升元等輯 韻府拾遺一百六卷 （清）汪灝 （清）何焯等輯 清刻本 十二冊 存十一卷（佩文韻府四十九、五十一至五十四、六十三、九十六、九十八至九十九、一百三、一百六）

330000－4706－0002133 普1154 類叢部/類書類/通類之屬

小嬛嬛山館彙刊類書十二種 （清）小嬛嬛山館編 清咸豐元年(1851)刻本 八冊 存七種

330000－4706－0002135 普1027 類叢部/叢書類/彙編之屬

函海一百六十種 （清）李調元編 清光緒七年至八年(1881－1882)廣漢鍾登甲樂道齋刻本 二冊 存四種

330000－4706－0002136 普3302 集部/總集類/選集之屬/通代

賦學正鵠集釋四卷 （清）李元度輯 清光緒二十年(1894)上海文瑞樓石印本 四冊

330000－4706－0002138 普1233 子部/宗教類/道教之屬/戒律

太上感應篇箋注二卷 （清）惠棟撰 清光緒十二年(1886)刻本 一冊

330000－4706－0002140 普1234 子部/叢編

子書二十三種 （清）浙江書局編 清光緒二十三年(1897)上海圖書集成局鉛印本 一冊 存一種

330000－4706－0002141 普1235 子部/兵家類/兵法之屬

兵書七種 （清）聚奎主人輯 清刻本 一冊 存一種

330000－4706－0002142 普1157 類叢部/叢書類/彙編之屬

稗海四十六種續稗海二十四種 （明）商濬編 明萬曆商氏半埜堂刻本 二冊 存一種

330000－4706－0002143 普1030 類叢部/類書類/專類之屬

五經類編二十八卷 （清）周世樟撰 清刻本 九冊 缺一卷（一）

330000－4706－0002144 普1031 類叢部/類書類/通類之屬

淵鑑類函四百五十卷目錄四卷 （清）張英 （清）王士禎輯 清光緒十八年(1892)上海同文書局石印本 四十二冊 存三百九十六卷（目錄一至四，一至一百十一、一百二十至一百二十八、一百五十一至二百七十五、二百八十五至三百七十三、三百八十三至四百十三、四百二十四至四百五十）

330000－4706－0002145 普3182 集部/別集類/清別集

含薰室文集五卷詩集二卷 （清）吉鍾穎撰 清同治十二年(1873)丹陽吉正常刻本 三冊 存五卷（文集一至五）

330000－4706－0002146 普1153 類叢部/類書類/通類之屬

類腋五十五卷 （清）姚培謙輯 類腋補遺一卷 （清）張隆孫輯 清務本堂刻本 十冊

330000－4706－0002147 普1032 類叢部/類書類/通類之屬

重訂廣事類賦四十卷 （清）華希閔撰 清刻本 一冊 存六卷（三十至三十五）

330000－4706－0002149 普1195 史部/傳記類/總傳之屬/通代

校正尚友錄統編二十四卷 （清）潘遵祁輯 清石印本 一冊 存二卷（十九至二十）

330000－4706－0002150 普1226 類叢部

101

類書類/通類之屬

增補事類統編九十三卷首一卷 （清）黃葆真
輯　清刻本　三十二冊　存六十二卷（三至
四、八至二十八、三十四至三十九、四十二至
四十三、四十六至五十二、五十五至六十一、
六十六至七十五、七十八至八十、八十三至八
十六）

330000－4706－0002151　普1228　類叢部/
類書類/通類之屬

增補事類統編九十三卷首一卷 （清）黃葆真
輯　清光緒十四年（1888）上海積山書局石印
本　十二冊

330000－4706－0002152　普1033　類叢部/
類書類/通類之屬

重訂事類賦三十卷 （宋）吳淑撰並注　清刻
本　一冊　存八卷（十四至二十一）

330000－4706－0002153　普1237　類叢部/
叢書類/自著之屬

郝氏遺書三十三種 （清）郝懿行撰　清嘉慶
至光緒刻彙印本　一冊　存一種

330000－4706－0002154　普1034　類叢部/
類書類/通類之屬

劉氏鴻書一百八卷 （明）劉仲達輯　清刻本
　二冊　存十六卷（八十八至九十六、九十八
至一百四）

330000－4706－0002155　普1236　類叢部/
類書類/通類之屬

策學備纂三十二卷首一卷 （清）蔡啟盛
（清）顧潁炎等輯　清光緒十三年（1887）石印
本　十二冊　存十卷（一至二、四至五、七至
十一、三十一）

330000－4706－0002156　普1035　類叢部/
類書類/通類之屬

省軒考古類編十二卷 （清）柴紹炳撰　（清）
姚廷謙評　清刻本　一冊　存三卷（七至九）

330000－4706－0002158　普1158　類叢部/
類書類/專類之屬

格致鏡原一百卷 （清）陳元龍撰　清刻本

四冊　存十二卷（三十五至三十七、六十六至
七十、九十三至九十六）

330000－4706－0002160　普1238　子部/儒
家類/儒學之屬/性理

湔嗌存愚二卷 （清）李清植撰　清光緒十八
年（1892）浙江書局刻本　一冊

330000－4706－0002161　普1160　類叢部/
類書類/通類之屬

事類賦三十卷 （宋）吳淑撰並注　清刻本
一冊　存八卷（十四至二十一）

330000－4706－0002162　普1037　類叢部/
類書類/通類之屬

**玉海二百卷附刻辭學指南四卷詩攷一卷詩地
理攷六卷漢藝文志攷證十卷通鑑地理通釋十
四卷漢制攷四卷踐阼篇集解一卷急就篇補注
四卷姓氏急就篇二卷小學紺珠十卷六經天文
編二卷周易鄭康成注一卷周書王會補注一卷
通鑑答問五卷** （宋）王應麟撰　清刻本　四
冊　存十四卷（詩攷、詩地理攷一至六、通鑑
地理通釋五至九、六經天文編一至二）

330000－4706－0002163　普1159　類叢部/
類書類/通類之屬

**新編古今事文類聚前集六十卷後集五十卷續
集二十八卷別集三十二卷** （宋）祝穆編　**新
編古今事文類聚新集三十六卷外集十五卷**
（元）富大用編　清刻本　一冊　存七卷（前
集二十五至三十一）

330000－4706－0002164　普0244　類叢部/
叢書類/彙編之屬

經策通纂二種 （清）顧潁炎　（清）陳通聲等
纂　清光緒十三年（1887）上海點石齋石印本
　二十七冊　存一種

330000－4706－0002165　普1038　子部/雜
著類/雜考之屬

困學紀聞注二十卷 （清）翁元圻撰　清道光
五年（1825）餘姚翁氏守福堂刻本　十二冊

330000－4706－0002166　普1240　類叢部/
類書類/專類之屬

重編留青新集二十四卷　（清）馮善長輯　清末鉛印本　五冊　存十二卷（五至六、十五至二十四）

330000－4706－0002167　普1039　類叢部/類書類/通類之屬

淵鑑類函四百五十卷目錄四卷　（清）張英（清）王士禛輯　清刻本　五十一冊　存一百六十五卷（目錄一至四,四至十九、三十至四十九、五十七至六十、六十八至七十五、一百十二至一百二十三、一百二十七至一百二十九、一百五十六至一百五十八、一百六十二至一百六十五、一百九十八至一百九十九、二百四至二百六、二百二十至二百二十九、二百三十八至二百四十九、二百六十一至二百六十七、二百七十七至三百七、三百三十九至三百四十六、三百五十至三百六十二、三百八十六至三百八十七、四百三十二至四百三十四）

330000－4706－0002168　普1040　類叢部/類書類/通類之屬

省軒考古類編十二卷　（清）柴紹炳撰　（清）姚廷謙評　清刻本　一冊　存三卷（七至九）

330000－4706－0002169　普1242　類叢部/類書類

詩句題解韻編續集六卷　（清）葉蘭輯　清咸豐元年（1851）刻本　一冊　存一卷（一）

330000－4706－0002170　普1245　類叢部/類書類/通類之屬

增補萬寶全書二十卷續編五卷　（明）陳繼儒撰　（清）毛煥文增補　清石印本　五冊　存十三卷（增補萬寶全書三至十、續編一至五）

330000－4706－0002171　普1243　新學/議論/通論

中外策問大觀二十八卷　雷瑨編輯　清光緒二十九年（1903）硯耕山莊石印本　五冊　存十六卷（一至二、六至十四、二十二至二十六）

330000－4706－0002173　普1156　經部/小學類/音韻之屬/韻書

詩韻合璧五卷　（清）湯祥瑟輯　清石印本　二冊　存二卷（四至五）

330000－4706－0002175　普1244　經部/小學類/音韻之屬/韻書

漁古軒詩韻五卷　（清）余照原本　（清）朱德蕃增訂　清道光十七年（1837）刻本　四冊　存四卷（一至四）

330000－4706－0002176　普1068　子部/儒家類/儒學之屬/禮教/女範

女四書四卷　（清）王相箋註　清光緒三年（1877）蘇州崇德書院刻本　二冊

330000－4706－0002177　普1162　類叢部/類書類/專類之屬

五經文苑擷華八卷　（清）朱迺紱編　清光緒十五年（1889）石印本　一冊　存四卷（一至四）

330000－4706－0002180　普1165　類叢部/類書類/專類之屬

五經類典囊括六十四卷　（清）吟香主人輯　清石印本　二冊　存二十三卷（十七至二十六、五十二至六十四）

330000－4706－0002181　普1164　類叢部/類書類/專類之屬

五經類典囊括六十四卷　（清）吟香主人輯　清石印本　一冊　存三卷（十二至十四）

330000－4706－0002182　普1436　史部/金石類/郡邑之屬/雜著

山右金石錄一卷　（清）夏寶晉撰　清光緒八年（1882）歸安石宗建古歡閣刻本　一冊

330000－4706－0002183　普1351　經部/群經總義類/傳說之屬

經解入門八卷　（清）江藩撰　清光緒十四年（1888）鴻寶齋石印本　二冊

330000－4706－0002184　普1247　子部/叢編

二十五子全書（二十五子彙函）　（清）鴻文書局編　清育文書局石印本　十四冊　存二十二種

330000－4706－0002185　普1167　集部/總集類/選集之屬/通代

分類賦學雞跖集三十卷附錄一卷　（清）張維城輯　清光緒八年(1882)石印本　六冊　存二十一卷(一至三、七至十九、二十七至三十,附錄)

330000－4706－0002186　普1352　經部/群經總義類/傳說之屬

經解入門八卷　（清）江藩撰　清光緒石印本　一冊　存四卷(五至八)

330000－4706－0002188　普1353　集部/總集類/課藝之屬

經文求是不分卷　清刻本　一冊

330000－4706－0002189　普1168　類叢部/類書類/通類之屬

策府統宗六十五卷目錄一卷　（清）劉昌齡輯　清石印本　十冊　存二十七卷(目錄,一至六、八至九、十一至十二、十八至二十一、四十至四十五、五十五至六十)

330000－4706－0002190　普1354　經部/叢編

五經鴻裁五種　（清）薛時雨輯　清刻本　三冊　存一種

330000－4706－0002191　普1036　類叢部/類書類/專類之屬

圓機活法五十卷　清刻本　十一冊　存十六卷(三至十八)

330000－4706－0002192　普1041　類叢部/類書類/通類之屬

重訂廣事類賦四十卷　（清）華希閔撰　清道光八年(1828)刻本　十冊

330000－4706－0002195　普1166　經部/小學類/音韻之屬/韻書

攷正增廣詩韻全璧五卷　（清）湯祥瑟輯　清光緒十七年(1891)上海鴻寶齋石印本　一冊

330000－4706－0002196　普1043　類叢部/類書類/通類之屬

策學備纂續集四卷　（清）宋徵獻等輯　清光緒二十年(1894)上海點石齋石印本　八冊

330000－4706－0002197　普1383　子部/儒家類/儒學之屬/蒙學

小學集注六卷　（明）陳選集注　清光緒二十五年(1899)上海書局石印本　張天方題記　三冊

330000－4706－0002198　普1161　經部/小學類/音韻之屬/韻書

詩韻全璧五卷　（清）湯祥瑟輯　清光緒十二年(1886)石印本　四冊

330000－4706－0002199　普1355　經部/四書類/總義之屬/傳說

張謇批選四書義六卷續四書義六卷　張謇撰　清光緒二十九年(1903)石印本　一冊　存二卷(續四書義一至二)

330000－4706－0002200　普1381　子部/儒家類/儒學之屬/勸學

勸學篇二卷　（清）張之洞撰　清光緒二十四年(1898)石印本　一冊　存一卷(內篇)

330000－4706－0002201　普1044　類叢部/類書類/通類之屬

增補事類統編九十三卷首一卷　（清）黃葆真輯　清光緒十四年(1888)上海積山書局石印本　十冊　存八十一卷(首,一至二十二、二十八至五十八、六十七至九十三)

330000－4706－0002202　普1384　子部/儒家類/儒學之屬/蒙學

小學集注六卷　（明）陳選集注　清石印本　四冊

330000－4706－0002203　普1163　類叢部/類書類/通類之屬

玉海二百卷附刻辭學指南四卷詩攷一卷詩地理攷六卷漢藝文志攷證十卷通鑑地理通釋十四卷漢制攷四卷踐阼篇集解一卷急就篇補注四卷姓氏急就篇二卷小學紺珠十卷六經天文編二卷周易鄭康成注一卷周書王會補注一卷通鑑答問五卷　（宋）王應麟撰　清刻本　一冊　存一卷(小學紺珠四)

330000－4706－0002204　普1045　經部/群

經總義類/文字音義之屬

經籍籑詁五卷首一卷 （清）阮元撰　清光緒九年(1883)上海點石齋石印本　四冊　缺一卷(入聲)

330000－4706－0002205　普1046　類叢部/類書類/通類之屬

廣事類賦四十卷 （清）華希閔撰　清刻本五冊　存十八卷(四至七、十七至十八、二十四至三十二、三十八至四十)

330000－4706－0002206　普1047　類叢部/類書類/通類之屬

增補萬寶全書二十卷續編五卷 （明）陳繼儒撰　（清）毛煥文增補　清光緒二十六年(1900)上海書局石印本　八冊

330000－4706－0002207　普1048　類叢部/類書類/通類之屬

增補事類統編九十三卷首一卷 （清）黃葆真輯　清光緒十四年(1888)上海積山書局石印本　九冊　存六十四卷(首,一至八、二十三至二十七、三十五至八十四)

330000－4706－0002208　普1049　類叢部/類書類/通類之屬

策學備纂續集四卷 （清）宋徵獻等輯　清光緒二十年(1894)上海點石齋石印本　三冊　存一卷(一)

330000－4706－0002209　普1050　類叢部/類書類/通類之屬

增補萬寶全書二十卷續編五卷 （明）陳繼儒撰　（清）毛煥文增補　清光緒二十六年(1900)上海書局石印本　二冊　存八卷(六至十、十八至二十)

330000－4706－0002210　普1051　類叢部/類書類/通類之屬

增補萬寶全書二十卷續編五卷 （明）陳繼儒撰　（清）毛煥文增補　清光緒二十六年(1900)上海書局石印本　一冊　存三卷(十八至二十)

330000－4706－0002211　普1171　史部/傳

記類/總傳之屬/斷代

國朝尚友錄八卷 （清）李佩芳　（清）孫鼎輯　清石印本　二冊　存四卷(五至八)

330000－4706－0002212　普1191　經部/群經總義類

四書五經類典集成三十四卷 （清）戴兆春輯　清石印本　三冊　存四卷(十五、二十二、三十三至三十四)

330000－4706－0002213　普1249　類叢部/類書類/通類之屬

策學初編不分卷 （清）金保和等撰　清鉛印本　一冊

330000－4706－0002214　普1173　經部/小學類/音韻之屬/韻書

詩韻全璧五卷 （清）湯祥瑟輯　清石印本一冊　存一卷(四)

330000－4706－0002215　普1250　經部/小學類/音韻之屬/韻書

詩韻合璧五卷 （清）湯祥瑟輯　清光緒十三年(1887)刻本　一冊　存一卷(一)

330000－4706－0002216　普1251　經部/小學類/音韻之屬/韻書

詩韻合璧五卷 （清）湯祥瑟輯　清刻本　一冊　存一卷(五)

330000－4706－0002217　普1176　類叢部/類書類/專類之屬

文林綺繡大觀十一種 （清）鴻寶齋書局輯清光緒二十二年(1896)鴻寶齋書局石印本一冊　存一種

330000－4706－0002218　普1177　類叢部/類書類/通類之屬

增補事類統編九十三卷首一卷 （清）黃葆真輯　清石印本　二冊　存十五卷(二十八至三十四、五十九至六十六)

330000－4706－0002219　普1252　類叢部/類書類/通類之屬

策海全書□□卷 （宋）馬貴與撰　（清）瞿曾輯　清刻本　一冊　存一卷(一)

330000 – 4706 – 0002220　普1179　新學/雜著/叢編

西學啓蒙十六種　（英國）赫德編　（英國）艾約瑟譯　清光緒十二年(1886)總稅務司署刻本　一冊　存一種

330000 – 4706 – 0002221　普1052　經部/群經總義類/傳說之屬

五經分類文鈔二十六卷　清石印本　一冊　存三卷(十七至十九)

330000 – 4706 – 0002222　普1053　類叢部/類書類

詩句題解韻編六卷　（清）陳維屏輯　清同治八年(1869)大魁堂刻本　五冊　缺一卷(三)

330000 – 4706 – 0002223　普1054　類叢部/類書類

詩句題解韻編續集六卷　（清）葉蘭輯　清大魁堂刻本　五冊　缺一卷(二)

330000 – 4706 – 0002224　普1055　新學/格致總

時務通考續編三十一卷　（清）王奇英等編　清光緒二十七年(1901)上海點石齋石印本　十一冊　存十四卷(一至八、十至十一、十七、十九至二十、二十四)

330000 – 4706 – 0002225　普1174　經部/群經總義類

四書五經類典集成三十四卷　（清）戴兆春輯　清石印本　一冊　存一卷(十二)

330000 – 4706 – 0002226　普1169　類叢部/類書類/通類之屬

策學備纂三十二卷首一卷　（清）蔡啓盛　(清)顧潁炎等輯　清光緒十四年(1888)石印本　十二冊

330000 – 4706 – 0002227　普1253　子部/雜著類/雜考之屬

困學紀聞注二十卷首一卷　（清）翁元圻撰　清光緒十三年(1887)上海同文書局石印本　一冊　缺十九卷(二至二十)

330000 – 4706 – 0002228　普1056　類叢部/

類書類/通類之屬

策學備纂三十二卷首一卷　（清）蔡啓盛　(清)顧潁炎等輯　清光緒十四年(1888)上海點石齋石印本　十一冊　存十一卷(首、七至十六)

330000 – 4706 – 0002229　普1175　類叢部/類書類/通類之屬

增廣試帖玉芙蓉五卷韻目一卷類目一卷續集二卷韻目一卷類目一卷　清石印本　二冊　存二卷(一、五)

330000 – 4706 – 0002230　普1254　類叢部/類書類/通類之屬

事類統編九十三卷首一卷　（清）林意誠輯　清刻本　一冊　存三卷(五十六至五十八)

330000 – 4706 – 0002231　普1057　類叢部/類書類/通類之屬

策學備纂三十二卷首一卷　（清）蔡啓盛　(清)顧潁炎等輯　清光緒十三年(1887)上海點石齋石印本　八冊　存九卷(首，一至三、十至十三、二十八)

330000 – 4706 – 0002232　普1058　類叢部/類書類/通類之屬

策學備纂三十二卷首一卷　（清）蔡啓盛　(清)顧潁炎等輯　清光緒十三年(1887)上海點石齋石印本　三十二冊　存二十七卷(一至四、七至二十四、二十六至二十九、三十一)

330000 – 4706 – 0002233　普1255　類叢部/類書類/通類之屬

子史輯要題解合編四卷　（清）胡本淵編　清刻本　一冊　存一卷(二)

330000 – 4706 – 0002234　普1256　類叢部/類書類/通類之屬

詞林合璧十二卷　（清）朱琰輯　清刻本　一冊　存二卷(一至二)

330000 – 4706 – 0002235　普1180　類叢部/類書類/通類之屬

增註詩料集錦四卷　（清）陳風增輯　清刻本　一冊　存二卷(三至四)

330000－4706－0002236　普 1257　類叢部/
叢書類/彙編之屬

文林綺繡五種五十九卷　（明）淩迪知編　清
光緒二十二年(1896)鴻寶齋書局石印本　二
冊　存二種

330000－4706－0002237　普 1178　類叢部/
類書類/通類之屬

策論分類合編不分卷　（清）郭鳳誥編輯　清
光緒二十四年(1898)囑遠樓石印本　一冊

330000－4706－0002239　普 1356　經部/
叢編

五經味根錄四十六卷　（清）關蔚煌輯　清光
緒三十一年(1905)通時書局石印本　一冊
存二卷(易經首、一)

330000－4706－0002240　普 1183　經部/四
書類/總義之屬/傳說

四書論經正篇二卷首一卷　清光緒二十七年
(1901)石印本　四冊

330000－4706－0002242　普 1184　類叢部/
叢書類/彙編之屬

讀畫齋叢書四十六種　（清）顧修編　清嘉慶
四年至十六年(1799－1811)桐川顧氏刻本
一冊　存一種

330000－4706－0002243　普 1186　史部/目
錄類/書志之屬/提要

東西學書錄二卷附一卷　徐維則輯　清石印
本　二冊　缺一卷(上)

330000－4706－0002245　普 3190　集部/別
集類/清別集

有正味齋駢體文二十四卷首一卷　（清）吳錫
麒撰　（清）王廣業箋　（清）葉聯芬注　清光
緒十五年(1889)上海蜚英館石印本　四冊

330000－4706－0002246　普 3191　集部/別
集類/清別集

翠螺閣詩槀四卷詞槀一卷　（清）凌祉媛撰
舞鏡集一卷　（清）丁丙撰　清咸豐四年
(1854)丁氏延慶堂刻本　二冊

330000－4706－0002247　善經 007　經部/

叢編

石齋先生經傳九種　（明）黃道周撰　（清）鄭
開極重訂　清康熙三十二年(1693)鄭肇刻本
一冊　存一種

330000－4706－0002248　普 1260　子部/
叢編

子書二十八種　（清）育文書局編　清上海育
文書局石印本　二冊　存一種

330000－4706－0002249　普 1385　類叢部/
類書類/專類之屬

經文戛造不分卷　（清）黎光閣主人輯　清石
印本　一冊

330000－4706－0002250　普 1190　史部/傳
記類/總傳之屬/通代

校正尚友錄續集二十二卷　（清）張亮基輯
清石印本　一冊　存九卷(六至十四)

330000－4706－0002251　普 1261　子部/
叢編

子書二十八種　（清）育文書局編　清上海育
文書局石印本　四冊　存一種

330000－4706－0002252　普 1192　史部/傳
記類/總傳之屬/通代

校正尚友錄續集二十二卷　（清）張亮基輯
清光緒二十八年(1902)石印本　二冊　存八
卷(一至五、十四至十六)

330000－4706－0002254　普 3889　類叢部/
叢書類/彙編之屬

武英殿聚珍版書一百三十八種　清乾隆四十
二年(1777)福建刻道光至同治遞修光緒二十
一年(1895)增刻本　一冊　存一種

330000－4706－0002256　普 1193　史部/傳
記類/總傳之屬/通代

尚友錄續集二十二卷　（清）潘遵祁輯　清石
印本　二冊　存十二卷(五至十、十一至十
六)

330000－4706－0002258　普 1194　史部/傳
記類/總傳之屬/通代

尚友錄續集二十二卷　（清）潘遵祁輯　清石

107

印本　一冊　存六卷(十二至十七)

330000 - 4706 - 0002259　普 1063　經部/群經總義類/文字音義之屬

經籍籑詁一百六卷首一卷　(清)阮元撰　清石印本　三冊　存七十六卷(上聲一至二十九、上聲補遺一至二十九,入聲九至十七、入聲補遺九至十七)

330000 - 4706 - 0002260　普 1061　史部/政書類/公牘檔冊之屬

樊山公牘四卷　樊增祥撰　清宣統三年(1911)廣益書局石印本　一冊

330000 - 4706 - 0002261　普 1066　子部/雜著類/雜纂之屬

經餘必讀八卷續編八卷三編四卷　(清)雷琳　(清)錢樹棠　(清)錢樹立輯　清嘉慶十二年(1807)刻本　七冊　存十六卷(一至六、續編一至八、三編三至四)

330000 - 4706 - 0002262　普 1348　類叢部/叢書類/彙編之屬

增訂漢魏叢書九十六種　(清)王謨編　清宣統三年(1911)石印本　十二冊　存三十八種

330000 - 4706 - 0002264　普 1064　集部/總集類/課藝之屬

四書五經義讀本不分卷　(清)崇實齋主人輯　清光緒二十九年(1903)鉛印本　二冊

330000 - 4706 - 0002265　普 1182　類叢部/類書類/專類之屬

佩文韻府一百六卷　(清)張玉書　(清)蔡升元等輯　韻府拾遺一百六卷　(清)汪灝(清)何焯等輯　清光緒八年(1882)上海點石齋石印本　九冊

330000 - 4706 - 0002266　普 1444　子部/藝術類/書畫之屬/書法書品

松禪老人遺墨不分卷　(清)翁同龢書　清光緒三十一年(1905)石印本　一冊

330000 - 4706 - 0002267　普 3303　集部/總集類/選集之屬/斷代

皇朝經世文編一百二十卷姓名總目二卷生存

姓名一卷　(清)賀長齡輯　清光緒十四年(1888)鉛印本　二十四冊

330000 - 4706 - 0002269　普 1172　史部/傳記類/總傳之屬/通代

尚友錄二十二卷補遺一卷　(明)廖用賢輯(清)張伯琮補輯　清光緒十四年(1888)石印本　二冊　存十一卷(一至五、十七至二十二)

330000 - 4706 - 0002271　普 1262　史部/傳記類/總傳之屬

儒林宗派十六卷　(清)萬斯同撰　清宣統三年(1911)浙江圖書館刻本　二冊　存一種

330000 - 4706 - 0002272　普 1188　史部/傳記類/總傳之屬/通代

尚友錄二十二卷補遺一卷　(明)廖用賢輯(清)張伯琮補輯　清石印本　二冊　存四卷(八至九、十八至十九)

330000 - 4706 - 0002273　普 1065　子部/雜著類/雜纂之屬

經餘必讀八卷續編八卷三編四卷　(清)雷琳(清)錢樹棠　(清)錢樹立輯　清刻本　二冊　存四卷(七至八、續編三至四)

330000 - 4706 - 0002274　普 1070　類叢部/叢書類/自著之屬

杭大宗七種叢書　(清)杭世駿撰　清光緒十年(1884)上海同文書局石印本　二冊　存二種

330000 - 4706 - 0002275　普 1258　類叢部/叢書類/自著之屬

槐軒全集二十一種附九種　(清)劉沅撰　清咸豐至民國刻彙印本　六冊　存四種

330000 - 4706 - 0002276　普 1189　史部/傳記類/總傳之屬/通代

尚友錄二十二卷補遺一卷　(明)廖用賢輯(清)張伯琮補輯　清刻本　六冊　存十二卷(二至五、八至九、十二至十三、二十至二十二,補遺)

330000 - 4706 - 0002277　普 1071　類叢部/

叢書類/郡邑之屬

湖州叢書十二種 (清)陸心源編 清光緒湖城義塾刻本 一冊 存三種

330000－4706－0002278 普1187 史部/傳記類/總傳之屬/通代

尚友錄二十二卷補遺一卷 (明)廖用賢輯 (清)張伯琮補輯 清石印本 二冊 存十二卷(六至十一、十七至二十二)

330000－4706－0002279 普1263 類叢部/叢書類/彙編之屬

半畝園叢書三十種 (清)吳坤修編 清同治新建吳氏皖城刻本 一冊 存一種

330000－4706－0002281 普1264 子部/藝術類/書畫之屬/書法書品

書法正宗四卷 (清)蔣和撰 清嘉慶十一年(1806)抄本 一冊

330000－4706－0002282 普1265 史部/雜史類/通代之屬

所知錄六卷 (清)錢澄之撰 清宣統三年(1911)上海新學會社鉛印本 二冊

330000－4706－0002285 普3869 集部/別集類/清別集

古微堂文集十卷 (清)魏源撰 (清)黃象離輯 清宣統二年(1910)上海國學扶輪社鉛印本 五冊 缺二卷(六至七)

330000－4706－0002286 普1196 新學/兵制/海軍

外國師船圖表八卷雜說三卷圖一卷 (清)許景澄等編 清光緒二十二年(1896)浙江官書局石印本 四冊

330000－4706－0002287 普1197 新學/兵制/海軍

外國師船圖表八卷雜說三卷圖一卷 (清)許景澄等編 清光緒二十二年(1896)浙江官書局石印本 四冊

330000－4706－0002288 普1042 史部/史抄類

讀史正氣錄十八卷 (清)姚德鈞 (清)劉秉衡輯 清光緒十五年(1889)刻本 二冊

330000－4706－0002289 普1392 類叢部/類書類/專類之屬

經濟類考二卷 (清)顧九錫輯著 清光緒十五年(1889)上海鴻文書局石印本 二冊

330000－4706－0002290 普1198 新學/礦務

冶金錄三卷 (美國)阿發滿撰 (英國)傅蘭雅口譯 (清)趙元益筆述 清刻本 二冊

330000－4706－0002291 普1259 史部/地理類/山川之屬/水志

靳文襄公治河方畧十卷首一卷 (清)靳輔撰 崔應階編 清乾隆三十二年(1767)聽泉齋刻本 四冊 存六卷(首,一至二、七至九)

330000－4706－0002292 普1073 史部/傳記類/科舉錄之屬/諸貢錄

[同治癸酉科]各省選拔同年明經通譜不分卷 清刻本 二冊

330000－4706－0002294 普1199 史部/地理類/專志之屬/祠墓

兩浙防護陵寢祠墓錄一卷 (清)阮元輯 清光緒十五年(1889)浙江書局刻本 二冊

330000－4706－0002295 地文史038 史部/傳記類/科舉錄之屬

西疇小築試藝一卷 (清)屠士楨等撰 清刻本 一冊

330000－4706－0002296 地文史044 史部/傳記類/科舉錄之屬

[光緒辛卯科]浙江闈墨不分卷 (清)李端遇等撰 清光緒聚奎堂刻本 一冊

330000－4706－0002300 普1393 子部/兵家類/兵法之屬

讀史兵略續編十卷 (清)胡林翼撰 清鉛印本 一冊 存一卷(九)

330000－4706－0002302 普1395 子部/儒家類/儒學之屬/經濟

明夷待訪錄一卷 (清)黃宗羲撰 清末石印

本 一冊

330000－4706－0002303　普1394　子部/儒
家類/儒學之屬/經濟

明夷待訪錄一卷　(清)黃宗羲撰　清光緒二
十四年(1898)刻本　一冊

330000－4706－0002304　普1602　新學/理
學/理學

天演論二卷　(英國)赫胥黎撰　嚴復譯　清
光緒鉛印本　二冊

330000－4706－0002305　普1601　新學/理
學/理學

天演論二卷　(英國)赫胥黎撰　嚴復譯　清
鉛印本　二冊

330000－4706－0002306　普1603　史部/編
年類/通代之屬

**重訂王鳳洲先生綱鑑會纂四十六卷續宋元紀
二十三卷**　(明)王世貞撰　(明)陳仁錫訂
清石印本　一冊　存三卷(綱鑑會纂二十一
至二十三)

330000－4706－0002307　普1396　史部/政
書類/通制之屬

廣治平略三十六卷續集八卷　(清)蔡方炳撰
清刻本　八冊　存三十六卷(一至三十六)

330000－4706－0002308　普1232　類叢部/
叢書類/彙編之屬

咫進齋叢書三十五種　(清)姚覲元編　清光
緒九年(1883)歸安姚氏刻本　一冊　存一種

330000－4706－0002309　普1266　子部/儒
家類/儒學之屬/性理

近思錄集注十四卷　(清)江永撰　清刻本
一冊　存四卷(十一至十四)

330000－4706－0002311　普1077　新學/
叢編

格致叢書一百十五種　(清)徐建寅編　清光
緒二十七年(1901)譯書公學石印本　三冊
存六種

330000－4706－0002312　普1269　子部/

叢編

子書二十八種　(清)育文書局編　清宣統三
年(1911)育文書局石印本　一冊　存一種

330000－4706－0002313　普1452　史部/金
石類/錢幣之屬

古泉叢話三卷又一卷　(清)戴熙撰　清同治
十一年(1872)潘氏滂喜齋刻本　一冊　存三
卷(一至三)

330000－4706－0002314　普1606　史部/傳
記類/總傳之屬

泰西各國名人言行錄十六卷　(清)張兆蓉輯
清光緒石印本　一冊　存二卷(十二至十
三)

330000－4706－0002315　普1397　子部/儒
家類/儒學之屬/禮教/家訓

雙節堂庸訓六卷　(清)汪輝祖撰　清石印本
一冊　存四卷(一至四)

330000－4706－0002316　普1607　史部/傳
記類/總傳之屬/通代

於越先賢像傳贊二卷　(清)王齡撰　(清)任
熊繪　清光緒五年(1879)上海點石齋石印本
二冊

330000－4706－0002317　普1453　經部/四
書類/總義之屬/傳說

四書地理考十五卷　(清)王瑬撰　清道光刻
本　一冊　存四卷(十二至十五)

330000－4706－0002318　普1445　子部/宗
教類/道教之屬

周易參同契分章註解三卷　(元)陳致虛撰
(清)傅金銓批　清末石印本　一冊

330000－4706－0002319　普3096　集部/總
集類/尺牘之屬

歷代名賢手札八卷　(清)蕭士珂輯　清光緒
二十二年(1896)學古齋石印本　一冊　存一
卷(三)

330000－4706－0002321　普1611　子部/儒
家類/儒學之屬/禮教/家訓

朱子家訓衍義一卷　(清)朱鳳鳴註　(清)張

氏增改　清石印本　一冊

330000－4706－0002322　普1446　子部/宗教類/道教之屬

周易參同契分章註解三卷　（元）陳致虛撰
（清）傅金銓批　清末石印本　一冊

330000－4706－0002325　普2854　集部/別集類/唐五代別集

新刊五百家註音辯昌黎先生文集四十卷
（唐）韓愈撰　（宋）魏仲舉輯注　清刻本　二冊　存四卷（十三至十六）

330000－4706－0002326　普1267　史部/史抄類

史學驪珠四卷　（清）周贇輯　清刻本　三冊　存三卷（二至四）

330000－4706－0002327　普1612　經部/四書類/總義之屬/傳說

四書義史證六卷　（清）譚義撰　清光緒九年（1883）上海文衡社石印本　一冊

330000－4706－0002331　普1079　史部/史評類/史論之屬

歷代史略六卷　柳詒徵撰　清光緒二十八年（1902）江楚書局刻本　一冊　存一卷（一）

330000－4706－0002332　普3099　史部/傳記類/別傳之屬/事狀

曾文正公[國藩]榮哀錄一卷　（清）曾國藩撰
清鉛印本　一冊

330000－4706－0002333　普1270　類叢部/叢書類/自著之屬

耐安類稿五種　（清）陳偉撰　清光緒二十二年（1896）梅叔瀚等刻本　六冊　存三種

330000－4706－0002334　普1609　子部/儒家類/儒學之屬/禮教/女範

校訂女四書四卷　（清）王相箋注　清光緒三年（1877）蘇州崇德書院刻本　一冊　存二卷（曹大家女誡、仁孝文皇后内訓）

330000－4706－0002335　普1372　史部/史表類/通代之屬

歷代世系譜二卷　（清）虞溶撰　清著易堂鉛印本　一冊

330000－4706－0002336　普1373　史部/史評類/考訂之屬

東周列國攷畧二卷　（清）朱元炅輯　清刻本　一冊　缺一卷（一）

330000－4706－0002337　普1273　類叢部/叢書類/自著之屬

耐安類稿五種　（清）陳偉撰　清光緒二十二年（1896）梅叔瀚等刻本　五冊　存二種

330000－4706－0002338　普1374　史部/史評類/考訂之屬

東周列國攷畧二卷　（清）朱元炅輯　清刻本　一冊　缺一卷（二）

330000－4706－0002339　普1399　子部/儒家類/儒學之屬/禮教/鑑戒

聖祖仁皇帝庭訓格言一卷　（清）世宗胤禛述
清刻本　一冊

330000－4706－0002340　普1616　子部/醫家類/綜合之屬/通論

醫方論四卷　（清）費伯雄撰　清石印本
一冊

330000－4706－0002341　普1615　子部/醫家類/綜合之屬/通論

醫方論四卷　（清）費伯雄撰　清石印本
一冊

330000－4706－0002342　普1617　子部/醫家類/醫案之屬

三家醫案合刻　（清）吳金壽編　清石印本
一冊

330000－4706－0002344　普3239　集部/別集類/宋別集

劍南詩鈔六卷　（宋）陸游撰　（清）楊大鶴選
清刻本　二冊　缺二卷（七言古、五言律）

330000－4706－0002345　普1276　史部/紀傳類/正史之屬

明史稿三百十卷目錄三卷　（清）王鴻緒撰

清雍正敬慎堂刻本　三冊　存十一卷(一至四、一百三十三至一百三十六、一百八十一至一百八十三)

330000－4706－0002348　普1608　子部/宗教類/道教之屬

敬竈全書不分卷　(清)惕心憫世道人編　清光緒六年(1880)松隱閣刻本　一冊

330000－4706－0002349　普1618　子部/宗教類/道教之屬

敬竈全書不分卷　(清)惕心憫世道人編　清光緒六年(1880)松隱閣刻本　一冊

330000－4706－0002350　普1619　子部/宗教類/道教之屬

敬竈全書不分卷　(清)惕心憫世道人編　清光緒六年(1880)松隱閣刻本　一冊

330000－4706－0002351　普1620　子部/宗教類/道教之屬

敬竈全書不分卷　(清)惕心憫世道人編　清光緒六年(1880)松隱閣刻本　一冊

330000－4706－0002352　普1271　子部/宗教類/道教之屬

周易參同契發揮三卷釋疑一卷　(元)俞琰撰　清同治十年(1871)錢江王氏詒燕堂刻本　三冊

330000－4706－0002353　普1610　子部/宗教類/道教之屬

敬竈全書不分卷　(清)惕心憫世道人編　清光緒六年(1880)松隱閣刻本　一冊

330000－4706－0002354　普1375　史部/史抄類

鑑撮四卷　(清)曠敏本撰　**使奉紀勝一卷**　(清)陳階平撰　**讀史論略一卷**　(清)杜詔撰　清刻本　二冊　存二卷(鑑撮一至二)

330000－4706－0002355　普1621　子部/宗教類/道教之屬

敬竈全書不分卷　(清)惕心憫世道人編　清光緒七年(1881)嘉郡蓋瑞芳刻本　一冊

330000－4706－0002356　普1622　子部/宗教類/道教之屬

敬竈全書不分卷　(清)惕心憫世道人編　清光緒六年(1880)松隱閣刻本　一冊

330000－4706－0002357　普1272　類叢部/類書類/專類之屬

歷代政治類編十二卷　(清)柴紹炳纂　清光緒二十七年(1901)上海自強局石印本　一冊　存二卷(七至八)

330000－4706－0002358　普1623　子部/宗教類/道教之屬

敬竈全書不分卷　(清)惕心憫世道人編　清光緒六年(1880)松隱閣刻本　一冊

330000－4706－0002359　普1624　子部/宗教類/道教之屬

敬竈全書不分卷　(清)惕心憫世道人編　清光緒六年(1880)松隱閣刻本　一冊

330000－4706－0002360　普1625　子部/宗教類/道教之屬

敬竈全書不分卷　(清)惕心憫世道人編　清光緒六年(1880)松隱閣刻本　一冊

330000－4706－0002363　普1277　子部/小說家類/異聞之屬

新齊諧二十四卷　(清)袁枚撰　清石印本　三冊　存十三卷(一至八、十三至十五、二十二至二十三)

330000－4706－0002364　普1504　子部/宗教類/佛教之屬/經

佛說無量壽經二卷　(三國魏)釋康僧鎧譯　清刻本　一冊

330000－4706－0002366　普1448　子部/醫家類/類編之屬

潛齋醫書五種五種　(清)王士雄撰　清光緒二十二年(1896)上海圖書集成局鉛印本　三冊　存二種

330000－4706－0002371　普1080　史部/史評類/史論之屬

史餘二十卷補錄一卷附揭庶韓先生注一卷

（清）陳堯松撰　（清）陳慶鏞注並補　清同治三年(1864)竹平安齋刻本　三冊　存二十卷（一至二十）

330000－4706－0002373　普1501　子部/宗教類/佛教之屬

四教義六卷　（隋）釋智顗撰　清刻本　一冊　存三卷(一至三)

330000－4706－0002375　普1081　子部/雜著類/雜說之屬

墨子閒詁十五卷目錄一卷附錄一卷後語二卷　（清）孫詒讓撰　清末刻本　一冊　存三卷（四至六）

330000－4706－0002377　普1275　史部/地理類/方志之屬

志餘□□卷　清刻本　一冊　存一卷(九)

330000－4706－0002378　普1614　子部/宗教類/道教之屬

敬竈全書不分卷　（清）惕心憫世道人編　清光緒六年(1880)松隱閣刻本　一冊

330000－4706－0002379　普1626　子部/宗教類/道教之屬

敬竈全書不分卷　（清）惕心憫世道人編　清光緒六年(1880)松隱閣刻本　一冊

330000－4706－0002380　普1627　子部/宗教類/道教之屬

敬竈全書不分卷　（清）惕心憫世道人編　清光緒六年(1880)松隱閣刻本　一冊

330000－4706－0002381　普1628　子部/宗教類/道教之屬

敬竈全書不分卷　（清）惕心憫世道人編　清光緒六年(1880)松隱閣刻本　一冊

330000－4706－0002382　普1629　子部/宗教類/道教之屬

敬竈全書不分卷　（清）惕心憫世道人編　清光緒六年(1880)松隱閣刻本　一冊

330000－4706－0002383　普1630　子部/宗教類/道教之屬

敬竈全書不分卷　（清）惕心憫世道人編　清光緒六年(1880)松隱閣刻本　一冊

330000－4706－0002384　普1631　子部/宗教類/道教之屬

敬竈全書不分卷　（清）惕心憫世道人編　清光緒六年(1880)松隱閣刻本　一冊

330000－4706－0002386　普1632　子部/宗教類/道教之屬

敬竈全書不分卷　（清）惕心憫世道人編　清光緒六年(1880)松隱閣刻本　一冊

330000－4706－0002387　普1633　子部/宗教類/道教之屬

敬竈全書不分卷　（清）惕心憫世道人編　清光緒六年(1880)松隱閣刻本　一冊

330000－4706－0002389　普1376　史部/史抄類

鑑撮四卷　（清）曠敏本撰　**使奉紀勝一卷**（清）陳階平撰　**讀史論略一卷**　（清）杜詔撰　清刻本　一冊　存二卷(鑑撮一、四)

330000－4706－0002391　普1634　子部/宗教類/道教之屬

敬竈全書不分卷　（清）惕心憫世道人編　清同治十一年(1872)姑蘇元妙觀得見齋刻本　一冊

330000－4706－0002392　普1613　子部/醫家類/方書之屬/歷代方書

醫方集解二十三卷本草備要八卷　（清）汪昂撰　清鉛印本　三冊　存二十卷(醫方集解六至十、十六至二十三,本草備要二至八)

330000－4706－0002393　普1509　類叢部/叢書類/自著之屬

徐氏雜著四種　（清）徐大椿撰　清刻本　一冊　存二種

330000－4706－0002396　普1082　子部/儒家類/儒學之屬/俗訓

人譜一卷人譜類記二卷　（明）劉宗周撰　清刻本　二冊

330000－4706－0002398　普1084　類叢部/
叢書類/自著之屬
桂馨堂集八種　(清)張廷濟撰　清道光至咸
豐刻本　五冊　存六種

330000－4706－0002399　普1512　子部/宗
教類/佛教之屬/總錄
翻譯名義集二十卷　(宋)釋法雲編　清光緒
四年(1878)金陵刻經處刻本　六冊

330000－4706－0002400　普1085　子部/儒
家類/儒學之屬/俗訓
人譜類記二卷　(明)劉宗周撰　清鉛印本
二冊

330000－4706－0002402　普1513　子部/宗
教類/佛教之屬/經
金光明最勝王經十卷　(唐)釋義淨譯　清刻
本　二冊

330000－4706－0002403　普1086　子部/天
文曆算類/算書之屬
測海山房中西算學叢刻初編　(清)測海山房
主人輯　清光緒二十二年(1896)上海璣衡堂
石印本　一冊　存一種

330000－4706－0002404　普1467　子部/醫
家類/溫病之屬
時病論八卷　(清)雷豐撰　清光緒三十年
(1904)石印本　一冊

330000－4706－0002406　普2855　集部/別
集類/清別集
韞山堂時文初集一卷二集二卷三集一卷
(清)管世銘撰　清同治十二年(1873)刻本
一冊　存一卷(初集)

330000－4706－0002408　普1087　集部/別
集類/清別集
味青館課徒草不分卷　(清)束允泰撰　清光
緒二十一年(1895)上海寶文局石印本　一冊

330000－4706－0002412　普1088　史部/傳
記類/科舉錄之屬
江左校士錄六卷　(清)黃體芳輯　清光緒十
二年(1886)上洋石印本　四冊　存二卷(一

至二)

330000－4706－0002413　普2856　集部/總
集類
新鑰集四卷　(清)吳春叔輯　清鉛印本　一
冊　存一卷(四)

330000－4706－0002417　普1089　子部/雜
著類/雜考之屬
癸巳類稿十五卷　(清)俞正燮撰　清道光十
三年(1833)王藻求日益齋刻本　八冊

330000－4706－0002418　普3095　集部/總
集類/尺牘之屬
國朝名人小簡二卷　吳曾祺輯　清宣統元年
(1909)上海商務印書局鉛印本　二冊

330000－4706－0002419　普1636　子部/醫
家類/外科之屬/通論
外證醫案彙編四卷　(清)余景和輯　清光緒
二十年(1894)上海文瑞樓石印本　一冊

330000－4706－0002423　普1090　子部/宗
教類/佛教之屬/諸宗
脩習瑜伽集要施食壇儀二卷　(明)釋袾宏輯
清光緒二年(1876)刻本　一冊

330000－4706－0002424　普1514　子部/儒
家類/儒學之屬/性理
近思錄集注十四卷　(清)江永撰　清光緒二
十五年(1899)浙江官書局刻本　四冊

330000－4706－0002425　普1637　子部/醫
家類/醫話醫論之屬
王氏醫存十七卷新選驗方一卷　(清)王燕昌
撰　清光緒元年(1875)皖城黃竹友齋刻本
二冊

330000－4706－0002433　普1095　史部/雜
史類/斷代之屬
沈觀察燕晉弭兵記二卷　(清)陳守謙撰　清
光緒二十九年(1903)上海英商順成書局石印
本　一冊

330000－4706－0002435　普1097　子部/儒
家類/儒學之屬

實學考四卷　（清）雲茂琦輯　清光緒二十一年（1895）刻本　四冊

330000－4706－0002436　普2857　集部/總集類/課藝之屬

明文才調集不分卷國朝文才調集不分卷（清）許振禕輯　清刻本　一冊　存國朝文才調集

330000－4706－0002437　普1098　史部/傳記類/總傳之屬

明名臣言行錄九十五卷　（清）徐開任撰　清康熙刻本　一冊　存四卷（四十五至四十八）

330000－4706－0002438　普1474　子部/醫家類/方書之屬/單方驗方

集驗良方拔萃二卷癸卯年續補集驗拔萃良方一卷　（清）恬素氏輯　清同治五年（1866）刻本　一冊

330000－4706－0002439　普1285　子部/醫家類/內科之屬

外科神效秘方□□卷　清抄本　一冊　存一卷（一）

330000－4706－0002440　普1475　子部/醫家類/方書之屬/單方驗方

集驗良方拔萃二卷癸卯年續補集驗拔萃良方一卷　（清）恬素氏輯　清同治十三年（1874）抄本　一冊

330000－4706－0002441　普1515　子部/儒家類/儒學之屬/性理

近思錄集注十四卷考訂朱子世家一卷　（清）江永撰　校勘記一卷　（清）王炳撰　清光緒二十七年（1901）上海文瑞樓石印本　三冊

330000－4706－0002445　普1641　子部/宗教類/佛教之屬/經疏

妙法蓮華經通義二十卷　（明）釋德清撰　清刻本　五冊

330000－4706－0002447　普1478　子部/醫家類/綜合之屬/通論

訂正東醫寶鑑二十三卷目錄二卷　（朝鮮）許浚撰　清光緒三十四年（1908）石印本　十

四冊

330000－4706－0002454　普1100　子部/宗教類/佛教之屬/諸宗

靈峰蕅益大師選定淨土十要十卷　（明）釋智旭輯　（清）釋成時評點節略　清光緒二十年（1894）刻本　二冊　存四卷（七至十）

330000－4706－0002455　普1516　子部/宗教類/佛教之屬/經疏

大方廣圓覺經大疏十六卷首一卷　（唐）釋宗密撰　清刻本　二冊　存九卷（首、一至八）

330000－4706－0002458　普1517　子部/宗教類/佛教之屬/論疏

大乘起信論疏解彙集八種　清光緒十一年至民國十五年（1885－1926）金陵刻經處刻本　三冊　存二種

330000－4706－0002465　普1801　子部/醫家類/醫案之屬

醫案夢記二卷附案一卷　（清）徐守愚撰　清光緒二十三年（1897）刻本　一冊　存二卷（一至二）

330000－4706－0002467　普1802　子部/醫家類/類編之屬

喻氏醫書三種　（清）喻昌撰　清上海章福記書局石印本　五冊　存十一卷（後篇一至四、意寓草一、醫門法律一至六）

330000－4706－0002471　普1521　子部/道家類

南華真經解三卷　（清）宣穎撰　清刻本　六冊

330000－4706－0002473　普1181　集部/總集類/選集之屬/通代

分類賦學雞跖集三十卷附錄一卷　（清）張維城輯　清石印本　一冊　存十一卷（一至十一）

330000－4706－0002480　普1479　子部/醫家類/方書之屬

醫意二卷　（清）徐延祚撰　清光緒二十二年（1896）奉天徐氏鐵如意軒刻鐵如意軒醫書本

張鳳題記 一冊

330000－4706－0002481 普1480 子部/叢編

醫學三書 （清）雷豐編 清光緒十年至十三年(1884－1887)雷慎修堂刻本 清陳蓮舫批 三冊 存一種

330000－4706－0002483 普1524 子部/宗教類/佛教之屬

慈心寶鑑四卷 （清）誦芬樓主人編輯 清同治三年(1864)刻本 一冊

330000－4706－0002490 普1810 子部/醫家類/醫案之屬

臨證指南醫案十卷種福堂續選臨證指南四卷 （清）葉桂撰 （清）徐大椿評 清末石印本 五冊 缺四卷(臨證指南醫案三至十、種福堂續選臨證指南一至二)

330000－4706－0002491 普1482 子部/醫家類/方書之屬/單方驗方

驗方新編二十四卷 （清）鮑相璈輯 清光緒四年(1878)杭州東壁齋刻本 十四冊 缺四卷(六至八、二十)

330000－4706－0002492 普1483 子部/醫家類/方書之屬/單方驗方

驗方新編二十四卷 （清）鮑相璈輯 清光緒二十一年(1895)刻本 二冊 存二卷(一、十一)

330000－4706－0002493 普1484 子部/醫家類/方書之屬/單方驗方

驗方新編二十四卷 （清）鮑相璈輯 清刻本 一冊 存一卷(十一)

330000－4706－0002495 普1811 子部/醫家類/醫案之屬

臨證指南醫案十卷種福堂公選溫熱論醫案四卷 （清）葉桂撰 （清）徐大椿評 清同治三年(1864)刻本 十三冊

330000－4706－0002497 普1812 子部/醫家類/醫案之屬

臨證指南醫案十卷種福堂公選溫熱論醫案四卷 （清）葉桂撰 （清）徐大椿評 清文富堂刻本 三冊 存五卷(臨證指南醫案七、種福堂公選溫熱論醫案一至四)

330000－4706－0002498 普1485 子部/醫家類/方書之屬/單方驗方

增廣驗方新編十六卷 （清）鮑相璈輯 清刻本 四冊 存五卷(五、九、十一至十三)

330000－4706－0002499 普1813 子部/醫家類/醫案之屬

臨證指南醫案十卷種福堂公選良方四卷 （清）葉桂撰 清刻本 五冊 存四卷(臨證指南醫案六、八、十,種福堂公選良方一)

330000－4706－0002500 普1486 子部/醫家類/方書之屬/單方驗方

重訂驗方新編十八卷 （清）鮑相璈等輯 清宣統元年(1909)上海鍊石齋石印本 四冊

330000－4706－0002501 普1487 子部/醫家類/方書之屬/單方驗方

重訂驗方新編十八卷 （清）鮑相璈等輯 清宣統元年(1909)上海鍊石齋石印本 七冊

330000－4706－0002502 普1488 子部/醫家類/方書之屬/單方驗方

重訂驗方新編十八卷 （清）鮑相璈等輯 清末石印本 一冊

330000－4706－0002507 普1653 子部/宗教類/佛教之屬/諸宗

筠州黃檗山斷際禪師傳心法要二卷 （唐）釋希運說 （唐）裴休輯 清光緒十年(1884)金陵刻經處刻本 一冊

330000－4706－0002508 普1278 子部/儒家類/儒學之屬/蒙學

小學神童詩一卷 清石印本 一冊

330000－4706－0002510 普1814 子部/醫家類/醫案之屬

臨證指南醫案十卷 （清）葉桂撰 （清）徐大椿評 清上海文益書局石印本 一冊 存一卷(七)

330000－4706－0002529　普 1531　子部/雜
著類/雜纂

安樂銘不分卷 （清）王正朋輯　**應驗藥方一
卷** （清）王文選錄　清光緒十一年(1885)刻
本　一冊

330000－4706－0002534　普 1822　子部/醫
家類/方書之屬/成方藥目

孫真人備急千金要方三十卷 （唐）孫思邈撰
　清光緒三十四年(1908)上海久敬齋書莊鉛
印本　十五冊　缺二卷(十至十一)

330000－4706－0002548　普 1825　子部/醫
家類/方書之屬/歷代方書

醫方集解三卷 （清）汪昂撰　清同治八年
(1869)刻本　五冊

330000－4706－0002553　普 4145　子部/醫
家類/類編之屬

徐靈胎十二種全集 （清）徐大椿撰並注　清
刻本　一冊　存二種

330000－4706－0002558　普 1828　子部/醫
家類/醫案之屬

洄溪醫案一卷 （清）徐大椿撰　清光緒十五
年(1889)刻本　一冊

330000－4706－0002559　普 1491　子部/醫
家類/方書之屬/單方驗方

姑蘇葉天士先生經驗奇方一卷 （清）高陸淮
刊　清刻本　一冊

330000－4706－0002568　普 1831　子部/醫
家類/傷寒金匱之屬/金匱要略

金匱要略淺注十卷 （清）陳念祖撰　清刻本
　一冊　存一卷(五)

330000－4706－0002571　普 1832　子部/醫
家類/内科之屬/其他内科病證

血證論八卷 （清）唐宗海撰　清光緒二十年
(1894)上海申江順成書局石印本　二冊　存
六卷(一至六)

330000－4706－0002573　普 1910　子部/宗
教類/佛教之屬/經

金剛般若波羅蜜經一卷 （後秦）釋鳩摩羅什

譯　清刻本　一冊

330000－4706－0002574　普 1833　子部/醫
家類/綜合之屬

三家醫案合刻附二種 （清）吳金壽編　**溫熱
贅言一卷** 寄瓢子撰　清道光十一年(1831)
石印本　一冊

330000－4706－0002575　普 1494　子部/醫
家類/方書之屬/歷代方書

唐王燾先生外臺秘要方四十卷 （唐）王燾撰
　清光緒二十四年(1898)上海圖書集成印書
局鉛印本　十五冊　存三十八卷(一至三十
八)

330000－4706－0002576　普 1837　子部/醫
家類/綜合之屬

三家醫案合刻附二種 （清）吳金壽編　**溫熱
贅言一卷** 寄瓢子撰　**醫效秘傳三卷** （清）
葉桂述　清道光十一年(1831)石印本　一冊

330000－4706－0002583　普 1912　子部/宗
教類/佛教之屬/經咒

御製大悲神咒不分卷 （唐）釋伽梵達摩譯
清同治五年(1866)刻本　一冊

330000－4706－0002584　普 1538　子部/宗
教類/佛教之屬/經

**千手千眼觀世音菩薩廣大圓滿無礙大悲心陀
羅尼咒經一卷** （唐）釋伽梵達摩譯　清宣統
三年(1911)刻本　一冊

330000－4706－0002588　普 1838　子部/醫
家類/醫案之屬

名醫類案十二卷 （明）江瓘集　清宣統元年
(1909)上海書局石印本　一冊　存三卷(一
至三)

330000－4706－0002594　普 1841　子部/宗
教類

晨朝夜課一卷 清抄本　一冊

330000－4706－0002601　普 1915　子部/宗
教類/佛教之屬/經

**大方廣佛華嚴經入不思議解脫境界普賢行願
品一卷** （唐）釋般若譯　清刻本　一冊

117

330000－4706－0002603　普1496　子部/醫家類

吳醫彙講十一卷　（清）唐大烈輯　清乾隆五十七年（1792）刻嘉慶十九年（1814）唐慶耆印本　二冊

330000－4706－0002610　普1497　子部/醫家類

吳醫彙講十一卷　（清）唐大烈輯　清刻本　一冊　存四卷（八至十一）

330000－4706－0002614　普1846　子部/醫家類/醫案之屬

名醫類案十二卷　（明）江瓘集　清刻本　四冊　存四卷（二、四、六、八）

330000－4706－0002618　普1499　子部/醫家類/方書之屬/成方藥目

葉種德堂丸散膏丹全錄一卷　（清）葉種德堂主人輯　清光緒十三年（1887）葉種德堂刻本　一冊

330000－4706－0002620　普1849　子部/醫家類/醫案之屬

臨證指南醫案十卷　（清）葉桂撰　（清）徐大椿評　清刻本　一冊　存一卷（九）

330000－4706－0002625　普1500　子部/醫家類/醫案之屬

醫案夢記二卷附案一卷　（清）徐守愚撰　清光緒二十三年（1897）刻民國九年（1920）紹興裘氏補刻本　二冊

330000－4706－0002626　普2001　子部/醫家類/綜合之屬

增補醫林狀元壽世保元十卷　（明）龔廷賢撰　清光緒三十三年（1907）上海同文書局石印本　一冊　存五卷（一至五）

330000－4706－0002628　普1545　子部/宗教類/道教之屬/戒律

暗室燈二卷　（清）深山居士輯　清光緒二十年（1894）刻本　一冊

330000－4706－0002631　普1852　子部/醫家類/外科之屬/外科方

外科正宗十二卷　（明）陳實功撰　（清）徐大椿評　清抄本　六冊

330000－4706－0002635　普1853　子部/醫家類/外科之屬/通論

外科大成四卷　（清）祁坤撰　清康熙古雪堂刻本　一冊　存一卷（四）

330000－4706－0002637　普3864　集部/曲類/寶卷之屬

惜穀免災寶卷不分卷　（清）□□撰　清光緒十三年（1887）刻本　一冊

330000－4706－0002639　普1854　子部/醫家類/類編之屬

潛齋醫書五種　（清）王士雄撰　清光緒二十二年（1896）上海圖書集成局鉛印本　四冊　存一種

330000－4706－0002640　普1686　子部/宗教類/佛教之屬/經

大方廣佛華嚴經入不思議解脫境界普賢行願品一卷　（唐）釋般若譯　清刻本　一冊

330000－4706－0002641　普1855　子部/醫家類/溫病之屬/其他溫疫病證

溫熱經緯五卷　（清）王士雄撰　清同治十三年（1874）湖北崇文書局刻本　四冊

330000－4706－0002642　普1586　子部/宗教類/佛教之屬/經

戒殺放生文一卷附放生義一卷　（明）釋袾宏等撰　清光緒三十二年（1906）金陵刻經處刻本　一冊

330000－4706－0002646　普1856　子部/醫家類

瘟疽題名錄□□卷　（清）楊光然輯　清抄本　六冊　存六卷（二至四、六至八）

330000－4706－0002649　普1858　子部/醫家類/類編之屬

己任編八卷　（清）楊乘六編　清刻本　一冊　存一卷（三）

330000－4706－0002653　普1862　新學/醫

學/内科

西醫内科全書十六卷 （清）孔慶高譯　清光緒八年(1882)羊城博濟醫局刻本　四冊　存十卷(胃腸各症一至三、腦部各症一至三、雜症總論一至二、熱症總論一至二)

330000－4706－0002658　普 3868　集部/曲類/寶卷之屬

雪梅寶卷二卷 （清）□□撰　清光緒十一年(1885)杭州景文齋刻本　一冊

330000－4706－0002661　普 1691　子部/宗教類/佛教之屬/諸宗

淨業知津一卷闢邪一卷 （清）釋悟開撰　清同治十三年(1874)金陵刻經處刻本　一冊

330000－4706－0002671　普 1866　子部/醫家類/溫病之屬/瘟疫

瘟疫論類編五卷 （明）吳有性撰　（清）劉奎等評釋　清刻本　一冊　存四卷(二至五)

330000－4706－0002672　普 1867　子部/醫家類/類編之屬

古今醫統正脉全書四十四種 （明）王肯堂編　清江陰朱文震刻本　七冊　存六種

330000－4706－0002677　普 1870　子部/醫家類/溫病之屬/其他溫疫病證

溫病條辨六卷首一卷 （清）吳瑭撰　清光緒十九年(1893)上海圖書集成印書局鉛印本　四冊

330000－4706－0002680　普 2002　子部/醫家類/綜合之屬/通論

御纂醫宗金鑑九十卷首一卷 （清）吳謙等撰　清光緒九年(1883)掃葉山房刻本　十六冊　存十七卷(首、一至十六)

330000－4706－0002682　普 2003　子部/醫家類/綜合之屬/通論

御纂醫宗金鑑續編十四卷首一卷 （清）李毓清等纂修　清掃葉山房刻本　六冊　缺四卷(十一至十四)

330000－4706－0002684　普 1874　子部/醫家類/類編之屬

吳氏醫學述 （清）吳儀洛輯　清刻本　十一冊　存三種

330000－4706－0002688　普 1700　子部/雜著類/雜說之屬

救刦同生四卷 清刻本　一冊　存一卷(四)

330000－4706－0002695　普 1552　子部/宗教類/佛教之屬/經疏

藥師琉璃光如來本願功德經一卷 （唐）釋玄奘譯　清光緒二十八年(1902)刻本　一冊

330000－4706－0002696　普 1934　子部/雜著類

濟世慈航一卷 清宣統三年(1911)上海宏大善書局石印本　一冊

330000－4706－0002701　普 1876　子部/醫家類/傷寒金匱之屬/傷寒論

張仲景傷寒論貫珠集八卷 （清）尤怡輯註　清刻本　四冊

330000－4706－0002702　普 1877　子部/醫家類/外科之屬/通論

重訂外科正宗十二卷 （明）陳實功撰　（清）張鶩翼重訂　清刻本　五冊

330000－4706－0002704　普 1879　子部/醫家類/傷寒金匱之屬/傷寒論

傷寒論講義不分卷 清抄本　一冊

330000－4706－0002705　普 1878　子部/醫家類

男科二卷 （清）傅山撰　清光緒十七年(1891)滬上刻本　一冊

330000－4706－0002707　普 1880　子部/醫家類/傷寒金匱之屬/傷寒論

傷寒集註六卷本義一卷 （清）張志聰註　（清）高世栻輯　清刻本　一冊　存三卷(一至二、本義)

330000－4706－0002708　普 1555　子部/宗教類/佛教之屬

佛教初學課本一卷註一卷 （清）楊文會撰　清光緒三十二年(1906)金陵刻經處刻本

一冊

330000－4706－0002714　普 1694　子部/雜
著類/雜說之屬
文武二帝救劫真經不分卷　清光緒七年
(1881)影印本　一冊

330000－4706－0002717　普 1559　子部/儒
家類
詁墨一卷　（漢）孔鮒撰　**法言十卷**　（漢）揚
雄撰　清刻本　一冊

330000－4706－0002718　普 1881　子部/醫
家類/傷寒金匱之屬/傷寒論
注解傷寒論十卷圖解運氣圖一卷　（漢）張機
撰　（晉）王叔和輯　（金）成無己注　清光緒
六年(1880)掃葉山房刻本　四冊

330000－4706－0002720　普 1883　子部/醫
家類/溫病之屬/其他溫疫病證
溫熱經緯五卷　（清）王士雄撰　清刻本　三
冊　存三卷(三至五)

330000－4706－0002723　普 1885　子部/醫
家類/溫病之屬/其他溫疫病證
溫熱經緯五卷　（清）王士雄撰　清刻本　一
冊　存一卷(五)

330000－4706－0002725　普 1884　子部/醫
家類/溫病之屬/其他溫疫病證
溫熱經緯五卷　（清）王士雄撰　清刻本　三
冊　缺一卷(三)

330000－4706－0002728　普 1886　子部/醫
家類/兒科之屬/通論
鼎鍥幼幼集成六卷　（清）陳復正輯　清光緒
二十八年(1902)上海醉六堂石印本　四冊
缺二卷(四、六)

330000－4706－0002730　普 1887　子部/醫
家類/傷寒金匱之屬/傷寒論
傷寒準繩八卷　（明）王肯堂輯　清九思堂刻
本　一冊　存一卷(一)

330000－4706－0002731　普 1938　子部/術
數類/占卜之屬

大六壬大全十三卷　（清）郭載騋編　清石印
本　一冊　存二卷(五至六)

330000－4706－0002732　普 1888　子部/醫
家類/類編之屬
吳氏醫學述　（清）吳儀洛輯　清乾隆三十一
年(1766)硤川利濟堂刻本　六冊　存一種

330000－4706－0002733　普 1889　子部/醫
家類/外科之屬/外科方
外科正宗十二卷　（明）陳實功撰　（清）徐大
椿評　清光緒三十一年(1905)上海福記書局
石印本　二冊

330000－4706－0002736　普 1890　子部/醫
家類/外科之屬
王洪緒先生外科證治全生集二卷　（清）王維
德撰　清光緒三十三年(1907)上海校經山房
石印本　一冊

330000－4706－0002738　普 1941　子部/宗
教類/佛教之屬/經疏
般若波羅蜜多心經註解一卷　（唐）釋玄奘譯
　（明）釋宗泐　（明）釋如玘注　**金剛般若波
羅蜜經註解一卷**　（後秦）釋鳩摩羅什譯
（明）釋宗泐　（明）釋如玘注　清光緒二年
(1876)長沙刻經處刻本　一冊

330000－4706－0002740　普 1944　子部/宗
教類/佛教之屬/經疏
金剛經解義二卷心經解義一卷　（清）徐槐廷
撰　清咸豐八年(1858)刻本　一冊

330000－4706－0002744　普 2113　子部/宗
教類/道教之屬
敬竈全書不分卷　（清）惕心憫世道人編　清
光緒六年(1880)松隱閣刻本　一冊

330000－4706－0002745　普 2114　子部/宗
教類/道教之屬
敬竈全書不分卷　（清）惕心憫世道人編　清
光緒六年(1880)松隱閣刻本　一冊

330000－4706－0002746　普 2116　子部/宗
教類/道教之屬/威儀
玉皇寶懺朝禮儀文一卷　清同治刻本　一冊

330000－4706－0002748　普 1563　子部/宗教類/佛教之屬

佛教初學課本一卷註一卷　（清）楊文會撰　清光緒三十二年（1906）金陵刻經處刻本　一冊

330000－4706－0002749　普 1562　子部/宗教類/道教之屬

關帝明聖真經一卷附關帝靈籤一卷　清光緒三十二年（1906）石印本　一冊

330000－4706－0002758　普 2008　類叢部/叢書類/彙編之屬

嘯園叢書五十七種　（清）葛元煦編　清光緒二年至七年（1876－1881）仁和葛氏刻本　一冊　存一種

330000－4706－0002759　普 2009　類叢部/叢書類/彙編之屬

嘯園叢書五十七種　（清）葛元煦編　清光緒二年至七年（1876－1881）仁和葛氏刻本　二十四冊　存三十五種

330000－4706－0002760　普 1893　子部/醫家類/類編之屬

中西匯通醫書五種　（清）唐宗海撰　清光緒三十四年（1908）上海千頃堂書局石印本　二冊　存一種

330000－4706－0002761　普 1894　子部/醫家類/類編之屬

中西匯通醫書五種　（清）唐宗海撰　清光緒石印本　二冊　存一種

330000－4706－0002763　普 1896　子部/醫家類/外科之屬/外科方

外科正宗十二卷附錄一卷　（明）陳實功撰（清）徐大椿評　清光緒二十二年（1896）珍藝書局石印本　三冊

330000－4706－0002767　普 2117　子部/宗教類/道教之屬/威儀

玉皇寶懺朝禮儀文一卷　清同治刻本　一冊

330000－4706－0002768　普 2115　子部/宗教類/道教之屬/戒律

太上感應篇直講一卷　清光緒九年（1883）刻本　一冊

330000－4706－0002769　普 2110　子部/宗教類/道教之屬

丹桂籍四卷首一卷末一卷　（明）顏正輯注　清道光十年（1830）刻本　一冊　存二卷（一至二）

330000－4706－0002772　普 1898　新學/醫學/內科

內科闡微一卷　（美國）嘉約翰口譯　（清）林湘東筆述　清光緒十五年（1889）羊城博濟醫局刻本　一冊

330000－4706－0002775　普 1899　子部/醫家類/外科之屬/外科方

瘍科選粹八卷　（明）陳文治撰　清刻本　一冊　存一卷（八）

330000－4706－0002777　普 1900　子部/醫家類/傷寒金匱之屬/傷寒論

傷寒論類方一卷　（清）徐大椿撰　清刻本　一冊

330000－4706－0002778　普 2301　子部/醫家類/外科之屬/通論

重訂外科正宗十二卷　（明）陳實功撰　（清）張鶩翼重訂　清光緒十四年（1888）掃葉山房刻本　一冊　存二卷（一至二）

330000－4706－0002779　普 2302　子部/醫家類/傷寒金匱之屬/傷寒論

傷寒論直解六卷　（清）張錫駒註　清醉經閣刻本　二冊　存二卷（五至六）

330000－4706－0002782　普 2305　子部/醫家類/內科之屬/其他內科病證

重刻痰火點雪四卷　（明）龔居中撰　清嘉慶九年（1804）星聚樓刻本　一冊　存二卷（一至二）

330000－4706－0002789　普 1570　子部/宗教類/佛教之屬/論

成唯識論十卷　（天竺）護法等菩薩造　（唐）釋玄奘譯　清刻本　一冊　存五卷（一至五）

330000－4706－0002790　普 2307　子部/醫
家類/傷寒金匱之屬/傷寒論

傷寒來蘇集三種　（清）柯琴撰　清刻本　四
冊　存二種

330000－4706－0002791　普 2308　子部/醫
家類/溫病之屬/瘟疫

隨息居重訂霍亂論四卷　（清）王士雄撰　清
光緒十三年(1887)刻本　一冊

330000－4706－0002792　普 1951　子部/宗
教類/道教之屬

太上寶筏圖說八卷　（清）黃正元纂　清光緒
十八年(1892)上海鴻文書局石印本　一冊

330000－4706－0002793　普 2118　子部/宗
教類/道教之屬/經文

三聖經靈驗圖註一卷　清光緒二十四年
(1898)上海鴻寶齋書局石印本　一冊

330000－4706－0002798　普 2309　子部/醫
家類/傷寒金匱之屬/傷寒論

傷寒瑣言二卷　（清）鄭淮輯　清刻本　一冊
存一卷(下)

330000－4706－0002800　普 1954　子部/宗
教類/道教之屬

繡像地母家書不分卷　清宣統元年(1909)上
海宏大善書局石印本　一冊

330000－4706－0002806　普 2310　子部/醫
家類/溫病之屬

溫熱暑疫全書四卷　（清）周揚俊輯　清乾隆
十九年(1754)庸德堂刻本　二冊

330000－4706－0002811　普 1578　子部/術
數類/陰陽五行之屬

欽定協紀辨方書三十六卷　（清）允祿　（清）
張照等纂修　清乾隆六年(1741)刻本　二十
一冊　缺三卷(五至六、十四)

330000－4706－0002812　普 1579　子部/術
數類/陰陽五行之屬

欽定協紀辨方書三十六卷　（清）允祿　（清）
張照等纂修　清乾隆六年(1741)刻本　二十
四冊

330000－4706－0002818　普 2107　子部/術
數類/陰陽五行之屬

參星秘要諏吉便覽二卷　（清）俞榮寬輯　清
光緒二十五年(1899)刻朱墨套印本　二冊

330000－4706－0002820　普 1580　子部/藝
術類/遊藝之屬

註解牙牌靈數一卷附蘭閨清玩一卷　（清）何
汝檉撰　清光緒二十八年(1902)石印本
一冊

330000－4706－0002824　普 2543　子部/宗
教類/佛教之屬

慈悲閻王懺法一卷　清抄本　一冊

330000－4706－0002837　普 1582　史部/地
理類/遊記之屬

慧超往五天竺傳殘卷一卷　清宣統元年
(1909)影印本　一冊

330000－4706－0002838　普 2133　子部/宗
教類/道教之屬

太上黃庭內景玉經一卷　清刻本　一冊

330000－4706－0002846　普 2136　子部/宗
教類/佛教之屬/諸宗

西方公據路引□□卷　清光緒元年(1875)浙
省昭慶寺經房刻本　一冊　存一卷(佛說阿
彌陀經)

330000－4706－0002851　普 1587　子部/宗
教類/佛教之屬/經

戒殺放生文一卷附放生義一卷　（明）釋袾宏
等撰　清光緒三十二年(1906)金陵刻經處刻
本　一冊

330000－4706－0002856　普 2137　子部/宗
教類/佛教之屬

謹擬正道十則一卷　清光緒十九年(1893)刻
本　一冊

330000－4706－0002862　普 2139　子部/宗
教類/佛教之屬/經

佛教西來玄化應運略錄一卷　（宋）程輝編

佛說四十二章經一卷　（漢）釋迦葉摩騰
（漢）釋竺法蘭譯　佛遺教經一卷　（後秦）釋

鳩摩羅什譯　**八大人覺經一卷**　（漢）釋安世高譯　清刻本　一冊

330000－4706－0002869　普2326　子部/醫家類/喉科口齒之屬/白喉

洞主仙師白喉治法忌表抉微一卷　（清）耐修子輯並注　清光緒十八年(1892)湖北官書處刻本　一冊

330000－4706－0002870　普2327　子部/醫家類/溫病之屬/其他溫疫病證

溫熱贅言一卷　（清）寄瓢子撰　清吳氏靈鶴山房刻本　一冊

330000－4706－0002871　普2328　子部/醫家類/方書之屬/單方驗方

四科簡效方四卷　（清）王士雄撰　清光緒十一年(1885)越州徐氏刻本　一冊　存一卷(二)

330000－4706－0002872　普2129　子部/雜著類

棘闈勸戒錄四卷　（清）春溪居士輯　清光緒二年(1876)刻本　一冊

330000－4706－0002873　普2329　子部/醫家類/外科之屬/外科方

外科藥方一卷　清抄本　一冊

330000－4706－0002875　普2331　子部/醫家類/診法之屬/其他診法

傷寒舌鑑一卷　（清）張登輯　清光緒十一年(1885)埽葉山房刻本　一冊

330000－4706－0002882　普2135　子部/宗教類/道教之屬/戒律

太上感應篇一卷　（清）惠棟注　清光緒二十一年(1895)石印本　一冊

330000－4706－0002883　普2333　子部/醫家類/外科之屬/外科方

瘍醫大全四十卷　（清）顧世澄撰　清石印本八冊　存二十二卷(二至三、六、八、十二至十四、十八至十九、二十六至三十三、三十七至四十)

330000－4706－0002886　普2335　子部/醫家類/外科之屬/外科方

瘍醫大全四十卷　（清）顧世澄撰　清同治九年(1870)敦仁堂刻本　十五冊　存二十二卷(一至十二、十八至十九、三十一至三十二、三十五至四十)

330000－4706－0002887　普2336　子部/醫家類/外科之屬/外科方

瘍醫大全四十卷　（清）顧世澄撰　清刻本十三冊　存十三卷(一至二、六、九、十三、十六、二十、二十四至二十五、三十一至三十二、三十九至四十)

330000－4706－0002888　普2337　子部/醫家類/外科之屬/外科方

瘍醫大全四十卷　（清）顧世澄撰　清刻本四冊　存三卷(十四、二十五、三十一)

330000－4706－0002889　普2338　子部/醫家類/外科之屬/外科方

瘍醫大全四十卷　（清）顧世澄撰　清刻本四十冊

330000－4706－0002890　普2339　子部/醫家類/綜合之屬/通論

御纂醫宗金鑑九十卷首一卷　（清）吳謙等纂修　清刻本　一冊　存二卷(三十三至三十四)

330000－4706－0002895　普1593　子部/術數類/陰陽五行之屬

永寧通書十二卷　（清）王維德輯　清石印本一冊　存三卷(地集一至三)

330000－4706－0002896　普1594　子部/術數類/陰陽五行之屬

永寧通書十二卷　（清）王維德輯　清石印本一冊　存三卷(和集一至三)

330000－4706－0002897　普1595　子部/術數類/陰陽五行之屬

永寧通書十二卷　（清）王維德輯　清石印本一冊　存三卷(和集一至三)

330000－4706－0002904　普2120　子部/宗

教類/佛教之屬/經咒

瑜伽燄口施食要集一卷 (清)釋德基輯 (清)釋寶華述 清同治十二年(1873)刻本 一册

330000－4706－0002905 普 2340 集部/總集類/選集之屬/斷代

列朝詩集乾集二卷甲集前編十一卷甲集二十二卷乙集八卷丙集十六卷丁集十六卷閏集六卷 (清)錢謙益輯 清刻本 一册 存二卷(閏集四至五)

330000－4706－0002906 普 2012 子部/醫家類/類編之屬

張氏醫書七種 (清)張璐等撰 清光緒二十年(1894)上海圖書集成印書局鉛印本 一册 存一種

330000－4706－0002913 普 1600 子部/宗教類/佛教之屬/諸宗

異方便淨土傳燈歸元鏡三祖實録二卷 (清)智達撰 清刻本 二册

330000－4706－0002923 普 2345 子部/術數類/命書相書之屬

京鍥神峯張先生通考闢謬命理正宗大全六卷 (明)張楠撰 清刻本 一册 存二卷(五至六)

330000－4706－0002926 普 2401 子部/術數類/命書相書之屬

新鐫神峰張先生通考闢謬命理正宗大全六卷 (明)張楠撰 清光緒三十四年(1908)上海書局石印本 一册 存三卷(一至三)

330000－4706－0002928 普 1988 子部/宗教類/佛教之屬/經

佛説七俱胝佛母準提大明陀羅尼一卷 (唐)金剛智譯 **大悲心咒持誦簡法一卷受八關戒齋發一卷香讚一卷香讚頂禮門一卷佛説阿彌陀經一卷阿彌陀經一卷金剛經啟請一卷金剛般若波羅密經一卷般若波羅密多心經一卷妙法蓮華經觀世音菩薩普門品一卷高山經一卷發願文一卷** 清刻本 一册

330000－4706－0002930 普 1987 子部/術數類/占卜之屬

大六壬大全十三卷 (清)郭載騋編 清刻本 一册 存一卷(九)

330000－4706－0002932 普 2148 子部/宗教類/佛教之屬/諸宗

念佛四大要訣一卷專修法門解謗一卷 (清)釋古崑撰 清光緒七年(1881)海鹽朱福詵刻本 一册

330000－4706－0002936 普 1990 子部/道家類

太上至真無量拔苦錫福解冤真經一卷 清同治十三年(1874)道山同慶社石印本 一册

330000－4706－0002940 普 2348 子部/醫家類/傷寒金匱之屬/傷寒論

陶節菴傷寒全生集四卷 (明)陶華撰 清初刻本 二册 存二卷(一、四)

330000－4706－0002941 普 2349 子部/醫家類/醫案之屬

葉選醫衡二卷 (清)葉桂輯 清宣統二年(1910)上海文瑞樓石印本 一册

330000－4706－0002945 普 2407 子部/術數類/占卜之屬

卜筮正宗十四卷 (清)王維德撰 清乾隆五十八年(1793)刻本 一册 存三卷(一至三)

330000－4706－0002949 普 1992 經部/樂類/律吕之屬

御製律吕正義一卷 (清)允祉等撰 清咸豐刻本 一册

330000－4706－0002952 普 2153 子部/術數類/陰陽五行之屬

欽定協紀辨方書三十六卷 (清)允禄 (清)張照等纂修 清刻本 二册 存三卷(十四、二十一至二十二)

330000－4706－0002953 普 2147 子部/宗教類/其他宗教之屬/基督教

救世新教教綱不分卷 清天津華北印書館石印本 一册

330000－4706－0002954　普2149　子部/宗教類/佛教之屬/經

金剛般若波羅蜜經一卷 （後秦）釋鳩摩羅什譯　清光緒三十四年(1908)石印本　一冊

330000－4706－0002956　普2351　子部/醫家類/傷寒金匱之屬/傷寒論

陶節菴傷寒全生集四卷 （明）陶華撰　清刻本　一冊　存一卷(三)

330000－4706－0002957　普2352　子部/醫家類/醫經之屬/內經

黃帝內經素問九卷 （清）高世栻注　清光緒十三年(1887)浙江書局刻本　六冊　缺二卷(一、四)

330000－4706－0002958　普1936　子部/宗教類/佛教之屬

明州定應大師布袋和尚傳一卷 （元）釋曇噩撰　清同治十三年(1874)釋開慧刻本　一冊

330000－4706－0002959　普2353　子部/醫家類/醫經之屬/內經

黃帝內經素問集注九卷黃帝內經靈樞集注九卷 （清）張志聰撰　清光緒二十九年(1903)善成堂刻本　十八冊　缺四卷(靈樞六至九)

330000－4706－0002960　普1997　子部/宗教類/佛教之屬/經疏

佛說阿彌陀經要解一卷 （後秦）釋鳩摩羅什譯　（明）釋智旭解　清光緒十一年(1885)金陵刻經處刻本　一冊

330000－4706－0002961　普1998　子部/雜著類/雜說之屬

救刦同生四卷 清光緒二十三年(1897)上虞顧悟崇刻本　三冊

330000－4706－0002962　普2354　子部/醫家類/喉科口齒之屬/喉痧

疫痧草三卷 （清）陳耕道撰　清光緒三十年(1904)魏塘紫陽氏鉛印本　一冊

330000－4706－0002963　普2355　子部/醫家類/喉科口齒之屬/喉痧

疫痧草三卷 （清）陳耕道撰　清光緒三十年(1904)魏塘紫陽氏鉛印本　一冊

330000－4706－0002964　普2356　子部/醫家類/喉科口齒之屬/喉痧

疫痧草三卷 （清）陳耕道撰　清光緒三十年(1904)魏塘紫陽氏鉛印本　一冊

330000－4706－0002965　普2357　子部/醫家類/喉科口齒之屬/喉痧

疫痧草三卷 （清）陳耕道撰　清光緒三十年(1904)魏塘紫陽氏鉛印本　一冊

330000－4706－0002966　普2358　子部/醫家類/喉科口齒之屬/喉痧

疫痧草三卷 （清）陳耕道撰　清光緒三十年(1904)魏塘紫陽氏鉛印本　一冊

330000－4706－0002967　普2359　子部/醫家類/喉科口齒之屬/喉痧

疫痧草三卷 （清）陳耕道撰　清光緒三十年(1904)魏塘紫陽氏鉛印本　一冊

330000－4706－0002968　普1999　子部/宗教類/佛教之屬/諸宗

靈峰蕅益大師選定淨土十要十卷 （明）釋智旭輯　（清）釋成時評點節略　清刻本　一冊　存四卷(三至六)

330000－4706－0002975　普1994　子部/宗教類/佛教之屬/諸宗

勸修淨土切要一卷 （清）釋真益願纂述　清刻本　一冊

330000－4706－0002976　普2144　子部/宗教類/佛教之屬/經咒

瑜伽燄口施食起止規範一卷附瑜伽燄口施食儀文一卷 清石印本　一冊

330000－4706－0002977　普2361　子部/醫家類/喉科口齒之屬/白喉

洞主仙師白喉治法忌表抉微一卷經驗救急諸方一卷 （清）耐修子輯並注　清光緒二十七年(1901)順成書局石印本　一冊

330000－4706－0002982　普2159　子部/小說家類/雜事之屬

世說新語補二十卷附釋名一卷 （南朝宋）劉義慶撰 （南朝梁）劉孝標注 （明）何良俊增補 （明）王世貞刪定 （明）王世懋批釋 （明）張文柱校注 清刻本 一冊 存三卷（十八至二十）

330000－4706－0002984 普2502 子部/宗教類/佛教之屬

法化老和尚貪瞋癡註一卷專修淨土直說一卷山居知足歌一卷序疏一卷 （清）釋法化撰 清刻本 一冊

330000－4706－0002985 普2364 子部/醫家類/本草之屬/神農本草經

本草崇原集說三卷附本草經讀一卷 （清）張志聰撰 （清）高世栻訂 （清）仲學輅集說 清宣統二年（1910）錢塘仲氏刻本 二冊

330000－4706－0002988 普2504 子部/宗教類/佛教之屬/大藏

頻伽精舍校刊大藏經 釋宗仰等輯 清宣統元年至民國二年（1909－1913）迦陵羅詩氏頻伽精舍上海鉛印本暨石印本 一冊 存一種

330000－4706－0002989 普2505 子部/宗教類/佛教之屬

金剛般若波羅蜜經講義一卷 （清）雲峯道人撰 （清）王何功輯 金剛經受持靈驗記一卷 （清）吳尚采輯 心經合參一卷 （清）王何功輯 清光緒二年（1876）化山傳燈寺釋松溪刻本 一冊 存一卷（講義）

330000－4706－0002992 普2507 子部/宗教類/佛教之屬/論

大方廣佛華嚴經著述集要 （清）楊文會輯 清同治十三年（1874）雞園刻經處刻本 一冊 存一種

330000－4706－0002994 普2509 子部/宗教類/道教之屬

救生船四卷 清刻本 一冊 存一卷（四）

330000－4706－0003002 普2018 子部/醫家類/醫案之屬

續名醫類案三十六卷 （清）魏之琇撰 清鉛印本 一冊 存二卷（二十四至二十五）

330000－4706－0003004 普2020 子部/醫家類/溫病之屬

時病論八卷 （清）雷豐撰 清光緒刻本 一冊 存三卷（六至八）

330000－4706－0003005 普1986 子部/宗教類/佛教之屬/經

金剛經不分卷 清刻本 一冊

330000－4706－0003006 普2021 子部/醫家類/類編之屬

黃氏醫書八種 （清）黃元御撰 清光緒三十一年（1905）經元書室刻本 十九冊 存八種

330000－4706－0003007 普2513 子部/醫家類/方書之屬/單方驗方

良方便錄不分卷 清抄本 一冊

330000－4706－0003009 普2515 子部/醫家類/方書之屬/單方驗方

秘方簿不分卷 許壽康抄 清光緒二十三年（1897）抄本 一冊

330000－4706－0003010 普2415 子部/藝術類/書畫之屬/畫譜

續泛槎圖不分卷 （清）張寶繪 清嘉慶二十五年（1820）刻本 一冊

330000－4706－0003011 普2365 子部/醫家類/類編之屬

徐靈胎醫署六書 （清）徐大椿撰 清光緒二十九年（1903）上海趙翰香居鉛印本 三冊 存八卷（一、三至八、十六）

330000－4706－0003013 普2417 子部/術數類/命書相書之屬

重鐫神峯通著命理正宗六卷 （明）張楠撰 清刻本 二冊 存二卷（四至五）

330000－4706－0003014 普2366 子部/醫家類/類編之屬

周氏醫學叢書 （清）周學海編 清光緒至宣統池陽周氏刻宣統三年（1911）福慧雙脩館彙印本 十三冊 存二種

330000－4706－0003019　普2369　子部/醫家類/類編之屬

中西匯通醫書五種　（清）唐宗海撰　清光緒二十年（1894）申江順成書局石印本　四冊　存二種

330000－4706－0003020　普2516　子部/宗教類/道教之屬

敬竈全書不分卷　（清）悌心憫世道人編　清同治五年（1866）上海文正堂刻本　一冊

330000－4706－0003025　普2517　子部/雜著類/雜說之屬

晨鐘錄一卷　（清）沈焞復重校　清光緒三年（1877）錢塘項氏刻本　一冊

330000－4706－0003026　普2518　子部/宗教類/佛教之屬/經

大般涅槃經三十六卷首一卷　（北涼）釋曇無讖譯　**大般涅槃經後分二卷**　（唐）釋若那跋陀羅　（唐）釋會寧等譯　清刻本　六冊　存二十二卷（一至十、二十七至三十六，後分一至二）

330000－4706－0003027　普2024　子部/醫家類/綜合之屬/通論

醫說十卷　（宋）張杲撰　**續醫說十卷**　（明）俞弁撰　清宣統三年（1911）上海文明書局鉛印本　四冊　存十六卷（醫說三至四、七至十，續醫說一至十）

330000－4706－0003029　普2519　子部/宗教類/佛教之屬/經

地藏菩薩本願經三卷　（唐）釋實叉難陀譯　清光緒十六年（1890）浙杭瑪瑙經房刻本　一冊

330000－4706－0003030　普2520　子部/宗教類/佛教之屬/經疏

大佛頂如來密因修證了義諸菩薩萬行首楞嚴經文句十卷　（明）釋智旭撰　清刻本　一冊　存一卷（七）

330000－4706－0003031　普2422　經部/易類/傳說之屬

易例大全一卷　（清）榕園書屋主人輯　清咸豐十一年（1861）刻本　二冊

330000－4706－0003034　普2026　子部/醫家類/醫案之屬

寓意草一卷　（清）喻昌撰　清刻本　一冊

330000－4706－0003035　普2027　子部/醫家類/類編之屬

喻氏醫書三種　（清）喻昌撰　清乾隆刻本　七冊　存二種

330000－4706－0003038　普2426　子部/宗教類/道教之屬

晨朝詰課不分卷　清光緒七年（1881）抄本　一冊

330000－4706－0003040　普2522　子部/宗教類/佛教之屬/經疏

大佛頂如來密因修證了義諸菩薩萬行首楞嚴經纂註十卷　（唐）釋般刺密帝譯　（唐）釋彌伽釋迦譯語　（唐）房融筆受　（明）釋真界註　清刻本　二冊　存四卷（七至十）

330000－4706－0003046　普2525　子部/宗教類/佛教之屬/諸宗

禪門日誦一卷附佛祖心燈一卷　清光緒三十年（1904）刻本　一冊

330000－4706－0003050　普2371　子部/醫家類/類編之屬

利濟十二種　（清）趙學敏輯　清同治十年（1871）錢塘張應昌吉心堂刻本　八冊　存一種

330000－4706－0003051　普2372　子部/醫家類/本草之屬/神農本草經

本草經解要四卷附餘一卷　（清）葉桂　（清）楊友敬撰　清乾隆四十六年（1781）衛生堂刻本　四冊

330000－4706－0003052　普2373　子部/醫家類/本草之屬/歷代綜合本草

本經逢原四卷　（清）張璐撰　清刻本　二冊　存二卷（二至三）

330000 - 4706 - 0003053　普 2374　子部/醫家類/本草之屬/歷代綜合本草

本草綱目五十二卷附圖三卷瀕湖脈學一卷奇經八脈攷一卷脈訣攷證一卷　（明）李時珍撰　本草萬方鍼線八卷藥品總目一卷　（清）蔡烈先輯　本草綱目拾遺十卷首一卷　（清）趙學敏輯　清光緒十九年（1893）上海鴻寶齋石印本　八冊　存四十卷（四至八、十三至十五、十九至四十二，圖二至三，拾遺首、一至五）

330000 - 4706 - 0003056　普 2526　子部/宗教類/道教之屬

感應篇直講一卷　清刻本　一冊

330000 - 4706 - 0003059　普 2534　子部/術數類/陰陽五行之屬

參星秘要諏吉便覽不分卷　（清）俞榮寬輯　清刻朱墨套印本　一冊

330000 - 4706 - 0003060　普 2375　子部/醫家類/本草之屬/神農本草經

神農本草經百種錄一卷　（清）徐大椿撰　清刻本　一冊

330000 - 4706 - 0003061　普 2376　子部/醫家類/醫經之屬/內經

內經知要二卷　（清）李中梓輯並注　清末上海文瑞樓石印本　二冊

330000 - 4706 - 0003062　普 2377　子部/醫家類/本草之屬/歷代綜合本草

本草求真九卷圖一卷主治二卷脈理求真一卷　（清）黃宮繡撰　清光緒三十四年（1908）上海緯文閣石印本　六冊

330000 - 4706 - 0003064　普 2433　子部/宗教類/佛教之屬/經

大乘入楞伽經七卷　（唐）釋實叉難陀譯　清光緒三十四年（1908）金陵刻經處刻本　一冊

330000 - 4706 - 0003065　普 2378　子部/醫家類/類編之屬

公餘十六種　（清）陳念祖撰　清學庫山房刻本　一冊　存二種

330000 - 4706 - 0003066　普 2434　子部/宗教類/佛教之屬/論

顯揚聖教論二十卷　（天竺）無著菩薩造（唐）釋玄奘譯　清宣統元年（1909）揚州藏經院刻本　三冊　缺五卷（一至五）

330000 - 4706 - 0003067　普 2379　子部/醫家類/類編之屬

公餘醫錄六種　（清）陳念祖撰　清宣統元年（1909）寶慶經元書局刻本　一冊　存一種

330000 - 4706 - 0003068　普 2155　集部/別集類/清別集

德清俞蔭甫所著書　（清）俞樾撰　清同治十年（1871）刻本　二冊　存一種

330000 - 4706 - 0003070　普 2435　子部/宗教類/佛教之屬/論疏

大乘起信論疏解彙集八種　清光緒十一年至民國十五年（1885 - 1926）金陵刻經處刻本　三冊　存二種

330000 - 4706 - 0003071　普 2527　子部/宗教類/佛教之屬/經咒

瑜伽燄口施食起止規範一卷附瑜伽燄口施食儀文一卷　清石印本　一冊

330000 - 4706 - 0003072　普 2035　子部/醫家類/本草之屬/歷代綜合本草

本草綱目五十二卷附圖三卷瀕湖脈學一卷奇經八脈攷一卷脈訣攷證一卷　（明）李時珍撰　本草萬方鍼線八卷藥品總目一卷　（清）蔡烈先撰輯　本草綱目拾遺十卷首一卷　（清）趙學敏輯　清刻本　五冊　存十卷（本草綱目五至十四）

330000 - 4706 - 0003073　普 2156　子部/宗教類/道教之屬

明聖經一卷　清石印本　一冊

330000 - 4706 - 0003075　普 2041　子部/醫家類/傷寒金匱之屬/金匱要略

金匱心典三卷　（清）尤怡撰　清末上海文瑞樓石印本　一冊

330000 - 4706 - 0003078　普 2529　子部/術

數類/陰陽五行之屬

新訂崇正闢謬通書十四卷 （清）李奉來編輯
清石印本　一冊　存三卷(六至八)

330000－4706－0003079　普2530　子部/術
數類/雜術之屬

新刻萬法歸宗五卷 （唐）李淳風撰　（唐）袁
天罡補　清刻本　一冊　存一卷(五)

330000－4706－0003080　普2158　子部/術
數類/命書相書之屬

重鐫神峯通著命理正宗六卷 （明）張楠撰
清刻本　二冊　存二卷(四至五)

330000－4706－0003082　普2441　子部/醫
家類/類編之屬

本草醫方合編 （清）汪昂編　清同治三年
(1864)醉六堂刻本　四冊　存五卷(增訂本
草備要一、三至四,湯頭歌訣、經絡歌訣)

330000－4706－0003083　普2138　子部/宗
教類/道教之屬/經文

救刼經文寶訓一卷 清光緒八年(1882)石印
本　一冊

330000－4706－0003086　普2442　子部/醫
家類/類編之屬

本草醫方合編 （清）汪昂編　清咸豐元年
(1851)刻本　五冊　存六卷(本草備要一至
四、經絡歌訣、醫方湯頭歌訣)

330000－4706－0003087　普2443　子部/醫
家類/類編之屬

本草醫方合編 （清）汪昂編　清刻本　三冊
存四卷(一、四,經絡歌訣、醫方湯頭歌訣)

330000－4706－0003088　普2532　子部/醫
家類/醫經之屬/內經

素問靈樞類纂約註三卷 （清）汪昂撰　清刻
本　一冊

330000－4706－0003089　普2533　子部/宗
教類/道教之屬/戒律

高王觀世音經一卷 清光緒十四年(1888)抄
本　一冊

330000－4706－0003093　普2385　子部/醫
家類/本草之屬/歷代綜合本草

本草從新十八卷 （清）吳儀洛輯　清光緒二
十二年(1896)上海圖書集成印書局鉛印本
二冊

330000－4706－0003094　普2382　子部/醫
家類/本草之屬/神農本草經

本草經疏輯要十卷 （清）吳世鎧撰　清嘉慶
十四年(1809)書帶草堂刻本　五冊

330000－4706－0003096　普2160　子部/術
數類/占卜之屬

大六壬大全十三卷 （清）郭載騋編　清刻本
四冊　存四卷(一至二、六至七)

330000－4706－0003097　普2161　集部/曲
類/寶卷之屬

山東初度一卷縉雲舟轉一卷慶元三復一卷
清光緒元年(1875)刻本　一冊

330000－4706－0003100　普2386　子部/醫
家類/本草之屬/歷代綜合本草

本草從新十八卷 （清）吳儀洛輯　清光緒二
十二年(1896)上海圖書集成印書局鉛印本
四冊

330000－4706－0003102　普2387　子部/醫
家類/本草之屬/歷代綜合本草

本草從新十八卷 （清）吳儀洛輯　清光緒二
十二年(1896)上海圖書集成印書局鉛印本
一冊　存三卷(一至三)

330000－4706－0003103　普2388　子部/醫
家類/類編之屬

吳氏醫學述 （清）吳儀洛輯　清刻本　一冊
存一種

330000－4706－0003112　普2168　子部/醫
家類/類編之屬

中西匯通醫書五種 （清）唐宗海撰　清光緒
十九年(1893)上海千頃堂書局石印本　一冊
存一種

330000－4706－0003113　普2538　子部/醫
家類/傷寒金匱之屬/傷寒論

傷寒論一卷　清抄本　一冊

330000－4706－0003114　普2164　子部/醫
家類/方書之屬/成方藥目
易簡方便醫書六卷　（清）周茂五輯　清光緒
二十九年（1903）文海書局石印本　一冊　存
一卷（一）

330000－4706－0003120　普2393　子部/醫
家類/本草之屬/歷代綜合本草
本草從新十八卷　（清）吳儀洛輯　清道光二
十六年（1846）瓶花書屋刻同治九年（1870）印
本　二冊

330000－4706－0003121　普2169　子部/醫
家類/醫經之屬/内經
内經知要二卷　（清）李中梓輯並注　清光緒
九年（1883）常熟抱芳閣刻本　二冊

330000－4706－0003123　普2171　子部/醫
家類/醫經之屬/内經
素問靈樞類纂約註三卷　（清）汪昂撰　清刻
本　一冊　存一卷（二）

330000－4706－0003124　普2172　類叢部/
叢書類/自著之屬
古歡室全集四種　（清）曾懿撰　清光緒三十
三年（1907）長沙刻本　一冊　存一種

330000－4706－0003125　普2394　子部/醫
家類/類編之屬
吳氏醫學述　（清）吳儀洛輯　清嘉慶十一年
（1806）刻本　六冊　存一種

330000－4706－0003126　普2173　新學/
醫學
體功學二卷　（清）蕭惠榮述　（英國）高似蘭
譯　清光緒三十二年（1906）上海美華書館鉛
印本　一冊　存一卷（一）

330000－4706－0003128　普2395　子部/醫
家類/類編之屬
吳氏醫學述　（清）吳儀洛輯　清刻本　二冊
存二種

330000－4706－0003129　普2174　子部/醫

家類/醫經之屬/内經
素問靈樞類纂約註三卷　（清）汪昂撰　清刻
本　一冊

330000－4706－0003130　普2175　子部/醫
家類/醫經之屬/内經
靈素集註節要十二卷　（清）陳念祖集註　清
刻本　二冊　存六卷（一至三、六至八）

330000－4706－0003131　普2176　子部/醫
家類/醫經之屬/内經
素問靈樞類纂約註三卷　（清）汪昂撰　清刻
本　四冊

330000－4706－0003132　普2178　子部/藝
術類/音樂之屬/樂譜
五知齋琴譜八卷　（清）徐祺撰　（清）周魯封
輯　清刻本　一冊　存一卷（三）

330000－4706－0003133　普2177　子部/醫
家類/醫經之屬/内經
靈樞經九卷　（清）張志聰撰　清刻本　一冊
存一卷（八）

330000－4706－0003134　普2179　子部/醫
家類/醫理之屬/綜合
中藏經八卷附華佗内照法一卷　（漢）華佗撰
清光緒六年（1880）刻本　二冊

330000－4706－0003135　普2396　子部/醫
家類/類編之屬
吳氏醫學述　（清）吳儀洛輯　清善成堂刻本
二冊　存一種

330000－4706－0003137　普2398　子部/醫
家類/本草之屬/歷代綜合本草
本草從新十八卷　（清）吳儀洛輯　清光緒七
年（1881）恒德堂刻本　六冊

330000－4706－0003138　普2399　子部/醫
家類/類編之屬
壽世彙編五種　（清）祝寶森編　清光緒刻本
一冊　存四種

330000－4706－0003139　普2601　子部/醫
家類/方書之屬/單方驗方

良方集腋二卷　（清）謝元慶輯　清刻本　一冊　存一卷（上）

330000－4706－0003140　普2400　子部/醫家類/方書之屬/單方驗方

普濟應驗良方八卷　（清）德軒氏輯　**保生編一卷**　（清）甌齋居士撰　**慈幼編一卷**　（清）莊大椿輯　清刻本　一冊

330000－4706－0003143　普2542　子部/宗教類/佛教之屬/經疏

大佛頂如來密因修證了義諸菩薩萬行首楞嚴經圓通疏十卷　（元）釋惟則會解　（明）釋傳燈疏　清光緒三年（1877）杭州昭慶寺刻本　一冊　存一卷（七）

330000－4706－0003145　普2602　子部/醫家類/方書之屬/單方驗方

良方集腋二卷　（清）謝元慶輯　清刻本　一冊　存一卷（上）

330000－4706－0003146　普2603　子部/醫家類/綜合之屬/通論

醫醇賸義四卷醫方論四卷　（清）費伯雄撰　清光緒三年（1877）刻本　二冊　存四卷（醫方論一至四）

330000－4706－0003147　普2604　子部/醫家類/方書之屬/單方驗方

普濟應驗良方八卷末一卷　（清）德軒氏輯　清道光十年（1830）刻本　一冊

330000－4706－0003148　普2167　子部/術數類/相宅相墓之屬

地理辨正再辨直解合編五卷　（清）蔣平階補傳　（清）姜垚辨正　（清）姚銘三再註（清）章仲山增補直解　清刻本　一冊　存二卷（一至二）

330000－4706－0003149　普2180　子部/醫家類/兒科之屬/痘疹

黃帝逸典評注十四卷　（清）沈闈注　（清）張步階評　清道光四年（1824）稧湖陳半亭刻本　二冊　存十一卷（一至八、十二至十四）

330000－4706－0003151　普2036　子部/醫家類/本草之屬/歷代綜合本草

本草綱目五十二卷附圖三卷　（明）李時珍撰　清道光十五年（1835）務本堂刻本　二十四冊　存四十四卷（三至四、十至十一、十四至十五、十八至五十二，圖一至三）

330000－4706－0003152　普2037　子部/醫家類/本草之屬/歷代綜合本草

本草綱目五十二卷附圖三卷　（明）李時珍撰　清刻本　二冊　存五卷（四十三至四十四、四十七至四十九）

330000－4706－0003153　普2039　子部/醫家類/本草之屬/歷代綜合本草

本草綱目拾遺十卷　（清）趙學敏輯　清同治十年（1871）張應昌吉心堂刻本　一冊　存一卷（十）

330000－4706－0003154　普2605　子部/醫家類/方書之屬/歷代方書

醫方集解三卷　（清）汪昂撰　清刻本　三冊

330000－4706－0003155　普2606　子部/醫家類/類編之屬

六醴齋醫書十種　（清）程永培編　清乾隆五十九年（1794）修敬堂刻本　二十冊

330000－4706－0003156　普2040　子部/醫家類/本草之屬/食療本草

食物本草二十二卷　（金）李杲輯　（明）李時珍訂　**救荒野譜一卷**　（明）姚可成撰　清刻本　四冊　存十二卷（三至七、十至十六）

330000－4706－0003158　普2182　子部/醫家類/方書之屬/單方驗方

驗方候鯖一卷　清光緒十六年（1890）石印本　一冊

330000－4706－0003159　普2038　子部/醫家類/本草之屬/食療本草

食物本草會纂十二卷　（清）沈李龍纂輯　清刻本　一冊　存一卷（十二）

330000－4706－0003160　普2608　子部/醫家類/類編之屬

徐洄谿先生十三種　（清）徐大椿撰　清末鉛

印本　五冊　存四種

330000－4706－0003161　普2181　子部/醫
家類/醫經之屬/内經
黄帝内經素問二十四卷　（明）吳崐註　清刻
本　一冊　存三卷（五至七）

330000－4706－0003162　普2609　子部/醫
家類/推拿按摩外治之屬
**理瀹駢文不分卷略言一卷續增略言三卷附存
濟堂藥局修合施送方并加藥法一卷治心病方
一卷**　（清）吳師機撰　清同治四年至光緒元
年(1865－1875)刻本　三冊　存五卷（略言、
續增略言一至三、存濟堂藥局修合施送方并
加藥法）

330000－4706－0003163　普2614　子部/醫
家類/類編之屬
吳氏醫學述　（清）吳儀洛輯　清刻本　五冊
存一種

330000－4706－0003166　普2183　子部/醫
家類/綜合之屬
玉歷金方合編四卷　（清）郭軒輯　清刻本
一冊　存一卷（四）

330000－4706－0003167　普2612　子部/醫
家類/綜合之屬/雜著
救人良方一卷　（英國）秀耀春撰　清光緒二
十七年(1901)鉛印本　一冊

330000－4706－0003168　普2613　子部/醫
家類/綜合之屬/雜著
救人良方一卷　（英國）秀耀春撰　清光緒二
十七年(1901)鉛印本　一冊

330000－4706－0003170　普2449　子部/醫
家類/類編之屬
本草醫方合編　（清）汪昂編　清光緒五年
(1879)掃葉山房刻本　四冊　存五卷（本草
備要一至四、醫方湯頭歌訣）

330000－4706－0003171　普2615　子部/醫
家類/方書之屬/歷代方書
醫方集解三卷　（清）汪昂撰　清同治八年
(1869)刻本　六冊

330000－4706－0003172　普2616　子部/醫
家類/方書之屬/歷代方書
醫方集解三卷　（清）汪昂撰　清刻本　一冊
存二卷（一至二）

330000－4706－0003173　普2450　子部/醫
家類/方書之屬/單方驗方
經驗廣集四卷　（清）李文炳輯　清刻本　三
冊　缺一卷（一）

330000－4706－0003174　普2451　子部/醫
家類/類編之屬
醫畧六書三十二卷　（清）徐大椿撰　清光緒
二十九年(1903)上海趙翰香居鉛印本　五冊
存四種

330000－4706－0003175　普2452　子部/醫
家類/方書之屬/單方驗方
名醫方論四卷　（清）羅美　（清）柯琴輯並評
清刻本　二冊

330000－4706－0003176　普2453　子部/醫
家類/方書之屬/單方驗方
醫方湯頭歌訣一卷經絡歌訣一卷　（清）汪昂
撰　清光緒五年(1879)掃葉山房刻本　一冊

330000－4706－0003177　普2454　子部/醫
家類/方書之屬/單方驗方
醫方湯頭歌訣一卷經絡歌訣一卷　（清）汪昂
撰　清光緒五年(1879)掃葉山房刻本　一冊

330000－4706－0003178　普2617　子部/醫
家類/綜合之屬
**醫述十六卷附醫案初集一卷續錄一卷輯錄一
卷**　（清）程文囿撰　清光緒十七年(1891)刻
本　十八冊

330000－4706－0003179　普2042　子部/醫
家類/本草之屬/歷代綜合本草
本草述三十二卷首一卷　（清）劉若金撰　清
嘉慶十五年(1810)武進薛氏還讀山房刻光緒
二年(1876)姑蘇來青閣印本　二冊　存六卷
（首，一至四、八）

330000－4706－0003180　普2618　子部/醫
家類/兒科之屬

132

許氏幼科七種 （清）許豫和撰並注 清末上海中一書局石印本 七冊 存六種

330000－4706－0003185 普2043 子部/醫家類/本草之屬/神農本草經

本草經解要四卷附餘一卷 （清）葉桂 （清）楊友敬撰 清刻本 二冊 缺二卷(一至二)

330000－4706－0003186 普1917 子部/醫家類/外科之屬

外科櫃要□□卷 （明）薛己撰 清抄本 一冊 存二卷(二至三)

330000－4706－0003188 普2455 子部/醫家類/方書之屬/歷代方書

醫方集解二十三卷本草備要八卷 （清）汪昂撰 清鉛印本 一冊 存二卷(醫方集解三、本草備要三)

330000－4706－0003189 普2456 子部/醫家類/方書之屬/歷代方書

醫方集解二十三卷本草備要八卷 （清）汪昂撰 清鉛印本 三冊 存六卷(醫方集解三至五、本草備要三至五)

330000－4706－0003190 普1923 經部/易類

雜卦傳論不分卷 陸肇圻撰 清抄本 一冊

330000－4706－0003191 普2439 子部/天文曆算類/曆法之屬

校正星命須知一卷 清光緒元年(1875)刻本 一冊

330000－4706－0003193 普1241 子部/醫家類

治病處方手稿一卷 清抄本 一冊

330000－4706－0003197 普2623 子部/醫家類/方書之屬/單方驗方

成方輯要四卷 （清）邵澍輯 清道光九年(1829)修竹廬刻本 二冊

330000－4706－0003198 普2624 子部/醫家類/婦科之屬

傅青主女科二卷產後編二卷 （清）傅山撰

清光緒元年(1875)廣信立德刻本 二冊

330000－4706－0003200 普2544 子部/醫家類

診餘記錄一卷 清抄本 一冊

330000－4706－0003202 普2548 子部/宗教類/佛教之屬

雲棲法彙二十八種七十四卷 （明）釋袾宏撰 （明）王宇春等輯 清刻本 二冊 存一種

330000－4706－0003205 普2627 子部/醫家類/類編之屬

沈氏尊生書五種 （清）沈金鰲撰輯 清刻本 三冊 存二種

330000－4706－0003206 普2626 子部/醫家類/本草之屬/神農本草經

神農本草經百種錄一卷 （清）徐大椿撰 清刻本 一冊

330000－4706－0003208 普2628 子部/醫家類/綜合之屬/合刻、合抄

傅青主男科二卷女科二卷產後編二卷 （清）傅山撰 清光緒三十年(1904)上海書局石印本 二冊

330000－4706－0003209 普2629 子部/醫家類/綜合之屬/合刻、合抄

傅青主男科二卷女科二卷產後編二卷 （清）傅山撰 清石印本 二冊

330000－4706－0003212 地文子106 子部/醫家類/方書之屬

醫方便查十二卷 （清）吳大珍輯 清抄本 二冊 存十一卷(一至五、七至十二)

330000－4706－0003214 普2459 子部/醫家類/婦科之屬

女科輯要八卷附單養賢胎產全書一卷 （清）周紀常撰 清道光四年(1824)上海千頃堂書局石印本 一冊 存六卷(一至六)

330000－4706－0003215 普2191 類叢部/叢書類/彙編之屬

崇文書局彙刻書三十三種 （清）崇文書局編

清光緒元年(1875)湖北崇文書局刻本　一
冊　存一種

330000－4706－0003217　普2545　子部/醫
家類/綜合之屬/通論

辨證錄十四卷　(清)陳士鐸撰　清咸豐元年
(1851)延陵堂刻本　一冊　存二卷(一至二)

330000－4706－0003221　普2194　子部/醫
家類/婦科之屬/產科

胎產護生篇一卷　(明)李長科輯　清刻本
一冊

330000－4706－0003222　普2546　子部/醫
家類/綜合之屬/通論

類證治裁一卷　(清)林珮琴撰　清震雷抄本
一冊

330000－4706－0003223　普2460　子部/醫
家類/婦科之屬/通論

婦科秘傳不分卷　(清)竹林寺僧撰　清咸豐
四年(1854)刻本　一冊

330000－4706－0003225　普2461　子部/醫
家類/婦科之屬

女科撮要二卷　(明)薛己撰　清刻本　二冊

330000－4706－0003226　普2636　子部/醫
家類/醫理之屬

藥理真傳四卷　(清)鄭壽全撰　清刻本　一
冊　存一卷(四)

330000－4706－0003227　普2637　子部/醫
家類/外科之屬/癰疽、疔瘡

增訂治疗彙要三卷　(清)過鑄撰　清光緒二
十四年(1898)武林刻本　一冊　存一卷(一)

330000－4706－0003228　普2638　子部/醫
家類/方書之屬

丹溪先生治法心要八卷　(元)朱震亨撰　清
宣統元年(1909)武林蕭氏鉛印本　一冊　存
四卷(一至四)

330000－4706－0003230　普2640　子部/醫
家類/類編之屬

薛氏醫按二十四種　(明)吳琯編　清刻本

二冊　存一種

330000－4706－0003231　普2196　子部/醫
家類/醫經之屬/難經

圖註八十一難經辨真四卷　(明)張世賢撰
清刻本　二冊

330000－4706－0003234　普2198　子部/醫
家類/方書之屬/歷代方書

醫方集解二十三卷本草備要八卷　(清)汪昂
撰　清鉛印本　一冊　存五卷(醫方集解十
一至十五)

330000－4706－0003235　普2199　子部/醫
家類/診法之屬/脈經脈訣

玉函經三卷　(唐)杜光庭撰　清光緒七年
(1881)上虞蘭蘭山房徐氏刻本　一冊

330000－4706－0003236　普2200　子部/醫
家類/本草之屬/神農本草經

本經續疏六卷　(清)鄒澍撰　清刻本　三冊

330000－4706－0003239　普2703　子部/醫
家類/診法之屬/脈經脈訣

脈經十卷　題(晉)王叔和撰　清刻本　一冊
存一卷(七)

330000－4706－0003240　普2704　子部/醫
家類/診法之屬/脈經脈訣

校正圖註脈訣四卷附方一卷　(晉)王叔和撰
(明)張世賢注　清石印本　一冊　存四卷
(一至三、附方)

330000－4706－0003241　普2705　子部/醫
家類/醫經之屬/難經

校正圖註八十一難經四卷　(明)張世賢注
清光緒二十七年(1901)石印本　二冊

330000－4706－0003243　普2707　子部/醫
家類/類編之屬

黃氏醫書八種　(清)黃元御撰　清光緒二十
年(1894)上海圖書集成印書局鉛印本　一冊
存一種

330000－4706－0003244　普2464　子部/醫
家類/方書之屬/單方驗方

醫方湯頭歌訣一卷經絡歌訣一卷 （清）汪昂撰 清刻本 一冊

330000－4706－0003245 普 2463 子部/醫家類/婦科之屬/產科

達生編三卷 （清）亟齋居士撰 清同治十年（1871）刻本 一冊

330000－4706－0003247 普 2642 新學/醫學/內科

婦嬰新說不分卷 （英國）合信氏 （清）管茂材撰 清咸豐八年（1858）上海仁濟醫館刻本 一冊

330000－4706－0003249 普 2643 子部/醫家類/醫經之屬/內經

醫經原旨六卷 （清）薛雪撰 清乾隆十九年（1754）薛氏掃葉莊刻本 四冊 存四卷（一至四）

330000－4706－0003251 普 2645 類叢部/叢書類/自著之屬

疇隱盧叢書 丁福保撰 清光緒二十九年（1903）文明書局石印本 一冊 存一種

330000－4706－0003252 普 2646 子部/醫家類/眼科之屬

眼科全書三卷 （清）王協輯 清刻本 一冊 存一卷（三）

330000－4706－0003255 普 2647 子部/醫家類/溫病之屬/瘟疫

瘟疫論二卷 （明）吳有性撰 清刻本 一冊 存一卷（二）

330000－4706－0003256 普 2649 子部/醫家類/喉科口齒之屬

重樓玉鑰一卷 （清）鄭宏綱撰 清光緒五年（1879）刻朱墨套印本 一冊

330000－4706－0003257 普 2710 子部/醫家類/方書之屬/歷代方書

千金翼方三十卷 （唐）孫思邈撰 清刻本 一冊 存三卷（二十八至三十）

330000－4706－0003258 普 2465 子部/醫

家類/婦科之屬/產科

達生編一卷補遺一卷 （清）亟齋居士撰 清光緒二十八年（1902）刻本 一冊

330000－4706－0003259 普 2648 子部/醫家類/眼科之屬

異授眼科一卷 清抄本 一冊

330000－4706－0003260 普 2711 子部/醫家類/方書之屬/歷代方書

醫方集解三卷 （清）汪昂撰 清刻本 二冊 存二卷（一至二）

330000－4706－0003263 普 2650 子部/醫家類/方書之屬/成方藥目

萬承志堂丸散膏丹全集不分卷 （清）萬承志堂編 清光緒十一年（1885）杭州萬承志堂刻本 一冊

330000－4706－0003266 普 2652 子部/醫家類/溫病之屬/瘟疫

鼠疫抉微四卷 余德塤輯 清宣統二年（1910）滬瀆素盦鉛印本 一冊

330000－4706－0003268 普 2471 子部/醫家類/婦科之屬/產科

產孕集二卷 （清）張曜孫撰 補遺一卷 （清）包誠纂輯 清同治七年（1868）蘊璞齋刻本 一冊

330000－4706－0003270 普 2654 子部/醫家類/婦科之屬

傅青主女科二卷產後編二卷 （清）傅山撰 清同治二年（1863）廣州萃文堂刻本 一冊 存一卷（女科上）

330000－4706－0003271 普 2658 子部/醫家類/傷寒金匱之屬/傷寒論

余註傷寒論翼四卷 （清）柯琴撰 清石印本 一冊 存一卷（二）

330000－4706－0003274 普 2716 子部/雜著類/雜說之屬

養生保命錄一卷 清光緒十六年（1890）石印本 一冊

330000－4706－0003276　普2656　子部/醫家類/婦科之屬/通論

濟陰綱目十四卷　（明）武之望撰　（清）汪淇箋釋　**保生碎事一卷**　（清）汪淇輯　清刻本　一冊　存二卷（十二至十三）

330000－4706－0003279　普2659　子部/醫家類/方書之屬/單方驗方

幾希錄一卷集古方一卷　（清）瑞五堂主人輯　清道光元年（1821）刻本　一冊

330000－4706－0003282　普2474　子部/醫家類/診法之屬/脈經脈訣

校正圖註脈訣四卷附方一卷　（晉）王叔和撰　（明）張世賢注　清石印本　一冊

330000－4706－0003284　普2549　子部/醫家類/外科之屬

外科四要外治諸方不分卷　清抄本　一冊

330000－4706－0003285　普2475　子部/醫家類

鴉片癮戒除法二卷　曹炳章撰　清宣統三年（1911）鉛印本　二冊

330000－4706－0003296　普2551　子部/醫家類/喉科口齒之屬/通論

喉科指掌六卷　（清）張宗良撰　清抄本　一冊

330000－4706－0003298　普2552　子部/醫家類/本草之屬/本草藥性

藥性蒙求二卷　（清）張仁錫輯　清抄本　一冊　存一卷（上）

330000－4706－0003299　普2663　子部/醫家類

玉楸藥解八卷　（清）黃元御撰　清光緒三十一年（1905）望雲草廬刻本　一冊

330000－4706－0003300　普2665　子部/醫家類/綜合之屬/通論

醫方簡義六卷　（清）王清源撰　清刻本　三冊　存四卷（三至六）

330000－4706－0003305　普2721　子部/醫

家類/外科之屬/外科方

新刊外科正宗六卷　（明）陳實功撰　清刻本　三冊　存三卷（一至三）

330000－4706－0003307　普2554　子部/醫家類

四言藥性二卷　清抄本　一冊　存一卷（上）

330000－4706－0003308　普2669　子部/醫家類/方書之屬/單方驗方

重刊菉竹堂集驗方六卷　（明）姚羅浮編　清末石印本　一冊

330000－4706－0003309　普2670　子部/醫家類/傷寒金匱之屬/金匱要略

金匱翼八卷　（清）尤怡撰　清刻本　一冊　存一卷（五）

330000－4706－0003310　普2671　子部/醫家類/內科之屬/虛勞

理虛元鑑五卷　（明）汪綺石撰　（清）陸懋修重訂　清刻本　一冊

330000－4706－0003312　普2672　子部/醫家類/方書之屬/歷代方書

人身譜一卷　（清）祝源輯　清刻本　一冊

330000－4706－0003315　普2726　新學/全體學

省身指掌九卷　（美國）博恒理撰　清光緒三十四年（1908）上海美華書館鉛印本　一冊

330000－4706－0003316　普2727　子部/醫家類/方書之屬

養生經驗合集七種　（清）毛世洪輯　清刻本　一冊　存五種

330000－4706－0003318　普2556　子部/醫家類/本草之屬/本草藥性

藥性合纂不分卷　清抄本　一冊

330000－4706－0003319　普2557　子部/醫家類

四言藥性歌不分卷　清抄本　一冊

330000－4706－0003320　普2558　子部/醫家類

產科醫方不分卷　清抄本　一冊

330000－4706－0003322　普2674　子部/醫家類/方書之屬/成方藥目

胡慶餘堂丸散膏丹全集十四卷續增一卷（清）胡光墉編　清光緒三年(1877)杭州胡慶餘堂刻本　一冊

330000－4706－0003323　普2728　子部/醫家類/本草之屬/本草藥性

分經藥性不分卷　清抄本　一冊

330000－4706－0003324　普2676　子部/醫家類/方書之屬/單方驗方

經驗選秘六卷　（清）胡增彬輯　清同治十年(1871)刻本　一冊

330000－4706－0003326　普2677　子部/醫家類/綜合之屬/雜著

筆花醫鏡四卷　（清）江涵暾撰　清光緒三十四年(1908)上海廣益書局石印本　一冊

330000－4706－0003328　普2559　子部/醫家類/本草之屬/本草藥性

藥性蒙求二卷　（清）張仁錫輯　清抄本　一冊　存一卷(上)

330000－4706－0003330　普2730　子部/醫家類/內科之屬/其他內科病症

血症摘錄一卷　清橋郵氏抄本　一冊

330000－4706－0003335　普2733　子部/醫家類/兒科之屬/通論

幼科三種　清光緒三十年(1904)上海書局石印本　一冊　存一種

330000－4706－0003339　普2561　子部/醫家類/本草之屬/本草藥性

藥性合纂不分卷　潘家祥輯　清抄本　一冊

330000－4706－0003340　普2737　子部/醫家類/針灸之屬/通論

銅人腧穴鍼灸圖經三卷　（宋）王惟一撰　清刻本　一冊　存一卷(三)

330000－4706－0003342　普2724　子部/醫家類/溫病之屬

感證集腋二卷張氏醫通玳瑁瘟一卷　（清）茅鍾盈輯　清刻本　一冊　缺一卷(一)

330000－4706－0003343　普2562　子部/醫家類/本草之屬/歷代綜合本草

增補藥性賦不分卷　程裕甫輯　程樫甫訂　清抄本　一冊

330000－4706－0003347　普2482　子部/醫家類/方書之屬/單方驗方

醫方湯頭歌訣一卷經絡歌訣一卷　（清）汪昂撰　清光緒三十年(1904)石印本　一冊

330000－4706－0003348　普2483　子部/醫家類/方書之屬/單方驗方

醫方湯頭歌訣一卷經絡歌訣一卷　（清）汪昂撰　清光緒三十年(1904)石印本　一冊

330000－4706－0003351　普2563　子部/醫家類/診法之屬/脈經脈訣

四證脉訣不分卷　清抄本　一冊

330000－4706－0003352　普2484　子部/醫家類/兒科之屬/通論

幼科鐵鏡六卷　（清）夏鼎撰　清光緒二十一年(1895)刻本　一冊

330000－4706－0003353　普2685　子部/醫家類/兒科之屬/痘疹

痘科正傳六卷　（清）沈巨源輯　清刻本　一冊　存二卷(三至四)

330000－4706－0003354　普2485　子部/醫家類/兒科之屬/通論

幼科鐵鏡六卷　（清）夏鼎撰　清同治三年(1864)刻本　二冊

330000－4706－0003355　普2688　子部/醫家類/外科之屬/外科方

外科證治全生不分卷　（清）王維德撰　清刻本　一冊

330000－4706－0003356　普2686　子部/醫家類/兒科之屬/通論

增訂保赤輯要一卷附種子說兩則一卷　（清）吳嘉德輯　（清）吳道鎔增訂　清光緒二十三

年（1897）顧泰雲等刻本　一冊

330000 - 4706 - 0003357　普 2687　新學/醫學

兒科撮要二卷　尹端模筆釋　清光緒十八年（1892）羊城博濟醫局刻本　一冊　存一卷（一）

330000 - 4706 - 0003359　普 2690　子部/醫家類/類編之屬

薛氏醫按二十四種　（明）吳琯編　清刻本　一冊　存一種

330000 - 4706 - 0003360　普 2691　子部/醫家類/方書之屬/單方驗方

集驗良方拔萃二卷癸卯年續補集驗拔萃良方一卷　（清）恬素氏輯　清刻本　一冊　存一卷（集驗良方拔萃一）

330000 - 4706 - 0003361　普 2692　子部/醫家類/溫病之屬/痧症

吊腳痧方論一卷　（清）徐子默撰　**仙傳白喉治法忌表抉微一卷**　（清）耐修子錄　清光緒二十七年（1901）上海圖書集成局鉛印本　一冊

330000 - 4706 - 0003363　普 2694　子部/醫家類/方書之屬/單方驗方

景岳新方歌不分卷　（清）吳辰燦　（清）高秉鈞　（清）姚志仁撰　清嘉慶十四年（1809）刻本　二冊

330000 - 4706 - 0003367　普 2742　子部/醫家類/醫話醫論之屬

片石居瘍科遺編治法要二卷　（清）沈志裕纂　清抄本　一冊　存一卷（上）

330000 - 4706 - 0003375　普 2697　子部/醫家類/溫病之屬/痧症

痧脹玉衡書三卷後卷一卷　（清）郭志邃撰　清刻本　一冊　存一卷（下）

330000 - 4706 - 0003376　普 2698　子部/醫家類/溫病之屬/痧症

痧脹玉衡書三卷後卷一卷　（清）郭志邃撰　清刻本　一冊　存一卷（下）

330000 - 4706 - 0003378　普 2700　子部/醫家類/綜合之屬

三家醫案合刻　（清）吳金壽編　清刻本　一冊　存二種

330000 - 4706 - 0003379　普 2564　子部/醫家類/外科之屬/外科方

外科症治全集四卷　清抄本　一冊　存一卷（一）

330000 - 4706 - 0003380　普 2801　子部/醫家類/外科之屬/通論

外科大成八卷　（清）祁坤撰　清刻本　一冊　存二卷（五至六）

330000 - 4706 - 0003381　普 2802　子部/醫家類/本草之屬/本草藥性

雷公炮製藥性解六卷　（清）李中梓撰　清刻本　一冊　存三卷（一至三）

330000 - 4706 - 0003382　普 2803　子部/醫家類/方書之屬/歷代方書

唐王燾先生外臺秘要方四十卷　（唐）王燾撰　清刻本　二十冊　存三十卷（四至五、七至十六、十九至二十七、二十九至三十、三十二至三十五、三十八至四十）

330000 - 4706 - 0003383　普 2804　子部/宗教類

太白金星普救小兒二十七種驚風秘訣一卷　清抄本　一冊

330000 - 4706 - 0003384　普 2806　子部/醫家類/溫病之屬/痧症

急救痧症全集三卷　（清）費山壽輯　清光緒九年（1883）笠澤三省書屋刻本　一冊

330000 - 4706 - 0003385　普 2752　類叢部/叢書類/郡邑之屬

武林掌故叢編一百九十種　（清）丁丙編　清光緒三年至二十六年（1877 - 1900）錢塘丁氏嘉惠堂刻本　一冊　存一種

330000 - 4706 - 0003387　普 2754　子部/天文曆算類/算書之屬

筆算數學題草圖解二十四章　（清）朱世增編

清光緒三十三年（1907）上海石印本　八冊
缺一章（一）

330000－4706－0003388　普2565　子部/醫
家類/方書之屬/單方驗方
雜證選讀不分卷 清抄本　一冊

330000－4706－0003389　普2568　子部/醫
家類
慈幼全書八卷 （□）宋朗懷輯撰　清光緒四
年（1878）抄本　四冊　存四卷（一至四）

330000－4706－0003390　普2566　子部/醫
家類/醫案之屬
上池醫案一卷 清抄本　一冊

330000－4706－0003391　普2765　新學/格
致總
格致須知二十八種 （英國）傅蘭雅編　清光
緒八年至二十四年（1882－1898）刻本　十二
冊　存十二種

330000－4706－0003393　普2486　子部/醫
家類/類編之屬
中西匯通醫書五種 （清）唐宗海撰　清光緒
石印本　一冊　存一種

330000－4706－0003397　普2567　子部/醫
家類/喉科口齒之屬/通論
喉科扼要一卷 清抄本　一冊

330000－4706－0003398　普2487　子部/醫
家類/外科之屬/外科方
外科正宗十二卷附錄一卷 （明）陳實功撰
（清）徐大椿評　清光緒十九年（1893）上海圖
書集成印書局鉛印本　一冊　存四卷（一至
四）

330000－4706－0003399　普2750　新學/
學校
國文名物類纂不分卷 （清）李世熿撰　清宣
統元年（1909）刻本　一冊

330000－4706－0003401　普2571　子部/醫
家類
赤水玄珠小兒科□□卷 清抄本　一冊

330000－4706－0003402　普2498　子部/宗
教類/道教之屬/戒律
暗室燈二卷 （清）深山居士輯　清光緒二十
年（1894）刻本　一冊

330000－4706－0003403　普2756　子部/術
數類/陰陽五行之屬
天文書四卷 （明）海達兒等口授　（明）李翀
（明）吳伯宗譯　清石印本　三冊

330000－4706－0003404　普2489　子部/醫
家類/外科之屬/外科方
外科正宗十二卷 （明）陳實功撰　（清）徐大
椿評　清石印本　三冊　缺三卷（一至三）

330000－4706－0003405　普2751　新學/算
學/形學
形學備旨十卷開端一卷 （美國）狄考文選譯
（清）鄒立文筆述　清光緒三十年（1904）上
海美華書館鉛印本　二冊

330000－4706－0003406　普2490　子部/醫
家類/外科之屬/通論
重訂外科正宗十二卷 （明）陳實功撰　（清）
張鷟翼重訂　清咸豐十一年（1861）清江金聲
堂刻本　六冊

330000－4706－0003408　普2569　子部/醫
家類/綜合之屬/通論
醫宗必讀十卷 （清）李中梓撰　清抄本　一
冊　存一卷（三）

330000－4706－0003409　普2749　新學/
叢編
格致叢書一百十五種 （清）徐建寅編　清光
緒二十七年（1901）譯書公學石印本　一冊
存二種

330000－4706－0003410　普2570　子部/醫
家類
飲食編一卷 清抄本　一冊

330000－4706－0003411　普2858　集部/總
集類/郡邑之屬
當湖文繫初編二十八卷 （清）朱壬林纂輯
清光緒十五年（1889）刻本　十二冊

330000－4706－0003412　普2760　子部/術數類/占候之屬

雲氣占候二卷 (清)汪宗沂撰　清光緒桐廬袁氏漸西村舍刻本　一冊

330000－4706－0003413　普2763　新學/算學/代數

代數術二十五卷首一卷 (英國)華里司輯 (英國)傅蘭雅口譯 (清)華蘅芳筆述　清石印本　一冊　存三卷(七至九)

330000－4706－0003414　普2764　子部/天文曆算類/算書之屬

勾股六術一卷圖解一卷弧角拾遺一卷 (清)項名達撰　清刻本　一冊

330000－4706－0003415　普4146　子部/儒家類/儒學之屬/蒙學

三字經一卷 (宋)王應麟撰　清光緒十年(1884)刻本　一冊

330000－4706－0003416　普1960　子部/醫家類/醫經之屬/難經

難經□□卷 (戰國)秦越人述　清抄本　一冊　存一卷(上)

330000－4706－0003417　普2572　子部/醫家類/外科之屬

外科朱氏秘方一卷　清抄本　一冊

330000－4706－0003418　普2573　子部/醫家類

摘要奇書不分卷　清抄本　一冊

330000－4706－0003419　普2574　子部/醫家類

草筴書不分卷　清抄本　一冊

330000－4706－0003420　普2575　子部/醫家類

通書採要原卷不分卷　清同治十三年(1874)抄本　一冊

330000－4706－0003421　普2807　子部/天文曆算類

兼濟堂纂刻梅勿庵先生曆算全書二十八種

(清)梅文鼎撰　(清)魏荔彤輯　(清)楊作枚訂補　清雍正元年(1723)柏鄉魏荔彤刻乾隆十四年(1749)梅汝培、咸豐九年(1859)梅體萱遞修本　十一冊　存十三種

330000－4706－0003422　普2808　新學/算學/三角八綫

算式集要四卷 (英國)哈司韋輯　清刻本　二冊

330000－4706－0003424　普2810　類叢部/叢書類/自著之屬

曾文正公全集十六種 (清)曾國藩撰　清同治至光緒傳忠書局刻本　九冊　存二種

330000－4706－0003425　普2769　子部/天文曆算類/算書之屬

數學精詳十一卷首一卷末一卷 (清)屈曾發輯　清石印本　二冊　存六卷(五至十)

330000－4706－0003426　普2767　子部/天文曆算類/算書之屬

中西算學大成一百卷 (清)陳維祺等撰　清光緒二十七年(1901)陳氏石印本　一冊　存三卷(九十六至九十八)

330000－4706－0003427　普2759　子部/天文曆算類/算書之屬

九章算術細草圖說九卷海島算經細草圖說一卷 (三國魏)劉徽注 (唐)李淳風等注釋 (清)李潢細草 (清)沈欽裴補草　清嘉慶二十五年(1820)語鴻堂刻本　四冊　存五卷(一至三、六至七)

330000－4706－0003428　普2748　子部/天文曆算類/算書之屬

西洋算法大全四卷 (清)程世祿輯　清乾隆四年(1739)刻本　一冊　存二卷(一至二)

330000－4706－0003429　普2753　子部/天文曆算類/算書之屬

上虞算學堂課藝二卷 (清)支寶柟選　清光緒二十七年(1901)紹興經正書院刻本　一冊　存一卷(上)

330000－4706－0003430　普2761　子部/天

文曆算類/算書之屬

弧角設如三卷 （清）張作楠撰　清刻本　一冊　存一卷（下）

330000－4706－0003432　普3049　集部/詩文評類/制藝之屬

制義叢話二十四卷題名一卷 （清）梁章鉅撰　清刻本　七冊　存十九卷（五至七、十至二十五）

330000－4706－0003433　普2771　子部/天文曆算類/算書之屬

九章算術九卷音義一卷 （晉）劉徽注　（唐）李淳風等注釋　清刻本　四冊

330000－4706－0003434　普2811　子部/農家農學類/園藝之屬/總志

佩文齋廣羣芳譜一百卷目錄二卷 （清）汪灝等撰　清刻本　十一冊　存三十二卷（四至五、七至十、十三至十四、二十七至三十二、五十一至五十三、六十六至七十四、七十九至八十一、八十四至八十六）

330000－4706－0003436　普2770　子部/醫家類/內科之屬

證治彙補八卷 （清）李用粹撰　清刻本　一冊　存一卷（六）

330000－4706－0003437　普2774　新學/算學/代數

代數術二十五卷首一卷 （英國）華里司輯（英國）傅蘭雅口譯　（清）華衡芳筆述　清同治十二年（1873）江南製造總局刻本　六冊

330000－4706－0003438　普2492　經部/叢編

十三經札記二十二卷附十六卷 （清）朱亦棟撰　清光緒四年（1878）武林竹簡齋刻本　六冊　存十六卷（附一至十六）

330000－4706－0003439　普2812　史部/金石類/錢幣之屬/雜著

癖泉臆說六卷 高煥文撰　清宣統三年（1911）高氏泉壽山房石印本　二冊

330000－4706－0003440　普2777　子部/小

說家類/雜事之屬

隨隱漫錄五卷 （宋）陳世崇撰　清刻本　一冊

330000－4706－0003441　普2779　經部/叢編

五經義不分卷 （清）黃淦撰　清鉛印本　一冊

330000－4706－0003444　普2493　子部/醫家類/傷寒金匱之屬/傷寒論

尚論篇四卷首一卷尚論後篇四卷 （清）喻昌撰　清光緒二十六年（1900）上海掃葉山房石印本　一冊　存五卷（首、尚論篇一至四）

330000－4706－0003445　普2494　子部/醫家類/方書之屬/成方藥目

葉種德堂丸散膏丹全錄一卷 （清）葉種德堂主人輯　清光緒十一年（1885）石印本　一冊

330000－4706－0003446　普2814　史部/時令類

月令粹編二十四卷圖說一卷 （清）秦嘉謨撰　清嘉慶十七年（1812）江都秦嘉謨琳琅仙館刻本　六冊

330000－4706－0003447　普2772　子部/天文曆算類/算書之屬

益古演段代數解三卷 （清）周以南撰　清光緒二十五年（1899）石印本　一冊

330000－4706－0003448　普2773　子部/天文曆算類/算書之屬

益古演段代數解三卷 （清）周以南撰　清光緒二十五年（1899）石印本　一冊

330000－4706－0003449　地文子105　子部/醫家類/醫案之屬

醫案一卷 （明）朱在明抄　清抄本　一冊

330000－4706－0003450　普2815　類叢部/叢書類/自著之屬

船山遺書五十八種 （清）王夫之撰　清同治四年（1865）湘鄉曾國荃金陵刻本　二十八冊　存十五種

330000－4706－0003451　普 2577　子部/醫家類/類編之屬

薛氏醫按二十四種　（明）吳琯編　明萬曆刻本　一冊　存一種

330000－4706－0003454　普 2816　子部/雜著類/雜考之屬

十駕齋養新錄二十卷餘錄三卷　（清）錢大昕撰　**錢辛楣先生年譜一卷**　（清）錢慶曾校注　**竹汀居士年譜續編一卷**　（清）錢慶曾撰　清光緒二年（1876）浙江書局刻本　八冊

330000－4706－0003455　普 2817　類叢部/叢書類/自著之屬

湯文正公全集七種　（清）湯斌撰　清刻本　五冊　存二種

330000－4706－0003457　普 2579　子部/醫家類/兒科之屬/痘疹

痘科正傳六卷　（清）沈巨源輯　清刻本　二冊　缺二卷（三至四）

330000－4706－0003458　普 2781　新學/算學/三角八綫

八綫備旨四卷八綫學總習問一卷　（美國）羅密士撰　（美國）潘慎文選譯　清刻本　一冊　缺二卷（一至二）

330000－4706－0003459　普 2782　類叢部/叢書類/彙編之屬

祕書廿一種　（清）汪士漢編　清刻本　一冊　存一種

330000－4706－0003460　普 2495　子部/雜著類

諸子摘要四卷　清抄本　一冊

330000－4706－0003462　普 2818　子部/儒家類/儒學之屬/性理

漢學商兌三卷　（清）方東樹撰　清光緒二十六年（1900）浙江書局刻本　四冊

330000－4706－0003463　普 2785　子部/雜著類/雜考之屬

日知錄三十二卷　（清）顧炎武撰　清康熙三十四年（1695）潘耒刻本　十二冊

330000－4706－0003464　普 2786　新學/圖學/圖算

運規約指三卷　（英國）白起德輯　（英國）傅蘭雅口譯　（清）徐建寅筆述　清刻本　一冊

330000－4706－0003465　普 2819　新學/動植物學/植物學

植物學八卷　（英國）韋廉臣輯並譯　（英國）艾約瑟續譯　（清）李善蘭筆述　清咸豐八年（1858）刻本　一冊

330000－4706－0003470　普 2787　類叢部/叢書類/彙編之屬

知不足齋叢書一百九十六種　（清）鮑廷博編　（清）鮑士恭續編　清乾隆三十七年至道光三年（1772－1823）長塘鮑氏刻彙印本　一冊　存一種

330000－4706－0003471　普 2580　子部/醫家類/方書之屬/單方驗方

醫方簡易六卷　（清）虞仲倫撰　清刻本　二冊　存四卷（一至四）

330000－4706－0003474　普 2582　子部/醫家類/醫案之屬

醫案不分卷　清抄本　一冊

330000－4706－0003475　普 2583　子部/醫家類/醫案之屬

醫案不分卷　清抄本　一冊

330000－4706－0003476　普 2584　集部/總集類/選集之屬/通代

分類賦學雞跖集三十卷附錄一卷　（清）張維城輯　清光緒八年（1882）四明汲綆齋刻本　八冊

330000－4706－0003479　普 2826　子部/法家類

管子二十四卷　（唐）房玄齡注　清光緒五年（1879）影宋刻本　四冊

330000－4706－0003480　普 2824　類叢部/類書類/通類之屬

小知錄十二卷　（清）陸鳳藻輯　清刻本　一冊　存二卷（十一至十二）

330000－4706－0003481　普2780　子部/雜
著類/雜考之屬

羣書拾補三十八種　（清）盧文弨撰　清抱經
堂刻本　一冊　存一種

330000－4706－0003482　普2585　子部/醫
家類/醫案之屬

醫案不分卷　清抄本　五冊

330000－4706－0003483　普2825　子部/農
家農學類/總論之屬

農話一卷　（清）陳啓謙撰　清光緒二十八年
（1902）上海商務印書館鉛印本　一冊

330000－4706－0003484　普2789　子部/農
家農學類/園藝之屬/總志

二如亭群芳譜四十二卷首一卷　（明）王象晉
撰　清刻本　十二冊　存十二卷（天譜三、穀
譜首、桑麻葛譜、藥譜一至三、木譜一至二、花
譜一至四）

330000－4706－0003488　普2788　子部/農
家農學類/園藝之屬/總志

二如亭群芳譜四十二卷首一卷　（明）王象晉
撰　清刻本　一冊　存二卷（木譜一至二）

330000－4706－0003489　普2500　類叢部/
叢書類/彙編之屬

武英殿聚珍版書一百三十八種　清乾隆四十
二年（1777）福建刻道光至同治遞修光緒二十
一年（1895）增刻本　八冊　存一種

330000－4706－0003491　普2828　子部/醫
家類/綜合之屬/通論

類證治裁八卷首一卷　（清）林珮琴撰　清同
治七年（1868）謝希昉刻本　十冊

330000－4706－0003492　普2588　新學/商
務/商學

原富八卷　（英國）斯密亞丹撰　嚴復譯　清
光緒二十七年（1901）上海南洋公學譯書院鉛
印本　五冊　存五卷（甲上，丙，丁上，戊上、
下）

330000－4706－0003493　普2589　子部/雜
著類/雜說之屬

330000－4706－0003494　普2780　子部/雜

定香亭筆談四卷　（清）阮元撰　清光緒二十
五年（1899）浙江書局刻本　三冊

330000－4706－0003495　普2790　子部/小
說家類/異聞之屬

異聞益智叢錄三十四卷　（清）種蕉藝蘭生撰
清光緒鉛印本　一冊　存三卷（五至七）

330000－4706－0003496　普2901　子部/儒
家類/儒學之屬/勸學

勸學篇二卷　（清）張之洞撰　清光緒二十四
年（1898）刻本　一冊

330000－4706－0003500　普3862　集部/總
集類/課藝之屬

目耕齋讀本初集不分卷　（清）徐楷評註
（清）沈叔眉選刊　清蘇州亦西齋刻本　四冊

330000－4706－0003501　普2903　子部/藝
術類/書畫之屬/畫譜

太平歡樂圖一卷　（清）方薰繪　清光緒十四
年（1888）積山書局石印本　一冊

330000－4706－0003502　普2904　子部/兵
家類/兵法之屬

孫吳司馬法八卷　（清）孫星衍輯　清刻本
一冊

330000－4706－0003503　普2590　子部/雜
著類/雜考之屬

日知錄三十二卷日知錄之餘四卷　（清）顧炎
武撰　清刻本　二冊　存五卷（三十、之餘一
至四）

330000－4706－0003505　普2778　類叢部/
叢書類/彙編之屬

說郛一百二十弓一千二百八十種　（明）陶珽
編　**說郛續四十六弓五百三十八種**　（明）陶
珽編　（清）李際期重訂　明末刻清初李際期
宛委山堂續刻彙印本　一冊　存一種

330000－4706－0003507　普2829　子部/雜
著類/雜纂之屬

蕉窗必讀十卷　（清）陳宗泗輯　清同治八年
（1869）刻本　二冊

330000－4706－0003508　普2591　類叢部/叢書類/自著之屬

徐氏雜著四種　（清）徐大椿撰　清光緒二十二年(1896)珍藝書局鉛印本　一冊

330000－4706－0003509　普2830　子部/雜著類/雜纂之屬

重刻添補傳家寶俚言新本初集八卷首一卷二集八卷三集八卷四集八卷　（清）石成金撰　清刻本　八冊

330000－4706－0003510　普3105　子部/儒家類/儒學之屬

皇朝蓄艾文編八十卷　（清）于寶軒輯　清上海官書局鉛印本　一冊　存二卷(一至二)

330000－4706－0003512　普2832　子部/雜著類/雜說之屬

居易錄三十四卷　（清）王士禎撰　清刻本　五冊　存十三卷(三至八、十四至二十)

330000－4706－0003513　普2783　子部/雜著類/雜纂之屬

格言聯璧一卷　（清）金纓輯　清光緒元年(1875)刻本　一冊

330000－4706－0003514　普2906　子部/雜著類/雜說之屬

風俗通義十卷　（漢）應劭撰　清刻本　一冊　存四卷(一至四)

330000－4706－0003516　普2907　子部/雜著類/雜說之屬

求己錄三卷　陶葆廉編　清光緒二十二年(1896)刻本　三冊

330000－4706－0003517　普2595　類叢部/叢書類/自著之屬

隨園三十八種　（清）袁枚撰　清宣統二年(1910)上海鴻文書局石印本　二冊　存二種

330000－4706－0003518　普2596　子部/小說家類/異聞之屬

山海經十八卷　（晉）郭璞傳　清刻本　二冊

330000－4706－0003519　普2794　子部/儒家類/儒學之屬

婺學治事文編五卷　（清）繼良輯　清光緒二十七年(1901)目巧室石印本　一冊　存二卷(一至二)

330000－4706－0003520　普2597　類叢部/叢書類/彙編之屬

祕書廿一種　（清）汪士漢編　清嘉慶九年(1804)敬書堂刻本　二冊　存三種

330000－4706－0003521　普2910　類叢部/叢書類/彙編之屬

邵武徐氏叢書二十三種　（清）徐榦編　清光緒邵武徐氏刻本　二冊　存二種

330000－4706－0003524　普2599　史部/政書類

校邠廬抗議二卷　（清）馮桂芬撰　清光緒十八年(1892)敏德堂潘氏刻本　二冊

330000－4706－0003528　普2833　新學/雜著/叢編

西學啓蒙十六種　（英國）赫德編　（英國）艾約瑟譯　清光緒二十四年(1898)上海圖書集成印書局石印本　十六冊

330000－4706－0003529　普2861　子部/雜著類/雜說之屬

香祖筆記十二卷　（清）王士禎撰　清刻本　一冊　存三卷(一至三)

330000－4706－0003530　普2834　子部/藝術類/書畫之屬/總論

畫禪室隨筆四卷　（明）董其昌撰　（清）楊補輯　清大魁堂刻本　二冊

330000－4706－0003531　普2835　史部/傳記類/日記之屬

道西齋日記二卷(清光緒十三年)　王詠霓撰　清光緒十八年(1892)上洋鴻寶齋石印本　一冊

330000－4706－0003532　普4148　集部/總集類/課藝之屬

登瀛社稿續刻一卷　清刻本　一冊

家類/儒學之屬

嘉善縣圖書館古籍普查登記目錄

144

330000－4706－0003533　普 3460　類叢部/
叢書類/彙編之屬

懷豳雜俎十二種　徐乃昌編　清光緒至宣統
南陵徐氏刻本　一冊　存一種

330000－4706－0003534　普 1455　史部/傳
記類/總傳之屬/儒林

國朝漢學師承記八卷國朝經師經義目錄一卷
國朝宋學淵源記二卷附記一卷　（清）江藩撰
　清刻本　四冊

330000－4706－0003535　普 2044　經部/群
經總義類/傳說之屬

新學偽經考十四卷　康有為撰　清石印本
四冊　存八卷(七至十四)

330000－4706－0003536　普 2836　子部/雜
著類/雜考之屬

日知錄三十二卷　（清）顧炎武撰　清刻本
二冊　存四卷(一至四)

330000－4706－0003537　普 2837　子部/雜
著類/雜說之屬

居易錄三十四卷　（清）王士禎撰　清刻本
三冊　存九卷(九至十七)

330000－4706－0003540　普 2913　子部/醫
家類/婦科之屬/產科

達生編三卷附錄一卷　（清）亟齋居士撰　清
刻本　一冊

330000－4706－0003541　普 2598　集部/別
集類/清別集

有正味齋試帖詳註四卷　（清）吳錫麒撰
（清）吳敬恒注　清刻本　一冊　存一卷(二)

330000－4706－0003542　普 1456　史部/傳
記類/日記之屬

求闕齋日記類鈔十卷(清光緒二年)　（清）曾
國藩撰　（清）王啟原編　清光緒十三年
(1887)石印本　一冊　存五卷(一至五)

330000－4706－0003547　普 2045　子部/藝
術類/書畫之屬/法帖

許竹筼侍郎尺牘真跡二卷　（清）許景澄撰
（清）盛沅輯　清光緒三十三年(1907)影印本

一冊　存一卷(下)

330000－4706－0003548　普 2838　子部/雜
著類/雜考之屬

陔餘叢考四十三卷　（清）趙翼撰　清刻本
三冊　存十四卷(二十四至三十七)

330000－4706－0003549　普 2839　史部/政
書類

校邠廬抗議二卷　（清）馮桂芬撰　清光緒十
八年(1892)敏德堂潘氏刻本　一冊

330000－4706－0003550　普 2840　史部/職
官類/官箴之屬

夢痕錄節鈔一卷　（清）汪輝祖撰　（清）何士
祁輯　清刻本　一冊

330000－4706－0003552　普 2841　類叢部/
叢書類/彙編之屬

祕書廿一種　（清）汪士漢編　清刻本　二冊
　存一種

330000－4706－0003554　普 3196　集部/總
集類/選集之屬/斷代

八家四六文註八卷首一卷　（清）吳鼒輯
（清）許貞幹注　**補註一卷**　陳衍撰　清光緒
十八年(1892)上海圖書集成印書局鉛印本
六冊

330000－4706－0003555　普 2072　類叢部/
叢書類/自著之屬

景紫堂全書十一種　（清）夏炘撰　清咸豐至
同治刻同治元年(1862)王光甲等彙印本　四
冊　存一種

330000－4706－0003556　普 2073　子部/雜
著類/雜考之屬

日知錄集釋三十二卷刊誤二卷續刊誤二卷
黃汝成撰　清刻本　七冊　存十四卷(二至
三、五至六、十三至十八、二十七至三十)

330000－4706－0003557　普 2074　子部/雜
著類/雜考之屬

日知錄三十二卷　（清）顧炎武撰　清康熙三
十四年(1695)潘耒刻本　五冊　存十四卷
(一至二、十五至十七、二十一至二十九)

145

330000－4706－0003558　普2795　集部/別集類/清別集

覺顛冥齋內言四卷　(清)唐才常撰　清光緒二十八年(1902)吳門鉛印本　二冊

330000－4706－0003559　普2912　子部/醫家類/婦科之屬/產科

達生編不分卷　(清)亟齋居士撰　清刻本　一冊

330000－4706－0003560　普2046　新學/議論/通論

新學矤議二卷　(清)滁凡甫刊定　清石印本　一冊

330000－4706－0003562　普2843　子部/醫家類/婦科之屬/產科

增廣大生要旨五卷　(清)唐千頃撰　(清)葉灝增訂　清刻本　一冊　存三卷(一至三)

330000－4706－0003563　普2842　集部/總集類/選集之屬/通代

憑山閣留青廣集十二卷　(清)陳枚輯　清刻本　五冊　存五卷(一、六、十至十二)

330000－4706－0003564　普2075　類叢部/叢書類/彙編之屬

讀畫齋叢書四十六種　(清)顧修編　清嘉慶四年至十六年(1799－1811)桐川顧氏刻本　一冊　存一種

330000－4706－0003565　普2914　子部/醫家類/婦科之屬/產科

達生編二卷　(清)亟齋居士撰　清刻本　一冊

330000－4706－0003566　普2076　類叢部/叢書類/彙編之屬

申報館叢書正集五十七種附錄三種　(清)尊聞閣主編　續集一百四十二種　蔡爾康編　清同治至光緒申報館鉛印本　三冊　存三種

330000－4706－0003567　普2915　子部/醫家類/婦科之屬/產科

達生編二卷附錄一卷　(清)亟齋居士撰　清光緒六年(1880)文光齋刻本　一冊

330000－4706－0003568　普2844　新學/地學/地志學

寶藏興焉十二卷　(英國)費而奔撰　(英國)傅蘭雅口譯　(清)徐壽筆述　清刻本　十三冊　存八卷(一至八)

330000－4706－0003569　普2845　子部/雜著類

時務三字經一卷　清光緒二十八年(1902)刻本　一冊

330000－4706－0003571　普2077　經部/小學類

文通十卷　(清)馬建忠撰　清刻本　四冊　存四卷(二、八至十)

330000－4706－0003572　普2917　子部/醫家類/婦科之屬/產科

達生編三卷附錄一卷　(清)亟齋居士撰　清刻本　一冊

330000－4706－0003573　普2796　類叢部/類書類/通類之屬

精選黃眉故事十卷　(明)鄧志謨輯　清刻本　一冊　存一卷(五)

330000－4706－0003575　普2050　子部/雜著類/雜說之屬

夢溪筆談二十六卷補筆談三卷續筆談一卷　(宋)沈括撰　清刻本　一冊　存七卷(十八至二十四)

330000－4706－0003576　普2078　子部/醫家類/婦科之屬/產科

增訂大生要旨五卷　(清)唐千頃撰　(清)葉灝增訂　清光緒十九年(1893)刻本　一冊　存四卷(一至四)

330000－4706－0003579　普2079　子部/醫家類/婦科之屬/產科

大生要旨六卷　(清)唐千頃撰　清刻本　一冊　存二卷(五至六)

330000－4706－0003580　普3091　史部/傳記類/科舉錄之屬

江左校士錄六卷　(清)黃體芳輯　清石印本

二冊　存二卷（三至四）

330000－4706－0003581　普 2080　子部/小
說家類/異聞之屬

燕山外史八卷　（清）陳球撰　清刻本　一冊

330000－4706－0003587　普 2056　子部/
叢編

續二十五子彙函　（清）上海鴻文書局編　清
光緒二十四年（1898）上海鴻文書局石印本
一冊　存一種

330000－4706－0003588　普 2052　子部/農
家農學類/總論之屬

重訂增補陶朱公致富全書四卷　（明）陳繼儒
輯　（清）石巖逸叟增補　清刻本　一冊　存
一卷（二）

330000－4706－0003589　普 2061　子部/雜
著類/雜纂之屬

寄園寄所寄十二卷　（清）趙吉士輯　清刻本
一冊　存一卷（八）

330000－4706－0003590　普 2920　新學/議
論/通論

洋務實學新編二卷　（清）傅雲龍輯　清光緒
二十二年（1896）上海書局石印本　一冊

330000－4706－0003591　普 2059　新學/議
論/論政

中國宜改革新政論議二卷　何啟　胡禮垣撰
清光緒二十一年（1895）鉛印本　二冊

330000－4706－0003593　普 2922　類叢部/
叢書類/彙編之屬

唐代叢書一百六十四種　（清）王文誥編　清
嘉慶十一年（1806）弁山樓刻本　三冊　存
七種

330000－4706－0003594　普 2082　子部/雜
著類/雜纂之屬

昨非菴日纂二十卷二集二十卷三集二十卷
（明）鄭瑄輯　明崇禎刻本　一冊　存二卷
（昨非菴日纂十八至十九）

330000－4706－0003595　普 2083　類叢部/

叢書類/彙編之屬

小種字林叢刻七種　（清）吳受福編　清光緒
刻本　一冊　存一種

330000－4706－0003597　普 2084　集部/總
集類/選集之屬/斷代

汪羅彭薛四家合鈔四種　國學扶輪社輯　清
宣統二年（1910）上海國學扶輪社鉛印本
六冊

330000－4706－0003600　普 2085　子部/小
說家類/雜事之屬

堅瓠集六十六卷　（清）褚人獲撰　清刻本
一冊　存二卷（餘集三至四）

330000－4706－0003603　普 2087　子部/天
文曆算類/算書之屬

翠薇山房數學十四種　（清）張作楠撰　清嘉
慶至道光刻光緒五年（1879）補刻本　一冊
存一種

330000－4706－0003604　普 2088　子部/天
文曆算類/算書之屬

梅氏叢書輯要三十種六十二卷首一卷　（清）
梅文鼎撰　（清）梅毂成重編　清同治十三年
（1874）梅纘高頤園刻本　一冊　存一種

330000－4706－0003605　普 2063　類叢部/
類書類/通類之屬

小知錄十二卷　（清）陸鳳藻輯　清同治十二
年（1873）淮南書局刻本　六冊

330000－4706－0003606　普 2065　史部/地
理類/外紀之屬

瀛寰瑣紀二十八卷　（清）申報館輯　清同治
十一年至十三年（1872－1874）鉛印本　一冊
存一卷（十七）

330000－4706－0003607　普 2064　史部/傳
記類/別傳之屬

孤忠錄[吳可讀]二卷　（清）袁祖志輯　清光
緒十二年（1886）刻本　一冊　存一卷（上）

330000－4706－0003608　普 2091　子部/雜
著類/雜纂之屬

格言集要一卷　清同治十三年（1874）刻本

147

一冊

330000－4706－0003609　普2089　子部/儒
家類/儒學之屬/俗訓

人譜一卷人譜類記二卷　（明）劉宗周撰　清
光緒教忠堂刻本　二冊

330000－4706－0003610　普2086　集部/總
集類/氏族之屬

三蘇策論十二卷　（宋）蘇洵　（宋）蘇軾
（宋）蘇轍撰　（清）張紹齡編　清光緒二十四
年(1898)越郡會文堂石印本　二冊　存五卷
（一至三、七至八）

330000－4706－0003611　普2090　子部/雜
著類/雜說之屬

盛世危言續編四卷　鄭觀應撰　清光緒二十
一年(1895)上海賜書堂石印本　二冊　存二
卷（一、三）

330000－4706－0003612　普2066　類叢部/
叢書類/彙編之屬

硯雲甲編八種乙編八種　（清）金忠淳編　清
乾隆四十年至四十三年(1775－1778)金氏硯
雲書屋刻本　一冊　存一種

330000－4706－0003614　普2067　子部/雜
著類/雜說之屬

**容齋隨筆十六卷續筆十六卷三筆十六卷四筆
十六卷五筆十卷**　（宋）洪邁撰　清刻本　一
冊　存五卷（續筆一至五）

330000－4706－0003615　普2092　集部/總
集類/課藝之屬

仁在堂全集十一集續刻三集　（清）路德輯
清刻本　一冊　存一種

330000－4706－0003616　普2068　史部/政
書類

校邠廬抗議二卷　（清）馮桂芬撰　清光緒石
印本　一冊　存一卷（二）

330000－4706－0003617　普2488　史部/編
年類/通代之屬

尺木堂綱鑑易知錄九十二卷　（清）吳乘權等
輯　清刻本　二十冊　存四十八卷（二十五

至二十七、四十八至九十二）

330000－4706－0003618　普2062　子部/儒
家類/儒學之屬/性理

思辨錄輯要前集二十二卷後集十三卷　（清）
陸世儀撰　清刻本　八冊

330000－4706－0003619　普2923　類叢部/
叢書類/自著之屬

徐位山先生七種　（清）徐文靖撰　清雍正至
乾隆刻志寧堂彙印本　一冊　存一種

330000－4706－0003620　普2924　子部/雜
著類/雜纂之屬

槐廳載筆二十卷　（清）法式善撰　清刻本
一冊　存四卷（四至七）

330000－4706－0003621　普2093　新學/議
論/通論

求闕齋時務彙鈔□□種　清光緒二十四年
(1898)上海十萬卷石印本　一冊　存一種

330000－4706－0003622　普2094　類叢部/
類書類/專類之屬

精選中外時務文編四十四卷　（清）養晦生編
清光緒二十三年(1897)寶善書局石印本
十九冊

330000－4706－0003623　普2925　類叢部/
叢書類/自著之屬

不遠復齋遺書六種　（清）潘士璜輯　清光緒
六年(1880)潘遵祁刻本　一冊　存一種

330000－4706－0003625　普3002　子部/雜
著類/雜說之屬

盛世危言十四卷　鄭觀應輯撰　清上海古香
閣石印本　二冊　存二卷（四至五）

330000－4706－0003626　普2926　子部/醫
家類/兒科之屬/通論

保嬰易知錄二卷補編一卷　（清）吳寧瀾撰
清道光二十一年(1841)刻本　一冊

330000－4706－0003627　普3003　經部/周
禮類/傳說之屬

周禮政要二卷　（清）孫詒讓撰　清石印本

一冊　存一卷(下)

330000－4706－0003628　普2846　子部/儒
家類/儒學之屬/禮教

教學五書十二卷　(清)繆元益輯　清刻本
一冊　存三種

330000－4706－0003629　普3004　類叢部/
叢書類/自著之屬

陳澹然三種　陳澹然撰　清光緒二十八年
(1902)長沙刻本　三冊　存一種

330000－4706－0003631　普2847　史部/金
石類/金之屬/文字

積古齋鐘鼎彝器款識十卷　(清)阮元　(清)
朱爲弼撰　清刻本　二冊　存四卷(五至六、
九至十)

330000－4706－0003632　普2096　子部/農
家農學類/園藝之屬/總志

二如亭群芳譜二十八卷　(明)王象晉撰　清
刻本　二冊　存二卷(天譜二、茶譜一)

330000－4706－0003634　普2097　集部/別
集類/清別集

香屑集十八卷首一卷末一卷　(清)黃之雋撰
(清)陳邦直注　清宣統二年(1910)上海掃
葉山房石印本　四冊

330000－4706－0003635　普2576　子部/農
家農學類/蠶桑之屬

養蠶法一卷　清抄本　二冊

330000－4706－0003636　普2849　類叢部/
類書類/專類之屬

古今秘苑三十二卷　(清)墨磨主人編　清十
二桐樓刻本　三冊　存三十一卷(一至三十
一)

330000－4706－0003637　普2928　子部/醫
家類/兒科之屬/通論

保嬰易知錄二卷補編一卷　(清)吳寧瀾撰
清刻本　一冊　缺一卷(一)

330000－4706－0003638　普3007　子部/藝
術類/遊藝之屬/雜藝

鵝幻彙編(中外戲法圖說)十二卷　(清)唐再
豐撰　清光緒三十二年(1906)上海書局石印
本　六冊

330000－4706－0003639　普2850　子部/天
文曆算類/曆法之屬

增訂諏吉便覽一卷　(清)費淳撰　清刻本
一冊

330000－4706－0003640　普2929　子部/醫
家類/類編之屬

保赤彙編　(清)朱之榛編　清光緒五年
(1879)蘇州刻本　一冊　存一種

330000－4706－0003643　普2848　經部/群
經總義類/傳說之屬

雪樵經解三十卷附錄三卷　(清)馮世瀛輯
清光緒十五年(1889)邗江晉銅古齋鉛印本
一冊　存五卷(一至五)

330000－4706－0003644　普3010　子部/小
說家類/雜事之屬

堅瓠集六十六卷　(清)褚人獲撰　清刻本
一冊　存二卷(七集三至四)

330000－4706－0003646　普2851　子部/小
說家類/異聞之屬

太平廣記五百卷目錄十卷　(宋)李昉等輯
清乾隆二十年(1755)槐蔭草堂刻本　三十六
冊　缺一百三十七卷(四十四至七十一、一百
八十九至一百九十、二百二十八至二百二十
九、二百三十七至二百九十、三百十四至三百
二十四、三百五十九至三百六十七、四百四十
一至四百七十一)

330000－4706－0003647　普2100　類叢部/
叢書類

西算初學八種　(清)張之洞輯　清刻本　七
冊　存六種

330000－4706－0003648　普2852　子部/小
說家類/異聞之屬

太平廣記五百卷目錄十卷　(宋)李昉等輯
清刻本　三十五冊　存二百八十卷(目錄五
至九,九至十四、三十四至五十二、一百十六

至二百一、二百八至二百三十八、二百四十九
至二百六十四、二百七十二至二百七十八、二
百八十八至三百五十二、三百六十九至四百
五、四百十四至四百二十一)

330000－4706－0003649　普2853　新學/政
治法律/政治

新輯各國政治藝學策論二卷　(清)顧厚焜鑒
定　清光緒二十八年(1902)石印本　一冊

330000－4706－0003650　普3009　類叢部/
類書類/專類之屬

精選格致時事富强新論八卷　清光緒十一年
(1885)石印本　四冊　存四卷(一至三、五)

330000－4706－0003652　普3012　集部/別
集類/清別集

浮玉山房賦鈔不分卷　(清)丁紹周撰　清同
治十年(1871)刻本　一冊

330000－4706－0003656　普3214　集部/別
集類/清別集

懷亭詩錄六卷詞錄二卷　蔣學堅撰　清光緒
二十一年(1895)刻本　一冊　存一卷(詞錄
一)

330000－4706－0003657　普3102　類叢部/
叢書類/彙編之屬

知不足齋叢書一百九十六種　(清)鮑廷博編
　(清)鮑士恭續編　清乾隆三十七年至道光
三年(1772－1823)長塘鮑氏刻彙印本　一冊
　存一種

330000－4706－0003658　普3016　集部/別
集類/清別集

陳檢討詩鈔十卷　(清)陳維崧撰　(清)蔣景
祁等輯　清康熙二十三年(1684)刻本　一冊
　存六卷(一至六)

330000－4706－0003659　普3017　集部/別
集類/清別集

陳檢討集二十卷　(清)陳維崧撰　(清)程師
恭注　清康熙三十二年(1693)有美堂刻本
二冊　存九卷(一至九)

330000－4706－0003660　普3018　集部/別

集類/清別集

陳檢討集二十卷　(清)陳維崧撰　(清)程師
恭注　清康熙三十二年(1693)有美堂刻本
三冊

330000－4706－0003661　普3019　集部/別
集類/清別集

江忠烈公遺集二卷附錄一卷　(清)江忠源撰
　清同治三年(1864)四川藩署刻本　一冊

330000－4706－0003662　普3113　類叢部/
叢書類/彙編之屬

藝苑捃華四十八種　(清)顧之逵編　清同治
七年(1868)刻本　七冊　存一種

330000－4706－0003663　普2863　集部/別
集類/清別集

藤香草堂詩稿不分卷　(清)薛時雨撰　清咸
豐十一年(1861)刻本　一冊

330000－4706－0003664　普3114　集部/別
集類/清別集

存我軒偶錄不分卷　(清)陸鍾渭撰　清光緒
二十七年(1901)文彙書局鉛印本　一冊

330000－4706－0003665　普2865　集部/別
集類/清別集

味閒堂賦鈔一卷續刻一卷三刻二卷　(清)陶
然撰　清光緒三年至五年(1877－1879)刻本
　三冊　缺一卷(三刻二)

330000－4706－0003668　普2867　集部/別
集類/清別集

巢雲山房詩存二卷　(清)徐錫麟撰　清刻本
二冊

330000－4706－0003670　普2868　集部/別
集類/清別集

小倉山房外集八卷　(清)袁枚撰　清刻本
二冊　缺一卷(八)

330000－4706－0003671　普2869　集部/別
集類/清別集

有正味齋駢體文二十四卷首一卷　(清)吳錫
麒撰　(清)王廣業箋　(清)葉聯芬注　清光
緒十五年(1889)上海蜚英館石印本　三冊

存十九卷(六至二十四)

330000－4706－0003673　普3015　集部/別集類/清別集

船山詩草二十卷 （清）張問陶撰　清刻本
一冊　存四卷(一至四)

330000－4706－0003674　普2871　集部/詞類/別集之屬

有正味齋詞集八卷 （清）吳錫麒撰　清宣統元年(1909)掃葉山房石印本　三冊

330000－4706－0003675　普3021　集部/別集類/清別集

望浹樓詩草二卷 （清）袁謨撰　清光緒十五年(1889)鉛印本　一冊　存一卷(一)

330000－4706－0003676　普3020　集部/別集類/清別集

思補齋詩集六卷 （清）潘世恩撰　清道光三十年(1850)刻本　一冊　存二卷(三至四)

330000－4706－0003677　普3022　集部/別集類/清別集

史山詩二卷 （清）史璟撰　清道光二十三年(1843)橐廬刻本　一冊

330000－4706－0003678　普3024　集部/別集類/清別集

熙齋詩鈔一卷 （清）祝琳撰　清道光二十二年(1842)馬用俊刻本　一冊

330000－4706－0003679　普3025　集部/詞類/別集之屬

麝塵蓮寸集四卷補遺一卷 （清）汪淵撰
(清)程淑注　清光緒十六年(1890)刻本
二冊

330000－4706－0003680　普3023　集部/別集類

散原精舍詩二卷 陳三立撰　清宣統元年(1909)石印本　一冊　存一卷(上)

330000－4706－0003681　普3026　集部/別集類/清別集

餅水齋詩集十七卷別集二卷詩話一卷附錄一

卷　（清）舒位撰　清光緒十二年(1886)邊保樞刻十七年(1891)增修本　五冊　存十五卷(詩集三至十七)

330000－4706－0003682　普3027　類叢部/叢書類/彙編之屬

花雨樓叢鈔十一種續鈔十一種附一種 （清）張壽榮編　清光緒八年至十四年(1882－1888)蛟川張氏花雨樓刻本　一冊　存一種

330000－4706－0003683　普3028　集部/別集類/清別集

竹南精舍詩鈔四卷 （清）朱泰脩撰　清光緒八年(1882)刻本　一冊　存二卷(一至二)

330000－4706－0003684　普3116　集部/總集類/郡邑之屬

江左三大家詩鈔 （清）顧有孝　（清）趙澐編
清刻本　五冊

330000－4706－0003687　普2873　集部/別集類/清別集

味無味齋詩集七卷駢文二卷雜文一卷 （清）董兆熊撰　清同治十三年至光緒二年(1874－1876)刻本　一冊

330000－4706－0003690　普2877　集部/別集類/清別集

吳詩集覽二十卷補註二十卷吳詩談藪二卷拾遺一卷 （清）吳偉業撰　（清）靳榮藩注並輯
清凌雲亭刻本　五冊　存八卷(吳詩集覽一至三、八至九,吳詩談藪一至二,拾遺)

330000－4706－0003691　普3115　集部/別集類/清別集

朱布衣詩選一卷 （清）朱錫山撰　清同治十一年(1872)靜安堂刻本　一冊

330000－4706－0003693　普3117　集部/別集類/清別集

佩珊珊室詩存一卷 （清）王紉佩撰　清光緒十九年(1893)刻本　一冊

330000－4706－0003694　普3118　集部/別集類/清別集

味雪齋詩鈔二卷 （清）郁載瑛撰　清刻本

一冊

330000－4706－0003695　普 3119　集部/別
集類/清別集

養素居詩初編一卷二編一卷　（清）董燿撰
清光緒十八年（1892）刻本　一冊　存一卷
（初編）

330000－4706－0003696　普 2879　集部/別
集類/清別集

古紅梅閣集八卷附錄一卷　（清）劉履芬撰
紫藤花館詩餘一卷　（清）劉觀藻撰　清同治
八年（1869）刻本　一冊　缺六卷（一至六）

330000－4706－0003697　普 2880　集部/別
集類/清別集

醉月居詩鈔一卷詞鈔一卷　（清）葉世熊撰
清光緒三十年（1904）刻本　一冊

330000－4706－0003698　普 2881　集部/別
集類/清別集

白鵠山房詩選四卷挂笠吟一卷　（清）徐熊飛
撰　清刻本　一冊　存二卷（詩選一至二）

330000－4706－0003699　普 3120　集部/別
集類/清別集

花笑軒彙編十八卷　（清）高延福撰　清刻本
四冊　存八卷（三至六、十、十三至十五）

330000－4706－0003700　普 2882　集部/別
集類/清別集

健初詩鈔四卷附文鈔一卷　（清）朱光暄撰
清光緒二十二年（1896）十三古印齋刻本
二冊

330000－4706－0003701　普 3030　類叢部/
叢書/自著之屬

庸庵全集七種　（清）薛福成撰　清光緒二十
三年（1897）上海醉六堂石印本　二冊　存
一種

330000－4706－0003702　普 2930　子部/兵
家類

兵部則例不分卷　清抄本　二冊

330000－4706－0003703　普 3032　類叢部/

類書類/專類之屬

試帖未能免俗集分類註畧二卷　（清）徐福辰
撰　清同治元年（1862）刻本　一冊　存一卷
（上）

330000－4706－0003704　普 3005　子部/小
說家類/異聞之屬

新齋諧二十四卷　（清）袁枚撰　清石印本
一冊　存三卷（十至十二）

330000－4706－0003705　普 2883　類叢部/
叢書類/自著之屬

甌北全集八種　（清）趙翼撰　清乾隆至嘉慶
湛貽堂刻本　四冊　存二種

330000－4706－0003708　普 2931　子部/宗
教類/佛教之屬/經

地藏菩薩本願經三卷　（唐）釋實叉難陀譯
清石印本　一冊

330000－4706－0003709　普 3035　集部/別
集類

自怡吟初稿四卷　（清）謝元壽撰　清宣統三
年（1911）石印本　二冊

330000－4706－0003710　普 3122　集部/別
集類/清別集

思詒堂詩稿十二卷文稿一卷　（清）金衍宗撰
　清同治五年（1866）刻本　四冊　缺一卷
（文稿）

330000－4706－0003712　普 3123　集部/別
集類/清別集

謙齋詩集八卷首一卷遺集十二卷首一卷
（清）蔡仲光撰　清咸豐三年（1853）蕭山蔡氏
篤慶堂刻本　一冊　存二卷（詩集一至二）

330000－4706－0003714　普 3124　集部/曲
類/曲選之屬

惺夢集不分卷　（清）灑落居士輯　清同治元
年（1862）刻本　一冊

330000－4706－0003716　普 3125　集部/別
集類/清別集

碧梧紅杏山房詩鈔二卷附楹帖　（清）陸費變
撰　清光緒二十六年（1900）刻本　二冊

330000－4706－0003718　普3043　集部/總集類/尺牘之屬

普通應用白話尺牘初編二卷　朱斗南撰　清宣統二年(1910)杭州聚元堂書局石印本　一冊　存一卷(下)

330000－4706－0003720　普3044　集部/總集類/尺牘之屬

尺牘含芳四卷　(清)紉裳居士輯　清道光二十五年(1845)石印本　一冊　存二卷(一至二)

330000－4706－0003721　普2936　子部/雜著類/雜編之屬

行文寶笈二卷　(清)顧紹鼎輯　清光緒十一年(1885)石印本　一冊　存一卷(上)

330000－4706－0003722　普2935　子部/雜著類/雜纂之屬

古諷籀齋目耕脞錄三十二卷　(清)鄭霞逸輯　清刻本　一冊　存二卷(九至十)

330000－4706－0003725　普2886　集部/別集類/清別集

定盦文集三卷續集四卷餘集一卷續錄一卷補編四卷　(清)龔自珍撰　清光緒二十八年(1902)浙省文彙書局鉛印本　四冊

330000－4706－0003726　普2885　集部/總集類/尺牘之屬

名賢手札八種　(清)郭慶藩輯　清光緒十年(1884)湘陰郭氏岵瞻堂刻本　一冊

330000－4706－0003727　普3036　集部/別集類/清別集

大梅山館集五十五卷　(清)姚燮撰　清道光十三年至咸豐六年(1833－1856)大梅山館刻本　七冊　存一種

330000－4706－0003732　普2888　集部/總集類/氏族之屬

藤溪朱氏文略八卷　朱承業輯　清宣統三年(1911)刻本　一冊　存二卷(七至八)

330000－4706－0003733　普2889　集部/別集類/清別集

煙霞萬古樓文集六卷　(清)王曇撰　清刻本　二冊

330000－4706－0003734　普3127　集部/總集類/尺牘之屬

國朝名人書札二卷　吳曾祺輯　清宣統元年(1909)上海商務印書館鉛印本　四冊

330000－4706－0003736　普2890　子部/雜家類

天花亂墜八卷二集八卷三集八卷　(清)寅半生編　清光緒二十九年至三十三年(1903－1907)杭州崇寔齋刻本　一冊　存一卷(二集一)

330000－4706－0003738　普3128　集部/別集類/清別集

張碣塘時文二集不分卷　清刻本　一冊

330000－4706－0003740　普2892　集部/別集類/清別集

陳檢討集二十卷　(清)陳維崧撰　(清)程師恭注　清刻本　六冊

330000－4706－0003741　普2948　類叢部/叢書類/自著之屬

隨園三十八種　(清)袁枚撰　清石印本　一冊　存一種

330000－4706－0003742　普2893　集部/別集類/明別集

青邱高季迪先生詩集十八卷首一卷遺詩一卷扣舷集一卷鳧藻集五卷附錄一卷　(明)高啟撰　(清)金檀輯注　清雍正六年至七年(1728－1729)金氏文瑞樓刻乾隆墨華池館印本　十冊　存十三卷(一至五、八至九、十二至十五、十八,遺詩)

330000－4706－0003743　普3046　集部/總集類/尺牘之屬

分類尺牘備覽三十卷　(清)王虎榜輯　清石印本　一冊　存八卷(二十三至三十)

330000－4706－0003745　普2941　子部/醫家類/本草之屬/歷代綜合本草

本草綱目五十二卷附圖三卷瀕湖脈學一卷奇

經八脈攷一卷脈訣攷證一卷　（明）李時珍撰
清刻本　一冊　存三卷（瀕湖脈學、奇經八
脈攷、脈訣攷證）

330000－4706－0003749　普 3001　新學/
商務

中國度支考一卷　（英國）哲美森編　清光緒
二十九年（1903）上海廣學會鉛印本　一冊

330000－4706－0003750　普 2933　子部/課
藝之屬

應試文章不分卷　清抄本　一冊

330000－4706－0003751　普 3045　集部/總
集類/尺牘之屬

語體學生尺牘續編一卷　清石印本　一冊

330000－4706－0003768　普 3134　集部/別
集類/清別集

陳檢討四六二十卷　（清）陳維崧撰　（清）程
師恭注　清上海文瑞樓石印本　八冊

330000－4706－0003772　普 3051　集部/別
集類/清別集

哀生閣初稿四卷續稿三卷　（清）王大經撰
清刻本　四冊　存五卷（初稿二至三、續稿一
至三）

330000－4706－0003773　普 1347　類叢部/
叢書類/彙編之屬

增訂漢魏叢書九十六種　（清）王謨編　清宣
統三年（1911）上海大通書局石印本　九十
六冊

330000－4706－0003775　普 3133　集部/別
集類/清別集

音註小倉山房尺牘八卷補遺八卷　（清）袁枚
撰　（清）胡光斗箋釋　清宣統三年（1911）上
海掃葉山房石印本　四冊

330000－4706－0003778　普 3048　類叢部/
叢書類/自著之屬

春融堂集三種　（清）王昶撰　清嘉慶青浦王
氏塾南書舍刻本　十七冊　存二種

330000－4706－0003781　普 2962　史部/傳

記類/總傳之屬/儒林

道學淵源錄一百卷首一卷　（清）黃嗣東輯
清刻本　一冊　存一卷（聖清淵源錄三十）

330000－4706－0003782　普 3126　集部/別
集類/清別集

紀曉嵐詩註釋四卷　（清）紀昀撰　（清）郭斌
評註　清刻本　三冊　存三卷（二至四）

330000－4706－0003783　普 3053　集部/別
集類/清別集

衍石齋記事槀十卷　（清）錢儀吉撰　清道光
十四年（1834）刻本　五冊

330000－4706－0003784　普 3135　集部/別
集類/清別集

兩罍軒尺牘十二卷　（清）吳雲撰　清宣統二
年（1910）上海時中書局石印本　四冊

330000－4706－0003785　普 3207　集部/總
集類/選集之屬/斷代

林嚴文鈔四卷　林紓　嚴復撰　清宣統元年
（1909）上海國學扶輪社鉛印本　四冊

330000－4706－0003787　普 2949　子部/儒
家類/儒學之屬/禮教

新增願體集四卷　（清）史典輯　（清）李仲麟
重輯　清光緒元年（1875）刻本　一冊　存二
卷（一至二）

330000－4706－0003788　普 4149　集部/總
集類/選集之屬

文津迎機合選不分卷　（清）龔文藻編次　清
刻本　一冊

330000－4706－0003792　普 2950　子部/法
家類

管子二十四卷　（唐）房玄齡注　清光緒二十
九石印本　一冊　存六卷（一至六）

330000－4706－0003793　普 3138　類叢部/
叢書類/自著之屬

王漁洋遺書三十八種　（清）王士禎撰　清刻
本　一冊　存一種

330000－4706－0003794　普 3054　集部/別

154

集類/清別集

雪門詩草十六卷　（清）許瑤光撰　清光緒二十四年(1898)刻本　八冊

330000－4706－0003795　普3056　類叢部/叢書類/自著之屬

曾文正公全集十六種　（清）曾國藩撰　清同治至光緒傳忠書局刻本　十二冊　存一種

330000－4706－0003798　普3139　集部/別集類/元別集

郝文忠公陵川文集三十九卷首一卷　（元）郝經撰　（清）王鐟編　**附錄一卷**　清刻本　三冊　存十三卷(八至十五、三十六至三十九、附錄)

330000－4706－0003800　普3055　集部/總集類/課藝之屬

精選巧搭網珊不分卷　黃元炳撰　清光緒十二年(1886)石印本　六冊

330000－4706－0003801　普2963　史部/政書類/軍政之屬/邊政

歷代邊事彙鈔十二卷　（清）朱克敬輯　清光緒二十八年(1902)上海捷記書局石印本　一冊　存二卷(十至十一)

330000－4706－0003803　普3000　集部/別集類/清別集

胡文忠公遺集十卷首一卷　（清）胡林翼撰（清）閻敬銘　（清）屬雲官　（清）盛康輯　清同治五年(1866)刻本　六冊

330000－4706－0003804　普2999　集部/別集類/清別集

胡文忠公遺集十卷首一卷　（清）胡林翼撰（清）閻敬銘　（清）屬雲官　（清）盛康輯　清同治七年(1868)醉六堂刻本　八冊

330000－4706－0003805　普2998　集部/別集類/清別集

胡文忠公遺集十卷首一卷　（清）胡林翼撰（清）閻敬銘　（清）屬雲官　（清）盛康輯　清刻本　四冊　存四卷(一至二、四至五)

330000－4706－0003806　普2049　子部/天

文曆算類/算書之屬

梅氏叢書輯要三十種六十二卷首一卷　（清）梅文鼎撰　（清）梅毅成重編　清光緒十四年(1888)上海龍文書局石印本　六冊

330000－4706－0003807　普2997　集部/別集類/唐五代別集

樊南文集詳註八卷　（唐）李商隱撰　（清）馮浩編訂　清乾隆四十五年(1780)德聚堂刻同治七年(1868)桐鄉馮氏重修本　四冊

330000－4706－0003809　普4158　集部/總集類/彙編之屬

唐八家詩鈔　（清）陳明善編選　清乾隆三十四年(1769)刻本　二冊　存一種

330000－4706－0003810　普3136　集部/別集類/清別集

酒仙詩二卷　清刻本　一冊

330000－4706－0003811　普2995　集部/別集類/清別集

牧齋全集一百六十五卷　（清）錢謙益撰（清）錢曾箋註　清宣統二年(1910)邃漢齋石印本　二十冊　存八十八卷(初學集一至四、二十一至三十、四十至五十二、六十五至九十八，有學集三至四、十五至二十六、三十至三十三、四十二至五十)

330000－4706－0003814　普2994　集部/別集類/清別集

樊榭山房全集四十二卷　（清）屬鶚撰　清光緒十年(1884)刻本　十二冊　存三十五卷(樊榭山房集一至十、續集一至十、文集一至八、游仙百詠一至三、秋林琴雅一至四)

330000－4706－0003815　普3058　集部/別集類/唐五代別集

河東先生文集六卷　（唐）柳宗元撰　清宣統二年(1910)上海會文堂書局石印本　六冊

330000－4706－0003817　普3062　集部/別集類/清別集

船山詩草二十卷　（清）張問陶撰　清刻本八冊

330000－4706－0003818　普3063　集部/別集類/清別集

徧行堂集十六卷 （清）釋今釋澹歸撰　清鉛印本　五冊　存十卷（一至六、九至十二）

330000－4706－0003819　普3065　集部/別集類/清別集

雙白燕堂文集二卷外集八卷 （清）陸耀遹撰　清光緒四年（1878）刻本　二冊　缺四卷（外集五至八）

330000－4706－0003820　普3060　集部/別集類/唐五代別集

白香山詩長慶集二十卷後集十七卷別集一卷補遺二卷 （唐）白居易撰　（清）汪立名編訂　**白香山年譜一卷** （清）汪立名撰　**白香山年譜舊本一卷** （宋）陳振孫撰　清會文堂石印本　十冊　缺七卷（長慶集四至八、年譜、年譜舊本）

330000－4706－0003822　普3143　類叢部/叢書類/自著之屬

養餘齋全集四種附三種 （清）柳樹芳撰　清道光勝溪草堂刻本　四冊　存一種

330000－4706－0003823　普3057　集部/總集類/氏族之屬

柘湖姚氏兩先生集 （清）張文虎輯　清光緒二年（1876）刻本　一冊　存二種

330000－4706－0003824　普2993　集部/別集類/清別集

望溪先生文集十八卷集外文十卷集外文補遺二卷年譜二卷 （清）方苞撰　清咸豐元年（1851）戴鈞衡刻二年（1852）增刻本　六冊　存十四卷（集外文一至十、補遺一至二、年譜一至二）

330000－4706－0003825　普2992　集部/別集類/清別集

雪門詩草十四卷 （清）許瑤光撰　清同治十三年（1874）刻本　六冊

330000－4706－0003826　普3144　集部/別集類/清別集

330000－4706－0003818　普3063　集部/別集類/清別集

有正味齋駢體文二十四卷首一卷 （清）吳錫麒撰　（清）王廣業箋　（清）葉聯芬注　清光緒十五年（1889）上海蜚英館石印本　四冊

330000－4706－0003827　普3061　集部/總集類/郡邑之屬

津門詩鈔三十卷 （清）梅成棟輯　清道光四年（1824）思誠書屋刻本　九冊　存二十七卷（一至十五、十九至三十）

330000－4706－0003829　普2991　集部/總集類/郡邑之屬

西泠五布衣遺箸 （清）丁丙輯　清同治至光緒錢塘丁氏當歸草堂刻本　八冊

330000－4706－0003830　普2964　史部/傳記類/總傳之屬/儒林

宋元學案一百卷首一卷考畧一卷 （清）黃宗羲撰　（清）全祖望修定　（清）王梓材（清）馮雲濠校並考　清刻本　三冊　存七卷（四十五至四十七、四十九至五十、五十五至五十六）

330000－4706－0003831　普3502　集部/別集類/清別集

忠雅堂文集十二卷詩集二十七卷詩補遺二卷銅絃詞附南北曲二卷 （清）蔣士銓撰　清蔣志章益州薇署刻本　十冊

330000－4706－0003832　普3037　類叢部/叢書類/自著之屬

草廬吳文正公全書十三種 （元）吳澄撰　清乾隆初吳氏刻二十一年（1756）萬璜校刻道光補刻彙印本　一冊　存一種

330000－4706－0003833　普3145　集部/別集類/清別集

有正味齋駢體文二十四卷首一卷 （清）吳錫麒撰　（清）王廣業箋　（清）葉聯芬注　清光緒十五年（1889）上海蜚英館石印本　二冊　存十一卷（一至四、十八至二十四）

330000－4706－0003834　普2961　史部/政書類/公牘檔冊之屬

李文忠公外部函稿二十八卷 （清）李鴻章撰

（清）吳汝綸輯　清光緒二十八年(1902)蓮池書社鉛印本　十二冊　存二十四卷(一至四、七至二十四、二十七至二十八)

330000－4706－0003835　普3146　集部/別集類/清別集

有正味齋駢文箋注十六卷補注一卷　（清）吳錫麒撰　（清）葉聯芬注　清道光二十年(1840)慈谿葉氏刻本　五冊　存十一卷(一至四、十一至十六,補注)

330000－4706－0003837　普2965　史部/政書類/公牘檔冊之屬

北洋公牘類纂二十五卷　（清）甘厚慈輯　清光緒三十三年(1907)鉛印本　一冊　存一卷(十三)

330000－4706－0003838　普3148　集部/別集類/清別集

思詒堂詩稿十二卷文稿一卷　（清）金衍宗撰　清同治五年(1866)刻本　一冊　存一卷(文稿)

330000－4706－0003839　普3066　集部/別集類/清別集

靈素堂駢體文一卷詩鈔四卷　（清）徐錦撰　清光緒十一年(1885)刻本　一冊

330000－4706－0003840　普2953　史部/叢編

入幕須知五種附一種　（清）張廷驤輯　清刻本　一冊　存一種

330000－4706－0003842　普3150　類叢部/叢書類/自著之屬

悔餘庵集三種　（清）何栻撰　清同治四年(1865)鳩江戎幄刻本　二冊　存二種

330000－4706－0003843　普3067　集部/別集類/清別集

吟薰閣詩草四卷　（清）許辰珠撰　清咸豐八年(1858)刻本　一冊

330000－4706－0003844　普2967　史部/政書類/通制之屬

資治新書十四卷二集二十卷　（清）李漁輯

清刻本　一冊　存二卷(二集十三至十四)

330000－4706－0003845　普3068　集部/別集類/清別集

壯悔堂文集十卷遺稿一卷四憶堂詩集六卷遺稿一卷　（清）侯方域撰　（清）賈開宗等評點　清宣統二年(1910)上海掃葉山房石印本　四冊　存十卷(壯悔堂文集一至二、九至十,四憶堂詩集一至六)

330000－4706－0003847　普2966　史部/職官類/官箴之屬

實政錄七卷　（明）呂坤撰　清刻本　一冊　存一卷(四)

330000－4706－0003848　普3504　集部/別集類/清別集

湖海樓全集五十一卷　（清）陳維崧撰　清乾隆六十年(1795)浩然堂刻本　十一冊　存二十六卷(儷體文集一至五、十一至十二,詞集四至九、十三至二十,詩集八至十二)

330000－4706－0003850　普3152　集部/總集類/郡邑之屬

桐鄉畢氏遺著三卷　（清）畢灝　（清）畢槐撰　清宣統三年(1911)刻本　一冊

330000－4706－0003851　普3153　集部/別集類/清別集

錢牧齋文鈔不分卷　（清）錢謙益撰　清宣統元年(1909)國學扶輪社鉛印本　四冊

330000－4706－0003852　普3074　集部/別集類/清別集

黃梨洲先生南雷文約四卷　（清）黃宗羲撰　清乾隆鄭性刻本　三冊　存三卷(一、三至四)

330000－4706－0003853　普3072　集部/別集類/清別集

笛漁小稿十卷　（清）朱昆田撰　清刻本　一冊

330000－4706－0003856　普3503　類叢部/叢書類/自著之屬

曾惠敏公遺集四種　（清）曾紀澤撰　清光緒

十九年（1893）江南製造總局鉛印本　五冊
存三種

330000－4706－0003857　普 3151　集部/別
集類/清別集

達齋遺文一卷　（清）王廷材撰　清光緒二十
九年（1903）刻本　一冊

330000－4706－0003858　普 3073　集部/總
集類/選集之屬/通代

五朝詩別裁集　（清）□□輯　清刻本　四冊
存二種

330000－4706－0003859　普 3132　類叢部/
叢書類/彙編之屬

埽葉山房叢鈔二十六種　（清）席威編　清同
治八年（1869）松壽山房刻本　三冊　存一種

330000－4706－0003860　普 3071　集部/詩
文評類/詩評之屬

謝靈運詩彙評一卷　清刻本　一冊

330000－4706－0003861　普 3059　集部/別
集類/清別集

**道古堂文集四十八卷詩集二十六卷集外文一
卷集外詩一卷**　（清）杭世駿撰　**軼事一卷**
（清）汪曾唯輯　清刻本　二冊　存八卷（文
集八至十、三十至三十四）

330000－4706－0003863　普 3505　集部/別
集類/清別集

**道古堂文集四十八卷詩集二十六卷集外文一
卷集外詩一卷**　（清）杭世駿撰　**軼事一卷**
（清）汪曾唯輯　清乾隆四十一年（1776）刻光
緒十四年（1888）錢塘汪增唯振綺堂增修本
十六冊

330000－4706－0003865　善集 109　集部/總
集類/選集之屬/通代

欽定四書文四十一卷　（清）方苞輯　清乾隆
五年（1740）武英殿刻本　二十冊

330000－4706－0003867　普 3158　集部/別
集類/清別集

韓鄂書屋製藝不分卷　（清）錢福昌撰　清道
光二十九年（1849）刻本　四冊

330000－4706－0003868　普 3506　集部/別
集類/清別集

春酒堂文集一卷　（清）周容撰　清宣統二年
（1910）上海國學扶輪社鉛印本　一冊

330000－4706－0003869　普 3075　集部/總
集類/課藝之屬

**詁經精舍三集經解二卷辭賦三卷戊辰己巳庚
午年官師課合刻六卷**　（清）俞樾編　清同治
六年至九年（1867－1870）刻本　六冊　存六
卷（經解一、辭賦一至三、戊辰年上下）

330000－4706－0003870　普 3076　類叢部/
叢書類/彙編之屬

半厂叢書初編十種　（清）譚獻編　清同治至
光緒仁和譚氏刻本　三冊　存一種

330000－4706－0003872　普 3508　集部/別
集類/清別集

知非齋詩鈔一卷　（清）陳鍾英撰　清同治十
一年（1872）杭州刻本　一冊

330000－4706－0003874　普 3080　集部/別
集類/清別集

硯食齋詩鈔四卷　（清）彭定瀾撰　清刻本
四冊

330000－4706－0003875　普 3509　集部/別
集類/清別集

四無妄齋吟稿二卷　（清）張培蘭撰　清光緒
三十四年（1908）鉛印本　一冊

330000－4706－0003876　普 3510　集部/別
集類/清別集

四無妄齋吟稿二卷　（清）張培蘭撰　清光緒
三十四年（1908）鉛印本　一冊

330000－4706－0003877　普 3081　集部/總
集類/選集之屬/斷代

宋四名家詩　（清）周之鱗　（清）柴升編　清
康熙三十二年（1693）有文堂刻本　一冊　存
一種

330000－4706－0003879　普 3512　集部/別
集類/清別集

蓉洲初集六卷　（清）戴鈞衡撰　清道光十年

(1830)刻本　一冊

330000－4706－0003880　普 3156　集部/別集類/清別集

枕善齋初藁四卷　（清）周為漢撰　清刻本一冊

330000－4706－0003881　普 3159　集部/別集類/清別集

小雲盧晚學文彙八卷　（清）朱壬林撰　清光緒二十六年(1900)平湖朱氏刻本　二冊

330000－4706－0003886　普 3162　集部/別集類/清別集

石笥山房集二十四卷　（清）胡天游撰　清刻本　四冊　存二種

330000－4706－0003887　普 3513　集部/別集類/清別集

觀我齋詩選二卷附補遺一卷　（清）唐培英撰　清道光十年(1830)刻本　一冊

330000－4706－0003889　普 3515　類叢部/叢書類/自著之屬

曾文正公全集十五種　（清）曾國藩撰　清同治至光緒傳忠書局刻本　一冊　存一種

330000－4706－0003891　普 3164　集部/別集類/清別集

濂亭文集八卷　（清）張裕釗撰　（清）查燕緒編　清光緒八年(1882)查氏木漸齋蘇州刻本二冊

330000－4706－0003892　普 3064　類叢部/叢書類/自著之屬

平湖顧氏遺書五種　（清）顧廣譽撰　清光緒三年(1877)顧鴻昇刻本　四冊　存三種

330000－4706－0003893　普 3165　集部/別集類/清別集

劉孟塗集四十四卷　（清）劉開撰　清道光六年(1826)姚氏檗山草堂刻本　一冊　存十卷(前集一至十)

330000－4706－0003894　普 3517　集部/總集類/酬唱之屬

賀壽詞不分卷　清刻本　二冊

330000－4706－0003895　普 3082　集部/別集類/清別集

潛研堂文集五十卷　（清）錢大昕撰　清刻本二冊　存八卷(二十九至三十六)

330000－4706－0003896　普 3166　集部/別集類/清別集

儲遯菴文集十二卷　（清）儲方慶撰　**附錄一卷**　（清）魏象樞撰　清光緒二年(1876)刻本六冊

330000－4706－0003897　普 2968　史部/金石類/石之屬/文字

唐楚州使院石柱題名記跋一卷　清刻本一冊

330000－4706－0003898　普 3084　集部/別集類/清別集

遂初堂詩集十六卷文集二十卷別集四卷（清）潘耒撰　清刻本　一冊　存四卷(文集十三至十六)

330000－4706－0003901　普 3085　集部/別集類/清別集

留爪集不分卷　（清）江仲湘撰　清刻本七冊

330000－4706－0003902　普 3083　類叢部/叢書類/自著之屬

潛園總集　（清）陸心源撰　清同治至光緒刻本　四冊　存一種

330000－4706－0003903　普 3088　類叢部/叢書類/自著之屬

西堂全集　（清）尤侗撰　清刻本　二十四冊存四種

330000－4706－0003904　普 3086　集部/別集類/清別集

習苦齋古文四卷　（清）戴熙撰　清刻本　一冊　存二卷(三至四)

330000－4706－0003905　普 3047　集部/別集類/清別集

養一齋文集二十卷 （清）李兆洛撰 清光緒
四年(1878)刻本 八冊

330000 - 4706 - 0003907 普 3087 集部/總
集類/氏族之屬

新安先集二十卷 （清）朱之榛輯 清同治十
三年(1874)蘇州刻本 八冊

330000 - 4706 - 0003908 地文集 360 集部/
別集類/清別集

延綠草堂賦稿一卷 （清）柯萬源撰 清道光
二十六年(1846)刻本 一冊

330000 - 4706 - 0003909 普 3078 集部/別
集類/清別集

浣松軒詩集六卷賦稿一卷首一卷 （清）顧我
錡撰 清嘉慶八年(1803)務本堂刻本 一冊
缺四卷(三至六)

330000 - 4706 - 0003910 普 3215 史部/目
錄類/總錄之屬

海虞藝文志六卷 （清）姚福均編 清光緒二
十三年(1897)刻本 一冊 存三卷(四至六)

330000 - 4706 - 0003911 普 3216 類叢部/
叢書類/自著之屬

彭文敬公集五種 （清）彭蘊章撰 清道光至
同治刻同治彙印本 一冊 存一種

330000 - 4706 - 0003912 普 3217 集部/別
集類/清別集

曲園四書文一卷 （清）俞樾撰 清光緒十四
年(1888)刻本 一冊

330000 - 4706 - 0003913 普 3218 集部/別
集類/清別集

天真閣集五十四卷外集六卷 （清）孫原湘撰
清光緒二十一年(1895)刻本 三冊 存十
五卷(天真閣集一至四、三十八至四十二,外
集一至六)

330000 - 4706 - 0003914 普 3219 集部/總
集類/郡邑之屬

竹里詩萃十六卷 （清）李道悠編 清刻本
三冊 存十二卷(五至十六)

330000 - 4706 - 0003915 普 3220 集部/別
集類/清別集

三魚堂文集十二卷外集六卷附錄一卷 （清）
陸隴其撰 清刻本 四冊 存十一卷(文集
四至十、外集一至四)

330000 - 4706 - 0003916 普 3221 集部/別
集類/明別集

樊榭山房文集八卷 （清）厲鶚撰 清刻本
二冊

330000 - 4706 - 0003917 普 3222 集部/別
集類/明別集

陳忠裕公全集三十卷首一卷末一卷自著年譜
三卷 （明）陳子龍撰 （清）王昶輯 清刻本
三冊 存十卷(六至十二、二十五至二十
七)

330000 - 4706 - 0003919 普 3168 集部/別
集類/清別集

耦雲軒詩鈔四卷 （清）馬汾撰 清刻本 一
冊 存二卷(一至二)

330000 - 4706 - 0003921 普 3170 集部/別
集類/清別集

枕善堂雜著二卷詩鈔二卷尺牘一隅二十卷
(清)陳大溶撰 清道光六年至十六年(1826 -
1836)刻本 一冊 存一卷(雜著一)

330000 - 4706 - 0003922 普 3090 集部/別
集類/清別集

秋坪詩鈔五卷 （清）王炳虎撰 清嘉慶九年
(1804)刻本 一冊

330000 - 4706 - 0003923 普 3223 集部/別
集類/清別集

定盦文集補編四卷 （清）龔自珍撰 （清）朱
之榛輯 清光緒十二年(1886)平湖朱氏刻本
二冊

330000 - 4706 - 0003924 普 3089 集部/別
集類/唐五代別集

李衛公文集二十卷別集十卷外集四卷補遺一
卷 （唐）李德裕撰 清光緒十六年(1890)常
慊慊齋刻本 六冊

330000－4706－0003925　普3224　集部/別集類/清別集

榕園吟槀十卷　(清)吳寧撰　清刻本　二冊

330000－4706－0003927　普3077　集部/總集類/彙編之屬

漢魏六朝名家集初刻四十一種　丁福保編　清宣統三年(1911)無錫丁氏鉛印本　六冊　存五種

330000－4706－0003928　普3226　類叢部/叢書類/自著之屬

南野堂全集三種　(清)吳文溥撰　清乾隆至嘉慶刻本　四冊　存一種

330000－4706－0003929　普3014　集部/別集類/漢魏六朝別集

陶淵明文集十卷　(晉)陶潛撰　清宣統元年(1909)上海著易堂書局石印本　三冊　存八卷(一至二、五至十)

330000－4706－0003930　普3227　類叢部/叢書類/自著之屬

船山遺書五十八種　(清)王夫之撰　清同治四年(1865)湘鄉曾國荃金陵刻光緒十三年(1887)船山書院補刻本　一冊　存一種

330000－4706－0003932　普3092　集部/別集類/漢魏六朝別集

陶淵明文集十卷　(晉)陶潛撰　清宣統元年(1909)上海著易堂書局石印本　四冊

330000－4706－0003933　普3094　集部/別集類/唐五代別集

樊南文集詳註八卷　(唐)李商隱撰　(清)馮浩編訂　清刻本　四冊

330000－4706－0003934　普3172　集部/別集類/清別集

餐花室詩稿十卷詩餘一卷　(清)嚴錫康撰　清咸豐十一年(1861)刻本　二冊

330000－4706－0003936　普3229　史部/地理類/水利之屬

畿輔河道水利叢書　(清)吳邦慶輯　清道光四年(1824)益津吳氏刻本　一冊　存一種

330000－4706－0003937　普3173　集部/別集類/清別集

小雲廬吟稿七卷　(清)朱壬林撰　清道光十九年(1839)刻本　一冊　存六卷(一至六)

330000－4706－0003939　普3175　集部/別集類/清別集

嶺南集八卷　(清)杭世駿撰　清光緒七年(1881)學海堂刻本　二冊

330000－4706－0003940　普3230　集部/別集類/清別集

惲子居文鈔四卷　(清)惲敬撰　清宣統二年(1910)國學扶輪社石印本　四冊

330000－4706－0003941　普3233　集部/總集類/彙編之屬

宋詩鈔初集八十四種　(清)呂留良　(清)吳之振　(清)吳爾堯編　清康熙十年(1671)洲錢吳氏鑑古堂刻本　一冊　存三種

330000－4706－0003944　普3234　集部/別集類/元別集

趙文敏公松雪齋全集十卷外集一卷續集一卷　(元)趙孟頫撰　清康熙五十二年(1713)海上曹培廉城書室刻光緒八年(1882)楊氏重修本　四冊

330000－4706－0003945　普3235　史部/職官類/官箴之屬

為政忠告四卷　(元)張養浩撰　清光緒三十二年(1906)颿山顧氏石印本　一冊

330000－4706－0003946　普2762　類叢部/叢書類/彙編之屬

文林綺繡五種五十九卷　(明)凌迪知編　清光緒二十二年(1896)鴻寶齋書局石印本　三冊　存三種

330000－4706－0003949　普3181　集部/別集類/清別集

鶴天鯨海焚餘稿六卷　(清)朱昌頤撰　清同治五年(1866)海昌朱氏德馨堂刻本　四冊

330000－4706－0003950　普3238　集部/別集類/清別集

犢山文稿不分卷　（清）周鎬撰　清同治十三年（1874）刻本　一冊

330000－4706－0003951　普3306　集部/別集類/宋別集

羅鄂州小集六卷　（宋）羅願撰　羅鄂州遺文一卷　（宋）羅頌撰　清光緒十九年（1893）黟縣李氏刻本　二冊

330000－4706－0003952　普3305　集部/別集類/宋別集

王臨川文集四卷　（宋）王安石撰　清宣統二年（1910）上海會文堂書局石印本　一冊

330000－4706－0003953　普3194　集部/總集類/選集之屬/通代

六朝文絜四卷　（清）許槤評選　清道光五年（1825）海昌許氏享金寶石齋刻本　二冊

330000－4706－0003955　普3304　集部/別集類/清別集

養素居詩初編一卷二編一卷　（清）董燿撰　清光緒十八年（1892）刻本　一冊

330000－4706－0003956　普3184　集部/別集類/清別集

哀生閣初稿四卷續稿三卷　（清）王大經撰　清光緒十一年（1885）平湖王氏刻本　一冊　存一卷（初稿一）

330000－4706－0003957　普3185　集部/別集類/唐五代別集

唐陸宣公集二十二卷首一卷增輯一卷附錄一卷　（唐）陸贄撰　清光緒二年（1876）江蘇書局刻本　六冊

330000－4706－0003958　普3241　集部/別集類/宋別集

淮海集十七卷後集二卷詞一卷補遺一卷續補遺一卷　（宋）秦觀撰　淮海文集攷證一卷（清）王敬之　（清）茆泮林　（清）金長福撰　重編淮海先生年譜節要一卷　（清）秦瀛編（清）王敬之節要　清道光十七年（1837）王敬之等刻二十一年（1841）增刻本　一冊　存二卷（淮海集一至二）

330000－4706－0003960　普3243　集部/別集類/清別集

未灰齋文集八卷外集一卷　（清）徐鼒撰　清刻本　二冊　存四卷（文集六至八、外集）

330000－4706－0003961　普3097　集部/總集類/尺牘之屬

國朝名人書札二卷國朝名人小簡二卷歷代名人書札二卷　吳曾祺輯　清宣統元年（1909）上海商務印書館鉛印本　六冊　缺二卷（國朝名人小簡一、歷代名人書札一）

330000－4706－0003966　普3176　集部/別集類/清別集

木雞書屋文鈔四卷二集六卷三集八卷四集六卷五集六卷　（清）黃金臺撰　清道光五年至咸豐元年（1825－1851）刻同治十年（1871）黃晉翂心窗樓補刻本　八冊

330000－4706－0003968　普3308　集部/別集類/漢魏六朝別集

陶淵明詩一卷雜文一卷　（晉）陶潛撰　清光緒元年（1875）影宋紹熙曾集刻本　二冊

330000－4706－0003969　普3309　類叢部/叢書類/自著之屬

悔餘庵集三種　（清）何栻撰　清同治四年（1865）鳩江戎幄刻本　一冊　存一種

330000－4706－0003970　普3177　子部/叢編

續二十五子彙函　（清）上海鴻文書局編　清光緒二十四年（1898）上海鴻文書局石印本八冊

330000－4706－0003972　普3245　集部/總集類/選集之屬/通代

東萊先生古文關鍵二卷　（宋）呂祖謙評（宋）蔡文子注　（清）徐樹屏考異　清光緒二十四年（1898）江蘇書局刻本　二冊

330000－4706－0003973　普3310　類叢部/叢書類/自著之屬

王寬甫全集九種附刊六種　（清）王敬之撰　清道光二十一年（1841）至咸豐王氏家刻本

四冊　存五種

330000－4706－0003974　普3179　集部/總集類/彙編之屬
漢魏六朝一百三家集（漢魏六朝百三名家集）
（明）張溥編　清刻本　二冊　存二種

330000－4706－0003975　普3311　集部/別集類/唐五代別集
重訂李義山詩集箋注三卷集外詩箋注一卷
（唐）李商隱撰　（清）朱鶴齡箋注　（清）程夢星刪補　**附年譜一卷詩話一卷**（清）程夢星輯　清刻本　四冊

330000－4706－0003976　普3248　集部/別集類/清別集
柳南詩鈔十卷文鈔六卷（清）王應奎撰　清乾隆十七年（1752）刻本　二冊　存十卷（詩鈔一至十）

330000－4706－0003977　普3249　集部/總集類/選集之屬/斷代
宋四名家詩（清）周之鱗（清）柴升編　清刻本　一冊　存一種

330000－4706－0003978　普3252　集部/別集類/清別集
餐鞠軒詩草一卷（清）伍淡如撰　清光緒十四年（1888）刻本　一冊

330000－4706－0003979　普3183　集部/總集類/選集之屬/斷代
國朝駢體正宗十二卷（清）曾燠輯　清嘉慶十一年（1806）南城曾氏賞雨茅屋刻本　六冊

330000－4706－0003980　普3178　類叢部/叢書類/自著之屬
章氏遺書（清）章學誠著　清道光十二年至十三年（1832－1833）章華紱刻民國浙江書局補刻本　五冊

330000－4706－0003981　普3098　集部/別集類/唐五代別集
昌黎先生詩增註証訛十一卷本傳一卷（唐）韓愈撰　（清）黃鉞增注証訛　**昌黎先生年譜一卷**（清）黃鉞編　清道光二十八年（1848）

黃中民刻咸豐七年（1857）四明鮑氏二客軒印本　四冊

330000－4706－0003982　普3250　集部/總集類/彙編之屬
賦彙題解十卷（清）倪一擎編　（清）杭世駿定　清乾隆二十三年（1758）刻本　四冊

330000－4706－0003983　普3180　類叢部/叢書類/家集之屬
長洲彭氏家集九種（清）彭祖賢編　清同治至光緒刻本　七冊　存二種

330000－4706－0003984　普3251　集部/別集類/明別集
文清公薛先生文集二十四卷讀書錄十卷續錄一卷行實錄五卷（明）薛瑄撰　（明）張鼎編　清刻本　四冊　存八卷（文集一至八）

330000－4706－0003985　普3256　集部/別集類/清別集
越中紀遊詩一卷（清）俞樾撰　（清）宋文蔚錄　清光緒十三年（1887）刻本　一冊

330000－4706－0003986　普3312　集部/別集類/唐五代別集
王右丞集二十八卷首一卷末一卷（唐）王維撰　（清）趙殿成箋注　清乾隆二年（1737）仁和趙殿成刻本　六冊　缺七卷（三至九）

330000－4706－0003987　普3253　集部/別集類/清別集
自得齋吟草一卷（清）徐槐廷撰　清光緒六年（1880）刻本　一冊

330000－4706－0003989　普3254　集部/總集類/氏族之屬
慎行堂三世詩存　徐寶炘　徐寶華輯　清咸豐至民國刻本　一冊　存一種

330000－4706－0003990　普3257　集部/別集類/清別集
四憶堂詩集六卷遺稿一卷（清）侯方域撰　清刻本　一冊　存三卷（一至三）

330000－4706－0003991　普3313　集部/別

集類/唐五代別集

李義山詩集十六卷 （唐）李商隱撰 （清）姚培謙箋 清乾隆五年(1740)姚氏松桂讀書堂刻本 四冊

330000－4706－0003992 普 3255 集部/別集類/宋別集

斜川詩集十卷 （宋）蘇過撰 清木活字印本 一冊

330000－4706－0003993 普 3314 集部/別集類/唐五代別集

杜工部集二十卷附錄一卷唱酬題詠附錄一卷諸家詩話一卷 （唐）杜甫撰 （清）錢謙益箋註 清宣統二年(1910)鉛印本 七冊 缺二卷(九至十)

330000－4706－0003994 普 3258 集部/別集類/清別集

風雨對吟齋詩鈔四卷詩餘一卷 （清）任端良撰 清刻本 一冊 存一卷(詩餘)

330000－4706－0003995 普 3318 集部/總集類/課藝之屬

登瀛社稿續刊一卷 清同治九年(1870)刻本 一冊

330000－4706－0003997 普 3260 集部/別集類/清別集

韞山堂時文初集一卷二集二卷三集一卷 （清）管世銘撰 清光緒十二年(1886)刻本 一冊

330000－4706－0003998 普 3261 集部/別集類/清別集

藏齋詩鈔六卷 （清）何其超撰 清刻本 二冊

330000－4706－0003999 普 3262 集部/別集類/唐五代別集

孟東野詩集十卷 （唐）孟郊撰 清刻本 二冊

330000－4706－0004000 普 3186 集部/別集類/清別集

有正味齋駢體文二十四卷續集八卷詩集十六

卷續集八卷詞集八卷續集二卷詞外集二卷外集五卷** （清）吳錫麒撰 清刻本 七冊 存三十卷(十至十九、駢體文續集一至八、詩續集一至八、詞集五至八)

330000－4706－0004001 普 3320 集部/總集類/選集之屬/通代

賦鈔箋略十五卷 （清）雷琳 （清）張杏濱輯 清乾隆三十一年(1766)刻本 一冊 存二卷(一至二)

330000－4706－0004002 普 3321 集部/總集類/課藝之屬

芸碧巢時藝不分卷 （清）鄒福保撰 清光緒十一年(1885)刻本 一冊

330000－4706－0004003 普 3263 集部/別集類/唐五代別集

溫飛卿詩集七卷別集一卷集外詩一卷附錄諸家詩評一卷 （唐）溫庭筠撰 （明）曾益注 （清）顧予咸補注 （清）顧嗣立續注 清長洲顧氏秀野草堂刻本 四冊

330000－4706－0004005 普 3265 集部/別集類/唐五代別集

李太白文集三十六卷 （唐）李白撰 （清）王琦輯注 清乾隆聚錦堂刻本 十二冊

330000－4706－0004006 普 3266 集部/總集類/課藝之屬

各省課藝匯海□□種 （清）攟雲腴山館主人編 清光緒十一年(1885)選青書屋石印本 二冊 存三種

330000－4706－0004007 普 3267 集部/總集類/選集之屬

文津迎機合選不分卷 （清）龔文藻編次 清同治十年(1871)刻本 四冊

330000－4706－0004008 普 3187 集部/別集類/清別集

有正味齋集十六卷 （清）吳錫麒撰 清刻本 一冊 存八卷(九至十六)

330000－4706－0004010 普 3188 集部/別集類/清別集

有正味齋騈文箋注十六卷補注一卷 （清）吳錫麒撰 （清）葉聯芬注 清道光二十年(1840)慈谿葉氏刻本 八冊

330000－4706－0004011 普3269 集部/總集類/氏族之屬

三蘇文集四十四卷 邵希雍輯 清宣統元年(1909)上海會文學社石印本 八冊

330000－4706－0004012 普3316 集部/別集類/清別集

笠翁一家言全集十六卷 （清）李漁撰 清刻本 一冊 存一卷(文集一)

330000－4706－0004013 普3322 集部/別集類/清別集

遜學齋文續鈔五卷 （清）孫衣言撰 清光緒刻本 一冊

330000－4706－0004014 普3325 集部/總集類/選集之屬/斷代

唐四家古文選十三卷 （清）何焯評點 清刻本 一冊 存二種

330000－4706－0004015 普3323 集部/別集類/清別集

託素齋詩集四卷文集六卷附仁恕堂筆記一卷 （清）黎士弘撰 清刻本 一冊 存二卷(文集一至二)

330000－4706－0004016 普3324 集部/別集類/清別集

泊鷗山房集三十八卷 （清）陶元藻撰 清刻本 一冊 存一卷(一)

330000－4706－0004018 普3270 集部/總集類/選集之屬/通代

古文辭類纂十五卷 （清）姚鼐輯 續古文辭類纂十卷 王先謙輯 清光緒十六年(1890)上海文瑞樓鉛印本 四冊 存九卷(古文辭類纂一至九)

330000－4706－0004019 普3271 集部/總集類/選集之屬/通代

古文辭類纂十五卷 （清）姚鼐輯 續古文辭類纂十卷 王先謙輯 清光緒二十年(1894)

上海圖書集成印書局鉛印本 四冊 存八卷(古文辭類纂三至五、十至十四)

330000－4706－0004020 普3272 集部/總集類/選集之屬/通代

賦學正鵠集釋四卷 （清）李元度輯 清光緒二十三年(1897)上海文寶閣石印本 一冊

330000－4706－0004021 普3189 集部/別集類/唐五代別集

玉谿生詩詳註三卷樊南文集詳註八卷首一卷附年譜一卷 （唐）李商隱撰 （清）馮浩箋注 清刻本 一冊 存一卷(玉谿生詩詳註二)

330000－4706－0004023 普3273 集部/別集類/清別集

香樹齋詩集十八卷詩續集三十六卷文集二十八文續鈔五卷 （清）錢陳羣撰 清乾隆刻本 二十五冊 缺三卷(文續鈔三至五)

330000－4706－0004026 普3274 類叢部/叢書類/彙編之屬

稗海四十八種續集二十二種 （明）商濬編 明萬曆商氏半埜堂刻清康熙振鷺堂重編補刻本 二十三冊 存十八種

330000－4706－0004027 普3328 集部/總集類/選集之屬/斷代

皇朝經世文續編一百二十卷 （清）葛士濬輯 清鉛印本 九冊 存四十四卷(八至十一、十八至二十九、四十五至四十八、六十二至七十一、一百三至一百五、一百十至一百二十)

330000－4706－0004028 普3329 集部/總集類/選集之屬/斷代

皇朝經世文統編一百七卷 （清）□潤甫輯 清光緒二十七年(1901)上海寶善齋石印本 二十九冊 存六十三卷(一至六、八至十六、二十至五十四、六十七至六十九、八十四至八十六、九十五、一百、一百二至一百六)

330000－4706－0004029 普3330 集部/總集類/選集之屬/斷代

皇朝經世文編一百二十卷 （清）賀長齡輯 清鉛印本 十八冊 存九十一卷(二十至三

十四、四十至一百十五）

330000－4706－0004032　普 3276　集部/總集類/選集之屬/通代
重訂文選集評十五卷首一卷末一卷 （清）于光華輯　清刻本　十六冊

330000－4706－0004033　普 3277　集部/總集類/選集之屬/斷代
湖海文傳七十五卷 （清）王昶輯　清道光十七年(1837)經訓堂刻本　七冊　存二十八卷（一至二十八）

330000－4706－0004034　普 3278　集部/總集類/選集之屬/通代
重訂文選集評十五卷首一卷末一卷 （清）于光華輯　清刻本　十六冊

330000－4706－0004035　普 3279　集部/詩文評類/文評之屬
增訂昭明文選集成詳註六十卷首二卷 （清）方廷珪撰　（清）于光華評註　清龍江書屋刻本　二十六冊　缺九卷（首一至二，一、四十五至四十六、五十一至五十二、五十五至五十六）

330000－4706－0004037　普 3280　集部/總集類/選集之屬/通代
古文析義六卷二編八卷 （清）林雲銘輯注　清刻本　十冊　存十卷（二、五至六，二編二至八）

330000－4706－0004038　普 3198　集部/別集類/宋別集
王臨川文集四卷 （宋）王安石撰　清宣統二年(1910)上海會文堂書局石印本　四冊

330000－4706－0004039　普 3281　集部/總集類/選集之屬/通代
古文析義六卷二編八卷 （清）林雲銘輯注　清刻本　五冊　存五卷（二編二至五、八）

330000－4706－0004042　普 3193　集部/別集類/清別集
兩當軒集二十卷補遺二卷附錄四卷 （清）黃景仁撰　**兩當軒集攷異二卷** （清）黃志述撰

清光緒二年（1876）武進黃氏家塾刻本　二冊

330000－4706－0004043　普 3521　類叢部/叢書類/自著之屬
隨園三十種 （清）袁枚撰　清刻本　五十四冊　存二十五種

330000－4706－0004044　普 3401　集部/別集類/明別集
王文成公全書三十八卷 （明）王守仁撰　清宣統元年(1909)上海集成圖書公司鉛印本　八冊　存二十三卷（一至六、十一至十四、十八至十九、二十八至三十八）

330000－4706－0004045　普 3282　集部/曲類/曲韻曲譜曲律之屬
繪圖綴白裘十二集四十八卷 （清）玩花主人輯　（清）錢德蒼增輯　清光緒石印本　九冊　缺八卷（一集一至四、十二集一至四）

330000－4706－0004047　普 3283　集部/小說類/長篇之屬
增評補像全圖金玉緣一百二十回首一卷 （清）曹霑　（清）高鶚撰　（清）王希廉　（清）張新之　（清）姚燮評　清光緒十八年(1892)文選石印本　十六冊

330000－4706－0004048　普 3403　集部/別集類/清別集
甘泉鄉人稿二十四卷 （清）錢泰吉撰　**年譜一卷** （清）錢應溥撰　**邠農偶吟稿一卷** （清）錢炳森撰　清刻本　五冊　存二十四卷（一至二十四）

330000－4706－0004049　普 3404　集部/總集類/選集之屬/斷代
湖海文傳七十五卷 （清）王昶輯　清道光十七年(1837)經訓堂刻本　十冊

330000－4706－0004052　普 3284　集部/總集類/選集之屬/通代
文選六十卷 （南朝梁）蕭統輯　（唐）李善注　清刻本　十冊

330000－4706－0004053　普 3285　集部/總

集類/選集之屬/通代

文選六十卷 （南朝梁）蕭統輯 （唐）李善注
清刻本 四冊 缺十二卷（一至十二）

330000－4706－0004054 普 3286 集部/別
集類/宋別集

黃詩全集五十八卷 （宋）黃庭堅撰 清乾隆
五十四年（1789）南康謝氏樹經堂刻本 十八
冊 缺一卷（別集補）

330000－4706－0004055 普 3332 集部/總
集類/課藝之屬

尊經書院初集十二卷 王闓運輯 清刻本
九冊 存九卷（一至八、十）

330000－4706－0004070 普 3287 集部/別
集類/明別集

陶菴集二十二卷首一卷末一卷 （明）黃淳燿
撰 清光緒五年至七年（1879－1881）童式
穀、宋道南刻本 八冊

330000－4706－0004071 普 3288 類叢部/
叢書類/自著之屬

李文忠公全集六種 （清）李鴻章撰 （清）吳
汝綸編錄 清光緒三十一年（1905）金陵刻三
十四年（1908）印本 二十三冊 存四種

330000－4706－0004072 普 3405 集部/別
集類/清別集

洪北江文集四卷 （清）洪亮吉撰 清宣統二
年（1910）上海國學扶輪社鉛印本 二冊

330000－4706－0004073 普 3289 集部/別
集類/清別集

甘泉鄉人稿二十四卷餘稿二卷 （清）錢泰吉
撰 皇清敕授修職郎誥封朝議大夫顯考警石
府君年譜一卷 （清）錢應溥撰 四水子遺著
一卷 （清）錢友泗撰 邠農偶吟稿一卷
（清）錢炳森撰 清同治七年（1868）、十一年
（1872）刻光緒十一年（1885）補刻本 七冊

330000－4706－0004074 普 3406 集部/別
集類/清別集

洪北江文集四卷 （清）洪亮吉撰 清宣統二
年（1910）上海國學扶輪社鉛印本 二冊

330000－4706－0004076 普 3336 集部/總
集類/課藝之屬

南菁講舍文集六卷書院文集一卷 （清）黃以
周輯 清光緒十五年（1889）刻本 四冊

330000－4706－0004078 普 3407 經部/
叢編

四益館經學叢書 廖平撰 清光緒十二年
（1886）鉛印本 一冊 存一種

330000－4706－0004079 普 3409 經部/
叢編

四益館經學叢書 廖平撰 清光緒十二年
（1886）鉛印本 一冊 存一種

330000－4706－0004080 地文集 362 集部/
別集類/清別集

曝書亭集箋注二十三卷 （清）朱彝尊撰
（清）孫銀槎輯注 清嘉慶五年（1800）三有堂
刻九年（1804）補刻本 六冊 存十七卷（一
至十、十三至十九）

330000－4706－0004081 普 3408 集部/別
集類/清別集

介石山房遺文二卷遺詩一卷 （清）朱培源撰
清宣統二年（1910）朱氏刻本 二冊

330000－4706－0004082 普 3337 集部/曲
類/彈詞之屬

娛萱草彈詞三十二卷 （清）橘道人撰 清光
緒二十年（1894）刻本 六冊

330000－4706－0004086 普 3295 集部/別
集類/清別集

甌香館集十二卷首一卷末一卷 （清）惲格著
（清）蔣光煦輯 清光緒七年（1881）刻本
四冊

330000－4706－0004087 普 3296 集部/總
集類/選集之屬/斷代

國朝二十四家文鈔二十四卷 （清）徐斐然輯
清嘉慶元年（1796）刻本 八冊

330000－4706－0004088 普 3410 集部/別
集類/清別集

艾廬遺稿六卷 （清）邵曾鑑撰 清光緒二十

三年(1897)陳世垣刻本　一冊　存二卷(一至二)

330000 - 4706 - 0004090　普 3340　集部/總集類/選集之屬/斷代

雲樣集八卷　(清)高陳謨編　清嘉慶二年(1797)刻本　四冊

330000 - 4706 - 0004091　普 3298　集部/總集類

嶺南即事雜詠十卷　清刻本　一冊　存六卷(一至六)

330000 - 4706 - 0004092　普 3338　集部/別集類/明別集

綠曉齋自選全集四卷首一卷末一卷　(明)卜舜年撰　清道光十年(1830)寶敦齋刻本　二冊

330000 - 4706 - 0004095　地文集 361　集部/別集類/清別集

曝書亭集箋注二十三卷　(清)朱彝尊撰　(清)孫銀槎輯注　清嘉慶五年(1800)三有堂刻九年(1804)補刻本　八冊

330000 - 4706 - 0004102　普 3299　集部/總集類/酬唱之屬

齊太史移居倡訓集四卷首一卷末一卷　(清)齊毓川輯　清宣統二年(1910)上海國學扶輪社石印本　一冊

330000 - 4706 - 0004104　地文史 062　史部/傳記類/科舉錄之屬

試藝一卷　(清)屠祚清等撰　清刻本　一冊

330000 - 4706 - 0004105　普 3344　集部/總集類/選集之屬/斷代

元詩選六卷補遺一卷　(清)顧奎光選輯(清)陶瀚　(清)陶玉禾參評　清乾隆十六年(1751)刻本　四冊

330000 - 4706 - 0004107　普 3343　集部/別集類/明別集

六如居士全集六種　(明)唐寅撰　清嘉慶六年(1801)長沙唐仲冕果克山房刻本　二冊　存二種

330000 - 4706 - 0004108　普 3300　類叢部/叢書類/自著之屬

西河合集一百十九種　(清)毛奇齡撰　清刻本　二冊　存一種

330000 - 4706 - 0004109　普 3701　類叢部/叢書類/彙編之屬

咫進齋叢書三十五種　(清)姚覲元編　清光緒九年(1883)歸安姚氏刻本　二冊　存五種

330000 - 4706 - 0004110　普 3347　集部/總集類/郡邑之屬

蜀秀集九卷　(清)譚宗浚輯　清光緒五年(1879)成都試院刻本　五冊　存六卷(一至四、七至八)

330000 - 4706 - 0004111　普 3417　集部/別集類

湘綺樓文集八卷詩集十四卷箋啟八卷　王闓運撰　清宣統二年(1910)上海國學扶輪社石印本　一冊　存六卷(詩集一至六)

330000 - 4706 - 0004112　普 3702　集部/總集類/題詠之屬

繡鐙問字圖題詞一卷　(清)任沛霖輯　清同治十二年(1873)刻本　一冊

330000 - 4706 - 0004113　普 3348　類叢部/叢書類/自著之屬

春在堂全書三十六種　(清)俞樾撰　清同治至光緒刻光緒末彙印本　一冊　存一種

330000 - 4706 - 0004115　普 3349　集部/總集類/選集之屬/斷代

元詩選六卷補遺一卷　(清)顧奎光選輯(清)陶瀚　(清)陶玉禾參評　清乾隆十六年(1751)刻本　一冊　存一卷(一)

330000 - 4706 - 0004116　普 3346　集部/總集類/選集之屬/斷代

元詩選六卷補遺一卷　(清)顧奎光選輯(清)陶瀚　(清)陶玉禾參評　清乾隆十六年(1751)刻本　二冊　存三卷(一至三)

330000 - 4706 - 0004118　普 3704　集部/總集類/郡邑之屬

當湖文繫初編二十八卷　（清）朱壬林纂輯
清光緒十五年(1889)刻本　十二冊

330000 - 4706 - 0004119　普 3350　集部/總
集類/課藝之屬

詁經精舍三集經解二卷辭賦三卷戊辰己巳庚
午年官師課合刻六卷　（清）俞樾編　清同治
六年至九年(1867 - 1870)刻本　六冊　存七
卷（經解一至二、辭賦一至三、戊辰上下）

330000 - 4706 - 0004120　地文集 363　類叢
部/叢書類/彙編之屬

小種字林叢刻七種　（清）吳受福編　清光緒
刻本　一冊　存五種

330000 - 4706 - 0004121　普 3706　集部/總
集類/選集之屬/斷代

湖海詩傳四十六卷　（清）王昶輯　清刻本
六冊　存十六卷（八至十一、十五至十九、二
十三至二十五、三十六至三十九）

330000 - 4706 - 0004122　普 3528　史部/政
書類

政藝叢書壬寅全書二十一種　鄧實編　清光
緒二十九年(1903)政藝通報館石印本　一冊
　存二種

330000 - 4706 - 0004123　普 3707　集部/總
集類/選集之屬/斷代

本朝館閣詩二十卷附錄一卷　（清）阮學浩
(清)阮學濬輯　續附錄一卷　（清）阮芝生
(清)阮葵生　（清）曹文植輯　清乾隆二十三
年(1758)困學書屋刻本　二冊　存三卷（一
至三）

330000 - 4706 - 0004124　普 3415　集部/別
集類/清別集

傳樸堂詩稿四卷　（清）葛金烺撰　弢華館詩
稿一卷　（清）葛嗣浵撰　清光緒二十一年
(1895)刻本　二冊

330000 - 4706 - 0004127　普 3418　集部/總
集類/選集之屬/通代

續古文辭類纂三十四卷　王先謙輯　清光緒
三十三年(1907)上海商務印書館鉛印本　二

冊　存七卷(一至七)

330000 - 4706 - 0004128　普 3710　集部/別
集類/清別集

燕臺吟草一卷　（清）黃秋林撰　清道光二十
七年(1847)刻本　一冊

330000 - 4706 - 0004129　普 3416　集部/別
集類/唐五代別集

重訂李義山詩集箋注三卷集外詩箋注一卷
(唐)李商隱撰　（清）朱鶴齡箋注　（清）程
夢星刪補　附年譜一卷詩話一卷　（清）程夢
星輯　清乾隆八年(1743)東柯草堂刻本　一
冊　存二卷（年譜、詩話）

330000 - 4706 - 0004130　普 2959　集部/小
說類/長篇之屬

東周列國全志二十三卷一百八回　（清）蔡奡
評點　清刻本　二十二冊　缺一卷（二十三）

330000 - 4706 - 0004131　普 3419　集部/別
集類/清別集

徐烈婦詩鈔二卷附報素聞書并回文一卷
(清)吳宗愛撰　（清）楊晉藩　（清）許楣評
　同心梔子圖續編一卷　（清）應瑩撰　清同
治十三年(1874)桐城吳氏雲鶴仙館刻本
一冊

330000 - 4706 - 0004132　普 3420　集部/別
集類/清別集

甘泉鄉人稿二十四卷餘稿二卷　（清）錢泰吉
撰　清同治十一年(1872)嘉興錢氏白下刻光
緒十一年(1885)增刻本　三冊　存十八卷
（一至六、十至十五、二十一至二十四,餘稿一
至二）

330000 - 4706 - 0004133　普 3421　集部/別
集類/清別集

船山詩草二十卷　（清）張問陶撰　清嘉慶二
十年(1815)刻本　七冊　存十八卷（一至十
五、十八至二十）

330000 - 4706 - 0004134　普 3315　集部/別
集類/宋別集

姜白石全集　（宋）姜夔撰　清宣統二年

（1910）上海掃葉山房石印本　一冊

330000－4706－0004135　普3339　集部/別集類/清別集

遂初堂詩集四卷　（清）潘耒撰　清刻本　四冊

330000－4706－0004136　普3351　集部/別集類/清別集

山礬書屋詩二集九卷　（清）郭鳳撰　清道光三年（1823）刻本　二冊

330000－4706－0004137　普3711　集部/別集類/清別集

曾文正公文集三卷首一卷　（清）曾國藩撰　清光緒二年（1876）傳忠書局刻本　二冊　缺一卷（三）

330000－4706－0004138　普3712　集部/別集類/清別集

漱芳閣集十卷　（清）徐士芬撰　清咸豐二年（1852）刻本　二冊

330000－4706－0004139　普3354　類叢部/叢書類/彙編之屬

金峨山館叢書（望三益齋叢書）十一種　（清）郭傳璞編　清光緒八年至十六年（1882－1890）鄞郭氏刻二十年（1894）鎮海邵氏彙印本　一冊　存一種

330000－4706－0004140　普3716　集部/別集類/清別集

復堂類集文四卷詩九卷詞二卷　（清）譚獻撰　清光緒十一年（1885）刻本　四冊

330000－4706－0004141　普3713　史部/地理類/雜志之屬

南湖百詠一卷　（清）吳莘恩撰　清同治五年（1866）嘉興吳氏小匏庵刻本　一冊

330000－4706－0004142　普3714　集部/別集類/清別集

願學堂詩鈔二十八卷　（清）王宗燿撰　清咸豐十年（1860）鄞縣王氏刻本　三冊　存十六卷（十三至二十八）

330000－4706－0004145　普3355　類叢部/叢書類/自著之屬

莘廬遺集四種附二種　（清）凌泗撰　清宣統三年至民國三年（1911－1914）沈廷鏞刻本　二冊　存四種

330000－4706－0004146　普3715　集部/別集類/清別集

續東軒遺集四卷　（清）高均儒撰　清光緒七年（1881）刻本　三冊

330000－4706－0004147　普3423　集部/別集類/清別集

聽雪齋詩鈔四卷　（清）薛廷文撰　清刻本　二冊

330000－4706－0004148　普3357　集部/別集類/清別集

袁文箋正十六卷補注一卷　（清）袁枚撰（清）石韞玉箋　清光緒十四年（1888）上海蜚英館石印本　一冊　存九卷（一至九）

330000－4706－0004149　普3530　集部/總集類/選集之屬/斷代

明文在一百卷　（清）薛熙輯　清光緒十五年（1889）江蘇書局刻本　十冊

330000－4706－0004150　普3532　集部/總集類/選集之屬/斷代

唐文粹一百卷　（宋）姚鉉輯　清光緒九年（1883）江蘇書局刻本　十四冊　存八十九卷（十二至一百）

330000－4706－0004151　普3717　集部/別集類/清別集

無近名齋文鈔四卷二編二卷外編一卷雜著二卷二編一卷　（清）彭翊撰　清光緒十年（1884）彭祖賢鄂江節署刻本　四冊

330000－4706－0004152　普3533　類叢部/叢書類/彙編之屬

古逸叢書二十六種　（清）黎庶昌編　清光緒八年至十年（1882－1884）黎庶昌日本東京使署影刻本　十冊　存八種

330000－4706－0004153　普3718　集部/別

田硯齋文集二卷 （清）褚榮槐撰 （清）褚元升輯 清光緒六年(1880)刻本 一冊

330000－4706－0004154 普 3352 集部/別集類/清別集

思詒堂詩稿十二卷文稿一卷 （清）金衍宗撰 清刻本 四冊 缺一卷(文稿)

330000－4706－0004155 普 3422 集部/別集類/清別集

井眉居詩錄四卷附懺情庵詞一卷 （清）姚前機撰 清咸豐刻本 一冊

330000－4706－0004156 普 3719 類叢部/叢書類/自著之屬

悔餘庵集三種 （清）何栻撰 清同治四年(1865)鳩江戎幄刻本 一冊 存一種

330000－4706－0004157 普 2798 子部/藝術類/書畫之屬/題跋

蘇黃題跋五卷 （清）溫一貞錄 清乾隆刻同治十一年(1872)補刻本 三冊 存三卷(山谷題跋一至三)

330000－4706－0004159 普 3720 集部/別集類/清別集

袁文箋正十六卷補注一卷 （清）袁枚撰 (清)石韞玉箋 清刻本 四冊

330000－4706－0004160 普 3424 集部/別集類/清別集

倚晴樓集五種 （清）黃燮清撰 清咸豐至同治海鹽黃氏拙宜園刻本 二冊 存一種

330000－4706－0004162 普 3425 集部/別集類/清別集

倚晴樓集五種 （清）黃燮清撰 清咸豐至同治海鹽黃氏拙宜園刻本 六冊 存三種

330000－4706－0004164 普 3722 集部/別集類/清別集

定盦文集三卷續集四卷文集補編四卷續錄一卷別集一卷附龔孝珙手抄詞一卷文拾遺一卷 （清）龔自珍撰 **定盦先生年譜一卷** 吳昌綬編 清宣統元年(1909)上海國學扶輪社鉛印本 七冊

330000－4706－0004165 普 3723 集部/別集類/清別集

定盦文集三卷續集四卷文集補編四卷續錄一卷別集一卷附龔孝珙手抄詞一卷文拾遺一卷 （清）龔自珍撰 **定盦先生年譜一卷** 吳昌綬編 清宣統元年(1909)上海國學扶輪社鉛印本 五冊 缺三卷(續錄、龔孝珙手抄詞、文拾遺)

330000－4706－0004166 普 3342 集部/別集類/明別集

畯喜堂漫藁二卷 （明）瞿元錫撰 清光緒十四年(1888)刻本 一冊

330000－4706－0004167 普 3426 集部/總集類/郡邑之屬

金山姚程三先生遺集 （清）程國嘉輯 清刻本 一冊 存一種

330000－4706－0004168 普 3427 集部/別集類/明別集

雲巢詩鈔十卷 （明）沈璟撰 清道光元年(1821)刻本 二冊

330000－4706－0004169 普 3724 集部/別集類/清別集

曝書亭集八十卷附錄一卷 （清）朱彝尊撰 **笛漁小稾十卷** （清）朱昆田撰 清刻本 八冊 存五十八卷(十至十四、二十一至三十三、三十九至六十二、六十六至八十,附錄)

330000－4706－0004171 普 3725 集部/別集類/清別集

曝書亭集外稿八卷 （清）朱彝尊撰 （清）馮登府 （清）朱墨林輯 清嘉慶二十二年(1817)刻道光二年(1822)印本 二冊

330000－4706－0004172 普 3429 集部/別集類/清別集

夢鷗閣詩鈔一卷 （清）許銓撰 **夢鷗閣題詞一卷** （清）吳家騏等撰 清道光二十六年(1846)刻民國九年(1920)印本 一冊

330000－4706－0004173 普 3358 集部/

集類/清別集

缾水齋詩集十七卷別集二卷詩話一卷坿錄一卷　(清)舒位撰　清光緒十二年(1886)刻本　三冊　存八卷(詩集一至二、十三至十四,別集一至二,詩話,坿錄)

330000－4706－0004174　普3430　集部/別集類/清別集

籲雲書屋詩鈔六卷附紅蕪詞鈔二卷　(清)鍾景撰　清咸豐八年(1858)刻本　二冊　存六卷(一至六)

330000－4706－0004176　普3345　集部/別集類/清別集

壯悔堂文集十卷遺稿一卷四憶堂詩集六卷　(清)侯方域撰　(清)賈開宗等評點　清光緒四年(1878)舊學山房刻本　七冊　存八卷(文集一至八)

330000－4706－0004177　普3431　集部/總集類/酬唱之屬

扶桑驪唱集一卷附錄一卷續和一卷　(清)葉煒編　清光緒十七年(1891)白下刻本　一冊

330000－4706－0004179　普3432　集部/別集類/明別集

石門集七卷　(明)高濲著　清刻本　一冊

330000－4706－0004180　普3433　集部/別集類/清別集

湖唐林館駢體文二卷　(清)李慈銘撰　清光緒十年(1884)刻本　一冊

330000－4706－0004181　普3726　集部/別集類/清別集

曝書亭集外稿八卷　(清)朱彝尊撰　(清)馮登府　(清)朱墨林輯　清嘉慶二十二年(1817)刻道光二年(1822)印本　一冊　存四卷(一至四)

330000－4706－0004182　地文集364　集部/別集類/清別集

曝書亭集箋注二十三卷　(清)朱彝尊撰　(清)孫銀槎輯注　清嘉慶五年(1800)三有堂刻九年(1804)補刻本　八冊

330000－4706－0004183　地文集365　集部/別集類/清別集

曝書亭集箋注二十三卷　(清)朱彝尊撰　(清)孫銀槎輯注　清嘉慶五年(1800)三有堂刻本　六冊

330000－4706－0004184　普3727　集部/詞類/別集之屬

曝書亭集詞註七卷　(清)朱彝尊撰　(清)李富孫注　清刻本　四冊

330000－4706－0004185　普3728　集部/詞類/別集之屬

曝書亭集詞註七卷　(清)朱彝尊撰　(清)李富孫注　清刻本　二冊

330000－4706－0004187　普4369　類叢部/類書類/專類之屬

五經文苑擷華八卷　(清)朱迺紱編　清石印本　一冊　存四卷(五至八)

330000－4706－0004188　地文集366　集部/別集類/清別集

抱簫山道人遺稿二卷　(清)陳鴻墀撰　清同治十二年(1873)陳宗親刻本　一冊　存一卷(上)

330000－4706－0004189　普3729　集部/別集類/清別集

曝書亭集詩註二十四卷　(清)朱彝尊撰　(清)楊謙注　**年譜一卷**　(清)楊謙撰　清楊氏木山閣刻本(卷二十三至二十四原缺)　八冊

330000－4706－0004190　普3730　集部/別集類/清別集

曝書亭集詩註二十四卷　(清)朱彝尊撰　(清)楊謙注　**年譜一卷**　(清)楊謙撰　**曝書亭集詞註七卷**　(清)李富孫撰　清楊氏木山閣刻民國十年(1921)陸祖穀補刻本(卷二十三至二十四原缺,詞註配清嘉慶刻本)　十二冊

330000－4706－0004204　普3363　集部/總集類/選集之屬/通代

詳註經史百家雜鈔二十六卷　（清）曾國藩纂
　清石印本　三冊　存八卷（九至十、十三至
十五、二十至二十二）

330000－4706－0004205　普3732　集部/別
集類/清別集

曾文正公文集三卷詩集三卷　（清）曾國藩撰
　清宣統元年（1909）上海著易堂書局鉛印本
　四冊

330000－4706－0004206　普3360　集部/總
集類/選集之屬/通代

經史百家雜鈔二十六卷　（清）曾國藩輯　清
上海商務印書館鉛印本　二冊　存四卷（七
至八、十八至十九）

330000－4706－0004210　普3734　類叢部/
叢書類/自著之屬

施愚山先生全集五種附一種　（清）施閏章撰
　清宣統二年至三年（1910－1911）上海國學
扶輪社石印本　二十冊

330000－4706－0004211　普3436　類叢部/
叢書類/自著之屬

施愚山先生全集五種附一種　（清）施閏章撰
　清宣統二年至三年（1910－1911）上海國學
扶輪社石印本　二冊　存一種

330000－4706－0004212　普3735　集部/別
集類/清別集

小雲廬晚學文槀八卷　（清）朱壬林撰　清光
緒二十六年（1900）平湖朱氏刻本　二冊

330000－4706－0004213　普3370　集部/總
集類/郡邑之屬

兩浙輶軒續錄五十四卷補遺六卷姓氏韻編二
卷　（清）潘衍桐輯　清刻本　二冊　存二卷
（三十七、三十九）

330000－4706－0004218　普3736　集部/別
集類/清別集

嬰山小園文集六卷　（清）張誠撰　清光緒二
十一年（1895）刻本　二冊

330000－4706－0004219　普3737　類叢部/
叢書類/彙編之屬

榆園叢刻十五種附一種　（清）許增編　清同
治至光緒刻本　二冊　存四種

330000－4706－0004220　普3738　類叢部/
叢書類/彙編之屬

清風室叢刊　（清）錢保塘輯　清同治至民國
海寧錢氏清風室刻本　四冊　存一種

330000－4706－0004221　普3739　類叢部/
叢書類/自著之屬

靈芬館集十種　（清）郭麐撰　清嘉慶至道光
刻本　六冊　存三種

330000－4706－0004222　普3367　集部/總
集類/選集之屬/斷代

宋四名家詩　（清）周之鱗　（清）柴升編　清
康熙三十二年（1693）弘訓堂刻本　一冊　存
一種

330000－4706－0004223　普3740　集部/總
集類/選集之屬/斷代

元詩選六卷補遺一卷　（清）顧奎光選輯
（清）陶瀚　（清）陶玉禾參評　清刻本　四冊

330000－4706－0004224　普3741　集部/總
集類/選集之屬/斷代

七子詩選十四卷　（清）沈德潛選　清乾隆十
八年（1753）刻本　二冊　存八卷（一至三、十
至十四）

330000－4706－0004225　普3742　集部/總
集類/選集之屬/通代

五朝詩別裁集　（清）□□輯　清刻本　三冊
存一種

330000－4706－0004226　普3372　集部/別
集類/唐五代別集

杜詩詳註二十五卷首一卷附編二卷　（唐）杜
甫撰　（清）仇兆鰲輯注　清康熙三十二年
（1693）刻本　八冊

330000－4706－0004227　普3375　集部/總
集類/選集之屬/通代

賦鈔箋略十五卷　（清）雷琳　（清）張杏濱輯
　清刻本　六冊　存十一卷（五至十五）

330000 - 4706 - 0004229　普 3365　集部/別集類/唐五代別集

韓子粹言一卷 （唐）韓愈撰　（清）李光地選
清康熙五十二年(1713)教忠堂刻本　一冊

330000 - 4706 - 0004230　普 3368　集部/總集類/酬唱之屬

齊昌去思篇□□卷 （清）易道庸等撰　清同治十一年(1872)刻本　一冊　存二卷(一至二)

330000 - 4706 - 0004233　普 3440　史部/目錄類/通論之屬/掌故瑣記

曝書雜記三卷 （清）錢泰吉撰　清同治七年(1868)刻本　一冊

330000 - 4706 - 0004234　普 3745　集部/別集類/唐五代別集

杜工部集二十卷首一卷 （唐）杜甫撰　（清）盧坤輯評　清刻六色套印本　八冊　存二十卷(一至二十)

330000 - 4706 - 0004236　普 3377　集部/總集類/郡邑之屬

兩浙輶軒續錄五十四卷補遺六卷姓氏韻編二卷 （清）潘衍桐輯　清刻本　十六冊　存二十四卷(二十八、三十至四十、四十三至五十四)

330000 - 4706 - 0004237　普 3746　集部/別集類/清別集

述古堂文集十二卷 （清）錢兆鵬撰　清光緒七年(1881)刻本　四冊

330000 - 4706 - 0004240　普 3376　集部/總集類/選集之屬/通代

唐宋八大家類選十四卷 （清）儲欣輯　清石印本　五冊　存十二卷(三至十四)

330000 - 4706 - 0004242　普 3379　集部/總集類/選集之屬/通代

古文辭類纂十五卷 （清）姚鼐輯　**續古文辭類纂十卷** 王先謙輯　清光緒二十年(1894)上海圖書集成印書局鉛印本　三冊　存八卷(古文辭類纂一至二、五至七、八至十)

330000 - 4706 - 0004244　普 3442　集部/別集類/清別集

定盦文集三卷續集四卷文集補編四卷續錄一卷別集一卷附龔孝珙手抄詞一卷文拾遺一卷 （清）龔自珍撰　清鉛印本　一冊　存四卷(續集一至四)

330000 - 4706 - 0004245　普 3380　集部/別集類/宋別集

劍南詩鈔六卷 （宋）陸游撰　（清）楊大鶴選　清刻本　四冊

330000 - 4706 - 0004246　普 3443　類叢部/叢書類/自著之屬

王寬甫全集九種附刊六種 （清）王敬之撰　清道光二十一年(1841)至咸豐王氏家刻本　四冊　存二種

330000 - 4706 - 0004248　普 3374　集部/別集類/宋別集

施註蘇詩四十二卷 （宋）蘇軾撰　（宋）施元之　（宋）顧禧注　（清）顧嗣立　（清）邵長蘅　（清）宋至刪補　清刻本　二冊　存七卷(二十至二十六)

330000 - 4706 - 0004249　普 3753　史部/金石類/總志之屬/題跋

清儀閣題跋不分卷 （清）張延濟撰　清光緒十九年(1893)刻本　四冊

330000 - 4706 - 0004251　普 3755　集部/總集類/選集之屬/通代

天下才子必讀書十五卷 （清）金聖歎選評　清宣統二年(1910)上海國學進化社鉛印本　六冊

330000 - 4706 - 0004253　普 3369　集部/別集類

揅經室一集十四卷二集八卷三集五卷四集二卷四集詩十一卷續集十一卷再續集六卷外集五卷 （清）阮元撰　（清）阮亨輯　清嘉慶至道光刻本　二冊　存五卷(外集一至五)

330000 - 4706 - 0004254　普 3441　集部/別集類/清別集

環翠續講文鈔□□卷　清刻本　一冊　存一卷(一)

330000 - 4706 - 0004255　普 3756　集部/總集類/選集之屬/通代

古文辭類纂七十四卷　(清)姚鼐輯　**續古文辭類纂三十四卷**　王先謙輯　清光緒三十三年(1907)上海商務印書館鉛印本　十二冊

330000 - 4706 - 0004258　普 3445　集部/別集類/漢魏六朝別集

徐孝穆全集六卷　(南朝陳)徐陵撰　(清)吳兆宜箋注　**備考一卷**　(清)徐文炳撰　清刻本　三冊

330000 - 4706 - 0004259　普 3382　集部/總集類/選集之屬/通代

重訂文選集評十五卷首一卷末一卷　(清)于光華輯　清刻本　九冊　存十卷(二、五至六、八至九、十一至十五)

330000 - 4706 - 0004260　普 3383　集部/別集類/清別集

湛園未定藁六卷　(清)姜宸英撰　清刻本　三冊　存三卷(三至五)

330000 - 4706 - 0004261　普 3384　類叢部/叢書類/彙編之屬

西京清麓叢書　(清)賀瑞麟輯　清同治至民國刻本　三冊　存十八卷(前集七至十、後集一至十四)

330000 - 4706 - 0004262　普 3446　集部/別集類/漢魏六朝別集

陶淵明詩一卷雜文一卷　(晉)陶潛撰　清光緒元年(1875)影宋紹熙曾集刻本　一冊

330000 - 4706 - 0004263　普 3757　集部/總集類/課藝之屬

詁經精舍課藝六集十二卷　(清)俞樾編　清光緒十一年(1885)刻本　四冊

330000 - 4706 - 0004265　普 3759　集部/總集類/選集之屬/斷代

本朝律賦集腋八集　(清)馬俊良輯　清乾隆五十四年(1789)刻本　八冊

330000 - 4706 - 0004266　普 3381　集部/別集類/清別集

拜石山房詩鈔十六卷　(清)顧翰撰　清刻本　二冊　存七卷(五至八、十二至十四)

330000 - 4706 - 0004268　普 3448　集部/總集類/選集之屬/通代

駢體文鈔三十一卷　(清)李兆洛輯　清道光元年(1821)合河康氏家塾刻同治六年(1867)婁江徐氏補刻本　十二冊

330000 - 4706 - 0004271　普 3761　集部/小說類/長篇之屬

西遊真詮二十卷一百回　(清)陳士斌詮解　清三元堂刻本　四冊　存四卷(一至二、四至五)

330000 - 4706 - 0004273　普 3762　集部/總集類/選集之屬/斷代

皇朝古學類編十四卷首一卷　(清)姚燮選　清光緒二十一年(1895)玉軸山房石印本　八冊

330000 - 4706 - 0004274　普 3391　子部/儒家類/儒學之屬/經濟

潛夫論十卷　(漢)王符撰　清刻本　二冊

330000 - 4706 - 0004275　普 3392　類叢部/叢書類/彙編之屬

六安涂氏求我齋所刊書六種　(清)涂宗瀛編　清同治至光緒六安涂氏刻本　二冊　存一種

330000 - 4706 - 0004276　普 3398　子部/儒家類/儒學之屬/蒙學

蒙師箴言不分卷　(清)方瀏生撰　清光緒三十一年(1905)鉛印本　一冊

330000 - 4706 - 0004277　普 3394　子部/儒家類/儒學之屬/性理

上蔡先生語錄三卷　(宋)謝良佐撰　(宋)朱熹輯　(清)張伯行重訂　清刻本　二冊

330000 - 4706 - 0004278　普 3400　子部/儒家類/儒學之屬/蒙學

蒙師箴言不分卷　(清)方瀏生撰　清光緒三

十一年(1905)鉛印本 一冊

330000－4706－0004279 普3393 子部／儒家類／儒學之屬／性理

潛室陳先生木鍾集十一卷 (宋)陳埴撰 清同治六年(1867)陳思爚東甌郡齋刻本 四冊

330000－4706－0004280 普3531 集部／總集類／選集之屬／斷代

元文類七十卷目錄三卷 (元)蘇天爵編 清光緒十五年(1889)江蘇書局刻本 十冊

330000－4706－0004281 普3397 集部／總集類／課藝之屬

江漢炳靈集二卷 (清)張之洞輯 清同治九年(1870)刻本 一冊 存一卷(上)

330000－4706－0004282 普3395 史部／傳記類／總傳之屬／家乘

[浙江永康]應氏先型錄六卷首一卷 (清)應正祿等纂修 **芝英應氏家規一卷** (清)應傑撰 清同治五年(1866)上海道署刻本 五冊 存六卷(首,一至四、六)

330000－4706－0004284 普3763 子部／醫家類／綜合之屬／通論

御纂醫宗金鑑六十卷首一卷 (清)吳謙等撰 清光緒九年(1883)掃葉山房刻本 三十二冊

330000－4706－0004285 普3534 集部／小說類／長篇之屬

四大奇書第一種十九卷首一卷一百二十回 (明)羅本撰 (清)毛宗崗評 清愛日堂刻本 二十冊

330000－4706－0004286 普3399 子部／儒家類／儒學之屬／蒙學

蒙師箴言不分卷 (清)方瀏生撰 清光緒三十一年(1905)鉛印本 一冊

330000－4706－0004287 普3764 類叢部／叢書類／彙編之屬

宜稼堂叢書七種 (清)郁松年編 清道光二十年至二十二年(1840－1842)上海郁氏刻本 五冊 存二種

330000－4706－0004288 普3536 集部／總集類／郡邑之屬

兩浙輶軒續錄五十四卷補遺六卷姓氏韻編二卷 (清)潘衍桐輯 清刻本 十八冊 存二十七卷(一至二十七)

330000－4706－0004289 普3765 類叢部／叢書類／彙編之屬

宜稼堂叢書七種 (清)郁松年編 清道光二十年至二十二年(1840－1842)上海郁氏刻本 二冊 存一種

330000－4706－0004290 普3537 史部／目錄類／專錄之屬

小學考五十卷 (清)謝啟昆撰 清光緒十四年(1888)浙江書局刻本 二十冊

330000－4706－0004294 普3538 類叢部／叢書類／自著之屬

陸放翁全集六種 (宋)陸游撰 明末海虞毛氏汲古閣刻清初毛扆增刻彙印本 十一冊 存一種

330000－4706－0004296 普3612 新學／學校

中國文典不分卷 商務印書館編譯所編纂 清光緒三十二年(1906)上海商務印書館鉛印本 一冊

330000－4706－0004298 普3613 集部／總集類／選集之屬／通代

詳註賦學正鵠續集八卷 (清)葉祺昌評選 清光緒二十四年(1898)上海文寶閣石印本 一冊

330000－4706－0004303 普3543 集部／小說類／長篇之屬

東周列國志二十七卷一百八回 (清)蔡昇評點 清石印本 五冊 存十七卷(六至十三、十九至二十七)

330000－4706－0004304 普3545 集部／小說類／長篇之屬

東周列國全志二十三卷一百八回 (清)蔡昇評點 清石印本 十一冊 存十二卷(二至

七、十一至十六）

330000 – 4706 – 0004305　普 3608　集部/別
集類/清別集

笠翁一家言全集十六卷　（清）李漁撰　清刻
本　三冊　存三卷(文集四、詩集二至三)

330000 – 4706 – 0004306　普 3772　子部/醫
家類/本草之屬/神農本草經

本經疏證十二卷續疏六卷本經序疏要八卷
（清）鄒澍撰　清刻本　九冊　存二十卷(本
經疏證一至十二、本經序疏要一至八)

330000 – 4706 – 0004307　普 3773　子部/醫
家類/類編之屬

沈氏尊生書五種　（清）沈金鰲撰輯　清刻本
十三冊　存四種

330000 – 4706 – 0004309　普 3544　集部/小
說類/長篇之屬

東周列國全志二十三卷一百八回　（清）蔡奡
評點　清光緒石印本　十冊　存十二卷(一
至十、十九至二十)

330000 – 4706 – 0004312　普 3775　集部/總
集類/選集之屬/通代

文選六十卷　（南朝梁）蕭統輯　（唐）李善注
文選考異十卷　（清）胡克家撰　清末上海
鴻文書局石印本　十冊

330000 – 4706 – 0004313　普 3546　集部/小
說類/長篇之屬

繡像東周列國志二十七卷一百八回　（清）蔡
奡評點　清光緒三十一年(1905)上海商務印
書館鉛印本　十二冊

330000 – 4706 – 0004318　普 3607　集部/戲
劇類/傳奇之屬

桃花扇傳奇二卷　（清）孔尚任撰　清刻本
四冊

330000 – 4706 – 0004323　普 3601　集部/別
集類/清別集

**澹退齋古今體詩一卷組齋試帖一卷澹退楹聯
一卷**　（清）沈琮寶撰　清光緒三十一年
(1905)刻本　一冊

330000 – 4706 – 0004324　普 3449　類叢部/
叢書類/家集之屬

長洲彭氏家集九種　（清）彭祖賢編　清同治
至光緒刻本　一冊　存一種

330000 – 4706 – 0004325　普 3609　集部/總
集類/選集之屬/通代

續古文辭類纂三十四卷　王先謙輯　清光緒
十六年(1890)上海文瑞樓鉛印本　六冊　存
十四卷(一至三、五至十五)

330000 – 4706 – 0004326　普 3452　史部/史
抄類

鑑略四字書一卷　（清）王仕雲撰　清光緒三
十一年(1905)刻本　一冊

330000 – 4706 – 0004327　普 3453　集部/別
集類/清別集

梅村詩集箋注十八卷　（清）吳偉業撰　（清）
吳翌鳳箋注　清刻本　一冊　存一卷(一)

330000 – 4706 – 0004328　普 3454　子部/儒
家類/儒學之屬/性理

金華理學粹編十卷　（清）戴殿江輯　清光緒
十五年(1889)永康應寶時越中刻本　二冊
存五卷(一至五)

330000 – 4706 – 0004330　普 3557　集部/別
集類/清別集

三魚堂文集十二卷外集六卷附錄一卷　（清）
陸隴其撰　清嘉慶十九年(1814)刻本　八冊

330000 – 4706 – 0004331　普 3558　集部/總
集類/選集之屬/斷代

湖海詩傳四十六卷　（清）王昶輯　清刻本
二冊　存十三卷(八至二十)

330000 – 4706 – 0004332　普 3776　子部/醫
家類/類編之屬

中西匯通醫書五種　（清）唐宗海撰　清光緒
三十四年(1908)上海千頃堂書局石印本　六
冊　存十八卷(中西匯通醫經精義一至二、本
草問答一至二、傷寒論淺注補正五至七、金匱
要略淺注補正四至九、血證論一至五)

330000 – 4706 – 0004333　普 3559　集部/別

集類/清別集

梅村集四十卷目錄二卷 （清）吳偉業撰 清刻本 一冊 存七卷（五至十一）

330000－4706－0004334 普3778 子部/醫家類/綜合之屬/通論

辨證奇聞十卷 （清）陳士鐸撰 （清）錢松刪定 清宣統元年（1909）上海廣益書局石印本 四冊 缺三卷（五至六、十）

330000－4706－0004335 普3560 集部/別集類/清別集

吳詩集覽二十卷補註二十卷吳詩談藪二卷 （清）吳偉業撰 （清）靳榮藩注並輯 清刻本 十冊 存三十三卷（吳詩集覽四至七、十至十八，補註一至二十）

330000－4706－0004337 普2990 子部/醫家類/類編之屬

沈氏尊生書五種 （清）沈金鰲撰輯 清刻本 十八冊 缺十九卷（雜病源流犀燭一至十三、要藥分劑一至六）

330000－4706－0004340 地文子006 史部/政書類/雜錄之屬

戊戌新政芻言一卷 （清）江峯青撰 清光緒二十六年（1900）刻本 一冊

330000－4706－0004341 普3428 史部/傳記類/科舉錄之屬

江左校士錄六卷 （清）黃體芳輯 清刻本 一冊 存一卷（六）

330000－4706－0004344 普3458 集部/戲劇類/傳奇之屬

滄桑艷二卷二十齣 丁傳靖撰 清光緒三十四年（1908）丹徒丁傳靖豸隱廬刻本 一冊 存一卷（下）

330000－4706－0004347 普3781 子部/醫家類/傷寒金匱之屬/金匱要略

金匱心典三卷 （清）尤怡撰 清光緒七年（1881）崇德書院刻本 三冊

330000－4706－0004349 普3780 子部/醫家類/類編之屬

張氏醫書七種 （清）張璐等撰 清乾隆至嘉慶金閶書業堂刻本 四冊 存一種

330000－4706－0004350 普3564 集部/總集類/選集之屬/通代

古文觀止十二卷 （清）吳乘權 （清）吳大職輯 清光緒十年（1884）常州鼓樓前文會堂刻本 三冊

330000－4706－0004351 普3782 子部/醫家類/綜合之屬/通論

醫貫砭二卷 （清）徐大椿撰 清刻本 一冊

330000－4706－0004354 普3784 子部/醫家類/推拿按摩外治之屬

理瀹駢文不分卷 （清）吳師機撰 清刻本 一冊

330000－4706－0004356 普3785 子部/醫家類/醫話醫論之屬

醫原二卷 （清）石壽堂撰 清咸豐十一年（1861）留耕書屋刻本 一冊

330000－4706－0004357 普3566 集部/總集類/選集之屬/通代

古文觀止十二卷 （清）吳乘權 （清）吳大職輯 清光緒南京李光明莊刻本 五冊

330000－4706－0004358 普3786 類叢部/叢書類/自著之屬

疇隱廬叢書 丁福保撰 清光緒二十九年（1903）文明書局石印本 一冊 存一種

330000－4706－0004361 普3787 子部/醫家類/內科之屬

醫畧十三卷醫略論列方一卷附刻關格考一卷人迎辨一卷 （清）蔣寶素撰 清道光二十八年（1848）快志堂刻本 三冊 存十一卷（一至十一）

330000－4706－0004363 普3461 集部/別集類/清別集

懷亭詩錄六卷詞錄二卷 蔣學堅撰 清刻本 一冊 存四卷（詩錄五至六、詞錄一至二）

330000－4706－0004364 普3569 集部/小

說類/長篇之屬

四大奇書第一種十九卷首一卷一百二十回
（明）羅本撰　（清）毛宗崗評　清刻本　十九
冊　存十五卷（二至十六）

330000－4706－0004366　普3463　集部/別
集類/清別集

道生堂課士草三集□□卷　（清）鍾聲撰　清
光緒五年(1879)刻本　二冊　存一卷（石南
書院課士草）

330000－4706－0004367　普3462　集部/別
集類/清別集

註釋栢蘊皋先生全稿一卷　（清）王瀛洲編
清刻本　一冊

330000－4706－0004370　普3789　子部/醫
家類/類編之屬

張氏醫書七種　（清）張璐等撰　清光緒二十
年(1894)上海圖書集成印書局鉛印本　十八
冊　存六種

330000－4706－0004371　普3464　史部/史
評類/詠史之屬

今樂府（九九樂府）一卷　（清）陳梓撰
（清）鄭亦亭評　清宣統二年(1910)石印本
一冊

330000－4706－0004372　普3465　集部/別
集類/宋別集

**蘇文忠公詩編註集成四十六卷集成總案四十
五卷諸家雜綴酌存一卷蘇海識餘四卷賤詩圖
一卷**　（宋）蘇軾撰　（清）王文誥輯注　清光
緒十四年(1888)浙江書局刻本　五冊　存十
九卷（集成總案二十七至四十一、蘇海識餘一
至四）

330000－4706－0004375　普2985　子部/醫
家類/綜合之屬/通論

御纂醫宗金鑑九十卷首一卷　（清）吳謙等撰
　清刻本　十冊　存十卷（首,一至二、四至
十）

330000－4706－0004376　普3468　子部/儒
家類/儒學之屬/蒙學

初學文引一卷　（清）葉廉鍔選注　清同治十
二年(1873)慈南古草堂刻本　一冊

330000－4706－0004378　普2986　子部/醫
家類/綜合之屬/通論

御纂醫宗金鑑九十卷首一卷　（清）吳謙等撰
　清刻本　九冊　存十九卷（五至七、十八至
二十三、三十至三十一、六十三、八十二至八
十四、八十七至九十）

330000－4706－0004382　普2988　子部/醫
家類/綜合之屬/通論

御纂醫宗金鑑九十卷首一卷　（清）吳謙等撰
　清光緒十八年(1892)上海圖書集成印書局
鉛印本　二十三冊　存八十四卷（首,內科一
至六、八至六十二、六十七至七十四,外科一
至十四）

330000－4706－0004383　普2983　子部/醫
家類/類編之屬

黃氏醫書八種　（清）黃元御撰　清光緒二十
年(1894)上海圖書集成印書局鉛印本　十一
冊　存七種

330000－4706－0004389　普3581　子部/醫
家類/綜合之屬/通論

御纂醫宗金鑑九十卷首一卷　（清）吳謙等總
修　清刻本　十六冊　存二十六卷（首,一、
三至六、十七至十九、二十二至二十三、二十
七至三十二、三十五、五十四至五十五、六十
一、六十七至七十一）

330000－4706－0004392　普3474　集部/總
集類/尺牘之屬

尺牘叢刻十七種　文明書局輯　清宣統三年
(1911)上海文明書局鉛印本　一冊　存一種

330000－4706－0004394　普3477　集部/總
集類/尺牘之屬

高等女子尺牘教本一卷　（清）丁善儀著　清
光緒三十三年(1907)上海文明書局石印本
一冊

330000－4706－0004395　普3571　集部/曲
類/彈詞之屬

繡像倭袍傳十二卷一百回　（清）海蘭濤撰
清刻本　六冊　存六卷（四至六、八、十一至
十二）

330000－4706－0004396　普3476　集部/總
集類/尺牘之屬
尺牘蒙詁□□卷　（清）秦嘉銓撰　清光緒十
二年(1886)來青閣刻本　一冊　存二卷（一
至二）

330000－4706－0004398　普3584　子部/醫
家類/類編之屬
馮氏錦囊秘錄三種五十卷　（清）馮兆張編
清刻本　十八冊　存二種

330000－4706－0004399　普3585　集部/小
說類/長篇之屬
四大奇書第一種六十卷首一卷一百二十回
（明）羅本撰　（清）毛宗崗評　清刻本　十二
冊　存二十九卷（十至十四、十八至十九、二
十三至二十七、三十三至三十九、四十八至五
十四、五十八至六十）

330000－4706－0004401　普3623　集部/別
集類/清別集
始有廬詩槀八卷　（清）孫瀜撰　清刻本
二冊

330000－4706－0004402　普3622　集部/別
集類/清別集
味青館課徒草不分卷　（清）束允泰撰　清光
緒二十一年(1895)上海寶文局石印本　一冊

330000－4706－0004403　普3481　集部/總
集類/選集之屬/斷代
詒安堂全集十六種　（清）王慶勳輯　清道光
至咸豐上海王氏刻本　一冊　存一種

330000－4706－0004404　普3618　集部/詩
文評類/詩評之屬
北江詩話六卷　（清）洪亮吉撰　清刻本　一
冊　存四卷（一至四）

330000－4706－0004405　善集100　集部/總
集類/選集之屬/通代
唐宋八大家文鈔一百六十六卷　（明）茅坤編

明萬曆刻本　一冊　存一種

330000－4706－0004406　地文集006　集部/
別集類/清別集
蘇門山人登嘯集一卷　（清）吳昌榮撰　蓮鷺
雙谿舍遺稿一卷　（清）吳國賢撰　安雅堂遺
集不分卷　紫茜山房詩鈔二卷　（清）沈金藻
撰　小謨觴居詩存一卷　（清）孫成彥撰　清
光緒二十八年(1902)小穜字林刻本　一冊

330000－4706－0004411　普3526　集部/曲
類/彈詞之屬
繡像一捧雪全傳八卷三十二回　清刻本　五
冊　存五卷（二至五、八）

330000－4706－0004412　普3484　集部/別
集類
還如閣詩存二卷　（清）何長治撰　清光緒十
九年(1893)刻本　一冊

330000－4706－0004414　普3485　集部/別
集類/清別集
含薰室文集五卷詩集二卷　（清）吉鍾穎撰
清同治十二年(1873)丹陽吉正常刻本　一冊
存二卷（詩集一至二）

330000－4706－0004417　普3632　集部/別
集類/清別集
香屑集十八卷首一卷末一卷　（清）黃之雋撰
（清）陳邦直注　清刻本　一冊　存五卷
（六至十）

330000－4706－0004418　普3631　集部/別
集類/清別集
香屑集十八卷首一卷末一卷　（清）黃之雋撰
（清）陳邦直注　清刻本　一冊　存五卷
（五至九）

330000－4706－0004419　普3488　集部/總
集類
官商學界普通尺牘二卷　（清）江鳳鳴編　清
光緒三十四年(1908)文成堂書莊鉛印本　一
冊　存一卷（下）

330000－4706－0004420　普3482　類叢部/
叢書類/自著之屬

敝帚齋遺書四種　（清）徐鼐撰　清咸豐十一年(1861)刻本　一冊　存一種

330000－4706－0004421　普 3491　集部/別集類/清別集

醉月居詩鈔一卷詞鈔一卷　（清）葉世熊撰　清光緒三十年(1904)刻本　一冊

330000－4706－0004422　普 3633　集部/詩文評類/詩評之屬

小匏庵詩話十卷　（清）吳仰賢輯　清光緒八年(1882)刻本　二冊

330000－4706－0004423　普 3492　集部/總集類/尺牘之屬

玉餘尺牘續編四卷　（清）莊士敏撰　清光緒十年(1884)刻本　四冊

330000－4706－0004424　普 3630　集部/別集類/清別集

嬾雲樓詩鈔四卷　（清）嚴錦撰　清光緒二十五年(1899)桐谿嚴氏梧州刻本　四冊

330000－4706－0004426　普 3490　集部/別集類/清別集

古琴樓詩鈔二卷　（清）吳松撰　清道光刻本　一冊

330000－4706－0004428　普 3627　類叢部/叢書類/自著之屬

施愚山先生全集五種附一種　（清）施閏章撰　清宣統二年(1910)上海國學扶輪社石印本　一冊　存一種

330000－4706－0004429　普 3628　集部/別集類/清別集

夢鷗閣詩鈔一卷　（清）許銓撰　夢鷗閣題詞一卷　（清）吳家騏等撰　清刻本　一冊

330000－4706－0004430　普 3576　集部/總集類/選集之屬/通代

約選古文觀止十二卷　（清）吳楚村(吳興祚)鑒定　清刻本　四冊　存六卷(三至八)

330000－4706－0004431　普 3577　集部/總集類/選集之屬/通代

古文觀止十二卷　（清）吳乘權　（清）吳大職輯　清光緒十九年(1893)文蕓書局石印本　六冊

330000－4706－0004432　普 3578　集部/總集類/選集之屬/通代

古文觀止十二卷　（清）吳乘權　（清）吳大職輯　清咸豐三年(1853)常熟珍藝堂刻本　一冊　存二卷(一至二)

330000－4706－0004433　普 3579　集部/總集類/選集之屬/通代

三餘堂古文觀止十二卷　（清）吳乘權　（清）吳大職輯　清石印本　六冊

330000－4706－0004439　普 3644　經部/四書類/總義之屬/傳說

四書古人典林十二卷　（清）江永輯　清乾隆六十年(1795)金閶函三堂刻本　四冊

330000－4706－0004440　普 3802　集部/總集類/選集之屬/通代

古文觀止十二卷　（清）吳楚村(吳興祚)鑒定　（清）吳乘權　（清）吳大職手錄　清愼言堂刻本　六冊

330000－4706－0004441　普 3494　集部/別集類/清別集

滋德堂集一卷附梅花幻影圖題詞一卷　（清）徐元第撰　清宣統三年(1911)徐士琛刻本　一冊

330000－4706－0004443　普 3643　經部/群經總義類/傳說之屬

稽古日鈔八卷　（清）郁文等輯　清乾隆二十九年(1764)秋曉山房刻本　一冊　存二卷(三至四)

330000－4706－0004445　普 3495　集部/總集類/酬唱之屬

龍湖橋李題詞一卷　（清）李培增編　清光緒二十八年(1902)刻本　一冊

330000－4706－0004446　普 3805　集部/總集類/選集之屬/通代

古文觀止十二卷　（清）吳乘權　（清）吳大職

輯　清刻本　三冊　存八卷（三至六、九至十二）

330000－4706－0004447　普3642　經部/小學類/文字之屬/字書/字體
名原二卷　（清）孫詒讓撰　清光緒三十一年（1905）瑞安孫氏刻本　一冊

330000－4706－0004451　普3497　集部/別集類/清別集
躬厚堂集二十五卷　（清）張金鏞撰　清同治三年至光緒四年（1864－1878）刻本　三冊　存十二卷（絳跗山館詞錄一至三、梅花閣遺詩、躬厚堂雜文一至八）

330000－4706－0004452　普3641　史部/金石類/石之屬/文字
石鼓文纂釋一卷　（清）趙烈文撰　清光緒十一年（1885）靜圃刻本　一冊

330000－4706－0004453　普3640　集部/別集類/清別集
味經山館文鈔四卷行述一卷詩鈔六卷　（清）戴鈞衡撰　清咸豐三年（1853）刻本　三冊

330000－4706－0004454　普3639　集部/別集類/清別集
唅曜山房詩八卷　（清）龔褆身撰　清道光四年（1824）刻本　一冊　存四卷（五至八）

330000－4706－0004455　普3638　新學/史志
最新中國歷史教科書四卷　姚祖義編　清光緒三十四年（1908）上海商務印書館鉛印本　一冊　存二卷（三至四）

330000－4706－0004457　普3813　集部/別集類/清別集
吳詩集覽二十卷補註二十卷吳詩談藪二卷拾遺一卷　（清）吳偉業撰　（清）靳榮藩注並輯　清刻本　十七冊　存二十二卷（吳詩集覽一至二十、吳詩談藪一至二）

330000－4706－0004459　普3637　子部/儒家類/儒學之屬/禮教
齊家軌範四卷　（清）王卓輯　清光緒二十年

（1894）湯學堅刻本　一冊

330000－4706－0004461　普3500　類叢部/叢書類/自著之屬
隨園三十種　（清）袁枚撰　清乾隆刻本　二冊　存一種

330000－4706－0004463　普3903　史部/地理類/雜志之屬
夢粱錄二十卷　（宋）吳自牧撰　清刻本　五冊

330000－4706－0004465　普3905　集部/別集類/宋別集
劍南詩鈔六卷　（宋）陸游撰　（清）楊大鶴選　清刻本　二冊　存三卷（七言古、五言律、七言律）

330000－4706－0004466　普3901　集部/詩文評類/詩評之屬
隨園詩話十六卷補遺十卷　（清）袁枚撰　清刻本　二冊　存四卷（補遺四至七）

330000－4706－0004467　普3906　類叢部/叢書類/彙編之屬
傳硯齋叢書十種　（清）吳丙湘編　清光緒十一年（1885）儀徵吳氏屪守山莊刻本　一冊　存一種

330000－4706－0004468　普3815　集部/總集類/選集之屬/通代
文選六十卷　（南朝梁）蕭統輯　（唐）李善注　清刻本　七冊　存三十六卷（六至十、十六至二十五、三十至三十四、四十五至六十）

330000－4706－0004469　地文集032　集部/總集類/選集之屬/斷代
唐律消夏錄五卷　（清）顧安輯　（清）何文煥重刻　清刻本　二冊

330000－4706－0004470　普3645　集部/別集類/清別集
嚶求集四卷　（清）繆艮撰　清刻本　一冊　存一卷（三）

330000－4706－0004471　普3908　集部/總

集類/郡邑之屬

硤川詩續鈔十六卷詞續鈔一卷 （清）許仁沐
蔣學堅輯 清刻本 一冊 存三卷（六至
八）

330000－4706－0004472 普 3650 集部/小
說類/長篇之屬

東周列國全志二十三卷一百八回 （清）蔡奡
評點 清刻本 一冊 存一卷（六）

330000－4706－0004473 普 3909 類叢部/
叢書類/自著之屬

隨園三十種 （清）袁枚撰 清刻本 二冊
存一種

330000－4706－0004474 普 3814 集部/總
集類/選集之屬/通代

文選六十卷 （南朝梁）蕭統輯 （唐）李善注
清乾隆二十五年（1760）珠樹堂刻本 十二
冊 存四十五卷（一至八、十三至二十七、三
十一至三十四、三十九至五十六）

330000－4706－0004475 普 3654 集部/別
集類/唐五代別集

五百家註音辯昌黎先生文集四十卷 （唐）韓
愈撰 （宋）魏仲舉輯注 清刻本 一冊 存
七卷（十九至二十五）

330000－4706－0004476 普 3656 集部/別
集類/清別集

思綺堂文集十卷 （清）章藻功撰 清刻本
一冊 存一卷（二）

330000－4706－0004477 普 3816 集部/總
集類/選集之屬/通代

文選六十卷 （南朝梁）蕭統輯 （唐）李善注
清刻本 五冊 存二十七卷（三十四至六
十）

330000－4706－0004479 普 3817 集部/總
集類/選集之屬/通代

選詩補註八卷 （元）劉履撰 **選詩補遺二卷**
續編四卷 （元）劉履輯 清刻本 四冊 存
六卷（補註一至三、六，補遺一至二）

330000－4706－0004481 普 3646 類叢部/

叢書類/彙編之屬

函海一百五十二種 （清）李調元編 清乾隆
綿州李氏萬卷樓刻嘉慶十四年（1809）李鼎元
重校印本 一冊 存一種

330000－4706－0004482 普 1357 類叢部/
叢書類/彙編之屬

半畝園叢書三十種 （清）吳坤修編 清同治
新建吳氏皖城刻本 七冊 存一種

330000－4706－0004485 普 3913 集部/別
集類/漢魏六朝別集

謝康樂集四卷 （南朝宋）謝靈運撰 清刻本
一冊 存二卷（三至四）

330000－4706－0004487 普 3653 集部/別
集類/清別集

環山閣詩鈔四卷補遺一卷 （清）祝政撰 清
刻本 一冊 存三卷（三至四、補遺）

330000－4706－0004488 普 3819 集部/總
集類/選集之屬/通代

歷代詩家五十六卷二集八十六卷 （清）范士
楫 （清）戴明說 （清）魏允升輯 清刻本
三冊 存七卷（二十五至二十七、三十九至四
十一、四十五）

330000－4706－0004489 普 3818 集部/總
集類/選集之屬/通代

玉堂才調集三十一卷 （清）于鵬翠輯 清刻
本 一冊 存一卷（眞）

330000－4706－0004491 普 3911 集部/別
集類/清別集

蠖屈室駢文鈔一卷 （清）施愷澤撰 清刻本
一冊

330000－4706－0004492 普 3821 集部/總
集類/課藝之屬

制義賞心集不分卷 （清）胡寶晉輯 清同治
十三年（1874）刻本 一冊

330000－4706－0004493 普 3050 集部/總
集類/選集之屬/斷代

明詩別裁集十二卷 （清）沈德潛 （清）周準
輯 清刻本 二冊 存四卷（九至十二）

330000－4706－0004494　普3914　集部/總集類/選集之屬/通代

古文觀止十二卷　（清）吳乘權　（清）吳大職輯　清刻本　一冊　存二卷（五至六）

330000－4706－0004495　普3822　集部/總集類/選集之屬/通代

詩鏡九十三卷總論一卷　（明）陸時雍輯　明刻本　二冊　存八卷（漢詩鏡一至四、晉詩鏡一至四）

330000－4706－0004496　普3651　集部/總集類/選集之屬/通代

古文苑二十一卷　（宋）章樵注　清光緒十二年（1886）江蘇書局刻本　二冊　存九卷（一至四、十至十四）

330000－4706－0004497　普3915　集部/別集類/清別集

林屋吟榭不分卷　（清）任兆麟選定　清刻本　二冊

330000－4706－0004498　普3916　集部/別集類/清別集

晨葩書屋試帖詩□□卷　（清）朱階吉撰　清道光四年（1824）鴻慶堂刻本　一冊　存四卷（一至四）

330000－4706－0004500　普3655　集部/別集類/清別集

韞山堂時文初集一卷二集二卷三集一卷　（清）管世銘撰　清光緒十四年（1888）上海石印本　一冊　存一卷（初集）

330000－4706－0004502　普3657　集部/總集/課藝之屬

孟題一新一卷　清光緒二年（1876）刻本　一冊

330000－4706－0004503　普3919　集部/別集類/清別集

瑤清仙館草一卷　（清）任崧珠撰　清同治三年（1864）刻本　一冊

330000－4706－0004505　普3573　類叢部/叢書類/彙編之屬

半厂叢書初編十種　（清）譚獻編　清同治至光緒仁和譚氏刻本　一冊　存一種

330000－4706－0004506　普3920　集部/別集類/清別集

遜學齋詩續鈔五卷　（清）孫衣言撰　清光緒刻本　一冊

330000－4706－0004507　普3823　集部/總集類/選集之屬/通代

古詩源十四卷　（清）沈德潛輯　清康熙五十八年（1719）竹嘯軒刻本　二冊

330000－4706－0004508　普3396　類叢部/叢書類/彙編之屬

正誼堂全書六十三種續刻五種　（清）張伯行編　（清）楊浚重編　清同治五年（1866）福州正誼書院刻同治八年至光緒十三年（1869－1887）續刻本　一冊　存一種

330000－4706－0004509　普3824　集部/總集類/選集之屬/通代

古詩源十四卷　（清）沈德潛輯　清尊經閣刻本　三冊　缺四卷（四至七）

330000－4706－0004510　普3602　集部/總集類/課藝之屬

青雲集分韻試帖詳註四卷　（清）楊逢春（清）蕭應樾輯　（清）沈品華等注　清刻本　一冊　存一卷（三）

330000－4706－0004511　普3610　集部/小說類/長篇之屬

前七國孫龐演義四卷二十回　清宣統元年（1909）上海文元書莊石印本　一冊

330000－4706－0004513　普3921　集部/別集類/清別集

有正味齋試帖詩注八卷　（清）吳錫麒撰（清）吳清皋等注　清刻本　六冊　存六卷（一、三至七）

330000－4706－0004516　普3925　集部/總集類/選集之屬/通代

重訂文選集評十五卷首一卷末一卷　（清）于光華輯　清刻本　四冊　存四卷（六、八至

九、十一）

330000－4706－0004517　普 3926　集部/總集類/選集之屬

歷代賦鈔三十二卷　（清）趙維烈輯　清刻本
四冊　存二十三卷（五至十五、二十一至三十二）

330000－4706－0004518　普 3927　集部/別集類/清別集

眠琴閣詩鈔七卷詞鈔一卷　（清）史悠咸撰
清光緒二十年（1894）廣州廣雅書局刻本
二冊

330000－4706－0004519　普 3928　子部/儒家類/儒學之屬/性理

御纂性理精義十二卷　（清）李光地等纂修
清康熙五十六年（1717）內府刻本　四冊

330000－4706－0004521　普 3922　子部/醫家類/類編之屬

醫林指月十二種　（清）王琦編　清光緒二十二年（1896）上海圖書集成印書局鉛印本　六冊　存十一種

330000－4706－0004522　普 3663　集部/別集類/清別集

養雲山館試帖四卷　（清）許球撰　清光緒五年（1879）刻本　一冊　存一卷（一）

330000－4706－0004524　普 3929　類叢部/叢書類/郡邑之屬

粟香室叢書五十九種　金武祥編　清光緒至民國江陰金氏刻本　一冊　存一種

330000－4706－0004525　普 3659　集部/別集類/清別集

許竹篔時文一卷　（清）許景澄撰　清同治九年（1870）刻本　一冊

330000－4706－0004526　普 3930　集部/別集類/清別集

兩當軒集二十卷補遺二卷附錄四卷　（清）黃景仁撰　**兩當軒集攷異二卷**　（清）黃志述撰
清光緒二年（1876）武進黃氏家塾刻本　五冊　缺五卷（四至八）

330000－4706－0004528　普 3665　集部/總集類/選集之屬/通代

御選唐宋詩醇四十七卷目錄二卷　（清）高宗弘曆輯　清乾隆二十五年（1760）大文堂刻本
六冊　存十六卷（一、十四至十七、二十七至二十八、三十三至三十四、四十一至四十七）

330000－4706－0004529　普 3917　集部/別集類/清別集

邵子湘全集三十卷　（清）邵長蘅撰　清刻本
一冊　存四卷（青門籟蘂十至十三）

330000－4706－0004530　普 3918　集部/別集類/清別集

寒梅花館詩選□□卷　（清）丁兆鶴撰　清刻本　一冊　存三卷（一至三）

330000－4706－0004531　普 3660　集部/別集類/清別集

小杏山房詩草二卷　（清）蔡鑾登撰　清道光刻本　一冊

330000－4706－0004532　普 3658　集部/別集類/清別集

聽雨樓詩稿八卷　（清）潘奕藻撰　清刻本
一冊　存四卷（五至八）

330000－4706－0004534　普 3619　經部/四書類/總義之屬/傳說

四書義不分卷　清鉛印本　二冊

330000－4706－0004535　普 3932　集部/別集類/清別集

石笥山房集二十四卷　（清）胡天游撰　清宣統二年（1910）上海國學扶輪社石印本　一冊　存一種

330000－4706－0004536　普 3935　子部/醫家類/綜合之屬/通論

醫學心悟六卷　（清）程國彭撰　清刻本　二冊　存二卷（二至三）

330000－4706－0004537　普 3936　子部/醫家類/綜合之屬/通論

赤水玄珠三十卷　（明）孫一奎撰　清抄本

三冊

330000－4706－0004539　普3389　集部/別集類/清別集
三魚堂文集十二卷外集六卷附錄一卷　（清）陸隴其撰　清刻本　三冊　存八卷（文集一至八）

330000－4706－0004543　普3647　集部/總集類/課藝之屬
目耕齋讀本初集不分卷二刻不分卷　（清）徐楷評註　（清）沈叔眉選刊　清汲綆齋刻本　一冊　存一種（二刻）

330000－4706－0004544　普3790　集部/總集類/選集之屬/斷代
中晚唐詩叩彈集十二卷續集三卷　（清）杜詔　（清）杜庭珠輯　清采山亭刻本　一冊　缺十卷（一至十）

330000－4706－0004545　普3939　集部/總集類/選集之屬/通代
古文筆法百篇八卷　（清）李扶九輯　清光緒三十年（1904）上海書局石印本　一冊　存一卷（一）

330000－4706－0004546　普3940　集部/總集類/選集之屬/通代
唐宋八大家類選十四卷　（清）儲欣輯　清刻本　一冊　存一卷（一）

330000－4706－0004547　普3791　子部/醫家類/類編之屬
張氏醫書七種　（清）張璐等撰　清末石印本　一冊　存一種

330000－4706－0004548　普3941　集部/別集類/清別集
樊榭山房集外詩三卷　（清）厲鶚撰　清同治十三年（1874）錢塘丁氏當歸草堂刻本　一冊

330000－4706－0004549　普3669　集部/別集類/清別集
松桂堂全集三十七卷南泘集三卷延露詞三卷　（清）彭孫遹撰　清乾隆八年（1743）彭景曾等刻本　一冊　存十卷（二十四至三十三）

330000－4706－0004550　普3942　子部/醫家類/醫經之屬/內經
醫經原旨不分卷　（清）薛雪撰　清刻本　四冊

330000－4706－0004552　普3943　集部/別集類/清別集
知非齋詩鈔一卷　（清）陳鍾英撰　清同治十一年（1872）杭州刻本　一冊

330000－4706－0004553　普3933　類叢部/叢書類/自著之屬
隨園三十種　（清）袁枚撰　清刻本　八冊　存八種

330000－4706－0004555　普3672　集部/總集類/彙編之屬
宋詩鈔初集八十四種　（清）呂留良　（清）吳之振　（清）吳爾堯編　清康熙十年（1671）洲錢吳氏鑑古堂刻本　一冊　存四種

330000－4706－0004557　普3794　史部/傳記類/科舉錄之屬
〔光緒癸巳科〕浙江闈墨不分卷　清刻本　一冊

330000－4706－0004558　普3795　史部/傳記類/科舉錄之屬
〔光緒戊子科〕浙江闈墨不分卷　（清）錢桂森等撰　清光緒聚奎堂刻本　一冊

330000－4706－0004560　普3676　集部/小說類/長篇之屬
四大奇書第一種六十卷首一卷一百二十回　（明）羅本撰　（清）毛宗崗評　清刻本　一冊　存三卷（二十三至二十五）

330000－4706－0004561　普3796　史部/傳記類/科舉錄之屬
〔光緒丁酉科〕浙江闈墨不分卷　清光緒二十三年（1897）聚奎堂刻本　一冊

330000－4706－0004562　普3944　集部/別集類/清別集
有正味齋賦稿不分卷　（清）吳錫麒撰　清光緒刻本　一冊

330000－4706－0004563　普 3797　史部/傳記類/科舉錄之屬

[光緒丁酉科]浙江闈墨不分卷　清光緒二十三年(1897)聚奎堂刻本　一冊

330000－4706－0004565　普 3677　子部/藝術類/書畫之屬/畫譜

點石齋畫報初集十卷二集十二卷三集八卷四集六卷五集四卷六集四卷後附淞隱漫錄十二卷續錄五卷漫遊隨錄三卷風箏誤一卷閨媛叢錄一卷點石齋叢鈔一卷乘龍佳話一卷蕙園謎賸一卷　(清)尊聞閣主人輯　清咸豐八年(1858)石印本　一冊　存一卷(風箏誤)

330000－4706－0004566　普 3938　集部/總集類/選集之屬/通代

文選六十卷　(南朝梁)蕭統輯　(唐)李善注　文選考異十卷　(清)胡克家撰　清石印本　一冊　存十卷(考異一至十)

330000－4706－0004567　普 3799　集部/總集類/課藝之屬

味閒堂課鈔七卷　(清)陶然　(清)藜青撰　清刻本　一冊　存一卷(二)

330000－4706－0004569　普 0297　集部/曲類/彈詞之屬

校正勸善因果惡報錄八卷　清光緒三十年(1904)石印本　一冊　存一卷(一)

330000－4706－0004571　普 3670　集部/別集類

古今體詩一卷古今講義一卷　清石印本　一冊

330000－4706－0004573　普 3687　史部/目錄類/總錄之屬/官修

四庫未收書目提要五卷　(清)阮元撰　清光緒四年(1878)上海淞隱閣鉛印本　一冊

330000－4706－0004574　普 3689　集部/別集類/清別集

秋士詩鈔一卷　(清)汝堦玉撰　清嘉慶十五年(1810)刻本　一冊

330000－4706－0004575　普 3688　史部/目錄類/書志之屬/題跋

士禮居藏書題跋記六卷　(清)黃丕烈撰　清石印本　二冊

330000－4706－0004576　普 3683　集部/別集類/宋別集

胡澹庵先生文集三十二卷　(宋)胡銓著　清刻本　一冊　存四卷(二十至二十三)

330000－4706－0004577　普 3586　子部/醫家類/婦科之屬

三科輯要三卷附方三卷　(清)何夢瑤輯　清光緒二十一年(1895)廣州拾芥園刻本　一冊

330000－4706－0004578　普 3587　子部/醫家類/類編之屬

黃氏醫書八種　(清)黃元御撰　清光緒三十一年(1905)經元書室刻本　二冊　存一種

330000－4706－0004579　普 4001　集部/總集類/選集之屬/斷代

明詩歸十卷首一卷末一卷　(明)鍾惺　(明)譚元春輯　(清)王汝南重輯　清刻本　二冊　存六卷(六至十、末)

330000－4706－0004580　普 3682　子部/藝術類/書畫之屬/總論

畫禪室隨筆四卷　(明)董其昌撰　(清)楊補輯　清刻本　一冊　存三卷(二至四)

330000－4706－0004581　普 4002　集部/小說類/長篇之屬

圖像鏡花緣二十卷一百回首一卷　(清)李汝珍撰　清光緒十六年(1890)上海廣百宋齋鉛印本　六冊

330000－4706－0004582　普 4003　集部/總集類/選集之屬/斷代

本朝律賦集腋八集　(清)馬俊良輯　清大酉山房刻本　四冊　存四集(冬集、人集、天集、地集)

330000－4706－0004583　普 3686　子部/儒家類/儒學之屬

陽明先生集要十五卷附年譜一卷　(明)王守仁撰　(明)施邦曜編　清光緒五年(1879)貴

州扶風山陽明祠刻本　一冊　存二卷(經濟
編二至三)

330000－4706－0004584　普4004　集部/總
集類/選集之屬/通代

五朝詩別裁集　(清)□□輯　清刻本　二十
三冊　存二種

330000－4706－0004585　普3947　集部/別
集類/清別集

稻香吟館詩藁七卷　(清)李賡芸撰　清刻本
　一冊　存三卷(五至七)

330000－4706－0004586　普3681　集部/別
集類/清別集

伏敔堂詩續錄四卷　(清)江湜撰　清刻本
一冊　存一卷(二)

330000－4706－0004587　普3680　集部/總
集類

浙江校士錄不分卷　(清)潘鴻等撰　清刻本
　一冊

330000－4706－0004590　普3590　子部/醫
家類/綜合之屬/通論

古吳童氏重校醫宗必讀十卷　(清)李中梓撰
　清光緒二十四年(1898)石印本　四冊　存
八卷(一至八)

330000－4706－0004592　普3667　集部/總
集類/選集之屬/通代

古文苑二十一卷　(宋)章樵注　清刻本　三
冊　存十七卷(五至二十一)

330000－4706－0004593　普3668　集部/總
集類/課藝之屬

青雲集分韻試帖詳註四卷　(清)楊逢春
(清)蕭應樾輯　(清)沈品華等注　清刻本
一冊　存一卷(四)

330000－4706－0004595　普3690　史部/傳
記類/科舉錄之屬

[光緒癸卯恩科]浙江闈墨不分卷　清光緒二
十九年(1903)石印本　一冊

330000－4706－0004596　普3956　集部/總

集類/選集之屬/通代

重訂文選集評十五卷首一卷末一卷　(清)于
光華輯　清刻本　二冊　存二卷(十、十四)

330000－4706－0004598　普3685　集部/別
集類/清別集

陳超山先生時文稿一卷　(清)陳庭松撰　清
乾隆四十四年(1779)刻本　一冊

330000－4706－0004600　普3592　子部/醫
家類/醫案之屬

鐵如意軒醫書四種　(清)徐延祚撰　清光緒
二十二年(1896)奉天徐氏鐵如意軒刻本　二
冊　存一種

330000－4706－0004603　普3951　集部/總
集類/選集之屬/通代

重訂文選集評十五卷首一卷末一卷　(清)于
光華輯　清刻本　一冊　存一卷(八)

330000－4706－0004604　普3952　集部/總
集類/選集之屬/通代

古文觀止十二卷　(清)吳乘權　(清)吳大職
輯　清刻本　二冊　存四卷(三至四、十一至
十二)

330000－4706－0004605　普3953　集部/總
集類/選集之屬/通代

古文觀止十二卷　(清)吳乘權　(清)吳大職
輯　清光緒六年(1880)上洋醉六堂刻本　三
冊　存六卷(三至四、七至八、十一至十二)

330000－4706－0004606　普3888　類叢部/
叢書類/彙編之屬

十萬卷樓叢書五十一種　(清)陸心源編　清
光緒歸安陸氏刻本　一冊　存一種

330000－4706－0004607　普4005　子部/醫
家類/類編之屬

南雅堂醫書全集　(清)陳念祖撰　清同治五
年(1866)南雅堂刻本　五冊　存二種

330000－4706－0004608　普4007　子部/醫
家類/綜合之屬/通論

儒門事親十五卷　(金)張從正撰　清宣統二
年(1910)寧波汲綆齋書局石印本　三冊　存

五卷(一至二、六至七、十五)

330000－4706－0004611　普4008　子部/醫
家類/傷寒金匱之屬/金匱要略

金匱玉函經二註二十二卷補方一卷　(宋)趙
以德(趙良仁)衍義　(清)周揚俊補注　**十藥
神書一卷**　(元)葛乾孫撰　清同治二年
(1863)刻本　四冊

330000－4706－0004612　普4009　子部/醫
家類/類編之屬

醫法心傳一卷　(清)程鑒撰　清光緒十三年
(1887)養鶴山房刻本　一冊

330000－4706－0004613　普3693　集部/別
集類/宋別集

蘇文忠詩合註五十卷首一卷目錄一卷　(宋)
蘇軾撰　(清)馮應榴輯　清刻本　二冊　存
六卷(十六至十七、三十七至四十)

330000－4706－0004614　普3955　集部/總
集類/選集之屬/通代

古文觀止十二卷　(清)吳乘權　(清)吳大職
輯　清刻本　一冊　存二卷(三至四)

330000－4706－0004615　普4010　子部/醫
家類/綜合之屬/通論

醫學心悟六卷　(清)程國彭撰　清刻本　一
冊　存一卷(二)

330000－4706－0004616　普3954　集部/總
集類/選集之屬/通代

古文觀止十二卷　(清)吳乘權　(清)吳大職
輯　清光緒狀元閣記書莊刻本　一冊　存二
卷(一至二)

330000－4706－0004617　普3907　集部/總
集類/選集之屬/斷代

吳顧賦稿合刻詳註二種　(清)黃蟾桂注　清
刻本　一冊　存一種

330000－4706－0004618　普3957　集部/總
集類/選集之屬/斷代

宋四名家詩　(清)周之鱗　(清)柴升編　清
刻本　一冊　存一種

330000－4706－0004619　普4012　子部/醫
家類/綜合之屬/雜著

筆花醫鏡四卷　(清)江涵暾撰　清刻本　三
冊　缺一卷(一)

330000－4706－0004620　普4011　子部/醫
家類/綜合之屬/通論

類證治裁八卷首一卷　(清)林珮琴撰　清刻
本　二冊　存五卷(二至六)

330000－4706－0004621　普3694　類叢部/
叢書類/自著之屬

陸子全書十八種　(清)陸隴其撰　清光緒許
仁沐刻本　一冊　存一種

330000－4706－0004622　普3961　集部/總
集類

經義懷新初集不分卷　(清)曾梓銘輯　清刻
本　一冊

330000－4706－0004623　普4013　子部/醫
家類/綜合之屬/通論

醫理真傳四卷　(清)鄭壽全撰　清光緒二十
九年(1903)七星會刻本　三冊　存三卷(一
至三)

330000－4706－0004624　普3959　子部/醫
家類/類編之屬

沈氏尊生書五種　(清)沈金鰲撰輯　清石印
本　一冊　存一種

330000－4706－0004625　普3695　集部/別
集類/清別集

古梅谿館二集詩八卷　(清)汪澍撰　清道光
九年(1829)刻本　一冊　存二卷(七至八)

330000－4706－0004626　普4014　子部/醫
家類/綜合之屬/通論

慎疾芻言一卷　(清)徐大椿撰　清道光十八
年(1838)蔡氏涵虛閣刻本　一冊

330000－4706－0004627　普3698　類叢部/
叢書類/彙編之屬

邵武徐氏叢書二十三種　(清)徐榦編　清光
緒邵武徐氏刻本　一冊　存一種

330000－4706－0004628　普 3700　集部/總集類/選集之屬/通代

漢魏六朝女子文選二卷　張維輯　清宣統三年(1911)海鹽朱是刻本　一冊　存一卷(二)

330000－4706－0004630　普 4015　子部/醫家類/傷寒金匱之屬/傷寒論

類證活人書二十二卷　（宋)朱肱撰　清刻本　一冊　存四卷(八至十一)

330000－4706－0004631　普 4016　子部/醫家類/綜合之屬/通論

醫綱提要八卷　(清)李宗源撰　清光緒二十三年(1897)南京李光明莊刻本　二冊　存三卷(一、三至四)

330000－4706－0004632　普 4017　子部/醫家類/綜合之屬/通論

醫宗必讀五卷首一卷　(清)李中梓撰　清三益堂刻本　二冊　存三卷(首，一、四)

330000－4706－0004635　普 3960　集部/別集類/清別集

琴隱園詩集三十六卷詞集四卷　(清)湯貽汾撰　清刻本　一冊　存六卷(琴隱園詩集六至十一)

330000－4706－0004636　普 4018　子部/醫家類/綜合之屬/通論

詳校醫宗必讀十卷　(清)李中梓撰　清金閭亦西齋刻本　一冊　存二卷(一至二)

330000－4706－0004637　普 4019　子部/醫家類/綜合之屬/通論

醫宗必讀五卷首一卷　(清)李中梓撰　清經綸堂刻本　四冊　存五卷(首，一至二、四至五)

330000－4706－0004638　普 3964　集部/總集類/選集之屬/通代

御選唐宋文醇五十八卷目錄一卷　(清)高宗弘曆輯　清刻本　一冊　存三卷(十四至十六)

330000－4706－0004639　普 3675　集部/別集類/清別集

德清俞蔭甫所著書　(清)俞樾撰　清同治十年(1871)刻本　一冊　存一種

330000－4706－0004640　普 4020　子部/醫家類/綜合之屬/通論

醫宗必讀十卷　(清)李中梓撰　清善成堂刻本　三冊　存六卷(一至四、七至八)

330000－4706－0004641　普 3965　集部/別集類/清別集

鰦田草堂詩鈔二卷　(清)嚴景雲撰　清光緒十二年(1886)刻本　一冊　存一卷(上)

330000－4706－0004643　普 3962　集部/曲類/彈詞之屬

繡像玉蜻蜓前傳六卷二十八回後傳六卷三十二回　清石印本　一冊　存二卷(後傳三至四)

330000－4706－0004644　普 4022　子部/醫家類/方書之屬/單方驗方

蘭臺軌範八卷　(清)徐大椿撰　清刻本　四冊

330000－4706－0004645　普 4101　集部/戲劇類/雜劇之屬

增像第六才子書五卷首一卷　(元)王實甫(元)關漢卿撰　(清)金人瑞評　清石印本　一冊　存一卷(三)

330000－4706－0004646　普 4021　子部/醫家類/綜合之屬/通論

石室秘籙六卷　(清)陳士鐸撰　清道光四年(1824)玉書樓刻本　三冊

330000－4706－0004647　普 4102　集部/總集類/尺牘之屬

分類詳註飲香尺牘四卷　(清)飲香居士輯(清)白下傭隱子箋釋　清刻本　一冊　存一卷(二)

330000－4706－0004648　普 3963　子部/雜著類/雜纂之屬

葆真齋遺言續編四卷　(清)王遠焌輯　清鉛印本　一冊　存一卷(一)

330000－4706－0004649　普 3966　集部／小
說類／長篇之屬

增評補像全圖金玉緣一百二十回首一卷
（清）曹霑　（清）高鶚撰　（清）王希廉
（清）張新之　（清）姚燮評　清光緒三十四年
（1908）求不負齋石印本　五冊　缺八十七回
（四至六十九、七十七至八十四、一百一至一
百八、一百十六至一百二十）

330000－4706－0004651　普 3697　類叢部／
叢書類／彙編之屬

埽葉山房叢鈔二十六種　（清）席威編　清同
治至光緒刻光緒九年（1883）彙印本　二冊
存一種

330000－4706－0004652　普 3967　集部／小
說類／長篇之屬

四大奇書第一種六十卷首一卷一百二十回
（明）羅本撰　（清）毛宗崗評　清刻本　八冊
存十九卷（首，四至十七、二十一至二十二、
三十四至三十五）

330000－4706－0004653　普 3684　集部／總
集類／選集之屬／斷代

國朝詩別裁集三十六卷　（清）沈德潛輯並評
清光緒九年（1883）點石齋石印本　八冊
缺十二卷（四至十二、二十二至二十四）

330000－4706－0004654　普 3968　集部／別
集類／清別集

崇雅堂詩鈔四卷附文鈔二卷　（清）胡敬撰
清刻本　二冊

330000－4706－0004655　普 3969　集部／總
集類／選集之屬／通代

聚瀛堂古文觀止十二卷　（清）吳乘權　（清）
吳大職輯　清刻本　一冊　存六卷（七至十
二）

330000－4706－0004656　普 3971　集部／總
集類／選集之屬／通代

三餘堂古文觀止十二卷　（清）吳乘權　（清）
吳大職輯　清刻本　一冊　存二卷（七至八）

330000－4706－0004657　普 3696　集部／總

集類／選集之屬／通代

**新註得月樓甲編不分卷乙編不分卷丙編不分
卷丁編不分卷**　（清）張元灝選評　（清）耿覲
文　（清）茅謙箋註　清光緒七年（1881）刻本
十一冊

330000－4706－0004658　普 3972　集部／總
集類／選集之屬／通代

九思堂古文觀止十二卷　（清）吳乘權　（清）
吳大職輯　清九思堂刻本　一冊　存二卷
（九至十）

330000－4706－0004659　普 3826　集部／總
集類／選集之屬／斷代

宋文鑑一百五十卷目錄三卷　（宋）呂祖謙輯
清光緒十二年（1886）江蘇書局刻本　二十
三冊　缺九卷（六十三至七十一）

330000－4706－0004660　普 3827　子部／宗
教類／佛教之屬

西齋淨土詩三卷附錄一卷　（明）釋梵琦撰
清光緒九年（1883）海鹽天寧寺刻本　一冊

330000－4706－0004661　普 3828　集部／別
集類／宋別集

誠齋詩集十六卷　（宋）楊萬里撰　清嘉慶七
年（1802）吳江徐達源刻本　六冊

330000－4706－0004662　普 2969　史部／政
書類／律令之屬／刑制

刑案匯覽六十卷首一卷末一卷拾遺備考一卷
（清）祝慶祺輯　清刻本　一冊　存一卷
（刑案匯覽目錄）

330000－4706－0004663　普 4104　史部／傳
記類／總傳之屬／技藝

墨林今話十八卷　（清）蔣寶齡撰　**墨林今話
續編一卷**　（清）蔣茝生撰　清宣統三年
（1911）掃葉山房石印本　六冊　缺一卷（三）

330000－4706－0004664　普 3973　子部／藝
術類／書畫之屬

花樣圖本不分卷　清刻本　一冊

330000－4706－0004667　普 3970　集部／總
集類／選集之屬／通代

古文選輯不分卷 清抄本 一冊

330000－4706－0004668 普3975 集部/總集類/選集之屬/通代

古文選續不分卷 清抄本 一冊

330000－4706－0004670 普4110 史部/傳記類/總傳之屬/技藝

無聲詩史七卷 （清）姜紹書撰 清刻本二冊

330000－4706－0004672 普3978 子部/藝術類/書畫之屬/畫譜

泛槎圖六集六卷 （清）張寶繪 清光緒六年(1880)上海點石齋石印本 四冊

330000－4706－0004674 普3979 子部/藝術類/書畫之屬/總論

清河書畫舫十二卷 （明）張丑輯 清乾隆二十八年(1763)池北草堂刻本 十冊

330000－4706－0004675 普4023 子部/藝術類/書畫之屬/法帖

御刻三希堂石渠寶笈法帖不分卷 （清）梁詩正等輯 清影印本 十二冊

330000－4706－0004685 普3981 子部/藝術類/書畫之屬/總論

江邨銷夏錄三卷 （清）高士奇撰 清康熙三十二年(1693)刻本 二冊 存二卷(一、三)

330000－4706－0004688 普3982 子部/藝術類/書畫之屬/題跋

小鷗波館畫識三卷畫寄一卷 （清）潘曾瑩撰 清光緒十四年(1888)悅止齋木活字印本 一冊

330000－4706－0004689 普3983 子部/藝術類/音樂之屬/樂譜

五知齋琴譜八卷 （清）徐祺撰 （清）周魯封輯 清乾隆十一年(1746)懷德堂刻本 六冊

330000－4706－0004690 普3984 子部/藝術類/書畫之屬/書法書品

隸法彙纂十卷 （清）項懷述編 清乾隆五十一年(1786)小酉山房刻本 四冊

330000－4706－0004692 普3570 集部/總集類/選集之屬/斷代

南宋文範七十卷外編四卷作者考二卷 （清）莊仲方輯 清光緒十四年(1888)江蘇書局刻本 十三冊 存六十卷(南宋文範一至六十)

330000－4706－0004693 普3596 子部/醫家類/綜合之屬

景岳全書發揮四卷 （清）葉桂撰 清光緒五年(1879)吳氏醉六堂刻本 一冊 存一卷(一)

330000－4706－0004694 普3594 子部/醫家類/綜合之屬/合刻、合抄

景岳全書六十四卷 （明）張介賓撰 清刻本 十五冊 存三十四卷(一至十八、二十五至三十、四十至四十二、四十九至五十、五十八至五十九、六十一至六十三)

330000－4706－0004696 普3595 子部/醫家類/綜合之屬/合刻、合抄

景岳全書六十四卷 （明）張介賓撰 清康熙三十九年(1700)會稽魯超刻玉詔堂印本 十二冊 存三十二卷(一至二、十三至十八、三十至三十三、三十七至三十八、四十至五十七)

330000－4706－0004698 普4108 子部/醫家類/綜合之屬/雜著

筆花醫鏡四卷 （清）江涵暾撰 清光緒二十七年(1901)文宜書局石印本 一冊

330000－4706－0004699 普4118 子部/醫家類

吳醫彙講十一卷 （清）唐大烈輯 清宣統二年(1910)上海掃葉山房石印本 一冊

330000－4706－0004700 普3597 子部/醫家類/類編之屬

中西醫學羣書第一集國粹部十種 （清）陳俠君編 清光緒三十三年(1907)上海六藝書局石印本 七冊 存五種

330000－4706－0004701 普3985 集部/總集類/選集之屬/斷代

姚姬傳先生唐人五言絕句詩鈔一卷七言絕句
詩鈔一卷　（清）姚鼐選　清光緒十七年
(1891)朱寬石印本　一冊　存一卷(五言絕
句詩鈔)

330000－4706－0004702　普 3986　史部/史
評類/詠史之屬

南宋雜事詩七卷　（清）沈嘉轍等撰　清同治
十一年(1872)淮南書局刻本　四冊

330000－4706－0004703　普 3846　子部/醫
家類/類編之屬

醫門棒喝二種　（清）章楠撰　清宣統元年
(1909)蠡城三友益齋石印本　四冊　存四卷
(初集二至四、二集六)

330000－4706－0004704　普 4029　子部/醫
家類/綜合之屬/通論

辨證奇聞十卷　（清）陳士鐸撰　（清）錢松刪
定　清宣統元年(1909)上海廣益書局石印本
六冊

330000－4706－0004705　普 3988　集部/總
集類/彙編之屬

宋詩鈔初集八十四種　（清）呂留良　（清）吳
之振　（清）吳爾堯編　清康熙十年(1671)洲
錢吳氏鑑古堂刻本　一冊　存六種

330000－4706－0004706　普 3991　史部/地
理類/雜志之屬

揚州畫舫錄十八卷　（清）李斗撰　清刻本
二冊　存五卷(一至五)

330000－4706－0004707　普 4030　子部/醫
家類/類編之屬

陳修園醫書五十種　（清）陳念祖等撰　清光
緒三十一年(1905)上海商務印書館鉛印本
二十四冊　存四十一種

330000－4706－0004708　普 3989　子部/醫
家類/綜合之屬/雜著

筆花醫鏡四卷　（清）江涵暾撰　清光緒二十
七年(1901)文宜書局石印本　一冊

330000－4706－0004709　普 3598　子部/醫
家類/綜合之屬/通論

御纂醫宗金鑑九十卷首一卷　（清）吳謙等總
修　清刻本　四冊　存七卷(六十五至七十
一)

330000－4706－0004710　普 3599　子部/醫
家類/類編之屬

徐氏醫書八種　（清）徐大椿撰　清刻本　一
冊　存一種

330000－4706－0004712　普 4031　子部/醫
家類/綜合之屬/通論

石室秘籙六卷　（清）陳士鐸撰　清萱永堂刻
本　三冊　存三卷(三至五)

330000－4706－0004714　普 4032　子部/醫
家類/綜合之屬/通論

證治合參十八卷　（清）葉盛撰　清刻本
八冊

330000－4706－0004715　普 4033　新學/工
藝/雜藝

西藝知新二十二卷　（英國）諾格德撰　（英
國）傅蘭雅口譯　（清）徐壽筆述　清刻本
十二冊　缺三卷(十七至十九)

330000－4706－0004718　普 4123　子部/藝
術類/書畫之屬/法帖

墨池堂選帖五卷　（明）章藻輯　清末影印本
一冊　存一卷(五)

330000－4706－0004719　普 3600　子部/醫
家類/綜合之屬/通論

醫醇賸義四卷醫方論四卷　（清）費伯雄撰
清光緒二十年(1894)上海書局石印本　一冊
存四卷(醫醇賸義一至四)

330000－4706－0004723　普 4036　子部/藝
術類/書畫之屬/總論

甌鉢羅室書畫過目攷四卷首一卷附一卷
（清）李玉棻撰　清末石印本　四冊

330000－4706－0004724　普 4037　集部/詞
類/別集之屬

雨花盦詩餘一卷詞話一卷　（清）錢斐仲撰
清刻本　一冊

330000－4706－0004725　普 3841　子部/醫家類/傷寒金匱之屬/傷寒論

醫效秘傳三卷　（清）程林撰　清道光十一年(1831)吳氏貯春仙館刻本　一冊

330000－4706－0004727　普 3842　子部/醫家類/方書之屬/單方驗方

三朝名醫方論三種　清宣統三年(1911)甯波汲綆齋石印本　一冊　存一種

330000－4706－0004729　普 4131　集部/總集類/選集之屬/通代

六朝唐賦讀本不分卷　（清）馬傳庚選註　清光緒二年(1876)刻本　一冊

330000－4706－0004730　普 3829　集部/總集類/選集之屬/斷代

宋四名家詩六卷　（清）周之鱗　（清）柴升編　清刻本　五冊

330000－4706－0004733　普 3830　集部/總集類/選集之屬/通代

新刊文選考註前集十五卷前集音釋一卷　(南朝梁)蕭統輯　（唐）李善等注　清刻本　六冊　存七卷(前集八至十四)

330000－4706－0004735　普 4039　子部/藝術類/書畫之屬/畫録

虛齋名畫録十六卷續録四卷補遺一卷　龐元濟輯　清宣統龐氏上海刻本　二冊　存三卷(三至五)

330000－4706－0004744　普 2970　新學/雜著/叢編

富強叢書正集七十七種續集一百二十一種　(清)袁俊德編　清石印本　一冊　存一種

330000－4706－0004749　地文集 034　集部/總集類/選集之屬/斷代

唐律消夏録五卷　（清）顧安輯　（清）何文煥重刻　清刻本　一冊　存二卷(一至二)

330000－4706－0004751　普 4119　集部/總集類/選集之屬/斷代

删補唐詩選脈箋釋會通評林三卷　（清）周珽輯註　（明）陳繼儒批點　清刻本　一冊

330000－4706－0004756　普 3847　子部/醫家類/類編之屬

醫門棒喝二種　（清）章楠撰　清宣統元年(1909)蠡城三友益齋石印本　二冊　存一種

330000－4706－0004761　普 4109　史部/目録類/總録之屬/官修

欽定四庫全書簡明目録二十卷　（清）紀昀等撰　清光緒二十年(1894)上海點石齋石印本　四冊

330000－4706－0004767　普 4135　子部/儒家類/儒學之屬/蒙學

父師善誘法二卷讀書作文譜十二卷　（清）唐彪撰　清刻本　一冊　存四卷(讀書作文譜三至六)

330000－4706－0004769　普 4136　集部/總集類/課藝之屬

匯學讀本一卷　（清）鄭之琼輯　清光緒十二年(1886)蘇州文瑞樓刻本　一冊

330000－4706－0004773　普 4140　子部/雜著類/雜纂之屬

經餘必讀二卷續編二卷三集二卷　（清）雷琳　（清）錢樹棠　（清）錢樹立輯　清光緒十八年(1892)上海五彩書局石印本　二冊

330000－4706－0004774　普 4141　經部/群經總義類/傳說之屬

易堂問目四卷　（清）吳鼎撰　清乾隆三十七年(1772)鄒容成刻本　一冊　存二卷(三至四)

330000－4706－0004775　普 4142　子部/雜著類/雜考之屬

濼源問答十二卷　（清）沈可培撰　清刻本　一冊　存三卷(四至六)

330000－4706－0004783　普 3611　集部/曲類/曲譜之屬

霓裳文藝全譜四卷　清光緒二十二年(1896)石印本　三冊　存三卷(一至二、四)

330000－4706－0004786　普 3378　類叢部/叢書類/彙編之屬

藝海珠塵二百六種　（清）吳省蘭輯　清嘉慶
南匯吳氏聽彝堂刻本　六冊　存十九種

330000－4706－0004789　普4138　集部/詩
文評類/文評之屬
藝林類擷十六卷　（清）謝輔坫選　清刻本
一冊　存二卷（五至六）

330000－4706－0004793　普3974　子部/藝
術類/書畫之屬
薛蘿吟社所刊書三種　（清）金漢輯　清光緒
十八年（1892）世耕堂刻本　一冊

330000－4706－0004795　普4147　子部/雜
著類/雜說之屬
定香亭筆談四卷　（清）阮元撰　清刻本　一
冊　存一卷（三）

330000－4706－0004801　普4150　集部/別
集類/清別集
小倉山房詩集三十一卷補遺一卷附錄一卷
（清）袁枚撰　清刻本　一冊　存三卷（七至
九）

330000－4706－0004805　普4157　集部/別
集類/清別集
袁太史時文不分卷　（清）袁枚撰　（清）秦大
士編　清刻本　一冊

330000－4706－0004825　普3833　集部/總
集類/選集之屬/通代
西山先生真文忠公文章正宗二十四卷續二十
卷　（宋）真德秀輯　明刻本　十二冊　缺一
卷（續二十）

330000－4706－0004830　普3848　子部/醫
家類/綜合之屬
景岳全書發揮四卷　（清）葉桂撰　清光緒五
年（1879）吳氏醉六堂刻本　三冊　缺一卷
（四）

330000－4706－0004831　普4042　子部/藝
術類/書畫之屬/法帖
國朝名人手蹟八集不分卷　有正書局輯　清
光緒至宣統上海有正書局影印本　二冊　存
二集（三至四）

330000－4706－0004832　普3834　集部/總
集類/選集之屬/通代
文選六十卷　（南朝梁）蕭統輯　（唐）李善注
清同治八年（1869）金陵書局刻本　八冊

330000－4706－0004834　普4153　集部/總
集類/選集之屬/通代
古唐詩合解古詩四卷唐詩十二卷　（清）王堯
衢注　清刻本　三冊　存九卷（古詩一至四、
唐詩八至十二）

330000－4706－0004836　普3835　集部/總
集類/選集之屬/通代
古詩源十四卷　（清）沈德潛輯　清刻本　二
冊　存七卷（八至十四）

330000－4706－0004839　普3849　子部/醫
家類/類編之屬
馮氏錦囊秘錄三種五十卷　（清）馮兆張編
清康熙四十一年（1702）刻本　一冊　存一種

330000－4706－0004840　普3851　子部/醫
家類/綜合之屬/通論
醫宗必讀十卷　（清）李中梓撰　清刻本　六
冊　存八卷（二至六、八至十）

330000－4706－0004841　普4045　子部/醫
家類/綜合之屬/通論
古吳童氏重校醫宗必讀十卷　（清）李中梓撰
清石印本　五冊

330000－4706－0004842　普3385　集部/總
集類/選集之屬/斷代
註釋唐詩三百首六卷　（清）蘅塘退士（孫洙）
編　清光緒十三年（1887）退補齋刻本　二冊

330000－4706－0004844　普3614　集部/詞
類/總集之屬
花間集十卷　（五代）趙崇祚輯　清光緒十四
年（1888）邵武徐榦刻本　二冊

330000－4706－0004845　普3825　子部/醫
家類/綜合之屬/通論
瀛經堂詳校醫宗必讀十卷　（清）李中梓撰
清刻本　五冊

330000－4706－0004846　普3615　集部/總集類/選集之屬/通代

古唐詩合解古詩四卷唐詩十二卷 （清）王堯衢注　清刻本　二冊　存八卷(古詩一至四、唐詩五至八)

330000－4706－0004852　普3620　子部/醫家類/醫話醫論之屬

醫學辨正四卷 （清）張學醇撰　清光緒二十二年(1896)紹興裘氏刻民國九年(1920)紹興醫藥學報社印本　四冊

330000－4706－0004853　普4046　子部/醫家類/傷寒金匱之屬/金匱要略

金匱心典三卷 （清）尤怡撰　清刻本　一冊　存一卷(中)

330000－4706－0004854　普4160　子部/醫家類/本草之屬/歷代綜合本草

本草綱目五十二卷附圖三卷瀕湖脈學一卷奇經八脈攷一卷脈訣攷證一卷 （明）李時珍撰　清刻本　一冊　存三卷(瀕湖脈學、奇經八脈攷、脈訣攷證)

330000－4706－0004861　普4049　集部/總集類/選集之屬/通代

咏物詩選註釋八卷 （清）俞琰輯　（清）易開縉　（清）孫涍鳴註　清刻本　一冊　存二卷(三至四)

330000－4706－0004864　普4051　子部/醫家類/類編之屬

張氏醫書七種 （清）張璐等撰　清光緒二十年(1894)上海圖書集成印書局鉛印本　十五冊　存四種

330000－4706－0004867　普3850　子部/醫家類/綜合之屬/通論

醫宗必讀十卷 （清）李中梓撰　清刻本　三冊　存六卷(一至四、九至十)

330000－4706－0004870　普3838　集部/總集類/選集之屬/斷代

中晚唐詩叩彈集十二卷續集三卷 （清）杜詔（清）杜庭珠輯　清采山亭刻本　四冊　存

十二卷(一至五、九至十五)

330000－4706－0004871　普3386　集部/總集類/選集之屬/斷代

唐詩三百首註疏六卷 （清）孫洙編　（清）章燮注　清文生堂刻本　三冊　存三卷(一至三)

330000－4706－0004872　普3839　集部/總集類/彙編之屬

漢魏六朝一百三家集(漢魏六朝百三名家集) （明）張溥編　清刻本　三冊　存三種

330000－4706－0004873　普3840　集部/別集類/清別集

詳註水竹居賦不分卷 （清）盛觀潮著　清道光二十年(1840)刻本　二冊

330000－4706－0004877　普4052　子部/醫家類/綜合之屬/通論

醫學心悟六卷 （清）程國彭撰　清書粟軒刻本　一冊　存一卷(四)

330000－4706－0004879　普3853　子部/藝術類/書畫之屬/法帖

貞隱園法帖十卷 （明）郭秉詹臨　清嘉慶十八年(1813)拓本　十冊

330000－4706－0004880　普4257　子部/藝術類/書畫之屬/法帖

鄭蘇戡書千字文一卷 鄭孝胥書　清光緒三十四年(1908)上海商務印書館石印本　一冊

330000－4706－0004883　普3871　集部/總集類/選集之屬/通代

刪訂唐詩解二十四卷 （明）唐汝詢輯　（清）吳昌祺評　清刻本　三冊　存十三卷(四至七、十六至二十四)

330000－4706－0004886　普4054　集部/總集類/選集之屬/斷代

唐詩三百首註疏六卷 （清）孫洙編　（清）章燮注　清刻本　一冊　存一卷(一)

330000－4706－0004890　普4167　集部/總集類

翰文堂重訂古文釋義新編八卷 （清）余誠評註 清嘉慶五年(1800)刻本 四冊

330000－4706－0004891 普4168 子部/醫家類/類編之屬

喻氏醫書三種 （清）喻昌撰 清乾隆刻本 二冊 存一種

330000－4706－0004892 普4171 新學/史志

普通新歷史十章附歷代帝王總紀一卷 （清）普通學書室編 清光緒二十八年(1902)上海普通學書室鉛印本 一冊

330000－4706－0004894 普4170 新學/交涉

英話註解一卷 清刻本 一冊

330000－4706－0004895 普4058 集部/總集類/選集之屬/斷代

唐詩便讀四卷 清光緒三年(1877)博古堂刻本 一冊

330000－4706－0004896 普3872 集部/總集類/選集之屬/通代

文選六十卷 （南朝梁）蕭統輯 （唐）李善注 清刻本 三冊 存十二卷(九至十二、三十五至三十八、五十七至六十)

330000－4706－0004898 普4059 集部/總集類/選集之屬/通代

宋金元詩永二十卷補遺二卷 （清）吳綺輯 清刻本 一冊 存二卷(二至三)

330000－4706－0004899 普3616 集部/總集類/選集之屬/斷代

唐賢三昧集三卷 （清）王士禎輯 清石印本 一冊 存一卷(一)

330000－4706－0004900 普4060 集部/總集類/選集之屬/通代

御選唐宋詩醇四十七卷目錄二卷 （清）高宗弘曆輯 清刻本 二冊 存四卷(九至十二)

330000－4706－0004902 普4061 集部/詩文評類/詩評之屬

宋詩紀事一百卷 （清）厲鶚 （清）馬曰琯輯 清乾隆十一年(1746)厲氏樊榭山房刻本 一冊 存三卷(二十三至二十五)

330000－4706－0004903 普4175 集部/詩文評類/詩評之屬

宋詩紀事一百卷 （清）厲鶚 （清）馬曰琯輯 清乾隆十一年(1746)厲氏樊榭山房刻本 四冊 存四卷(四十五至四十七、九十一)

330000－4706－0004905 普3873 集部/總集類/選集之屬/通代

文選六十卷 （南朝梁）蕭統輯 （唐）李善注 清刻本 五冊 存二十一卷(十二至十七、三十七至四十、四十五至五十五)

330000－4706－0004908 普4176 子部/醫家類/綜合之屬/通論

詳校醫宗必讀十卷 （清）李中梓撰 清光緒六年(1880)掃葉山房刻本 一冊 存二卷(一至二)

330000－4706－0004909 普3874 集部/總集類/選集之屬/通代

文選六十卷 （南朝梁）蕭統輯 （唐）李善注 清刻本 二冊 存九卷(三十一至三十五、三十七至四十)

330000－4706－0004910 普3875 集部/總集類/選集之屬/斷代

東嵒艸堂評訂唐詩鼓吹十卷 （金）元好問輯 （元）郝天挺註 （明）廖文炳解 （清）朱三錫評 清刻本 二冊 存三卷(三至五)

330000－4706－0004912 普4169 集部/總集類/課藝之屬

中庸文楸不分卷 清同治九年(1870)刻本 四冊

330000－4706－0004914 普3876 集部/總集類/選集之屬/通代

重訂文選集評十五卷首一卷末一卷 （清）于光華輯 清刻本 一冊 存一卷(二)

330000－4706－0004916 普3808 集部/總集類/選集之屬/通代

古文觀止十二卷　（清）吳乘權　（清）吳大職
輯　清光緒十年(1884)常州鼓樓前文會堂刻
本　六冊

330000－4706－0004917　普 4062　子部/醫
家類/綜合之屬/通論

重校聖濟總錄二百卷　□□輯　清乾隆五十
四年(1789)汪鳴珂燕遠堂刻本(卷一百九十
五、一百九十九至二百原缺)　一冊　存一卷
(一百九十二)

330000－4706－0004919　普 4063　集部/總
集類/選集之屬/通代

六朝唐賦讀本不分卷　（清）馬傳庚選註　清
同治十三年(1874)京都馬氏玉燕書巢刻本
二冊

330000－4706－0004920　普 4064　子部/醫
家類/類編之屬

黃氏醫書八種　（清）黃元御撰　清光緒三十
一年(1905)經元書室刻本　二冊　存一種

330000－4706－0004927　普 4066　集部/總
集類/選集之屬/通代

涵芬樓古今文鈔樣本不分卷　商務印書館編
清宣統二年(1910)上海商務印書館鉛印本
一冊

330000－4706－0004929　普 4266　子部/藝
術類/書畫之屬/法帖

成親王竹枝詞一卷　（清）永瑆書　清光緒二
十五年(1899)上海兩宜齋石印本　一冊

330000－4706－0004937　普 4271　集部/總
集類/尺牘之屬

昭代名人尺牘二十四卷小傳二十四卷　（清）
吳修輯　清石印本　一冊　存一卷(昭代名
人尺牘十一)

330000－4706－0004943　普 4071　集部/總
集類/選集之屬/斷代

唐詩便讀四卷　清光緒三年(1877)博古堂刻
本　一冊

330000－4706－0004945　普 3881　史部/傳
記類/科舉錄之屬

墨選奪元八卷　清同治三年(1864)刻本　七
冊　存七卷(一至二、四至八)

330000－4706－0004946　普 4172　新學/
算學

普通珠算課本不分卷　（清）蔣仲懷撰　清宣
統三年(1911)上海商務印書館鉛印本　一冊

330000－4706－0004949　普 4072　集部/總
集類/選集之屬/斷代

唐人五言長律清麗集六卷　（清）徐曰璉
（清）沈士駿輯　清刻本　一冊　存三卷(四
至六)

330000－4706－0004950　普 4173　集部/總
集類/選集之屬/通代

歷朝名媛詩詞十二卷　（清）陸昶輯　清宣統
三年(1911)上海掃葉山房石印本　一冊　存
三卷(一至三)

330000－4706－0004951　普 4073　集部/總
集類/選集之屬/通代

古唐詩合解十二卷古詩四卷　（清）王堯衢注
清刻本　一冊　存四卷(古詩一至四)

330000－4706－0004952　普 4178　子部/醫
家類/綜合之屬/通論

詳校醫宗必讀十卷　（清）李中梓撰　清刻本
二冊　存三卷(六至八)

330000－4706－0004955　普 3882　集部/總
集類/課藝之屬

南菁文鈔十二卷　（清）黃以周輯　清末石印
本　一冊

330000－4706－0004956　普 4074　集部/總
集類/選集之屬/斷代

批選六大家論二卷　（清）錢普批選　清光緒
二十八年(1902)祥記書莊石印本　二冊

330000－4706－0004959　普 4181　集部/總
集類/選集之屬/通代

選註六朝唐賦二卷　（清）馬傳庚選注　清石
印本　一冊　存一卷(下)

330000－4706－0004962　普 4183　集部/總

集類/選集之屬/通代

千家詩二卷 清光緒十年(1884)刻本 一冊
存一卷(下)

330000－4706－0004963 普 3883 史部/傳
記類/科舉錄之屬

光緒辛丑壬寅恩正併科會試闈墨一卷 （清）
周蘊良撰 清光緒二十九年(1903)龍文書局
石印本 一冊

330000－4706－0004965 普 4076 集部/總
集類/選集之屬/斷代

唐詩便讀四卷 清光緒二十七年(1901)幼蘭
刻本 一冊

330000－4706－0004967 普 3885 史部/傳
記類/科舉錄之屬/歷科登科錄

光緒甲辰恩科會試題名錄不分卷 清光緒三
十年(1904)鉛印本 一冊

330000－4706－0004969 普 3884 史部/傳
記類/科舉錄之屬/歷科鄉試錄

癸卯恩科不分卷 清刻本 二冊

330000－4706－0004970 普 4077 集部/總
集類/選集之屬/斷代

唐詩三百首六卷 （清）孫洙編 清刻本
一冊

330000－4706－0004976 普 3886 史部/編
年類/通代之屬

司馬溫公稽古錄二十卷 （宋）司馬光撰 清
刻本 一冊 存六卷(十五至二十)

330000－4706－0004978 普 3855 子部/醫
家類/綜合之屬/通論

醫方簡義六卷 （清）王清源撰 清刻本 一
冊 存一卷(四)

330000－4706－0004980 普 3856 類叢部/
叢書類/自著之屬

杭大宗七種叢書 （清）杭世駿撰 清咸豐元
年(1851)長沙小嫏嬛山館刻本 一冊 存
二種

330000－4706－0004981 普 4189 經部/小

學類/文字之屬/字書

和文漢譯讀本八卷 （日）坪內雄藏編輯
沙頌虞 張肇熊譯述 清光緒二十八年
(1902)上海商務印書館石印本 一冊 存一
卷(四)

330000－4706－0004982 普 4191 類叢部/
叢書類/彙編之屬

通學齋叢書五十三種 （清）鄒凌沅編 清光
緒二十五年(1899)通學齋鉛印本 一冊 存
一種

330000－4706－0004983 善集 110 類叢部/
叢書類/彙編之屬

邵武徐氏叢書二十三種 （清）徐榦編 清光
緒邵武徐氏刻本 三冊 存一種

330000－4706－0004985 普 4194 集部/總
集類/選集之屬/通代

歷朝名媛詩詞十二卷 （清）陸昶輯 清末石
印本 一冊 存三卷(四至六)

330000－4706－0004986 普 3893 集部/別
集類/清別集

餐苣華館詩集八卷蕉心詞一卷 （清）周驤虎
撰 清光緒十九年(1893)木活字印本 一冊
存四卷(五至八)

330000－4706－0004988 普 4177 集部/總
集類/選集之屬/通代

咏物詩選註釋八卷 （清）俞琰輯 （清）易開
繼 （清）孫泲鳴註 清刻本 一冊 存二卷
(五至六)

330000－4706－0004992 普 3887 類叢部/
叢書類/自著之屬

黃梨洲遺書十種 （清）黃宗羲撰 清光緒三
十一年(1905)杭州羣學社石印本 一冊 存
一種

330000－4706－0004993 普 4182 子部/醫
家類/類編之屬

陳修園醫書四十八種 （清）陳念祖等撰 清
光緒石印本 一冊 存一種

330000－4706－0004996 普 3896 集部/別

集類/清別集

南湖草堂詩集六卷 （清）楊伯潤撰 清光緒
八年（1882）滬上語石齋刻本 三冊 存四卷
（三至六）

330000－4706－0004999 普3898 集部/別
集類/元別集

趙文敏公松雪齋全集十卷外集一卷續集一卷
（元）趙孟頫撰 清刻本 二冊 存四卷
（七至十）

330000－4706－0005000 普4196 子部/醫
家類/綜合之屬/合刻、合抄

景岳全書六十四卷 （明）張介賓撰 清刻本
一冊 存三卷（三十一至三十三）

330000－4706－0005003 善集111 類叢部/
類書類/專類之屬

五經類編二十八卷 （清）周世樟撰 清雍正
二年（1724）穀詒堂刻本 十冊

330000－4706－0005007 普3899 集部/別
集類/清別集

顯志堂稿十二卷 （清）馮桂芬撰 清刻本
一冊 存三卷（三至五）

330000－4706－0005009 普4291 集部/曲
類/寶卷之屬

湖廣荊州府永慶縣修行梅氏花網寶卷二卷
清光緒三十二年（1906）杭州慧空經房刻本
一冊 存一卷（一）

330000－4706－0005016 普4297 集部/曲
類/寶卷之屬

鳥窠禪師度白侍郎一卷 清光緒二十二年
（1896）刻本 一冊

330000－4706－0005019 普4300 集部/曲
類/寶卷之屬

延壽寶卷一卷 清光緒二十年（1894）刻本
一冊

330000－4706－0005020 普4197 集部/總
集類/選集之屬/斷代

律賦揀金錄不分卷 （清）朱一飛輯 清乾隆
四十一年（1776）刻本 一冊

330000－4706－0005021 普4198 集部/總
集類/選集之屬/通代

選註六朝唐賦二卷 （清）馬傳庚選注 清石
印本 一冊 存一卷（下）

330000－4706－0005024 普4302 集部/別
集類/清別集

松桂堂全集三十七卷南淮集三卷延露詞三卷
（清）彭孫遹撰 清乾隆八年（1743）彭景曾
等刻本 一冊 存五卷（四至八）

330000－4706－0005025 普4085 史部/雜
史類/斷代之屬

明季稗史彙編十六種 （清）留雲居士輯 清
刻本 一冊 存一種

330000－4706－0005026 普4303 子部/醫
家類/綜合之屬/通論

醫宗必讀十卷 （清）李中梓撰 清刻本 一
冊 存一卷（九）

330000－4706－0005028 普4304 子部/雜
著類/雜纂之屬

開卷有益一卷 清石印本 一冊

330000－4706－0005030 普4088 類叢部/
類書類/專類之屬

重編留青新集二十四卷 （清）馮善長輯 清
末鉛印本 一冊 存一卷（十六）

330000－4706－0005036 普4090 集部/別
集類/唐五代別集

李太白文集三十六卷 （唐）李白撰 （清）王
琦輯注 清刻本 一冊 存三卷（四至六）

330000－4706－0005037 普4091 集部/別
集類/唐五代別集

李太白文集三十六卷 （唐）李白撰 （清）王
琦輯注 清刻本 一冊 存二卷（二十九至
三十）

330000－4706－0005040 普4093 集部/總
集類/彙編之屬

元人集十種 （明）毛晉輯 清刻本 一冊
存一種

330000－4706－0005042　地文集045　集部/別集類/清別集

薛氏五種　（清）薛時雨撰　清同治五年至七年(1866－1868)刻本　一冊　存一種

330000－4706－0005043　普3900　集部/別集類/唐五代別集

韋蘇州集十卷拾遺一卷　（唐）韋應物撰　清石印本　一冊　存七卷(五至十、拾遺)

330000－4706－0005044　普4502　集部/總集類/選集之屬/通代

唐宋八家文讀本三十卷　（清）沈德潛輯　清刻本　一冊　存二卷(三至四)

330000－4706－0005046　普4094　經部/總類文字/音義之屬

希鄭堂叢書十二卷　（清）潘任撰輯　清光緒二十年(1894)木活字印本　一冊　存五卷(鄭君粹言一至三、說文粹言疏證一至二)

330000－4706－0005047　普4503　集部/總集類/選集之屬/斷代

唐四家詩集二十八卷　□□輯　清石印本　一冊　存一種

330000－4706－0005048　普4095　集部/別集類/漢魏六朝別集

江文通文集十卷　（南朝梁）江淹撰　清刻本　一冊　存四卷(四至七)

330000－4706－0005049　普4504　集部/總集類/選集之屬/通代

精選韓柳歐蘇文鈔八卷　清鉛印本　一冊　存一卷(七)

330000－4706－0005050　普4096　集部/別集類/明別集

清江貝先生文集三十卷　（明）貝瓊撰　（清）金檀編　清康熙五十八年(1719)桐鄉金檀燕翼堂刻本　一冊　存七卷(十六至二十二)

330000－4706－0005052　普4097　集部/別集類/漢魏六朝別集

庾子山集十六卷　（北周）庾信撰　（清）倪璠注　清刻本　一冊　存二卷(二至三)

330000－4706－0005057　普4452　史部/金石類/郡邑之屬

墨妙亭碑目攷二卷附攷一卷　（清）張鑑撰　清光緒十年(1884)江蘇書局刻本　一冊　存一卷(上)

330000－4706－0005059　普4099　集部/別集類/明別集

白沙子全集六卷首一卷附錄一卷　（明）陳獻章撰　（清）何九疇重編　清刻本　三冊　存四卷(三至六)

330000－4706－0005060　普4100　集部/別集類/清別集

冬青館甲集六卷乙集八卷　（清）張鑑撰　清刻本　一冊　存二卷(乙集七至八)

330000－4706－0005062　普4401　子部/雜著類/雜說之屬

摘錄呂新吾先生呻吟語四卷　（明）呂坤撰　清刻本　一冊　存一卷(三)

330000－4706－0005063　普4180　集部/總集類/選集之屬/通代

全上古三代秦漢三國六朝文七百四十一卷　（清）嚴可均輯　清光緒十三年至十九年(1887－1893)黃岡王氏廣州刻本　一冊　存六卷(全北齊文五至十)

330000－4706－0005065　普4402　集部/別集類/唐五代別集

王右丞集二十八卷首一卷末一卷　（唐）王維撰　（清）趙殿成箋注　清刻本　一冊　存一卷(六)

330000－4706－0005068　普4403　集部/別集類/清別集

木雞書屋文鈔四卷二集六卷三集八卷四集六卷五集六卷　（清）黃金臺撰　清道光五年至咸豐元年(1825－1851)刻同治十年(1871)黃晉笳心窗樓補刻本　一冊　存一卷(三集四)

330000－4706－0005069　普4190　新學/算學/數學

數學教科書二卷　（清）葉懋宣編　清光緒三

十一年(1905)石印本　一冊　存一卷(下)

330000－4706－0005070　普4404　類叢部/
叢書類/自著之屬

潛園總集　(清)陸心源撰　清同治至光緒刻
本　五冊　存一種

330000－4706－0005071　普4192　經部/小
學類/訓詁之屬/字詁

繪圖速通虛字法初編不分卷　(清)施崇恩編
　清石印本　一冊

330000－4706－0005076　普4460　集部/曲
類/寶卷之屬

妙英寶卷全集一卷　清瑪瑙經房刻本　一冊

330000－4706－0005086　普4316　集部/總
集類/選集之屬/通代

千家詩二卷　清刻本　一冊　存一卷(上)

330000－4706－0005087　普4317　子部/藝
術類/遊藝之屬/聯語

西湖楹聯四卷　清刻本　一冊　存一卷(三)

330000－4706－0005088　普4318　子部/藝
術類/遊藝之屬/聯語

新輯古今楹聯大觀四卷　(清)胡鳳丹輯　清
光緒三十年(1904)源記書莊石印本　一冊

330000－4706－0005091　普4321　類叢部/
類書類/專類之屬

重編留青新集二十四卷　(清)馮善長輯　清
末鉛印本　二冊　存三卷(七至九)

330000－4706－0005093　普4322　子部/醫
家類/類編之屬

中西匯通醫書五種　(清)唐宗海撰　清光緒
三十四年(1908)上海千頃堂書局石印本　一
冊　存一種

330000－4706－0005095　普4408　類叢部/
叢書類/自著之屬

隨園三十種　(清)袁枚撰　清刻本　五冊
存一種

330000－4706－0005096　普4323　子部/藝
術類/書畫之屬/總論

畫禪室隨筆四卷　(明)董其昌撰　(清)楊補
輯　清刻本　一冊　存三卷(二至四)

330000－4706－0005097　普4324　子部/藝
術類/書畫之屬/總論

佩文齋書畫譜一百卷　(清)孫岳頒等輯　清
康熙內府刻本　一冊　存二卷(三十七至三
十八)

330000－4706－0005099　普4325　集部/總
集類/選集之屬/通代

古文五刪五十二卷　(明)張溥輯　明末段君
定刻本　三冊　存三卷(宋文鑑刪二、五、八)

330000－4706－0005102　普4412　集部/別
集類/清別集

古微堂文集十卷　(清)魏源撰　清宣統二年
(1910)上海國學扶輪社鉛印本　一冊　存一
卷(八)

330000－4706－0005104　普4413　集部/別
集類/清別集

東海半人詩鈔二十四卷　(清)鍾大源撰　清
刻本　四冊　存十二卷(七至十二、十九至二
十四)

330000－4706－0005106　普4415　集部/別
集類/清別集

選詩偶箋□□卷　(清)種駕鰲撰　清刻本
一冊　存四卷(五至八)

330000－4706－0005107　普4416　集部/總
集類/課藝之屬

尊經書院初集十二卷　王闓運輯　清刻本
二冊　存二卷(十一至十二)

330000－4706－0005108　普4418　經部/春
秋左傳類/傳說之屬

**春秋大事表五十卷讀春秋偶筆一卷輿圖一卷
附錄一卷**　(清)顧棟高輯　清刻本　十九冊
缺二卷(四至五)

330000－4706－0005109　普4417　子部/小
說家類/雜事之屬

世說新語補二十卷附釋名一卷　(南朝宋)劉
義慶撰　(南朝梁)劉孝標注　(明)何良俊增

補　（明）王世貞刪定　（明）王世懋批釋
（明）張文柱校注　清刻本　二冊　存八卷
（四至七、十一至十四）

330000－4706－0005110　普3866　集部/別
集類/宋別集

劍南詩鈔六卷　（宋）陸游撰　（清）楊大鶴選
　清刻本　六冊

330000－4706－0005111　普4419　集部/別
集類/清別集

煙霞萬古樓文集六卷　（清）王曇撰　清刻本
　一冊　存三卷（四至六）

330000－4706－0005112　普3867　類叢部/
叢書類/彙編之屬

粵雅堂叢書一百八十四種　（清）伍崇曜編
清刻本　四十六冊　存二十五種

330000－4706－0005114　普4328　子部/藝
術類/書畫之屬/法帖

草韻彙編二十五卷首一卷　（清）陶南望輯
清刻本　一冊　存一卷（十九）

330000－4706－0005115　普4330　集部/總
集類/選集之屬/斷代

東嵒艸堂評訂唐詩鼓吹十卷　（金）元好問輯
　（元）郝天挺註　（明）廖文炳解　（清）朱
三錫評　清刻本　一冊　存二卷（九至十）

330000－4706－0005116　普4420　史部/地
理類/山川之屬/山志

泰山紀勝一卷　（清）孔貞瑄撰　清刻本
一冊

330000－4706－0005121　普4332　子部/醫
家類/類編之屬

喻氏醫書三種　（清）喻昌撰　清刻本　一冊
　存一種

330000－4706－0005124　普4425　集部/別
集類/清別集

小倉山房詩集三十六卷補遺二卷　（清）袁枚
撰　清刻本　三冊　存十三卷（十七至二十、
二十六至二十八、三十三至三十六,補遺一至
二）

330000－4706－0005125　普4334　集部/總
集類/彙編之屬

漢魏六朝一百三家集（漢魏六朝百三名家集）
　（明）張溥編　清光緒十八年（1892）善化章
經濟堂刻本　一冊　存一種

330000－4706－0005128　普4314　子部/藝
術類/篆刻之屬/印論

續三十五舉一卷　（清）桂馥撰　清刻本
一冊

330000－4706－0005129　普4470　子部/藝
術類/書畫之屬/畫譜

竹譜詳錄七卷　（元）李衎撰　清抄本　三冊

330000－4706－0005130　普4471　子部/藝
術類/音樂之屬/琴學

琴學入門二卷　（清）張鶴輯　清刻本　二冊

330000－4706－0005131　普4472　類叢部/
叢書類/自著之屬

汪雙池先生叢書二十種附浙刻雙池遺書十二
種　（清）汪紱撰　清道光至光緒刻光緒二十
三年（1897）長安趙舒翹等彙印本　一冊　存
一種

330000－4706－0005145　普4336　集部/別
集類/清別集

小倉山房詩集三十六卷補遺二卷　（清）袁枚
撰　清刻本　一冊　存四卷（二十六至二十
九）

330000－4706－0005147　普4338　史部/傳
記類/科舉錄之屬/總錄

增批直省闈墨不分卷　（清）馮一梅　（清）劉
鯤輯　清石印本　三冊

330000－4706－0005148　普4426　類叢部/
叢書類/彙編之屬

知不足齋叢書一百九十六種　（清）鮑廷博編
　（清）鮑士恭續編　清乾隆三十七年至道光
三年（1772－1823）長塘鮑氏刻彙印本　九十
一冊　存七十四種

330000－4706－0005150　普4339　史部/傳
記類/科舉錄之屬

[光緒二十八年補行庚子辛丑恩正併科]浙江闈墨不分卷　清光緒二十八年(1902)石印本　一冊

330000－4706－0005152　普4340　史部/傳記類/科舉錄之屬

[光緒己丑恩科]直省闈墨不分卷　(清)傅鍾麟評選　清光緒十六年(1890)石印本　一冊

330000－4706－0005153　普4341　集部/總集類/選集之屬/通代

古文辭類纂十五卷　(清)姚鼐輯　續古文辭類纂十卷　王先謙輯　清光緒十六年(1890)上海文瑞樓鉛印本　三冊　存五卷(古文辭類纂一至五)

330000－4706－0005156　普4346　子部/醫家類/綜合之屬/通論

古吳童氏重校醫宗必讀十卷　(清)李中梓撰　清石印本　一冊　存二卷(九至十)

330000－4706－0005157　普4347　集部/總集類/選集之屬/斷代

宋詩百一鈔八卷　(清)張景星　(清)姚培謙　(清)王永祺輯　清刻本　一冊　存二卷(七至八)

330000－4706－0005158　普4348　集部/別集類/清別集

有正味齋駢體文二十四卷首一卷　(清)吳錫麒撰　(清)王廣業箋　(清)葉聯芬注　清光緒十五年(1889)上海蜚英館石印本　一冊　存四卷(二十一至二十四)

330000－4706－0005159　普4349　子部/儒家類

詩學啟蒙讀本四卷　(清)丁有美撰　清詠春堂刻本　一冊　存一卷(四)

330000－4706－0005160　普4350　集部/總集類/課藝之屬

館律分韻初編六卷　(清)春暉閣主人輯　清石印本　一冊　存一卷(三)

330000－4706－0005161　普4352　子部/醫家類/類編之屬

沈氏尊生書五種　(清)沈金鰲撰輯　清石印本　五冊　存一種

330000－4706－0005162　普4353　集部/總集類/選集之屬/通代

宋元明詩約鈔三百首二卷　(清)朱梓　(清)冷昌言輯　清咸豐五年(1855)刻本　一冊

330000－4706－0005163　普4354　集部/總集類/選集之屬/通代

唐宋八大家類選十四卷　(清)儲欣輯　清刻本　一冊　存二卷(十三至十四)

330000－4706－0005164　普4230　子部/藝術類/篆刻之屬/印論

篆法探源一卷　(明)朱之蕃撰　(清)李登重訂　仰嘉祥音注　習篆要訣一卷摹印要訣一卷　仰嘉祥輯　清宣統三年(1911)中國圖書公司石印本　一冊

330000－4706－0005166　普4489　集部/總集類/選集之屬/斷代

唐詩三百首六卷　(清)孫洙編　清刻本　一冊　存二卷(一至二)

330000－4706－0005169　普4493　集部/總集類/選集之屬/斷代

唐詩便讀四卷　清光緒三年(1877)博古堂刻本　一冊

330000－4706－0005171　普4494　子部/儒家類/儒學之屬/禮教/鑑戒

敬脩閣唐詩便讀四卷　清大文楨記刻本　一冊

330000－4706－0005174　普4427　子部/藝術類/書畫之屬/總論

湘管齋寓賞編六卷　(清)陳焯撰　清刻本　二冊　存二卷(一、四)

330000－4706－0005175　普4497　集部/曲類/寶卷之屬

珠塔寶卷全集一卷　清宣統元年(1909)杭州聚元堂石印本　一冊

330000－4706－0005176　普4428　類叢部/

叢書類/彙編之屬

知不足齋叢書一百九十六種 （清）鮑廷博編
（清）鮑士恭續編　清刻本　十冊　存七種

330000－4706－0005177　普4498　集部/曲
類/寶卷之屬

珠塔寶卷全集一卷　清刻本　一冊

330000－4706－0005181　普4429　類叢部/
叢書類/彙編之屬

知不足齋叢書一百九十六種 （清）鮑廷博編
（清）鮑士恭續編　清刻本　二冊　存二種

330000－4706－0005187　普4514　集部/曲
類/寶卷之屬

太華山紫金嶺兩世修行劉香寶卷全集二卷
（清）□□撰　清同治十年(1871)杭州慧空經
房刻本　二冊

330000－4706－0005188　普4515　集部/曲
類/寶卷之屬

太華山紫金嶺兩世修行劉香寶卷全集二卷
（清）□□撰　清杭城瑪瑙經房刻本　二冊

330000－4706－0005189　普4516　集部/曲
類/寶卷之屬

太華山紫金嶺兩世修行劉香寶卷全集二卷
（清）□□撰　清同治八年(1869)杭州慧空經
房刻本　二冊

330000－4706－0005193　普4364　子部/醫
家類/綜合之屬/通論

新醫宗必讀一卷 （清）醫學研究會編輯　清
宣統元年(1909)石印本　一冊

330000－4706－0005194　普4365　子部/醫
家類/類編之屬

丁氏醫學叢書　丁福保編　清宣統上海文明
書局鉛印本　一冊　存一種

330000－4706－0005195　普4366　集部/曲
類/寶卷之屬

潘公免災救難寶卷三卷 （清）潘曾沂撰　清
光緒二年(1876)刻本　一冊

330000－4706－0005196　普4367　史部/史

評類/詠史之屬

南宋襍事詩七卷 （清）沈嘉轍等撰　清武林
芹香齋刻本　一冊　存二卷(一至二)

330000－4706－0005197　普4368　子部/藝
術類/音樂之屬/樂譜

五知齋琴譜八卷 （清）徐祺撰　（清）周魯封
輯　清刻本　二冊　存四卷(二至五)

330000－4706－0005198　普4492　集部/總
集類/選集之屬/斷代

雲樣集八卷 （清）高陳謨編　清嘉慶元年
(1796)刻本　三冊　存七卷(一至三、五至
八)

330000－4706－0005199　普4436　集部/總
集類/課藝之屬

小題三萬選不分卷 （清）求是齋主人輯　清
石印本　九冊

330000－4706－0005200　普4432　集部/別
集類/清別集

秋水軒尺牘四卷 （清）許思湄撰　清刻本
三冊　存三卷(二至四)

330000－4706－0005201　普4433　經部/四
書類/孟子之屬/傳說

孟子文楫七卷　清刻本　二冊

330000－4706－0005202　普4434　經部/四
書類/孟子之屬/傳說

孟子文楫七卷　清刻本　三冊

330000－4706－0005203　普4435　集部/總
集類/選集之屬/斷代

七家詩選註釋七卷 （清）張熙宇評　（清）張
昶注　清刻本　二冊　存三種

330000－4706－0005205　普4437　集部/總
集類/選集之屬

龍響集□□卷　清刻本　一冊　存一卷(二)

330000－4706－0005206　普4518　子部/醫
家類/綜合之屬/通論

醫門法律不分卷 （清）喻昌撰　清抄本
一冊

205

330000－4706－0005207　普 4438　集部/總集類/課藝之屬

大題文府不分卷　（清）秀文書局主人輯　清石印本　六冊　存大學、中庸、上論、下論、上孟

330000－4706－0005208　普 4361　集部/總集類/課藝之屬

詁經精舍三集經解二卷辭賦三卷戊辰己巳庚午年官師課合刻六卷　（清）俞樾編　清同治六年至九年(1867－1870)刻本　一冊　存一卷(庚午年下)

330000－4706－0005209　普 4520　經部/小學類/文字之屬/字書/訓蒙

千字文百家姓不分卷　清抄本　一冊

330000－4706－0005210　普 4360　子部/醫家類/類編之屬

徐氏醫書八種　（清）徐大椿撰　清刻本　一冊　存一種

330000－4706－0005212　普 4439　集部/總集類/課藝之屬

鄉會文府不二題不分卷　清石印本　二冊

330000－4706－0005214　普 4440　集部/總集類/選集之屬/通代

文選課虛四卷　（清）杭世駿撰　清光緒十八年(1892)上海珍藝局鉛印本　一冊

330000－4706－0005217　普 4441　集部/總集類/選集之屬/通代

文選課虛四卷　（清）杭世駿撰　清光緒十年(1884)上海同文書局石印本　一冊

330000－4706－0005218　普 4442　集部/總集類/選集之屬/通代

文選四種　（清）徐叔蓓輯　清光緒二十年(1894)上海寶文書局石印本　二冊　存一種

330000－4706－0005222　普 4444　集部/別集類/清別集

有正味齋駢體文二十四卷首一卷　（清）吳錫麒撰　（清）王廣業箋　（清）葉聯芬注　清光緒十五年(1889)上海蜚英館石印本　一冊

存七卷(十一至十七)

330000－4706－0005224　普 4445　集部/總集類/選集之屬/斷代

國朝八家四六文鈔(八家四六文鈔)八種　（清）吳鼒編　清刻本　一冊　存一種

330000－4706－0005225　普 4521　集部/總集類/選集之屬/斷代

唐詩三百首註疏六卷　（清）孫洙編　（清）章燮注　清刻本　二冊　存二卷(五至六)

330000－4706－0005226　普 4524　集部/總集類/選集之屬/通代

唐宋八大家類選十四卷　（清）儲欣輯　清刻本　三冊　存八卷(三至四、七至八、十一至十四)

330000－4706－0005227　普 4446　集部/總集類

重刻諮餘錄□□卷　（清）何光晟原編　清刻本　一冊　存二卷(一至二)

330000－4706－0005228　普 4447　集部/總集類/選集之屬/斷代

排律初津四卷　（清）金鳳沼編並註　清光緒七年(1881)古越求是齋刻本　一冊　存一卷(一)

330000－4706－0005229　普 4448　類叢部/類書類/通類之屬

小嫏嬛山館彙刊類書十二種　（清）小嫏嬛山館編　清刻本　一冊　存一種

330000－4706－0005230　普 4525　子部/儒家類/儒學之屬/蒙學

千頃堂重訂幼學須知句解四卷　（清）程允升撰　清簡玉山房刻本　三冊　存三卷(二至四)

330000－4706－0005232　普 4526　子部/儒家類/儒學之屬/蒙學

重訂幼學須知句解四卷　（清）程允升撰　清刻本　一冊　存一卷(三)

330000－4706－0005234　普 4359　集部/總

集類

吳氏家墨二編一卷　清刻本　一冊

330000－4706－0005235　普 4527　集部/總集類/郡邑之屬

兩浙輶軒續錄五十四卷補遺十卷姓氏韻編二卷　（清）潘衍桐輯　清刻本　三冊　存五卷（補遺五至六、八至十）

330000－4706－0005236　普 4358　集部/總集類/課藝之屬

搭截新編一卷　（清）繆文溶編　清刻本　一冊

330000－4706－0005240　普 4531　集部/小說類/長篇之屬

增評加批金玉緣圖說十六卷一百二十回首一卷　（清）曹霑　（清）高鶚撰　（清）蝶薌仙史評訂　清末石印本　七冊　存八卷(首,八至九、十一至十五)

330000－4706－0005241　善集 005　集部/總集類/選集之屬/斷代

金詩選四卷　（清）顧奎光輯　（清）陶玉禾評　清乾隆十六年(1751)刻本　一冊　存二卷(一至二)

330000－4706－0005242　普 4541　經部/四書類/論語之屬/傳說

古文論語二卷　（漢）鄭玄注　（宋）王應麟撰集　清乾隆鮑氏知不足齋刻本　一冊

330000－4706－0005243　普 4532　集部/總集類/尺牘之屬

普通應用白話尺牘初編二卷　朱斗南撰　清宣統二年(1910)杭州聚元堂書局石印本　一冊　存一卷(上)

330000－4706－0005244　普 4542　集部/總集類/課藝之屬

大題文府不分卷二集不分卷　清石印本　八冊

330000－4706－0005245　普 4188　集部/總集類/選集之屬/斷代

皇明十六名家小品三十二卷　（明）丁允和

（明）陸雲龍編　（明）陸雲龍評　明崇禎六年(1633)錢塘陸雲龍崢霄館刻本　一冊　存二卷(袁中郎先生小品一至二)

330000－4706－0005248　普 4398　類叢部/叢書類/彙編之屬

增訂漢魏叢書九十六種　（清）王謨編　清宣統三年(1911)上海大通書局石印本　一冊　存四種

330000－4706－0005249　普 4534　子部/藝術類/遊藝之屬/雜藝

益智圖二卷　（清）童葉庚撰　清光緒四年(1878)童葉庚刻本　二冊

330000－4706－0005251　善子 059　子部/醫家類/外科之屬

瘡瘍經驗全書十三卷　（宋）竇默撰　（明）竇夢麟增輯　清刻本　二冊　存四卷(十至十三)

330000－4706－0005253　普 1379　子部/藝術類/遊藝之屬/棋弈

桃花泉奕譜二卷　（清）范世勳撰　清刻本　二冊

330000－4706－0005254　普 4536　集部/總集類/選集之屬/斷代

唐詩解五十卷　（明）唐汝詢輯　清萬笈堂刻本　二冊　存十卷(四十一至五十)

330000－4706－0005255　普 4320　集部/小說類/長篇之屬

東周列國全志二十三卷一百八回　（清）蔡昊評點　清刻本　一冊　存一卷(二十三)

330000－4706－0005257　普 1459　集部/總集類/選集之屬/斷代

明人詩鈔正集十四卷續集十四卷　（清）朱琰輯　清乾隆二十五年(1760)樊桐山房刻本　一冊　存五卷(正集六至十)

330000－4706－0005258　普 1458　集部/別集類/清別集

增訂柏蘊皋全稿不分卷　（清）王鈞鰲撰（清)汪雲液增輯　清刻本　二冊

330000－4706－0005259　普 1457　子部/儒家類/儒學之屬/蒙學

龍文鞭影二卷訓蒙四字經讀本二卷　（明）蕭良友撰　（清）楊臣諍增訂　（清）楊縣昌編次　清刻本　一冊　存二卷（龍文鞭影下、訓蒙四字經讀本下）

330000－4706－0005260　普 4351　史部/政書類/通制之屬

皇朝通典一百卷　（清）嵇璜　（清）曹仁虎等纂修　清石印本　一冊　存八卷（五十六至六十三）

330000－4706－0005261　普 1380　集部/別集類/清別集

增訂栢蘊臯全稿不分卷　（清）王鈞鰲撰　（清）汪雲液增輯　清刻本　二冊

330000－4706－0005262　善集 038　集部/總集類/選集之屬/通代

御定歷代賦彙一百四十卷外集二十卷逸句二卷補遺二十二卷目錄三卷　（清）陳元龍輯　清刻本　十冊　存三十六卷（外集一至二十、逸句一至二、補遺四至十七）

330000－4706－0005263　普 4370　經部/四書類/總義之屬/傳說

四書地理考十五卷　（清）王塗撰　清刻本　一冊　存四卷（十二至十五）

330000－4706－0005264　地文史 096　史部/傳記類/科舉錄之屬

西疇小築試藝一卷　（清）屠士楨等撰　清刻本　一冊

330000－4706－0005265　普 4371　類叢部/叢書類/彙編之屬

稗海四十六種續稗海二十四種　（明）商濬編　明萬曆商氏半埜堂刻本　一冊　存一種

330000－4706－0005266　普 4337　類叢部/叢書類/彙編之屬

廣漢魏叢書九十六種　（明）何允中編　清嘉慶刻本　一冊　存一種

330000－4706－0005267　普 1378　子部/藝術類/音樂之屬/琴學

抒懷操一卷　（清）程雄諧譜　（清）曹溶等塡詞　清刻本　一冊

330000－4706－0005268　普 4505　集部/總集類/選集之屬/斷代

雲樣集八卷　（清）高陳謨編　清刻本　一冊　存二卷（五至六）

330000－4706－0005269　普 4378　子部/小說家類/異聞之屬

西陽雜俎二十卷續集十卷　（唐）段成式撰　清刻本　一冊　存六卷（西陽雜俎五至十）

330000－4706－0005272　普 4376　類叢部/叢書類/郡邑之屬

檇李遺書　（清）孫福清編　清光緒四年（1878）秀水孫氏望雲仙館刻本　六冊　存七種

330000－4706－0005273　普 4507　子部/醫家類/綜合之屬/通論

御纂醫宗金鑑九十卷首一卷　（清）吳謙等撰　清刻本　五冊　存九卷（二至四、七至十一、十七）

330000－4706－0005274　普 4508　集部/總集類/課藝之屬

近科試策法程一卷補編一卷　清刻本　二冊　缺一卷（補編）

330000－4706－0005275　普 4377　類叢部/叢書類/郡邑之屬

檇李遺書　（清）孫福清編　清光緒四年（1878）秀水孫氏望雲仙館刻本　一冊　存一種

330000－4706－0005276　普 4375　類叢部/類書類/通類之屬

省軒考古類編十二卷　（清）柴紹炳撰　（清）姚廷謙評　清刻本　一冊　存三卷（十至十二）

330000－4706－0005277　普 4380　類叢部/類書類/通類之屬

說畧三十二卷　（明）顧起元撰　明雲山書院

刻本　二冊　存七卷(十四至二十)

330000－4706－0005278　普4379　史部/史評類/考訂之屬

捷錄法原旁注十二卷　(清)錢昮輯　清康熙二十五年(1686)錢氏刻本　一冊　存三卷(一至三)

330000－4706－0005279　普4374　類叢部/叢書類/彙編之屬

邵武徐氏叢書二十三種　(清)徐榦編　清光緒邵武徐氏刻本　一冊　存一種

330000－4706－0005280　普4373　集部/總集類/課藝之屬

敬修堂詞賦課鈔十六卷附金臺課藝一卷　(清)胡敬輯　清刻本　一冊　存一卷(十二)

330000－4706－0005281　普4372　史部/傳記類/別傳之屬/年譜

定盦先生[龔自珍]年譜一卷後記一卷　吳昌綬編　清光緒三十四年(1908)刻本　一冊

330000－4706－0005282　善集050　類叢部/叢書類/彙編之屬

說鈴前集三十七種後集十六種　(清)吳震方編　清刻本　二冊　存八種

330000－4706－0005283　普4381　子部/醫家類/綜合之屬/通論

醫宗必讀十卷　(清)李中梓撰　清刻本　一冊　存一卷(二)

330000－4706－0005285　普4386　集部/別集類/清別集

萬善花室文稿六卷　(清)方履籛撰　清刻本　一冊　存二卷(三至四)

330000－4706－0005286　普4392　集部/小說類/長篇之屬

繡像京本雲合奇蹤玉茗英烈全傳十卷八十回　(明)徐渭編　清刻本　一冊　存二卷(一至二)

330000－4706－0005287　普4393　經部/群經總義類/傳說之屬

惜抱軒九經說十七卷　(清)姚鼐撰　清嘉慶二年(1797)亦愛廬刻本　一冊　存七卷(一至七)

330000－4706－0005288　普4395　集部/戲劇類/雜劇之屬

繪像第六才子書八卷　(元)王實甫　(元)關漢卿撰　清石印本　一冊　存三卷(一至三)

330000－4706－0005289　普4391　子部/醫家類/方書之屬

丹溪先生治法心要八卷　(元)朱震亨撰　清武林蕭氏鉛印本　一冊　存四卷(五至八)

330000－4706－0005296　普4385　集部/總集類/課藝之屬

小題扳幟初編不分卷　清同治八年(1869)刻本　一冊

330000－4706－0005298　普3535　集部/總集類/選集之屬/通代

憑山閣留青集選四卷　(清)陳枚輯　清刻本　一冊　存一卷(二)

330000－4706－0005299　普3518　史部/傳記類/科舉錄之屬

[光緒元年舉行乙亥恩科]浙江闈墨不分卷　(清)奎逢鑒定　清光緒元年(1875)聚奎堂刻本　一冊

330000－4706－0005300　普3451　類叢部/類書類/通類之屬

玉海二百卷附刻辭學指南四卷詩攷一卷詩地理攷六卷漢藝文志攷證十卷通鑑地理通釋十四卷漢制攷四卷踐阼篇集解一卷急就篇補注四卷姓氏急就篇二卷小學紺珠十卷六經天文編二卷周易鄭康成注一卷周書王會補注一卷通鑑答問五卷　(宋)王應麟撰　清刻本　一冊　存二卷(小學紺珠二至三)

330000－4706－0005302　普2440　集部/別集類/清別集

適軒尺牘八卷　(清)徐菊生撰　清刻本　一冊　存一卷(八)

330000－4706－0005303　普2411　集部/總

集類/尺牘之屬

分類尺牘備覽□□卷 （清）上海同文社編
清鉛印本　一冊　存二卷（三至四）

330000－4706－0005304　普4538　集部/總
集類/選集之屬/通代

文選六十卷　（南朝梁）蕭統輯　（唐）李善注
清刻本　一冊　存六卷（十三至十八）

330000－4706－0005306　普2982　史部/政
書類/軍政之屬/兵制

警察課本初級一卷進階一卷高等一卷　（清）
北洋巡警學堂編輯　清光緒三十一年（1905）
鉛印本　一冊　存一卷（進階）

330000－4706－0005307　普2981　子部/醫
家類/綜合之屬/通論

古吳童氏重校醫宗必讀十卷　（清）李中梓撰
清石印本　一冊　存二卷（七至八）

330000－4706－0005309　普2469　類叢部/
叢書類/彙編之屬

粵雅堂叢書一百八十四種　（清）伍崇曜編
清道光二十九年至光緒十一年（1849－1885）
南海伍氏刻彙印本　一冊　存一種

330000－4706－0005311　普2466　集部/總
集類/選集之屬/斷代

唐詩解五十卷　（明）唐汝詢輯　清刻本　一
冊　存六卷（四十五至五十）

330000－4706－0005312　普2957　集部/總
集類/選集之屬/通代

古文辭類纂十五卷　（清）姚鼐輯　**續古文辭
類纂十卷**　王先謙輯　清光緒十六年（1890）
上海文瑞樓鉛印本　一冊　存一卷（古文辭
類纂九）

330000－4706－0005314　普2025　集部/總
集類/尺牘之屬

尺牘含芳四卷　（清）紉裳居士輯　清刻本

二冊　存二卷（三至四）

330000－4706－0005315　普1550　集部/總
集類/尺牘之屬

尺牘稟言四卷　（清）蓮橋居士編　清刻本
一冊　存一卷（三）

330000－4706－0005316　普1547　集部/小
說類/長篇之屬

第一才子書六十卷首一卷一百二十回　（明）
羅本撰　（清）毛宗崗評　清石印本　一冊
存七卷（四十五至五十一）

330000－4706－0005317　普1331　類叢部/
叢書類/彙編之屬

唐代叢書一百六十四種　（清）王文誥編　清
嘉慶十一年（1806）弁山樓刻本　二冊　存十
一種

330000－4706－0005319　普4387　集部/曲
類/寶卷之屬

湖廣荊州府永慶縣修行梅氏花綱寶卷二卷
清刻本　一冊　存一卷（下）

330000－4706－0005320　普4396　子部/儒
家類/儒學之屬/蒙學

小學集註六卷孝經集註一卷　（明）陳選集註
忠經集註一卷　（漢）鄭玄集註　清末石印
本　一冊　存二卷（孝經集註、忠經集註）

330000－4706－0005322　普4384　子部/儒
家類/儒學之屬/蒙學

父師善誘法二卷讀書作文譜十二卷　（清）唐
彪撰　清刻本　一冊　存四卷（一至二、讀書
作文譜一至二）

330000－4706－0005323　普2956　子部/醫
家類/綜合之屬/通論

御纂醫宗金鑑九十卷首一卷　（清）吳謙等撰
清宣統元年（1909）簡青齋書局石印本　二
冊　存八卷（三至十）

書名筆畫字頭索引

十三畫

書名筆畫索引

二畫

三畫

223

四畫

五畫

六畫

七畫

八畫

237

九畫

244

十畫

十二畫

253

255

十三畫

257

十四畫

十八畫

269